数字经济创新发展理论与实践

李　林　许光洪　万晓榆 等　编著

科学出版社
北　京

内 容 简 介

本书把对重庆数字经济现实问题的分析建立在现代经济学及管理学基本理论与最新成果之上，由"数字经济创新发展理论""重庆数字经济创新发展路径""重庆数字经济创新发展实践""重庆数字经济创新发展建议"四篇组成。基于现代经济学及管理学的研究视角、参照基准和分析工具，剖析重庆经济改革和发展中的理论与实践问题，给出言之有理、论之有据的回答，提出兼具前瞻性与操作性的政策建议。依循本书之内容，读者可以回顾近年来重庆数字经济加速前行的轨迹，体会数字经济对重庆经济增长的贡献，领悟数字经济（学）对中国经济转型的推动。

本书可供从事数字经济、新一代信息通信技术、经济法学等学科领域的研究人员参考，也可供对数字经济的未来发展感兴趣的读者阅读。

图书在版编目（CIP）数据

数字经济创新发展理论与实践 / 李林等编著. -- 北京：科学出版社，
2025. 3. -- ISBN 978-7-03-081337-4

Ⅰ. F492.3

中国国家版本馆 CIP 数据核字第 20257SG154 号

责任编辑：孟　锐 / 责任校对：彭　映
责任印制：罗　科 / 封面设计：墨创文化

科　学　出　版　社 出版

北京东黄城根北街 16 号
邮政编码：100717
http://www.sciencep.com

成都锦瑞印刷有限责任公司 印刷
科学出版社发行　各地新华书店经销

*

2025 年 3 月第　一　版　开本：787×1092　1/16
2025 年 3 月第一次印刷　印张：18 3/4
字数：445 000

定价：228.00 元
（如有印装质量问题，我社负责调换）

编 写 委 员 会

前　言

随着互联网、大数据、云计算、人工智能、区块链等技术加速创新，数字经济的发展速度、辐射范围与影响程度都发生了前所未有的变化，数字经济正在成为重组全球要素资源、重塑全球经济结构、改变全球竞争格局的关键力量。

当前，数字技术加速向社会经济各领域渗透，深刻改变着人类的生产生活方式。以数据为关键要素、以数字技术应用为主要特征的数字经济成为引领创新和驱动转型的先导力量，正加速重构全球经济新版图，成为经济高质量发展的重要增长极。发展数字经济是把握新一轮科技革命和产业变革新机遇的战略选择，国家高度重视数字经济发展，将其上升为国家战略，大力推动网络强国、数字中国和智慧社会建设。重庆作为国家第一批数字经济创新发展试验区，正集中力量加快推动数字产业化、产业数字化，加快打造"智造重镇"，建设"智慧名城"，全市数字经济呈现加速发展的良好态势。

本书聚焦重庆数字经济的发展实践，提供重庆在发展数字经济方面的实践经验。本书每一章都由该领域的多名专家撰写，这些专家们提供的资料由本书编委会审阅，各编委共同努力，从整体上全面细致地把握本书的内容。

本书完稿后，虽经多番详细审阅，但难免有不足和疏漏之处，加之技术发展日新月异，作者只能抛砖引玉，恳请广大读者和同仁批评指正。

目　录

第1篇　数字经济创新发展理论

第2篇　重庆数字经济创新发展路径

第3篇　重庆数字经济创新发展实践

第4篇　重庆数字经济创新发展建议

第 1 篇　数字经济创新发展理论

我国先进制造企业技术赶超中的技术能力阶段性跃迁研究①

李　林　杨承川　何建洪

全球经济、科技的不同步发展使追赶与超越成为被广泛关注的重要话题[1]，若从一个较长时间视域看，后发企业依托低成本、低风险以及高灵活性等后发优势实现对行业内领先企业技术赶超是较为普遍的现象[2, 3]。从微观的技术追赶历程上看，技术赶超往往会经历战略与资源准备、快速追赶和超越三个阶段[4]。在超越阶段，后发企业的技术接近国际前沿，但其后发优势边际收益与技术差距收敛速度显著下降，技术赶超陷入瓶颈期[5]。为探索突破这种瓶颈的可能路径，有研究发现当超越发生在主导设计不成熟、技术发展轨迹存在高不确定性的产业领域（如先进制造业）时[6]，追赶企业更能借助技术能力的阶段性跨越实现对行业内领先企业的技术赶超[7]。中国高铁、海康威视、华为等先进制造企业也正是由于抓住了非线性产业技术迭代中出现的机会窗口[8]，充分应用技术不连续性和制度型市场的交互驱动，通过提升企业的技术能力来摆脱全球价值链的低端锁定[9]，跳出了"引进—落后—再引进—再落后"的"技术追赶陷阱"[10]。

事实上，许多研究都注意到了先进制造业可能是技术超越情境下我国企业实现技术赶超的最优选择[7]。这些研究还发现先进制造企业的技术能力存在跃升现象，同时指出这种能力跃升可能是企业实现市场突围和价值链攀升的重要推手，是其提前布局高梯级技术、创造赶超路径的关键条件[11]。对于技术能力跃升究竟能否助力先进制造企业打破技术赶超瓶颈，多数研究给出了正面的解答[11, 12]。而对先进制造企业技术能力跃升中是否存在潜在的结构化演变，以及哪些因素构成了制约或促进这种潜在的结构化演变等问题没有明确的结论，均需要进一步探索。基于此，本文拟构建我国先进制造企业技术能力跃升中的层次化结构，探索技术能力在不同层次间转换或跃升的潜在路径以及相应的前提条件，以期构建我国先进制造企业技术赶超的能力演化路径的基本模式。在内容安排中，本文首先选择三一重工股份有限公司（简称：三一重工）作为纵向单案例分析的子样本，追溯企业实现技术赶超的完整过程并由此总结出其技术能力发展的四个阶段，以及各阶段中企业技术能力在生产、投资以及创新三个维度上的具体表现；其次设想我国先进制造业中企业的技术能力可能经历类似的阶段性跃升过程，并在此基础上构建我国先进制造业企业技术能力跃升的隐马尔可夫模型，探讨企业内生要素与外在条件的交互作用推动技

①发表期刊：《管理学报》，2021，18（1）：79-90. 有改编。

基金项目：国家社会科学基金面上项目（18BGL039）；中国博士后科学基金项目（2018M630445）。

作者简介：李林，重庆邮电大学党委书记，教授；杨承川，重庆邮电大学研究生；何建洪，重庆邮电大学经济管理学院副院长，教授。

术赶超的可能性；最后推断出促进我国先进制造企业实现技术赶超的技术能力跃升的情境条件与路径选择，为企业与政府制定相关发展战略和引导政策提供理论支撑与实践建议。

1. 先进制造企业技术赶超中能力跃升的基本框架

1.1　技术能力跃升的阶段性

先进制造企业技术能力的跃升具有一定的阶段性特征，如何通过自身技术要素在各个维度上的具体表现识别其所处的技术能力阶段是企业实现技术赶超的重要内容[12]。针对这一问题，有学者根据企业技术能力在生产、投资和创新三个维度上的具体表现将其依次划分为经验学习、探索研究以及自主研发三个阶段[13]，由低级向高级阶段跨越的过程即为企业的技术能力跃升[14]。也有学者总结中国高铁技术追赶历程的经验，将其技术能力分为以独立研发为主的试验性探索阶段、自主创新导向的技术引进阶段、正向设计能力形成阶段以及自主知识产权和中国高铁标准的建设阶段[15]。但是这种划分方式仅以中国高铁的发展轨迹为讨论对象，对整个先进制造业技术能力跃升的解释缺乏足够的说服力。加之我国先进制造企业的发展不平衡，不同企业所处的技术能力阶段具有较大差异，将这种差异性纳入数理模型中进行具体与分类讨论具有很强的现实意义。于是本文在梳理近年来后发企业技术能力演进文献的基础上，拟选择适宜的案例企业，深度剖析其技术赶超历程并由此归纳出企业技术能力跃升的各个阶段，这为探索我国先进制造企业技术能力跃升机制与路径选择提供了现实依据。

1.2　技术能力跃升的主要路径

企业技术能力的阶段性跨越即为技术能力跃升[16]，实现技术能力跃升的过程及其外在表现即为企业技术能力的跃升路径[17]。对于企业技术能力跃升路径的探讨，大部分研究发现主要有路径跟随、路径跳跃和路径创造三种类型[18]。跟随式路径是后发企业技术赶超早期阶段的主要选择，企业利用后发优势沿着领先企业的技术能力发展轨道可快速缩短两者之间的技术差距[19]；适宜的跳跃式路径选择可帮助后发企业突破领先企业的技术壁垒[20]，跨越"引进—落后—再引进—再落后"的"技术追赶陷阱"[21]；当后发企业技术资源要素积累到一定程度时，创造式的技术能力跃升路径选择将是其实现技术赶超的重要举措[22]。以上三种路径在一定程度上归纳了企业技术能力跃升的进程与发展规律，也为本文探索我国先进制造企业技术能力跃升的路径提供了启示。我们拟在此基础上结合案例数据与现有理论成果构建适宜的数理模型并进行模型仿真，探索我国先进制造企业在不同技术能力阶段的最优路径选择。

1.3　技术能力跃升的情境条件

我国先进制造企业技术赶超中的能力跃升受多重因素的影响[23]，且有着复杂的情境条件支撑。具体来说，包括企业持续的资源要素积累、生产规模与研发投入，以及技术创新环境等[24, 25]，这些要素积累与跃升主要体现在生产、投资和创新三个维度之中[26]。先进制造企业的发展存在很强的技术依赖性，而技术能力的跃升离不开资源要素的不断积累与外在环境的适度刺激。本文拟将这些复杂的情境因素适度简化并借助数理模型探讨我国先进制造企业如何在这种复杂环境下实现技术能力跃升，以及这些情境条件的影响在企业处于不同能力阶段时是否存在差异。

综合以上先进制造企业技术赶超中技术能力跃升阶段性、主要路径，以及情境条件，可以得到如图 1 所示的框架结构图。技术能力跃升的阶段性构成了我国先进制造企业技术赶超的主要约束及路径；技术能力跃升路径提示了技术赶超的可能手段与方式，为企业提供了具体的策略选择；技术能力跃升情境构成了技术赶超的具体前提，给出了企业基于长期战略的目标取向。

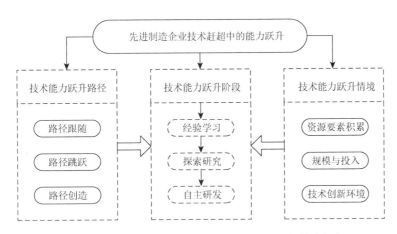

图 1　我国先进制造企业技术赶超中能力跃升的基本框架

2. 研 究 方 法

本文基于前述关于先进制造企业技术赶超历程与技术能力特征阶段性演化的相关理论分析，探讨我国先进制造企业技术能力的阶段特征与阶段划分，以及企业技术能力阶段性跃升过程的外在表现与内生影响因素，该研究内容涉及的情境新颖生动、解决的问题纵向深入、探讨的构念难以界定，因此选择案例研究与模型分析相结合的研究方法可以在一定程度上实现优势互补，提升研究的信度和效度。具体来说，本文旨在探讨我国先进制造企业技术能力的阶段性变化与跃升机制，一个重要的前提就是对企业技术能力的阶段特征进行识别，然而我国先进制造企业的技术能力特征会随着企业技术赶超过程的推进而动态变化，因此我们需要生动而具象的案例呈现来回溯企业的技术能力成长轨迹，进而归纳总结出我国先进制造企业技术能力特征的基本理论体系。案例研究可以识别企业技术能力的阶段特征，并在某种程度上刻画企业技术能力的阶段性跃升，但这种技术能力跃升是一系列复杂而动态的演化过程，处于不同技术能力阶段的企业会有差异化的外在表现并受到多重因素的促进或抑制，仅仅依靠案例分析与归纳总结不能很好地体现这种差异化特征与动态的过程，因此选择适宜的模型进行深入、定量的分析可以拓展研究的深度与广度，也可强化案例分析得出的结论。

2.1 探索性纵向单案例分析法

探索性纵向单案例分析法最适于尚未被充分理解的现象，以及"情景化、生动的描述、动态的建构和人的价值观"对研究有重要影响的情况[27]。探讨我国先进制造企业技术赶超过程中能力跃升的阶段性特征是本文研究的重要内容，该部分涉及的研究现象新颖独特、需要的数据资料纷繁驳杂、研究的内容纵向深入，因此选择探索性纵向单案例分析法识别我国先进制造企业技术能力的各个阶段具有很强的理论性与实践性。首先，我国先进制造企业起步较晚、发展时间较短、成长环境复杂等特征均导致其技术能力成长轨迹与其他企业存在差异，也造成现有研究对我国先进制造企业技术能力阶段性特征的认识不够清晰、没有形成完整理论脉络的研究现状，而探索性案例研究作为构建理论体系的重要方式，有助于本文在新涌现的事实基础上结合已有理论进行命题的提炼与归纳；其次，分析企业技术能力的阶段特征与阶段划分需要收集大量的支撑性数据材料，并需要对这些数据材料进行细致的数据编码与归纳整理，采取多案例研究方法将导致工作量巨大且增加理论梳理的难度，因此选择单案例研究法对单个企业的技术赶超轨迹进行回溯并识别其技术能力的阶段性特征，具有更强的可操作性；最后，我国先进制造企业的技术赶超历程具有明显的阶段性特征且在时间维度上层层深入，这也要求对研究方法的选择需满足在时间序列上纵深推进的条件，纵向的案例研究有助于帮助研究者对案例企业进行纵深、细致化的探讨，在一定程度上契合了本文对我国先进制造企业技术能力特征识别与阶段划分的研究需求。

2.2 隐马尔可夫模型

在采用探索性纵向单案例分析法分析我国先进制造企业技术能力特征的基础上，进一步使用隐马尔可夫模型探讨企业技术能力跃升的外在表现与内生条件，并尝试以此来打开我国先进制造企业技术能力跃升机制与路径选择的"黑箱"。隐马尔可夫模型起源于一般的马尔可夫链，是一种由描述隐含状态转移的马尔可夫链和描述隐含状态与观测状态间关系的一般随机过程构成的双重随机过程，该模型适用于当研究对象的状态不易观察而只能通过这些状态的概率函数对该状态进行反向推演的情境。如前所述，企业技术能力可能存在经验学习、搜索研究和自主研发三个阶段，但这些可能的技术能力的层级阶段不能被直接观测、识别和界定，只能根据企业在生产绩效、投资能力与创新结果等可观测因素方面的表现来进行推测，这一特点与隐马尔可夫模型相适应，它能够发掘那些难以刻画的状态与可具象化描述的维度之间存在的某种联系，并通过这些关系反向推演出隐含状态之间的转换与演化[28]。由此可以看出，隐马尔可夫模型的应用场景与本文研究的核心问题高度契合，通过构建隐马尔可夫模型来探究我国先进制造企业技术能力阶段性跃升的外在表现与内生机制，具有很强的理论合理性与现实可操作性。

一个完整的隐马尔可夫模型包括隐含状态数量 N 和观测状态数量 M 两个参数，以及隐含状态转移概率矩阵 A、观测状态概率矩阵 B 和初始状态概率矩阵 π 三个概率分布。在给定隐马尔可夫模型的基本结构后，可以应用其处理估计、解码和学习三类基本问题。①估计问题。给定观测序列 $O = O_1, O_2, \cdots, O_T$ 和模型 $\lambda = (A, B, \pi)$，可通过使用前向或后向算法测算该观测序列的概率，从而进行模型评估。②解码问题。给定观测值序列 $O = O_1, O_2, \cdots, O_T$ 和模型 $\lambda = (A, B, \pi)$，如何选择一个对应的隐含状态序列 $S = \{q_1, q_2, \cdots, q_T\}$，使得 S 能够最为合理地解释该观测值序列 O，通常使用维特比算法（Viterbi algorithm）求得。③学习问题。若隐马尔可夫模型的模型参数 $\lambda = (A, B, \pi)$ 未知，要想通过调整这些参数以使观测序列 $O = O_1, O_2, \cdots, O_T$ 的概率尽可能大，通常使用鲍姆-韦尔奇算法（Baum-Welch algorithm）解决。根据本文研究需求，主要对隐马尔可夫模型进行模型评估与模型解码。

3. 案例选择与分析

3.1　案例对象选择与数据收集

1）案例对象选择

依据理论抽样原则，探索性纵向单案例研究法中选择的案例应当具有典型性、启发性、适配性以及资料可得性等特点，基于此，本文选择三一重工作为案例研究的样本企业。主要依据如下：①案例的典型性。三一重工是典型的从早期的传统制造企业应用先进的制造、管理技术进而转型升级成为先进制造企业的案例，研究该企业的技术能力跃升能为我国先进制造企业的技术赶超提供借鉴，并间接提高研究结论的普适性。②案例的启发性。三一重工经历了全球制造大环境的起伏更迭与我国制造业的转型升级，这与本文探索我国先进制造企业技术赶超中的能力跃升机制的研究主题高度契合，蕴含很大的理论构建空间与研究价值。③案例的适配性。三一重工对国外先进企业技术追赶的历程清晰并最终实现了技术赶超，其技术能力特征在企业的整个技术赶超过程中也发生了明显的阶段性变化，这些现象在很大程度上与本文的研究期望重合[29]。④资料的可得性。三一重工的技术赶超受到了业界与国家的高度重视和广泛关注，关于三一重工的新闻报道甚多，相关的学术研究也有迹可循，此外，本研究团队与三一重工的数位技术人员保持着密切的联系，便于进行深度的沟通、交流与访谈。以上这些特征与条件均为本文选择三一重工作为案例企业提供了理论与实践的依据。

2）案例数据收集

为提升案例研究的信度和效度，本文在样本企业的案例数据收集方面使用内部文件收集、科研文献整理、专家访谈三种方式，通过不同来源数据之间的三角检验确保数据的准确性和真实性。①内部文件收集。从案例对象的角度出发收集企业的内部文件与材料，具有稳定、确切、非涉入式、范围广泛等特点。本文主要收集并整理了三一重工官方网站公布的数据和资料，整合了三一重工年度报告中的数据和资料，观看了三一重工的内部影像资料与相关的公司刊物，这些资料是对该公司这些年来追赶并超越行业内技术领先企业的真实写照,反映了企业技术能力的阶段性变化。②科研文献整理。通过梳理现有关于我国先进制造企业技术赶超以及企业技术能力成长的相关文献材料,可以帮助我们把握数据收集的侧重与边界,构建一个粗略的理论网络体系进而厘清研究的逻辑方向。整理已有研究对三一重工相关方面的探讨,可以从学理界印证企业的成长并追溯其发展轨迹。③专家访谈。本文分别对三一重工的两名资深技术人员以及两名业内研究人员进行了共计 16 小时的非正式访谈,访谈主要通过电话、微信和 QQ 等途径进行,访谈内容围绕本文的研究目的涉及对三一重工技术赶超历程的看法、对三一重工技术能力成长的认识、对我国先进制造企业技术赶超的预测以及对影响企业技术能力提升的外在环境与内生因素的认识等。

综上,将收集到的数据、材料、录音和照片等资料整理成文稿,最终形成一手资料 1 万余字、二手资料 2 万余字,这些材料均不受研究者个人主观意见的影响与主导,为探索性纵向单案例研究提供了丰富、真实的数据库。为了使研究结论科学可靠,从所有资料中随机抽取部分资料作为前测样本,对编码结果依据相互同意度及信度公式进行计算,编码结果一致性较高,可进行正式编码。数据来源与编号如表 1 所示。

表 1　数据来源与编号

数据获取途径或来源	数据性质	编号
非正式访谈(电话、微信和 QQ 等)	实时性数据	F1
公司年报、内部刊物、企业新闻等	回溯性数据	S1
CNKI、百度学术等平台的相关研究文献	回溯性数据	S2

注:CNKI 它是中国国家知识基础设施(China National Knowledge Infrastructure)的首字母缩写,即中国知网。

3.2　案例数据编码

1)开放式编码

开放式编码是案例研究中数据处理的初始环节,目的在于定义现象、发展概念和提炼范畴。对三一重工的案例资料数据进行开放式编码,直至码号饱和。将"概念化"得到的概念冠以前缀"a","范畴化"得到的范畴冠以前缀"A",经过反复分析及讨论从原始资料中提取出 202 个概念,形成共计 72 个范畴,部分开放式编码结果如表 2 所示。

表 2　开放式编码示例

证据事例、原始记录(资料来源)	概念化	范畴化
当时的中国工程机械市场几乎被国外企业占据,如混凝土机械市场,国外品牌占了 95% 以上	a1 国企市场占有率低 a2 国外品牌占有率高	A1 市场占有差距
在巨大的需求之下,传统国企开始进入这个市场,但是企业员工积极性不高,对产品的改进速度慢	a3 行业市场需求大 a4 传统国企进入晚 a5 企业员工不积极	A2 后发劣势明显
起步之初,国内企业几乎都采取了关键部件进口的生产方式,即没有做或很少做本土化改造	a6 关键部件依赖进口 a7 本土化改造程度低	A3 技术依赖度高

证据事例、原始记录（资料来源）	概念化	范畴化
中国的设备产品被贴上了"品质低劣"的标签，公司做出进入大城市和大产业的"双进"决定	a8 产品质量不高 a9 企业战略调整	A4 产品质量差距
摆在三一重工面前的选择似乎只有两种：要么巨资引进跨国公司的技术，走引进、消化、吸收的"拿来主义"路子；要么与国外企业合资合营，用市场换技术	a10 引进国外技术 a11 与外企合资合营 a12 用市场换技术	A5 技术引进方式
当时的拖泵，尤其是核心部件集流阀组，制造技术一直被国外企业掌握，并通过采用非标准件设计构建了技术门槛，后来者想要简单模仿，几乎不可能	a13 缺乏核心制造技术 a14 制造技术门槛高 a15 技术模仿难度大	A6 制造技术壁垒
北京机械工业研究所的专家提出自行设计，用标准件来组装这个核心部件，这样三一重工才有可能在市场上买到稳定的零件	a16 提出自行设计 a17 自行组装部件 a18 积累零件材料	A7 技术本土设计
三一重工通过自主创新，成功研制的集流阀组打破了国外品牌的垄断，技术上的突破打造出三一重工的核心竞争力，带动了行业技术升级，构筑了安全的产业链	a19 尝试自主创新 a20 孕育核心竞争力 a21 带动技术升级	A8 寻求技术突破
更为重要的是，破局集流阀，打破了"国外还没那么做，我们也不能这么做"的信心壁垒	a22 萌发探索意识 a23 增强发展积极性	A9 技术探索意识

2）主轴式编码

主轴式编码旨在厘清各个概念之间的相互关系，进而整合出更高层次的范畴并发展出主要范畴。将开放式编码中被拆分出来的资料按照"因果条件-互动决策-结果"的范式模型进行整合，并挑选与研究问题最贴近的范畴形成主范畴，原来的范畴成为副范畴。例如，产品质量差距、成熟技术引进、技术依赖度高三个范畴可以整合为：三一重工的产品质量与业内领先企业存在较大差距，于是公司加大对国外成熟技术的引进与学习，这种不断地技术引进使得企业对国外技术的依赖程度逐渐增大。该过程反映了三一重工在进入行业的初期对国内外领先企业的技术引进与模仿，于是将这些范畴整合在"技术引进模仿"这一主范畴下，原来的范畴成为描述该主范畴的副范畴。类似地，本文按照这种步骤与范式最终提炼出 23 个主范畴，部分主轴式编码的结果如表 3 所示。

表 3　主轴式编码示例

主范畴	副范畴		
	因果条件	行动/互动决策	结果
资源禀赋差距	市场占有差距	进入时间较晚	后发劣势明显
技术引进模仿	产品质量差距	成熟技术引进	技术依赖度高
初步技术探索	制造技术壁垒	技术本土设计	萌发探索意识

3）选择式编码

选择式编码旨在提炼囊括其他范畴的核心范畴，开发出一条描述整个现象的"故事线"，从而把核心范畴与其他范畴有机联系起来，通过对概念和范畴的不断比较与修正，寻找范畴之间的逻辑联系。类似地，本文采用"因果条件-行动/互动决策-结果"的范式模型，构建核心范畴之间的逻辑联系。例如，三一重工受限于原始资源禀赋的积累而与领先企业存在技术能力的差距，于是公司在进行国内外成熟技术引进与模仿的同时，开始结合自身优势进行初步的技术探索，这就是一个经验学习的过程。部分选择式编码结果见表 4。

表 4　选择式编码示例

因果条件	行动/互动决策	结果
资源禀赋差距	技术引进模仿 初步技术探索	经验学习

3.3　案例分析与讨论

1）案例分析

三一重工股份有限公司由三一集团投资创建于 1994 年，是全球装备制造业领先企业之一。公司自成立以来取得了持续快速发展，2003 年 7 月 3 日，三一重工在上海 A 股上市并于 2005 年 6 月 10 日成为首家股权分置改革成功并实现全流通的企业；2011 年 7 月，三一重工以 215.84 亿美元的市值入围金融时报（Financial Times，FT）全球 500 强，是当时唯一上榜的中国工程机械企业；2012 年，三一重工并购混凝土机械全球第一品牌德国普茨迈斯特，改变了行业竞争格局；2015 年，三一重工成为行业内首批入选工业和信息化部智能制造试点示范项目名单的企业，带领"中国智造"换道超车；2017 年，公司累计申请专利 7501 项，授权专利 6218 项，申请及授权数均处于行业领先地位。因此，本文通过梳理现有研究理论并依据行业技术变革节点与企业的重大历史事件，将三一重工的技术赶超历程划分为战略与资源准备、快速追赶、缓慢靠近以及技术超越四个阶段（表 5），并据此分析三一重工股份有限公司的技术能力阶段特征。

表 5　三一重工的技术赶超历程

划分依据	战略与资源准备阶段 （1994～2002 年）	快速追赶阶段 （2003～2011 年）	缓慢靠近阶段 （2012～2016 年）	技术超越阶段 （2017 年至今）
行业技术水平	美、日、德、法	美、日、德、中	美、日、中、德	美、中、日、德
企业重大事件	公司成立并进入工程机械行业	三一重工在上海A股上市	收购德国品牌普茨迈斯特	深耕"一带一路"推动国际化研发
企业技术水平	国内一般水平	国内领先水平	国际一般水平	国际领先水平

（1）战略与资源准备阶段（1994～2002 年）。追赶企业的后发劣势使得技术引进成为其追赶初期提高技术能力的主要方式，并在此基础上进行模仿与经验学习，该阶段中，企业大量引入国外成熟的产品、设备和技术人员作为其原始的资源与技术积累。三一重工在 1994 年进入工程制造领域，当时的中国工程机械市场中外国品牌占据了 95%以上的市场份额，国产设备大多被贴上了"品质低劣"的标签。面临市场与技术的双重后发劣

势与巨大的资源禀赋差距，三一重工提出"双进"战略，并开始结合自身的后发优势与所处的产业背景进行原始资源要素积累。与此同时，公司开始在集流阀组等核心零部件方面进行本土化的设计，既满足了自身发展的需求，也开始萌发了技术探索的意识。通过数据编码我们发现，三一重工在战略与资源准备阶段的技术能力处于经验学习阶段，企业依靠零部件购买与成熟技术引进模仿的方式进行生产，并进行初步的技术探索与改造。

（2）快速追赶阶段（2003~2011 年）。随着企业快速发展与国际化程度加深，经验学习带来的技术溢出效应将难以维系企业的经济增长动力，技术能力层级踏入探索研究阶段，开放式创新成为打破技术隔离的有力武器。2003 年 7 月，三一重工在上海 A 股上市并于 2005 年 6 月 10 日成为首家股权分置改革成功和实现全流通的企业，公司进入快速发展阶段。随着全球化浪潮的继续深入，三一重工的经营得到了全球市场、资源和人才的支持，因此公司加大了国际化投资与国际化研发的力度，并通过在全球建立研发体系、保持与知名研究机构的合作以及与国内外供应商建立产业联盟的方式，构建全球化研发网络进而开拓国际化市场。公司积极进行优势资源整合并推动精益制造，在引进、消化和吸收国外先进技术的同时进行初步的技术创新，这种反向的技术探索为企业改进产品质量、提升生产能力进而推动企业技术能力发展提供了强劲的推动力量。

（3）缓慢靠近阶段（2012~2016 年）。全球化创新活动引领技术能力层级跃升，企业技术能力的性质由依赖技术引进的探索性创新向完全独立的自主性研发转变。从表面上看，受限于国际经济的低位复苏与国内宏观经济的增速回落，三一重工的发展在 2012~2016 年经历了阶段性的低谷，但公司抓住了此次挑战背后的发展机遇，以核心技术自主研发为主推动企业的核心业务转型与盈利模式创新，同时进行企业管理的优化和研发人员的引进与培养。这段时期企业的发展遇到瓶颈，整体的技术赶超历程进入缓慢靠近阶段，但从对这一时期案例资料数据的编码结果来看，企业的技术能力得到了重大提升并进入了自主研发阶段。

（4）技术超越阶段（2017 年至今）。通过扩大海外市场、完善研发体系、构建人才体系与研发核心技术等途径，三一重工实现了对国内外领先企业的全面技术超越，企业的技术能力也进入了技术引领阶段。经历了阶段性的发展低迷期，三一重工迎来了新的发展机遇。国内外经济同步复苏，工程机械制造行业的市场需求激增，三一重工的转型升级也基本完成，公司进一步扩大海外市场并推进海外人才本地化与制造本地化。同时完善全球化研发体系，包括研发机制的升级、研发能力的提升与先进制造工艺的开发等。在技术人才资源积累方面，公司继续培养和引进核心创新人才、数字化人才和经营管理人才，并成功实施员工持股计划对研发人员、潜力人才与企业再造人才进行股权激励，构建了多元的人才体系。公司充分运用数字化与智能化开发平台组建技术研发中心，大力研发核心、关键技术。从整体上看，三一重工的技术能力在企业技术超越阶段实现了技术引领。

三一重工的案例资料数据编码结果显示，企业的技术能力随着其技术赶超历程的推进实现了相应的阶段性跃升。如图 2 所示，企业的技术能力依次经历了经验学习、探索研究、自主研发和技术引领四个阶段，各个阶段的技术能力特征在生产绩效、投资能力以及创新结果三个维度上具有不同的表现。经验学习与探索研究阶段主要进行基本的生产制造与技术引进模仿，自主研发与技术引进阶段则侧重于深度的技术研发投入与创新结果产出。

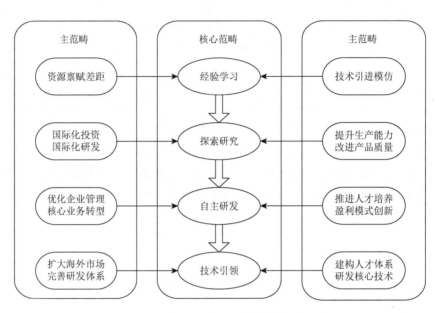

图 2　三一重工技术赶超中的技术能力跃升

2）案例讨论

通过对三一重工的技术赶超历程进行回溯与梳理，发现企业的技术能力会依次经历经验学习、探索研究、自主研发和技术引领四个阶段。企业在经验学习阶段进行成熟技术的引进、吸收和模仿，以此来积累原始技术资源要素并完成简单的制造与生产；当技术资源积累到一定程度后，企业开始利用经济全球化的机遇进行国际化投资与探索研究，寻求更多的逆向技术溢出；随着技术能力不断接近行业内的领先企业、探索研究阶段的逆向技术溢出边际效用递减，企业只有对核心部件和关键技术进行自主设计与研发创新，才能跨越"引进—落后—再引进—再落后"的"技术追赶陷阱"，实现对领先企业的技术赶超；持续的研发投入与完善的人才培养体系助力企业突破核心技术壁垒，进而取得行业内的技术领先地位。

无独有偶，三一重工这种包含技术引领或行业标准制定的四阶段技术能力跃升模式，与中国高铁的试验性探索、引进学习、正向设计和标准体系建设四阶段技术能力成长历程有很大的相似之处。于是基于上述分析以及对现有关于企业技术能力特征与成长体系的讨论，归纳出我国先进制造企业在技术赶超过程中技术能力跃升的四阶段特征如图 3 所示。得出该结论的依据主要有：①三一重工是我国典型的传统制造企业依托先进制造与管理技术转型升级的先进制造企业，其技术能力的阶段特征与阶段划分可以作为识别我国先进制造企业技术能力特征的重要依据；②本探索性纵向单案例研究的设计与执行均严格按照已有研究的建议，即数据的收集满足三角检验条件、数据的编码满足信度与效度的相关要求、数据编码结果的分析真实客观，故案例研究的结论具有很强的参考意义；③对比现有研究的相关结论发现，在本文案例分析识别出的企业技术能力四阶段特征中，前三阶段与已有研究得出的经验学习、探索研究和自主研发三阶段特征具有一致性，而本文的第四阶段的出现是由于我国先进制造企业技术能力的特殊性，这点在对中国高铁技术赶超中能力成长的研究中已有体现，我国先进制造企业的技术能力随着技术赶超的实现，会在产品、工艺及专利方面维持其技术引领的地位。

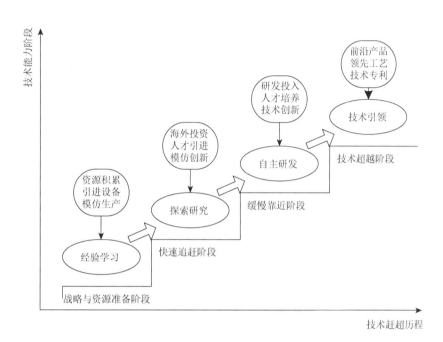

图 3　我国先进制造企业技术赶超中能力跃升的四阶段特征

4. 模型构建与仿真

前文通过对三一重工的案例分析归纳总结出我国先进制造企业技术赶超过程中能力跃升的四阶段特征，这些特征揭示了企业技术赶超的历程，并在一定程度上刻画了我国先进制造企业技术能力跃升的动态演进过程，那么这种技术能力跃升过程会有怎样的外在表现呢？又会受到哪些内生因素与外部环境的抑制或促进呢？接下来将基于前述案例研究的四阶段技术能力特征，构建企业在技术赶超中能力跃升的隐马尔可夫模型，并进行动态模拟与仿真测算，探索我国先进制造企业在处于不同技术能力阶段时的最优技术能力成长路径。

4.1　隐含状态与转移概率矩阵

1）隐含状态

根据前文的案例数据编码结果与案例研究结论，我国先进制造企业的技术能力会经历经验学习、探索研究、自主研发与技术引领四个主要阶段，分别进行不同程度的技术引进模仿、消化吸收、正向设计和自主创新。在此基础上，基于隐马尔可夫模型各要素规则，将隐含状态数量 N 设为 4，隐含状态集合 $S = \{S_1, S_2, S_3, S_4\}$，具体如表 6 所示。我国先进制造业发展初期，企业主要针对其发展战略进行初步的技术引进，并在此基础上开展模仿与经验学习。经验学习阶段为企业技术能力跃升的初始阶段，该阶段中，企业大量引入国外成熟的产品、设备和技术人员作为其原始的资源与技术积累；随着技术要素的累积，企业开始结合国内需求进行适应性生产即"国产化"，同时加大对外投资与购买力度并尝试进行在引进消化吸收基础上的再创新；历史的经验教训告诉我们，企业如果只顾埋头引进而忽视在消化吸收中实质性地提升自身技术能力，终将陷入"不断引进不断落后"的"技术追赶陷阱"[10]，所以及时转变发展意识与战略，借助后发优势引导企业由引进基础上的二次创新向原始创新过渡，才有可能助力企业技术能力跃升至自主研发阶段甚至更高的层级；中国高铁与汽车领域企业的技术能力发展轨迹给予我们新的启示，自主研发可能并不是企业技术能力的最终归宿，于是我们设想，企业借助生产要素积累、投资引进吸收与自主研发过程中的原始创新，其技术能力将有可能超越先发企业实现后来居上达到更高层次的技术引领阶段。

表 6　隐含状态向量表

隐含状态向量	技术能力阶段	相关描述
S_1	经验学习	技术引进模仿
S_2	探索研究	技术消化吸收
S_3	自主研发	技术自主创新
S_4	技术引领	技术知识专利

2）隐含状态转移概率矩阵

根据隐马尔可夫模型特征与我国先进制造企业技术能力演进的层级阶段设想，技术能力各阶段之间的转换过程具有遍历性，即每个技术能力阶段都可能从其他任何阶段到达。基于此，将各阶段之间相互转换的可能性作为隐含状态转移概率矩阵的各元素，构建我国先进制造企业技术能力层级跃升的隐含状态转移概率矩阵：

$$A = \begin{pmatrix} a_{11} & a_{12} & a_{13} & a_{14} \\ a_{21} & a_{22} & a_{23} & a_{24} \\ a_{31} & a_{32} & a_{33} & a_{34} \\ a_{41} & a_{42} & a_{43} & a_{44} \end{pmatrix}$$

其中，$\sum_{j=1}^{N} a_{ij} = 1$，$N = 4$，$i \in [1, 4]$。元素 a_{ij} 表示在 t 时刻处于 S_i 状态，$t + 1$ 时刻转移到 S_j 状态的隐含状态转移概率。

4.2　观测状态与概率矩阵

1）观测状态

与 4.1 节类似，基于相关文献梳理与理论概化，本文将我国先进制造业企业技术能力在隐马尔可夫模型中显性识别为生产绩效、投资能力和创新结果三类，分别对应一类观测状态。因此，观测状态数量 $M = 3$，观测状态集合为 $V = \{V_1, V_2, V_3\}$，具体见表 7。企业技术能力体现在对现有资源的优化配置、外部资源的获取吸收以及在此基础上的产品创新和工艺优化，于是我们分别从生产绩效、投资能力和创新结果三个维度上各可观测因素的表现对其进行测算。先进制造业的先进性表现为技术的高精尖和产品的异质性，其技术能力更加依赖于附着在内部人员、生产设备与组织机构中的所有内生化知识存量，但随着技术能力的积累，企业的生产过程会由以人力劳动为主转向设备更新迭代的机械化与智能化，同时加强组织资源的配置与管理；投资能力体现在人才引进、设备购买和研发投入方面，大量引入业内高素质人才与先进设备能够帮助企业快速进入并适应行业发展，促使企业技术能力不断跃升，然而企业要想跨越"技术追赶陷阱"，必须加大研发投入以自主创新的核心技术推动企业技术能力实现"换道超车"[30]。这里的创新成果包括前沿产品、领先工艺和技术专利，企业技术能力在经历从经验学习、探索研究到自主研发和技术引领阶段的过程中，其创新模式与路径将由引进基础上的二次创新向全要素原始创新以及全生命周期的基础创新过渡，在此期间，企业创新结果中异质化产品、特殊工艺与核心技术的不断积累是其技术能力向自主研发演化，进而最终实现技术引领的支撑性要素。

表 7　观测状态向量表

观测状态向量	技术能力维度	相关描述
V_1	生产绩效	基本生产
V_2	投资能力	技术引进
V_3	创新结果	自主研发

2）观测状态概率矩阵

与隐含状态转移概率矩阵类似，观测状态概率矩阵描述技术能力在经验学习、探索研究、自主研发以及技术引领四个阶段时企业分别进行生产、投资和创新活动的配比。将各阶段中表征生产绩效、投资能力和创新结果的三类活动发生的概率作为观测状态概率矩阵元素，通过隐含状态与观测状态之间的联系，刻画我国先进制造业企业技术能力的阶段性变化。

$$\boldsymbol{B} = \begin{pmatrix} b_{11} & b_{12} & b_{13} \\ b_{21} & b_{22} & b_{23} \\ b_{31} & b_{32} & b_{33} \\ b_{41} & b_{42} & b_{43} \end{pmatrix}$$

其中，$\sum_{k=1}^{M} b_{jk} = 1$，$k \in [1, M]$，$M = 4$。元素 b_{jk} 表示 t 时刻模型在隐含状态 S_j 产生观测状态 V_k 的概率。

4.3　模型评估与解码

1) 参数赋值

在进行模型评估和解码之前，需要对模型的相关参数进行初始的赋值。通过整合现有采用扎根理论、文献计量、实证研究和案例分析法对我国先进制造业与企业技术能力定义、特征和内涵的研究成果，并基于上述企业技术能力四阶段隐马尔可夫模型的构建，分别对其初始状态概率矩阵 $\boldsymbol{\pi}$、隐含状态转移概率矩阵 $\boldsymbol{A}$ 与观测状态概率矩阵 $\boldsymbol{B}$ 进行参数赋值，具体如下。

（1）初始状态概率矩阵 $\boldsymbol{\pi}$。模型中隐含状态的起始位置即初始状态，其概率分布构成初始状态概率矩阵。资源禀赋的原始积累差异与复杂多变的外部环境影响使得我国先进制造业发展极不均衡，不同类别中企业的技术能力层级阶段也会由此而处于不同的位置，忽略这种差异化的存在而将其一概而论来探讨企业技术能力阶段性演化的特征与机制，是盲目且不合理的。于是我们将初始状态概率矩阵分别赋值为(1, 0, 0, 0)、(0, 1, 0, 0)、(0, 0, 1, 0)、(0, 0, 0, 1)，依次表征企业起始处于经验学习、探索研究、自主研发以及技术引领阶段。

（2）隐含状态转移概率矩阵 $\boldsymbol{A}$。企业技术能力会随着模仿生产、投资引进和自主创新活动的推进产生阶段性的变化，从而实现各个阶段之间的状态转移，这种转移的可能性称为状态转移概率，所有阶段之间的状态转移概率元素构成隐含状态转移概率矩阵。具体来说，技术能力发展的黏滞现象会导致企业倾向于固守原有的技术能力水平，并且这种黏性会随之增强，故将此模型中隐含状态转移概率矩阵的对角线元素分别设为 0.4、0.45、0.5、0.6；同时，企业技术能力需要突破"技术追赶陷阱"与核心技术缺乏的束缚才能实现向更高阶段跨越，并且其向高级阶段转移的概率呈下降趋势，于是我们按照这种趋势对相关概率元素进行赋值；此外，尽管我们基于模型的全面性考虑，假设企业技术能力在各阶段之间均有可能实现状态转移，但已有案例表明，高阶段技术能力的黏性与惯性会对其形成状态保护，也就是说，自主研发或者技术引领阶段的技术能力极低，可能甚至几乎不会向经验学习与探索研究阶段转移。因此，结合现有理论研究成果与现实案例分析完成隐含状态转移概率矩阵赋值。

$$
\boldsymbol{A} = \begin{pmatrix} 0.40 & 0.30 & 0.20 & 0.10 \\ 0.20 & 0.45 & 0.25 & 0.10 \\ 0.05 & 0.25 & 0.50 & 0.20 \\ 0.00 & 0.10 & 0.30 & 0.60 \end{pmatrix}
$$

（3）观测状态概率矩阵 $\boldsymbol{B}$。类似地，讨论企业在经验学习、探索研究、自主研发以及技术引领阶段分别进行不同程度的模仿生产、投资引进与自主创新活动，并将这些程度转化为概率，以此形成观测状态概率矩阵。首先，对于企业生产活动而言，随着技术能力的阶段性变化，企业会逐渐减少其大规模的基础性模仿生产，转而保留维持企业持续性发展与自主研发需求的个性化生产活动；其次，企业在早期的发展过程中，为填补原始资源积累与成熟技术储备的空缺，会加大投资引进的力度，而当企业各生产要素积累到一定程度时，限制其技术能力进步的关键要素会转变为核心技术的研发与应用，这种核心技术很难通过购买的途径获取，故在发展后期企业会减少投资活动转而增加自主研发与创新的投入；最后，技术创新活动很大程度上影响企业技术能力的演化进程，早期的创新主要表现为技术引进基础上的二次创新，这种模仿为主、创新为辅的模式很难支撑企业技术能力向更高层次迈进，完全自主的原始创新是企业突破技术封锁与市场壁垒的关键路径，本文对此不作具体讨论，将其"黑箱化"为技术创新活动。于是，对观测状态概率矩阵 $\boldsymbol{B}$ 赋值如下：

$$\boldsymbol{B} = \begin{pmatrix} 0.60 & 0.30 & 0.10 \\ 0.40 & 0.45 & 0.15 \\ 0.25 & 0.30 & 0.45 \\ 0.15 & 0.20 & 0.65 \end{pmatrix}$$

2）模型评估

对于隐马尔可夫模型中的初始参数赋值是否合理需通过模型评估进行有效性检验，本文选用前向算法进行模型评估[28]，并在 Python 3.7 中的 IDLE 集成开发环境下进行程序编译与算法实现。在已知模型 $\lambda = (N, M, \boldsymbol{\pi}, \boldsymbol{A}, \boldsymbol{B})$ 各参数值的前提下，前向算法可递归计算出给定初始状态下各观测序列发生的概率。

根据我国先进制造企业技术能力跃升的四阶段隐马尔可夫模型假设，测算出四类不同初始状态即经验学习、探索研究、自主研发与技术引领阶段下，企业进行不同程度的模仿生产、投资引进和技术创新活动，从而产生包括 $O = [V_1, V_2, V_3]$ 在内的六组观测序列发生的概率，如表 8 所示。可以看出：①初始状态为经验学习阶段的企业将精力主要放在基本的生产活动上，并进行行业内成熟共性技术的模仿学习进而积累更多的原始技术资源要素；②随着资源要素的快速积累，企业技术能力迈入探索研究阶段，基本的模仿生产活动已经不能满足其日益增长的发展需求，足够的资本积累助力其加强投资引进与自主研发的萌芽；③受限于市场垄断与技术封锁的后发追赶劣势，简单地模仿生产与一味地投资引进会导致企业技术能力停滞不前甚至陷入"引进—落后—引进"的"技术追赶陷阱"，此时只有依靠主动的技术创新并加大自主研发的投入力度，才有可能跨越技术能力发展的鸿沟进而实现技术赶超和技术引领。

表 8　四类不同初始状态下各主要观测序列发生的概率

观测序列	初始状态			
	S_1: $\pi_1 = (1, 0, 0, 0)$	S_2: $\pi_2 = (0, 1, 0, 0)$	S_3: $\pi_3 = (0, 0, 1, 0)$	S_4: $\pi_4 = (0, 0, 0, 1)$
$O = [V_1, V_2, V_3]$	0.0595	0.0435	0.0287	0.0169
$O = [V_1, V_3, V_2]$	0.0448	0.0333	0.0299	0.0222
$O = [V_2, V_1, V_3]$	0.0352	0.0492	0.0299	0.0178
$O = [V_2, V_3, V_1]$	0.0219	0.0357	0.0321	0.0248
$O = [V_3, V_1, V_2]$	0.0143	0.0192	0.0419	0.0397
$O = [V_3, V_2, V_1]$	0.0123	0.0191	0.0449	0.0437

从上述对前向算法所得模型评估结果的分析可以发现，这与已有相关研究的主流结论和现实案例的具体表现都极为吻合，在一定程度上证明了该模型构建的合理性与有效性，也为接下来进行模型解码奠定了基础。

3）模型解码

在上述模型评估的基础上进行模型解码，考察我国先进制造业企业技术能力在处于不同初始阶段的前提下，通过进行不同程度的模仿生产、投资引进与技术创新活动，是否以及如何实现技术能力层级阶段的跃升。

本文采用 Viterbi 算法对模型进行解码[31]，并使用 Python 语言编写 Viterbi 算法程序代码测算我国先进制造业中各类企业在不同初始状态下其技术能力的阶段性演化情况，得到如表 9 所示的仿真结果。根据模型评估分析，我们主要考察四类观测序列情况，即 $O_1 = [V_1, V_2, V_3]$、$O_2 = [V_1, V_2, V_2]$、$O_3 = [V_1, V_3, V_2]$、$O_4 = [V_1, V_3, V_3]$。具体来说：①对于初始状态为 S_1 的企业，在观测序列 O_1、O_2、O_3、O_4 条件下均能实现技术能力从 S_1 阶段跃升至 S_2 阶段及以上，且在 O_1 和 O_3 情况下能够跃升至 S_3 阶段，而在 O_4 条件下甚至可以跨越 S_2 阶段并经由 S_3 阶段到达最高的 S_4 阶段；②就初始状态为 S_2 阶段的企业而言，观测序列 O_2 已经不能支撑企业技术能力向更高的阶段跃升，O_1 与 O_3 也分别表现出不同程度的黏滞性，仅 O_4 能够支撑企业的技术能力迈向 S_3 阶段和 S_4 阶段；③若企业初始状态为 S_3 阶段，则其技术能力极有可能被限制在该阶段而停滞不前，甚至在 O_2 的条件下出现由 S_3 阶段跌落至 S_2 阶段的情况，只有 O_4 能够使企业的技术能力在经历短暂的滞留后从 S_3 阶段跃升至 S_4 阶段；④当企业技术能力达到 S_4 阶段后，O_1、O_2、O_3、O_4 四类观测序列条件下均能维持企业当前的状态，于是我们考察了第五类观测序列 $O_5 = [V_1, V_1, V_2]$，即企业放弃技术创新转而进行模仿生产与投资引进。结果发现，处于 S_4 阶段的企业仍然有跌落至 S_3 阶段的风险。

表 9　各初始状态下企业技术能力的阶段性演化

观测序列	初始状态			
	S_1：$\pi_1 = (1, 0, 0, 0)$	S_2：$\pi_2 = (0, 1, 0, 0)$	S_3：$\pi_3 = (0, 0, 1, 0)$	S_4：$\pi_4 = (0, 0, 0, 1)$
$O_1 = [V_1, V_2, V_3]$	$S_1 \to S_2 \to S_3$	$S_2 \to S_2 \to S_3$	$S_3 \to S_3 \to S_3$	$S_4 \to S_4 \to S_4$
$O_2 = [V_1, V_2, V_2]$	$S_1 \to S_1 \to S_2$	$S_2 \to S_2 \to S_2$	$S_3 \to S_3 \to S_2$	$S_4 \to S_4 \to S_4$
$O_3 = [V_1, V_3, V_2]$	$S_1 \to S_3 \to S_3$	$S_2 \to S_3 \to S_3$	$S_3 \to S_3 \to S_3$	$S_4 \to S_4 \to S_4$
$O_4 = [V_1, V_3, V_3]$	$S_1 \to S_3 \to S_4$	$S_2 \to S_3 \to S_4$	$S_3 \to S_3 \to S_4$	$S_4 \to S_4 \to S_4$
$O_5 = [V_1, V_1, V_2]$	—	—	—	$S_4 \to S_4 \to S_3$

根据以上模型解码得出的结果分析发现，基本的模仿生产与投资引进活动仅能帮助企业实现技术能力从经验学习向探索研究阶段跃升；持续性的技术创新才是助力企业摆脱技术封锁与路径依赖进而跃升至自主研发甚至技术引领阶段的关键；反之，若放弃自主创新而执着于投资引进模仿，企业将陷入技术追赶陷阱，其技术能力也将跌落甚至囿于低级阶段。

5. 结论与展望

5.1 主要结论

本文基于技术赶超视角探讨我国先进制造企业技术能力的基本要素特征及其阶段性

变化，以三一重工为切入点采用探索性纵向单案例与隐马尔可夫模型相结合的分析方法，构建企业技术能力层级阶段的隐含状态与观测状态矩阵，并对模型进行评估和解码。研究发现，企业更倾向于沿着模仿生产→投资引进→自主创新的技术进步路径提升其技术能力，这与现有的演化路径理论具有一致性。与以往研究不同的是，本文在此基础上继续探索我国先进制造业中不同类别的企业在身处不同状态的情境下按照此路径实现技术能力阶段性跃升的内生要素，以及这种跃升的外在表现，得到的结论主要有以下几点。

（1）企业的技术能力可依次划分为经验学习、探索研究、自主研发与技术引领四个阶段，其中，前三阶段的划分方式支持了现有关于我国企业技术能力演进的相关研究成果，最后一阶段的提出则是本文基于三一重工技术赶超历程的案例分析得到的新启示。

（2）技术能力处于经验学习阶段的企业在技术赶超过程中能够依次跃升至探索研究、自主研发以及技术引领阶段，也能通过提前布局主动创新战略跨越探索研究进而跃升至自主研发甚至更高的技术能力阶段。经验学习阶段的企业可以利用后发优势吸收模仿行业内成熟的共性技术，这既降低了成本，也在一定程度上规避了研发的风险，助其快速积累技术资源实现技术能力跃升；探索研究阶段的企业在技术能力成长过程中开始表现出一定程度的黏滞性，技术创新是其突破路径锁定与技术依赖的重要举措。该阶段中企业可以继续沿着模仿生产和投资引进的技术能力成长轨迹延续低成本的后发优势，也可通过二次创新将引进吸收的成熟技术要素转化为自身的优势资源积累；自主研发阶段是企业实现技术赶超的关键，持续的技术创新是其弥补后发劣势进而突破技术壁垒与追赶陷阱的必要选择，反之，一味地引进学习将导致企业技术能力跌落甚至囿于低级阶段。这一阶段中的企业在经历前两个阶段的高速发展后积累了大量的知识资源与研发资本，为自主研发准备了足够的物质基础，正确把握这些优势资源能够助力企业实现技术赶超。

（3）实现技术赶超后，企业技术能力跨入技术引领阶段。这是企业技术能力成长的最高状态，虽能获得行业领先优势，但同样也面临被其他企业赶超的风险，只有永远保持创新的活力与热情，不断探索并掌握领先的关键核心技术，才能助推企业技术能力的长久稳定发展。

5.2 启示与展望

我国先进制造企业技术能力跃升的四阶段模型较完整地刻画出了企业在技术赶超过程中的成长轨迹，这种动态演进过程在企业处于不同技术能力阶段时表现出不同程度的跃升状态。处于低级阶段的企业可以凭借后发优势沿着既定技术轨道进行资源要素投入，也可提前布局主动创新战略另辟蹊径进行核心技术的自主研发，前者易导致企业陷入"技术追赶陷阱"，后者是其跨越"技术追赶陷阱"的重要路径选择；技术能力处于较高阶段的企业需要加大研发投入并进行持续的技术创新，助力其突破核心技术的壁垒进而实现技术赶超。本研究在一定程度上丰富了我国先进制造企业技术赶超与企业技术能力成长的理论体系，为处于不同成长阶段的企业提升其技术能力进而实现对领先企业的技术赶超提供了实践建议。

本文在以下方面还存在不足，有待进一步的研究与深入探讨：首先，在衡量企业技术能力阶段的时候使用生产绩效、投资能力和创新结果三类较为宽泛的指标，这为构建隐马尔可夫模型并进行相关分析提供了便利，也在一定程度上限制了研究的广度和深度，后续的研究中可尝试将这三类指标进行细分或拓展；其次，出于模型简洁性考虑，对模型参数进行了较为简单的初始赋值，在今后的研究中，可考虑将实际样本数据纳入模型的计算当中；最后，本文创造性地采用探索性纵向单案例与隐马尔可夫模型相结合的研究方法，取得了较好的研究结果，未来可尝试加入多个案例，以增强研究结论的普适性。

<h2 style="text-align:center">主要参考文献</h2>

[1]　Meyer K E. Catch-up and leapfrogging: Emerging economy multinational enterprises on the global stage[J]. International Journal of the Economics of Business, 2018, 25 (1): 19-30.

[2]　Petralia S, Balland P A, Morrison A. Climbing the ladder of technological development[J]. Research Policy, 2017, 46 (5): 956-969.

[3]　Ray P K, Ray S, Kumar V. Internationalization of latecomer firms from emerging economies: The role of resultant and autonomous learning[J]. Asia Pacific Journal of Management, 2017, 34 (4): 851-873.

[4]　Shin J S. Dynamic catch-up strategy, capability expansion and changing windows of opportunity in the memory industry[J]. Research Policy, 2017, 46 (2): 404-416.

[5]　Lee K, Malerba F. Economic catch-up by latecomers as an evolutionary process[M]//Modern evolutionary economics: an overview. Cambridge: Cambridge University Press, 2018.

[6]　刘明达, 顾强. 从供给侧改革看先进制造业的创新发展: 世界各主要经济体的比较及其对我国的启示[J]. 经济社会体制比较, 2016 (1): 19-29.

[7]　Kim D, Lee H, Kwak J. Standards as a driving force that influences emerging technological trajectories in the converging world of the Internet and things: An investigation of the M2M/IoT patent network[J]. Research Policy, 2017, 46 (7): 1234-1254.

[8]　路风. 冲破迷雾: 揭开中国高铁技术进步之源[J]. 管理世界, 2019, 35 (9): 164-194.

[9]　黄永春, 王祖丽, 肖亚鹏. 新兴大国企业技术赶超的时机选择与追赶绩效: 基于战略性新兴产业的理论与实证分析[J]. 科研管理, 2017, 38 (7): 81-90.

[10]　徐雨森, 李亚格, 史雅楠. 创新追赶背景下后发企业路径创造过程与能力: 金风科技公司案例研究[J]. 科学学与科学技术管理, 2017, 38 (6): 110-120.

[11]　Majchrzak A, Cooper L P, Neece O E. Knowledge reuse for innovation.[J]. Management Science, 2004, 50 (2): 174-188.

[12]　贺俊, 吕铁, 黄阳华, 等. 技术赶超的激励结构与能力积累: 中国高铁经验及其政策启示[J]. 管理世界, 2018, 34 (10): 191-207.

[13]　王芳, 赵兰香. 后发国家 (地区) 企业技术能力动态演进特征研究: 基于潜在转换分析方法[J]. 中国软科学, 2015 (3): 105-116.

[14]　Miao X Y. Research on the strategic choice of technological innovation and technological leapfrogging of late-developing enterprises: Literature review and future prospect, 2019[C]. Paris: Atlantis Press, 2019.

[15]　吕铁, 江鸿. 从逆向工程到正向设计: 中国高铁对装备制造业技术追赶与自主创新的启示[J]. 经济管理, 2017, 39 (10): 6-19.

[16]　Divella M. Cooperation linkages and technological capabilities development across firms[J]. Regional Studies, 2017, 51 (10): 1494-1506.

[17]　吕富彪. 辽宁高端装备制造业技术创新能力提升的演进路径研究[J]. 科学管理研究, 2018, 36 (1): 46-49.

[18]　邢文凤. 比较企业优势观视角下后发企业追赶路径研究: 以新能源汽车发展引发的范式转换为背景[J]. 科学学研究, 2017, 35 (1): 101-109.

[19] 杨飞，孙文远，程瑶. 技术赶超是否引发中美贸易摩擦[J]. 中国工业经济，2018（10）：99-117.

[20] Bessonova E，Gonchar K. How the innovation-competition link is shaped by technology distance in a high-barrier catch-up economy[J]. Technovation，2019，86：15-32.

[21] 刘磊，刘晓宁. 自主研发、技术引进与制造业国内技术含量[J]. 科研管理，2018，39（8）：34-42.

[22] 姜辉. 美国出口管制政策与我国技术引进路径演变[J]. 经济地理，2018，38（1）：112-119.

[23] 李金华. 中国先进制造业技术效率的测度及政策思考[J]. 中国地质大学学报（社会科学版），2017，17（4）：104-116.

[24] 李志春，李海超. 中国高技术产业技术创新动态能力演化研究[J]. 科技管理研究，2019，39（9）：186-191.

[25] Jin B，García F，Salomon R. Inward foreign direct investment and local firm innovation：The moderating role of technological capabilities[J]. Journal of International Business Studies，2019，50（5）：847-855.

[26] 江志鹏，樊霞，朱桂龙，等. 技术势差对企业技术能力影响的长短期效应：基于企业产学研联合专利的实证研究[J]. 科学学研究，2018，36（1）：131-139.

[27] 魏江，赵齐禹. 规制合法性溢出和企业政治战略：基于华为公司的案例研究[J]. 科学学研究，2019，37（4）：651-663.

[28] 楼振凯，侯福均，楼旭明. 部分状态可见的隐马尔可夫模型状态序列的估计方法[J]. 统计研究，2019，36（6）：107-114.

[29] Guo L，Zhang M Y，Dodgson M，et al. Seizing windows of opportunity by using technology-building and market-seeking strategies in tandem：Huawei's sustained catch-up in the global market[J]. Asia Pacific Journal of Management，2019，36（3）：849-879.

[30] 臧树伟，陈红花. 创新能力如何助力本土品牌厂商"换道超车"？[J]. 科学学研究，2019，37（2）：338-350.

[31] 陈哲怀，郑文露，游永彬，等. 标签同步解码算法及其在语音识别中的应用[J]. 计算机学报，2019，42（7）：1511-1523.

数字经济发展水平测度及其对全要素生产率的影响效应[①]

万晓榆　罗焱卿

发展数字经济对强化国家战略科技力量、增强产业链供应链自主可控能力、扩大内需、调整优化产业结构和能源结构具有重要意义。数字经济起源于第五次技术革命，呈现典型的三大特征：一是生产工具发生变化，以大数据、人工智能、云计算等为代表的新一代信息技术成为经济发展的重要基础设施，为产业数字化发展和企业数字化转型提供支撑；二是产业结构发生重大变化，数字产业在国民产业结构中的价值不仅体现在增加值方面，更体现在对传统产业的改造与升级方面；三是数据成为重要生产要素，数据渗透到经济社会发展的方方面面，有效提升传统生产要素的配置效率，并不断丰富数据要素供给的维度和体量，体现出数字经济的融合性。中国信息通信研究院报告显示，2020年我国数字经济规模达到39.2万亿元，占国内生产总值（gross domestic product, GDP）比重为38.6%，已成为引领经济高质量发展的核心驱动力。然而，在我国数字经济整体发展向好的背景下，城市间"数字经济鸿沟"较为严峻，北京市的互联网普及率达到70.3%，而互联网普及程度较低的云南、江西、贵州等省份普及率不到25%[②]。加快弥补"数字经济鸿沟"引发的各类经济社会问题，对我国经济高质量发展具有重要意义。

学术界关于数字经济的理论研究已有较多积累，学者从宏观层面的要素投入、生产效率和资源配置，到微观层面的规模经济、范围经济和供需匹配等方面研究数字经济对全要素生产率的影响机制。本文所提供的研究视角是：在构建中国省际数字经济测度指标体系的基础上，识别各省区市间"数字经济鸿沟"的症结，并以此从实证的角度研究数字经济对经济高质量发展的影响效应，丰富现有理论研究。实践中，更为全面客观地分析我国数字经济发展现状与"数字经济鸿沟"的突出问题，为更好地发挥数字经济对全要素生产率的支撑作用提供政策建议。

1. 相关文献综述

自2013年我国手机网民数量规模化以来，互联网行业迎来移动端时代，中国数字经济的基本格局已经形成，并迈入成熟期[1]。学术界在理论层面对数字经济的内涵、特征以

---

①发表期刊：《改革》，2022（1）：101-118，有改编。

基金项目：重庆市重大决策咨询项目"推动重庆数字经济与实体经济深度融合研究"（2020ZB08）。

作者简介：万晓榆，重庆邮电大学经济管理学院院长，教授；罗焱卿，重庆邮电大学经济管理学院研究生。

②数据来源：第48次《中国互联网络发展状况统计报告》。

及对经济、产业发展的影响展开了深入的研究。早期的研究主要集中于数字经济的本质、内涵和特征方面。张鹏[2]提出数字经济的本质是一种历史范畴，其形态是经济系统中技术、组织和制度相互作用过程的宏观涌现，这一过程中基于技术进行资源配置优化的人类经济活动的高度协调和互动所塑造的新生产组织方式的不断优化，是一种典型的从技术角度区分的经济概念[3]，其特征包括高增长性、颠覆性创新[4]。总的来说，数字经济区别于传统的经济发展模式，其最典型的特征是利用信息技术来驱动生产力增长和经济结构优化。迈入经济高质量发展阶段，学术界开始关注数字经济对经济高质量发展的影响机制与效应。荆文君和孙宝文[5]从微观、宏观两个方面探讨数字经济与经济增长的关系及其促进经济高质量发展的内在机理。温军等[6]提出"经营生态-数字赋能-高质量发展"的分析框架，认为数字经济从增强传统要素质量、提升资源配置效率与塑造数据要素新动能三个方面促进了经济维度的高质量转型。另有学者从大数据赋能[7]、数字经济与实体经济融合[8]、政策供给体系[9, 10]、数字金融[11, 12]等角度研究数字经济对经济高质量发展的影响机制。

除了从理论方面研究数字经济的内涵特征与对经济发展的影响之外，关于数字经济的评价指标体系及相关实证研究也是学术界关注的重点。目前，体现中国特色的数字经济评价指标体系并没有统一的定论，学者更多是从各自的角度解读数字经济的维度及具体测度指标。刘军等[13]从信息化、互联网、数字交易三个维度的发展指标评价我国各省区市数字经济发展水平。张雪玲和焦月霞[14]从信息通信基础设施、信息通信技术（information and communication technology，ICT）初级应用、ICT高级应用、企业数字化发展、信息和通信技术产业五个维度构建中国数字经济发展评价指标体系。万晓榆等[15]从投入产出的经济学视角构建包含数字化投入、数字治理环境、数字化产出三大维度共计70个测度指标的数字经济评价指标体系。另外，还有中国信息通信研究院、赛迪研究院、腾讯研究院、阿里研究院等国内咨询机构发布的数字经济评价指标体系。结合上述已有的研究，可以总结出数字基础设施、数字经济产业、数字融合与应用是评价数字经济发展的重要维度，对本文后续构建我国省级数字经济发展测度指标体系具有很好的借鉴意义。

数字经济对全要素生产率的影响机理。从宏观层面来看，对于发展中国家，数字化被认为是经济增长的主要驱动力，它提高了资本和劳动生产率，降低了交易成本，并促进国家融入全球市场体系[16, 17]。对于发达国家，数字经济对经济发展质量的影响主要体现在推动可持续发展[18]、提升企业敏捷性[19]等方面。数字经济是美国2004～2012年经济增长的主要驱动力[20]，其生产部门的自主研发（research and development，R&D）投资与技术进步对全要素生产率（total factor productivity，TFP）增长存在显著的正向影响[21]，信息化对经济合作与发展组织（Organisation for Economic Cooperation and Development，OECD）中12个主要国家的TFP全新增长有显著的促进作用[22]。另外，数字资产生产率提高带来的大规模生产体系中就业率的大幅下降[23]，对技术创新的发展也具有长期稳定的影响效应[24]。从微观层面来看，数字制造技术提高了企业的竞争力，并提高了公司的绩效[25]，有效促进政务电子化发展[26]，有助于企业实现循环经济的商业模式[27]。总的来说，数字经济契合创新、协调、绿色、开放、共享的新发展理念，正成为中国重大战略发展方向并逐渐发展壮大，将有力推动中国经济实现高质量发展[28]。

　　综上所述，学术界关于数字经济的研究经过两个阶段，早期集中于数字经济的内涵、特征、指标体系等方面，后期主要从理论机制层面研究数字经济对全要素生产率的影响，研究视角较广，一类是基于数据要素、资源配置的宏观逻辑，另一类是讨论信息技术影响产业结构转型和企业数字化改造的过程与机制，但是缺乏从实证角度讨论数字经济对全要素生产率影响效应的研究。鉴于此，一方面，本文选取数字经济的核心维度和测度指标，尝试以 2015～2018 年我国各省区市数字经济发展为研究对象，评价我国数字经济发展的整体变化以及区域差异。另一方面，在数字经济评价指数的基础上，构建计量模型，研究其对全要素生产率的影响效应，并引入技术进步作为两者的中介变量，以一个全新的视角更为客观地研究数字经济对全要素生产率的影响机制。另外，本文还考察了数字经济与各省区市间的交互项以研究数字经济对全要素生产率的区域异质性，深入解释东部地区数字经济对全要素生产率的影响，对于我国加快推进数字经济发展、缩小区域"数字经济鸿沟"、推动经济高质量发展具有良好的政策参考价值。

2. 数字经济发展的测度指标体系与评价方法

　　根据联合国对数字经济概念的研究，数字经济可分为三个层次：最底层是核心的数字部门，即信息技术（information technology，IT）和 ICT 产业，在这个概念基础上进行延伸，加上依靠数字技术实现的平台经济、共享经济、数字服务等商业活动，构成了窄口径的数字经济。在此基础上再进行扩展，加上所有数字化的经济活动，即产业数字化，则构成了宽口径的数字经济。本文认为数字经济本身含义较为丰富，评价其发展水平既要考虑经济增加值和社会影响层面，也要考虑影响其发展水平的数字基础设施建设，因此采用多指标来衡量数字经济发展水平更为合适。通过对数字经济内涵和时代特征的分析，本文认为数字经济是指利用数字基础设施，以数据融合贯穿于经济社会发展的方方面面，旨在促进传统产业发展和优化经济结构的一系列经济活动，同时借鉴关于数字经济指标体系的相关文献，以及中国电子信息产业发展研究院发布的《2019 年中国数字经济发展指数》[①]中的指标，从数字基础设施、数字产业、数字融合三个维度构建中国省级数字经济发展的测度指标体系。

2.1　中国省级数字经济发展测度指标体系构建

　　本文设计了包含 3 个二级指标和 12 个三级指标的数字经济发展测度指标体系，对中国各省区市数字经济发展水平进行评价，如表 1 所示。为了使不同区域的统计指标在时间截面上具有可比性，本文尽可能使用比例指标。另外，数字经济融合发展效应的影响因素较多，无法用单一的指标来衡量，因此本文借鉴工业和信息化部两化融合指数以及国家信息中心的中国各省区市信息社会指数中的在线政府指数和数字生活指数来衡量，这三个指标均为结构化的二手数据，其余数据均来自国家统计局及各省区市的统计年鉴。

　　[①]中国电子信息产业发展研究院发布的《2019 年中国数字经济发展指数》中，从基础设施指标、数字产业指标、数字融合指标、数字环境指标四个维度来构建指标体系。

表1　数字经济测度指标体系及其权重

一级指标	二级指标	三级指标	单位	权重
数字经济 发展指数	数字基础设施 分指数 （0.415）	互联网宽带接入端口	万个/万人	0.091
		移动互联网人均接入流量	万GB/万人	0.084
		移动电话普及率	个/百人	0.113
		企业拥有网站数量	个/百家企业	0.127
	数字产业 分指数 （0.298）	信息传输、软件和信息技术服务业增加值/GDP	%	0.100
		计算机、通信和其他电子设备制造业增加值/GDP	%	0.080
		数字经济相关企业数量	个	0.064
		ICT投资占区域社会投资水平	%	0.054
	数字融合 分指数 （0.287）	区域电子商务采销额/区域GDP	%	0.040
		两化融合指数	—	0.090
		在线政府指数	—	0.080
		数字生活指数	—	0.077

（1）数字基础设施分指数。该部分指标主要用于衡量各省区市数字经济基础设施发展水平，基础设施是区域发展数字经济的重要前提条件，本文主要从移动互联网和互联网端口两个方面进行考察，用移动电话普及率和移动互联网人均接入流量表征移动互联网发展水平，用互联网带宽接入端口和企业拥有网站数量解释互联网端口发展水平。

（2）数字产业分指数。该部分指标主要用于衡量各省区市数字经济产业规模、企业和投资发展现状，用信息技术服务增加值和电子设备制造业增加值解释数字经济的核心产业规模，用数字经济相关企业数量解释区域数字经济相关企业发展水平，用ICT投资解释区域数字经济投资水平。

（3）数字融合分指数。该部分指标主要用于衡量各省区市数字经济融合发展水平，我国消费互联网是数字经济的核心组成部分之一，因此采用区域电子商务采销额衡量区域"数字经济＋服务业"发展水平。工业数字化水平无法用单一的指标来衡量，因此本文借鉴工业和信息化部两化融合[①]发展指数来衡量。另外，"数字经济＋政务"和"数字经济＋民生"是数字融合发展的两个重要方面，因此借鉴国家信息中心发布的信息社会指数[②]中的在线政府指数和数字生活指数来衡量数字经济的融合发展水平。

2.2　评价方法说明

本文通过计算中国30个省区市（不包括西藏、台湾、香港、澳门）的数字经济发展指数（2015～2018年）[③]，对样本考察期内的中国各省区市数字经济发展水平进行评价，

---

①工业和信息化部两化融合指数报告：https://www.innovation4.cn/library/r37883。

②国家信息中心信息社会发展指数：http://www.sic.gov.cn/archiver/SIC/UpFile/Files/Default/20171226154905961079.pdf。

③从中国数字经济发展历程来看，2008年金融危机过后，中国数字经济政策在早期以信息化建设和鼓励电子商务发展为主；直至2015年起，"互联网＋"相关政策出现大幅度增长，2017年"数字经济"一词首次出现在政府工作报告中。以《国务院关于积极推进"互联网＋"行动的指导意见》为关键节点，国家层面和省市层面相继出台政策以促进数字经济相关产业发展。基于此，以及考虑数据的可得性，为了准确衡量数字经济的发展变化，本文考虑从2015年开始作为时间节点。

综合指数构建的过程如下。

第一步,指标标准化。由于数据量纲不一致,本文先对所有三级指标数据进行标准化处理,采用最常见的标准正态累积概率分布对数据进行标准化处理,并乘以 100 便于数据计算:

$$r_{ijt} = 100 \times \Phi\left(\frac{x_{ijt} - \bar{x}}{s_j}\right)$$

其中, x_{ijt} 为第 t 年第 i 个省区市关于三级指标 j 的原始数据; r_{ijt} 为标准化值; $\bar{x}$ 和 s_j 分别为 30 个省区市样本期内指标 j 的均值和标准差;函数 $\Phi(x)$ 为 x 的标准正态累积概率分布值。

第二步,指标权重的确定。本文的数据结构是时序面板数据,一般的静态综合评价方法无法体现权重在时间维度上的变化,因此借鉴郭亚军[29]的研究方法,采用纵横向拉开档次法确定各个指标的权重,该方法既能体现横向维度在时间上的变化,也能从纵向维度体现出各个省区市的差异,使得面板数据的综合评价结果在截面上和时间上具有可比性。

对于时刻 $t_k(k=1, 2, \cdots, N)$,本文中 $N=4$,取综合评价函数为

$$y_i(t_k) = \sum_{j=1}^{m} w_j r_{ij}(t_k)$$

其中, m 为指标个数; w_j 为指标 j 的权重,即该过程需要确定的核心参数。纵横向拉开档次法的基本原理是在时序立体表上最大可能地体现各被评价对象之间的差异,也较为符合中国省区市间数字经济发展水平差异较大的实际情况。对于 n 个被评价的省区市,在对原始数据进行标准化处理之后,可以得到:

$$\sigma^2 = \sum_{k=1}^{N}\sum_{i=1}^{n}\left[y_i(t_k) - \bar{y}\right]^2 = \boldsymbol{w}^{\mathrm{T}}\sum_{k=1}^{N}\boldsymbol{H}_k\boldsymbol{w} = \boldsymbol{w}^{\mathrm{T}}\boldsymbol{H}\boldsymbol{w}$$

其中, $\boldsymbol{w} = (w_1, w_2, \cdots, w_m)^{\mathrm{T}}$; $\boldsymbol{H} = \sum_{k=1}^{N}\boldsymbol{H}_k$,为对称矩阵。

然后,令 $\boldsymbol{H}_k = \boldsymbol{A}_k^{\mathrm{T}}\boldsymbol{A}_k(k=1,2,\cdots,N)$, $\boldsymbol{A}_k$ 为实对称矩阵。若限定 $\boldsymbol{w}^{\mathrm{T}}\boldsymbol{w}=1$,当取 $\boldsymbol{w}$ 为矩阵 $\boldsymbol{H}$ 的最大特征值 $\lambda_{\max}(\boldsymbol{H})$ 所对应的(标准)特征向量时, σ^2 取最大值,此时最大特征值 $\lambda_{\max}(\boldsymbol{H})$ 所对应的矩阵向量即为指标 j 的权重值①。各个三级指标的权重值参考表 1。

3. 中国省级数字经济发展的比较与分析

3.1　中国数字经济发展水平分析

如图 1 所示中国整体数字经济发展水平在样本期内呈逐年上升的趋势,增长趋势较为稳定,从 2015 年的 43.39 提升到 2018 年的 56.00,增幅达到 29.06%,年均增幅为 8.87%,

---

①详细操作过程请参考:郭亚军. 综合评价理论、方法及应用[M]. 北京:科学出版社,2008.

数字经济发展水平显著提高。从分维度指数来看，基础设施分指数从 2015 年的 40.84 提升至 2018 年的 60.14，增幅达到 47.26%，年均增幅为 13.77%，反映出我国数字基础设施建设取得较好成效。从"十三五"规划以来，我国大力发展数字基础设施，从宽带中国建设到电信业"提速降费"，以全域性的视角有序推动我国数字基础设施建设，有效弥补区域数字基础设施鸿沟。产业分指数从 2015 年的 46.71 提升至 2018 年的 49.27，增幅为 5.48%，年均增幅仅为 1.79%，从我国整体上来看，数字产业对数字经济发展没有显著的提升作用，这与我国数字经济产业分布有较强的相关性，数字核心产业大多集中在东部发达地区，产业集中导致中西部地区缺乏数字产业发展相关的资源要素，因此对中国数字产业整体发展产生一定影响。融合分指数从 2015 年的 43.63 提升至 2018 年的 55.73，增幅为 27.73%，年均增幅为 8.49%。"十三五"以来，国家大力推动工业化与信息化融合，注重电子政务发展，推动国家治理朝着数字化和智能化方向发展，并有序在全国使用数字技术提升传统经济社会运行效率。

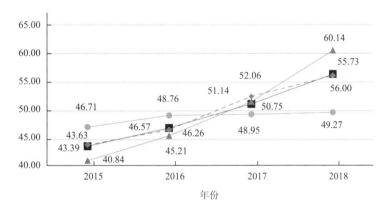

图 1　2015～2018 年中国数字经济发展指数及其三个分指数的变化

2015～2018 年对中国数字经济发展贡献从大到小依次为数字基础设施、数字融合、数字产业，贡献率分别为 58.73%、34.46%、6.81%。可见，2015～2018 年，中国数字经济发展更多依赖于数字基础设施建设，数字融合效应在经济社会发展中也起到一定的作用，但是数字产业对数字经济发展的拉动作用并没有显现出来，可能原因之一是基于我国网民优势的消费互联网蓬勃发展，同时也带动数字基础设施建设，但是供给侧计算机通信、电子设备制造业、信息传输、软件和信息技术等数字产业发展相对比较滞后，且区域之间并没有形成良好的产业发展互促局面。因此，未来如何发展数字经济产业是推动数字经济发展的一个重要着力点。

3.2　省区市数字经济发展格局

由表 2 可知，中国数字经济发展的区域格局中，东部地区为发达地区，非东部地区为欠发达地区。2018 年中国数字经济发展综合指数均值为 56，有 12 个省区市在平均水平以上，包括除河北以外的 9 个东部省区市以及湖北、重庆和四川，其余 18 个省区市均处于平均水平以下。东部地区中，北京、广东、上海是第一梯队，2018 年数字经济综合指数均达到 80 以上，江苏、浙江为第二梯队，天津、河北、福建和海南四个地区处于第三梯队。东北三省中，由于偏工业化的发展模式和数字资源要素的缺乏，整体数字经济发展水平较为均衡，但整体发展处于中下游水平。中部地区中，湖北数字经济发展水平领先，整体上也较为均衡。西部地区中，四川和重庆发展水平较高，云南、广西、新疆、甘肃发展水平相对较低。

表 2　中国分区域省区市数字经济综合指数情况①

地区		2015 年综合指数	2018 年综合指数	指数变化	2018 年地区平均指数
东部地区	北京	75.99	86.24	10.25	70.20
	天津	47.03	58.34	11.31	
	河北	36.06	52.96	16.90	
	上海	73.32	81.56	8.24	
	江苏	65.51	77.50	11.99	
	浙江	65.79	74.99	9.20	
	福建	55.73	64.27	8.54	
	山东	46.43	62.18	15.75	
	广东	73.73	84.79	11.06	
	海南	47.98	59.15	11.17	
东北地区	辽宁	44.45	52.59	8.14	47.93
	吉林	34.58	46.59	12.01	
	黑龙江	33.17	44.61	11.44	
中部地区	山西	33.29	43.58	10.29	49.10
	江西	37.57	46.50	8.93	
	安徽	43.04	52.91	9.87	
	河南	34.22	50.22	16.00	
	湖北	40.24	56.40	16.16	
	湖南	37.83	48.98	11.15	
西部地区	内蒙古	32.89	51.57	18.68	34.29
	广西	26.97	44.08	17.11	
	重庆	41.04	58.06	17.02	
	四川	44.95	58.59	13.64	
	贵州	25.30	45.73	20.43	
	云南	28.92	37.80	8.88	
	陕西	42.36	54.02	11.66	

①根据国家统计局标准，将中国省区市划分为东部、东北、中部和西部四个地区。

地区		2015年 综合指数	2018年 综合指数	指数变化	2018年 地区平均指数
西部地区	甘肃	30.05	43.37	13.32	34.29
	青海	39.32	51.05	11.73	
	宁夏	35.93	51.26	15.33	
	新疆	28.07	40.11	12.04	

一方面，数字经济发达地区由于数字基础设施和数字资源禀赋优势，在2015年其数字经济综合指数就处于一个较高的水平，到2018年指数提升的幅度也较为有限。以贵州、内蒙古、重庆、广西等地区为代表的省份，在样本考察期内数字经济指数增幅远远大于其他地区，贵州推进大数据综合试验区建设，大力发展大数据产业，重庆结合自身工业传统制造基地的优势，大力发展制造业数字化转型等，这些地区结合国家政策部署和自身产业优势与资源禀赋，提升数字经济发展水平。另外，以云南、辽宁、江西等地区为代表的省份，在样本考察期内数字经济发展综合指数增幅较低，这些欠发达地区本身数字经济发展起步较晚，基础设施落后和人力资源匮乏又进一步限制其数字经济发展，这不仅对当期经济社会发展产生一定影响，还会加大区域之间的"数字经济鸿沟"。

另一方面，从中国区域数字经济发展来看，2015～2018年中国数字经济发展指数的方差分别为206.01、191.25、184.56、172.06，可见整体上我国各省区市的"数字经济鸿沟"在不断缩小，体现了近几年国家对推动数字经济区域均衡发展的政策支持，包括强化区域合作、探索数字经济区域协调发展模式、加快数字经济示范区建设推广等，同时与地区立足自身资源禀赋和产业结构来发展数字经济也有很大关系。2018年，东部、中部、东北、西部地区的数字经济发展指数的方差依次为148.32、20.72、17.29、48.53，可见东部地区虽然数字经济发展较好，但是其区域内的"数字经济鸿沟"要显著大于其他地区，集中体现在北上广等省市数字经济发展水平要远远高于其他地区。未来，如何让发达地区的数字经济发展经验向其他地区进行复制和扩散，是解决我国省区市"数字经济鸿沟"的有效途径之一。

表3从四个层次划分了2018年中国省区市数字经济发展的俱乐部分类，其中数字经济高发达地区和中等发达地区均为全国平均水平之上的地区，另外18个地区中除了河北以外全部集中于东北、西部和中部省区市，反映出我国省区市数字经济发展水平呈现出显著的区域异质性，存在明显的"马太效应"。

表3　2018年的中国省区市数字经济发展水平俱乐部分类

分类	地区
高发达地区	北京、广东、上海、江苏、浙江
中等发达地区	福建、山东、海南、天津、重庆、四川、湖北
低发达地区	陕西、河北、辽宁、安徽、河南、内蒙古、宁夏、青海
欠发达地区	吉林、山西、江西、黑龙江、湖南、广西、贵州、甘肃、新疆、云南

4. 数字经济对全要素生产率的影响效应研究

4.1 全要素生产率的测算

在全要素生产率的测算方法中，索洛余值法是最为常见的方法[29]，柯布-道格拉斯（Cobb-Douglas，C-D）生产函数可以表示为

$$Y_{it} = A_{it} K_{it}^a L_{it}^{1-a}, \ 0 < a < 1$$
$$A_{it} = Y_{it} / K_{it}^a L_{it}^{1-a}$$

资本投入 K 借助国际通行的永续盘存法估算出各省区市样本期的物质资本存量进行衡量，具体公式为 $K_t = I_t + (1-\delta)K_{t-1}$，期初的物质资本存量的估算方法为 $K_0 = I_0 / (g+\delta)$，考虑到将基期时间设置相对较早，则期初资本存量估算对于后期资本存量测算的影响更小，本文将基期设定在 2010 年。其中，I_t 为 t 年的投资额，通过全社会固定资产投资总额表示，并用价格指数换算为 2010 年不变价人民币；δ 为固定资产折旧率，本文参考张军和施少华[30]计算全国各省区市资本存量的做法，将其设定为 9.6%；g 为全社会固定资本形成总额在 2010~2018 年的年平均实际增长率。在全要素生产率的测算中，不同文献对于资本产出弹性 a 的取值存在一定差别，本文在计算各省区市全要素生产率过程中，参考张军和施少华[30]的研究将资本产出弹性 a 取值为 0.6，测算数据的统计性描述见表 3，另外将资本产出弹性 a 分别取值 0.5 和 0.7 进行稳健性检验。

4.2 研究假设与变量定义

1）研究假设

结合全要素生产率的内涵和影响因素，本文从生产要素、生产关系、传统产业升级改造、新业态新模式四个方面阐述数字经济影响全要素生产率的理论机制。第一，数据成为关键生产要素是数字经济的一个典型特征，数据要素相比传统生产要素具有更深、更广的融合能力，具有边际成本递减、可复制、易传播、流通性强等特征，数据渗透到工业、交通、医疗、教育等各个领域，成为各行各业价值增值的战略性资源，并提高了经济社会的运行效率。第二，人工智能、区块链、云计算、大数据等信息技术快速发展，使得传统工业时代的生产关系难以适应其发展需要，先进生产力的发展倒逼传统的生产关系向数据更透明、信用体系更健全、信息更对称、交易更高效的数字化生产关系转型。先进生产力和数字化生产关系的相互促进与发展对提升全要素生产率起到重要作用。第三，数字技术大规模应用推动传统产业转型升级，通过技术升级、数据驱动决策、信息处理智能化等提升产业效率，通过加速生产要素流动、降低交易成本、联合配合响应需求、共建数字化生态等推动产业跨界融合，通过以用户价值引导资源要素配置、整合数字化生态内外部价值网络、降低产业进入壁垒等重构产业组织的竞争模式，进而提升要素生产效率。第四，随着人工智能、工业互联网、虚拟现实等新技术不断突破与应用，柔性制造、个性化服务、产业链协同制造等新模式加速发展，形成一批高效率、高附加

值的新业态新模式，具有知识密集、生产效率高、附加值高等特点。

结合前文分析，北上广江浙五个地区的数字经济发展水平位于全国第一阵列，这也是经济发展质量较高的几个地区。数字经济由于高技术特性、高渗透特性、高增长特性，其发展路径依靠于平台化、智能化、生态化[31]，因此，基础设施完善的地区发展数字经济会有比较优势和先发优势，比较优势包括数字产业集聚度高、数字技术应用、数字生态体系等，先发优势包括数字基础设施完善、人力资本积累等，这些优势又会形成区域经济高质量发展的动力。基于上述分析，本文提出如下研究假设。

假设H1：发展数字经济有利于提升全要素生产率，相对于发展水平差的地区，基础较好地区能够从发展数字经济中获益更多。

全要素生产率是一个抽象化的概念，其根本要义是除去所有有形生产要素对经济增长贡献率以外的余值部分，该余值包括技术进步、规模效应、资源配置、管理水平等其他无形因素，且技术进步是该余值的重要贡献因素，而信息技术又是数字经济的显著属性，因此，本文认为数字经济可以通过促进技术进步进而提升全要素生产率。一方面，数字经济时代企业生产经营成本结构发生变化，形成一种高固定成本低边际成本的结构，网络外部性将这种成本结构逐渐放大，使得企业生产经营的平均成本逐渐降低，产生了规模经济效应。另一方面，数字经济时代企业更加关注产品或服务的多样化生产，企业通过多边平台积累用户数据，然后在开发其他产品或服务过程中将原有平台的用户进行导入，降低运营成本，同时也在多种业务模式并行发展的状态下实现了范围经济。此外，信息技术能够有效整合市场供需两端的信息，将供需双方在同一空间、时段的有效信息整合在平台上，利用信息技术提升供需匹配效率，消除经济系统运行的信息冗余，降低市场交易成本，提升经济系统运行效率。基于上述分析，本文提出如下研究假设。

假设H2：发展数字经济能够通过促进技术进步进而提升全要素生产率。

2）变量定义

变量定义见表4。被解释变量全要素生产率由前文测算可得，核心解释变量数字经济指数由基础设施分指数、数字产业分指数、数字融合分指数3个维度共计12个指标测算获得，体现中国各省区市技术进步水平的指标采用区域专利申请授权量和区域技术市场成交额两个指标综合计算获得，数据来源于国家统计局，指标标准化及赋权过程与数字经济指数测算过程类似，这里不再赘述。

表4　变量定义

变量	符号	基本含义	度量方式
被解释变量	TFP	全要素生产率	利用C-D函数测算各省区市全要素生产率
核心解释变量	DEI	数字经济指数	数字经济指数由三个维度构成：基础设施分指数（INF）、产业分指数（DIND）、融合分指数（FUSE）
中介变量	TP	技术进步	区域专利申请授权量和技术市场成交额合成
控制变量	HUC	人力资本水平	每十万人口高等院校平均在校生数
	FIN	金融发展水平	金融机构全部存贷款余额/地区GDP
	IS	产业结构高级化水平	服务业增加值/地区GDP
	OPEN	对外开放水平	进出口总额/地区GDP
	RD	财政研发投入水平	政府财政研发支出/地区GDP

3）变量的统计性描述

变量的统计性描述见表 5。

表 5　数据标准化后的统计性描述

变量	样本量	均值	标准差	最小值	最大值
TFP	120	51.726	11.104	34.884	75.860
DEI	120	49.086	14.353	25.300	86.242
INF	120	49.330	16.630	14.754	93.057
DIND	120	48.425	13.483	29.242	84.770
FUSE	120	49.422	16.007	23.924	87.435
TP	120	49.099	13.628	36.212	93.542
HUC	120	47.194	20.082	4.590	92.957
FIN	120	48.497	19.864	11.776	97.610
IS	120	51.104	16.082	18.790	96.885
OPEN	120	45.532	21.037	25.541	98.437
RD	120	48.741	21.616	24.502	97.700

4.3　模型设定与研究方法

1）总基准模型

为了检验假设 H1，结合数据结构和我国省区市数字经济发展实际，建立以下模型：

$$\text{TFP}_{it} = \beta_0 + \beta_1 \text{DEI}_{it} + \beta_2 \text{Controls} + \mu_{it} \tag{1}$$

其中，TFP_{it} 为省区市的全要素生产率；DEI_{it} 为数字经济发展水平。指标数据来源于前文对数字经济指数的测度。关于控制变量，结合已有研究[32]，加入技术进步（TP）、人力资本水平（HUC）、金融发展水平（FIN）、产业结构高级化水平（IS）、对外开放水平（OPEN）、财政研发投入水平（RD）。i 代表的是省区市，t 代表的是年份，β_0 表示截距项，μ_{it} 表示随机误差项。

在测算总基准模型的基础之上，基于本文测度数字经济指数的三个维度，即数字基础设施分指数（INF）、数字产业分指数（DIND）、数字融合分指数（FUSE），分别检验三个维度对全要素生产率的影响。模型设定与模型（1）类似，这里不再赘述。

2）中介效应模型

为检验假设 H2 是否成立，进一步分析数字经济是否能够通过技术进步来提升全要素生产率，以及技术进步的中介效应能发挥多大作用，因此使用中介效应（mediation effect）检验模型对此展开进一步研究。具体公式如下：

$$\text{TFP}_{it} = C + \alpha \text{DEI}_{it} + \gamma \text{Controls} + \mu_{it} \tag{2}$$

其中，与模型（1）相比，Controls 中不包含技术进步指标，其余变量定义与模型（1）相同。

验证数字经济对促进技术进步的影响。先将技术进步作为被解释变量，数字经济指数作为核心解释变量，检验数字经济对技术进步的影响效应，建立面板模型：

$$\text{TP}_{it} = C + \eta \text{DEI}_{it} + \varepsilon \text{Controls} + \mu_{it} \tag{3}$$

检验技术进步中介效应是否完全，即数字经济是否能够直接提升全要素生产率，本文构建如下的面板模型：

$$\text{TFP}_{it} = C + \theta\text{DEI}_{it} + \lambda\text{TP}_{it} + \omega\text{Controls} + \mu_{it} \qquad (4)$$

在以上模型中，技术进步为中介变量。模型（2）的系数 α 为数字经济提升全要素生产率的总效应；模型（3）的系数 η 为数字经济对中介变量的影响效应；模型（4）的系数 λ 是在控制数字经济发展的影响之后，检验中介变量对全要素生产率的影响效应，θ 为数字经济对提升全要素生产率的直接作用。其中，中介效应为 $\eta\lambda$，它与总效应 α 和直接效应 θ 存在以下关系：

$$\alpha = \theta + \eta\lambda \qquad (5)$$

关于是否存在中介效应，以及中介效应的发挥程度如何，检验流程如下：如系数 α 显著，且 η 和 λ 都显著，则中介效应显著；如系数 α 不显著，或者 η 和 λ 都不显著，则不存在中介效应。若系数 α 显著，且 η 和 λ 都显著，同时满足系数 θ 小于系数 α，则技术进步是部分中介变量，其中中介效应占总效应的比重为 $\eta\lambda/\alpha$。若系数 α 显著，且 η 和 λ 都显著，但是 θ 不显著，则存在完全中介效应，即数字经济提升全要素生产率要完全通过中介效应实现，如图 2 所示。

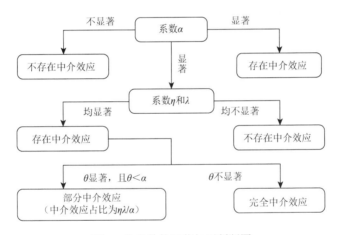

图 2 各参数的显著与否判断图

4.4 实证结果及其分析

1）数字经济提升全要素生产率的综合影响效应

本文利用 2015～2018 年我国 30 个省区市的面板数据进行估计，由于 LR 检验和瓦尔德（Wald）检验均显示总基准模型中随机扰动项存在组间异方差，而伍德里奇（Wooldridge）检验表明扰动项具有组内一阶自相关[①]，对此本文采用可行广义最小二乘法（feasible generalized least square，FGLS）进行参数估计以克服异方差和自相关问题的影响，总基准回归模型及各分维度指数的回归结果如表 6 所示。

---

① 根据 Wooldridge 检验数据，$F = 118.213$，$P = 0.0000$，结果显示序列间扰动项存在一阶自相关。

表 6　数字经济指数及其基础设施分指数、产业分指数、融合分指数的回归结果

变量	被解释变量：全要素生产率（TFP）			
	（1）	（2）	（3）	（4）
DEI	0.554***			
	(8.27)			
INF		0.314***		
		(6.77)		
DIND			0.250***	
			(3.53)	
FUSE				0.477***
				(8.99)
TP	0.263***	0.335***	0.334***	0.315***
	(5.36)	(7.64)	(6.35)	(6.72)
HUC	0.047***	0.063***	0.062**	0.015*
	(2.68)	(3.39)	(2.50)	(0.72)
FIN	0.059***	0.076***	0.070**	0.009**
	(2.96)	(3.55)	(2.43)	(0.39)
IS	0.064***	0.078***	0.010*	0.070***
	(3.37)	(3.73)	(0.37)	(3.11)
OPEN	0.108***	0.220***	0.195**	0.161***
	(2.74)	(5.67)	(3.13)	(3.60)
RD	−0.051**	−0.032*	−0.013*	−0.006**
	(−1.82)	(−1.08)	(−0.33)	(−0.19)
constant	19.857***	24.506***	24.680***	22.965***
	(16.75)	(23.73)	(12.40)	(18.25)
Wald	1248.29	1073.66	549.86	895.51
N	120	120	120	120

注：括号内为 Z 统计值，***、**、*分别表示在 0.01、0.05、0.1 的水平下显著，下表同理。

如表 6 所示，第（1）列为总基准模型的估计结果，数字经济对全要素生产率具有显著的正向影响作用，影响系数为 0.554，且在 0.01 水平下显著，说明我国数字经济发展水平每提升一个百分点，能直接带动全要素生产率提升 0.554 个百分点，证实了数字经济对提升全要素生产率具有重要作用，假设 H1 前半部分得证。其他控制变量中，对全要素生产率的影响系数由大到小依次为对外开放、产业结构、金融发展、财政补贴、人力资本，其中财政补贴对全要素生产率的影响系数显著为负，一般来说，适当的政府财政补贴能够提高企业绩效，进而提升整个经济系统的运行效率，而过高的补贴对企业绩效有负面影响[33]。因此，如何结合数字经济的信息技术特性，改变以往的粗放式、寻租式财政补贴模式，对研发效率高的企业进行"精准补贴"，做到"财尽其用"，是提升当前我国财政补贴效率的重要途径之一。

表 6 中第（2）列至第（4）列分别展示了数字基础设施分指数、数字产业分指数、数字融合分指数对全要素生产率影响的回归结果，影响系数分别为 0.314、0.250、0.477，均在 0.01 水平下显著，影响系数由大到小依次为融合分指数、基础设施分指数、产业分

指数。结合各分指数的影响系数可以说明，目前我国数字经济对提升全要素生产率的作用主要体现在融合效应，集中体现在我国消费互联网和电子商务发展突飞猛进，配套的信息基础设施也得到完善。但是，作为数字经济的核心组成部分，数字产业对提升全要素生产率的作用却不及前两者，而基础创新和信息技术的发展是依托数字产业的高质量发展，相较于数字基础设施和数字融合，数字产业才是数字经济发展的原动力。因此，对于数字基础设施较好的地区来说，未来实现产业结构转型和提升全要素生产率需要以发展数字产业为核心着力点。

2）稳健性检验

为验证本文结果的稳定性，本文假设计算全要素生产率的核心参数 a 取 0.5、0.7，以及采用熵值法和等权法计算数字经济发展指数，从以上四个方面进行稳健性检验。表 7 展示了四种检验的结果，回归结果与前文的总基准模型估计结果基本一致，说明本文的研究结论具有很好的稳健性。

表7　稳健性检验结果

变量	被解释变量：全要素生产率（TFP）			
	资本产出弹性 a 为 0.5 时测算 TFP	资本产出弹性 a 为 0.7 时测算 TFP	利用熵值法确定数字经济测度指标权重	利用等权法确定数字经济测度指标权重
DEI	0.283*** (5.29)	0.381*** (7.82)	0.361*** (6.04)	0.354*** (5.56)
TP	0.236*** (4.83)	0.292*** (6.43)	0.263*** (5.35)	0.250*** (5.27)
HUC	0.125*** (3.62)	0.082*** (3.67)	0.102*** (3.24)	0.096*** (3.44)
FIN	0.071*** (3.10)	0.094*** (4.31)	0.091*** (2.95)	0.081*** (2.81)
IS	0.040** (1.96)	0.054** (2.97)	0.064** (2.24)	0.060** (1.85)
OPEN	0.049** (2.12)	0.075** (3.28)	0.054** (1.95)	0.050** (1.54)
RD	−0.066** (2.64)	−0.058** (−3.02)	−0.103*** (−3.39)	−0.098*** (−3.50)
constant	9.040*** (8.23)	13.146*** (11.59)	12.383*** (9.46)	14.036*** (10.31)
Wald	989.34	1421.69	1328.23	1400.53
N	120	120	120	120

3）技术进步的中介效应检验

以上分析证实了数字经济指数及其分维度指数对提升全要素生产率具有显著作用。结合前文相关分析，技术进步是数字经济提升全要素生产率的重要基础，且数字经济发展水平的不断提升对技术进步也产生了一定的影响。因此，有必要识别基于技术进步视角的数字经济提升全要素生产率的内在机制。一方面，数字经济是工业经济时代过后一种新的经济发展形态，区别于以往的经济发展模式，数字经济具有显著的技术效应、规模效应和多边效应，通过智能技术手段改善以往的生产、制造、流通、交易等环节，相比以往的经济形态来看具有更高的生产效率。另一方面，数字经济是一种"技术-经济"范式[35]，信息技术的快速发展为数字经济奠定良好基础，可以说，以大数据、云计算、物联网、人工智能等为代表的新一代信息技术发展是提高数字经济效率的强有力支撑。那么，技术进步在数字经济提升全要素生产率的过程中是否有显著作用呢？贡献程度又如何呢？本文接下来采用逐步回归估计法对这些问题展开深入研究。

（1）数字经济提升全要素生产率的综合效应。在检验数字经济对提升全要素生产率的综合效应中，先把技术进步的影响效应剔除在外，表 8 第（1）列是数字经济对全要素生产率影响效应的估计结果，影响系数为 0.435，在 0.01 的水平下显著。由于综合效应中数字经济指数的影响系数显著为正，符合中介效应初步的检验步骤，因此本文默认存在中介效应，即综合效应中包含直接效应和间接效应，接下来分析技术进步的中介效应。

（2）技术进步的中介效应。表 8 第（2）列是数字经济对地区技术进步影响效应的估计结果，影响系数为 0.518，通过 0.01 的显著性检验，可见发展数字经济对地区技术进步水平的正向影响是稳健的，结果一致说明发展数字经济对提升地区的技术进步水平具有显著的正向影响作用。

（3）控制技术进步影响下数字经济指数对全要素生产率的影响效应。在数字经济提升全要素生产率的影响机制中，为检验技术进步在其影响过程中是完全中介变量以及是否存在直接效应，模型（4）将数字经济发展的直接效应和间接效应纳入同一模型中进行分析，仍然利用 FGLS 方法进行估计。表 6 的第（1）列结果显示技术进步的估计系数为 0.263，回归系数依然显著，可以得出技术进步的中介效应作用显著，这与假设 H2 一致。

表 8　数字经济对全要素生产率影响的综合效应及技术进步的中介效应

变量	综合效应 被解释变量：全要素生产率（TFP）	中介效应 被解释变量：技术进步（TP）
	（1）	（2）
DEI	0.435*** (8.58)	0.518*** (6.26)
HUC	0.100*** (3.38)	0.020** (2.39)
FIN	0.102*** (3.13)	0.059** (2.03)
IS	0.090** (2.24)	0.114*** (3.01)
OPEN	0.045** (2.05)	0.083** (2.39)

变量	综合效应 被解释变量：全要素生产率（TFP）	中介效应 被解释变量：技术进步（TP）
	（1）	（2）
RD	−0.024** （−1.87）	−0.028** （2.72）
constant	15.859*** （13.19）	13.507*** （5.72）
Wald	1073.71	671.60
N	120	120

综上，表 8 的第（1）列结果显示数字经济对提升全要素生产率的总效应为 0.435，在 0.01 的水平下显著；表 8 的第（2）列显示数字经济对提升地区技术进步水平的影响效应为 0.518，在 0.01 的水平下显著；表 6 的第（1）列显示技术进步对全要素生产率的影响效应为 0.263，在 0.01 的水平下显著。由此计算得到技术进步的中介效应占总效应的比重为 31.32%[①]，可见技术进步对于数字经济提升全要素生产率有较大影响，假设 H2 得到验证。

（4）不同地区受益于数字经济发展的差异。现有学术研究以及相关报告均指出东部地区数字经济发展水平要显著高于中西部地区，但尚未研究这种区域异质性对全要素生产率的实际影响。因此，为了研究数字经济对全要素生产率的影响效应是否在东部及非东部地区之间存在显著差异，本文先在模型（1）的基础之上加入各省区市数字经济发展指数与是否为东部地区的交互项 DEI×DUM，其中当 DUM＝1 时代表东部地区[②]，DUM＝0 代表非东部地区，对其系数进行参数估计。

$$TFP_{it} = \beta_0 + \beta_1 DEI_{it} + \beta_2 DEI_{it} \times DUM + Controls + \mu_{it} \tag{6}$$

除了研究数字经济综合指数的影响效应之外，本文继续研究数字基础设施、数字产业、数字融合三个分维度与地区间的交互效应，实证模型设定与模型（6）类似，在此不再赘述。

表 9 第（1）列是数字经济指数与地区之间交互项的估计结果，影响系数分别为 0.081，在 0.01 的水平下显著，说明数字经济对于提升全要素生产率的影响作用在东部地区要更加显著，东部地区由于发展数字经济起步较早，数字基础设施和资源要素相对比非东部地区来说更为完善，所以具有一定的先发优势和比较优势，假设 H1 的后半部分得证。非东部地区由于经济发展阶段要落后于东部地区，数字经济发展滞后又进一步限制了其对提升全要素生产率的积极作用。从数字经济指数的三个分指数来看，基础设施分指数、产业分指数、融合分指数与地区之间交互项的回归结果依次为 0.032、0.027、0.024，本文分别用数字接入鸿沟、数字产业鸿沟、数字应用鸿沟代表这三个交互项。可以发现，

---

①由中介效应占总效应的比重计算得出，0.518×0.263/0.435≈31.32%。

②根据国家统计局划分，东部地区包括北京、天津、河北、上海、江苏、浙江、福建、山东、广东和海南共计 10 个省市，其余东北、中部、西部地区统一划分为非东部地区。

表 9　数字经济指数与其三个分指数与地区交互项的回归结果

变量	被解释变量：全要素生产率（TFP）			
	（1）	（2）	（3）	（4）
DEI	0.312*** (5.37)			
INF		0.139*** (4.13)		
DIND			0.114*** (3.56)	
FUSE				0.207*** (3.70)
DEI*DUM	0.081*** (3.37)			
INF*DUM		0.032*** (2.49)		
DIND*DUM			0.027** (2.01)	
FUSE*DUM				0.024** (2.06)
TP	0.254*** (5.45)	0.326*** (6.43)	0.324*** (5.08)	0.311*** (6.46)
HUC	0.107*** (3.87)	0.105*** (3.70)	0.122*** (3.95)	0.096*** (3.21)
FIN	0.079*** (2.70)	0.089*** (2.88)	0.072** (2.23)	0.032** (1.47)
IS	0.026** (1.65)	0.040* (1.29)	0.054** (2.75)	0.082** (2.20)
OPEN	0.029** (1.72)	0.085** (2.15)	0.053** (1.82)	0.067** (1.58)
RD	−0.093*** (−3.30)	−0.094*** (−3.21)	−0.102*** (−3.27)	−0.095*** (−3.19)
constant	16.266*** (8.27)	17.590*** (8.96)	15.760*** (6.56)	17.040*** (8.58)
Wald	1415.71	1309.78	1134.95	1251.86
N	120	120	120	120

数字接入鸿沟影响系数最大，数字产业鸿沟影响系数次之，数字应用鸿沟影响系数最小。一方面，因为数字应用在国内没有严格的区域分界，互联网平台产品或服务遍及全国，各个地区的企业和个人都可以获得数字应用产品或服务，而数字鸿沟更多地体现在数字接入鸿沟，再一次验证了东部地区由于更加完善的数字基础设施，发展数字经济对提升

全要素生产率具有更大的优势。另一方面，数字产业鸿沟在东部与非东部地区之间对提升全要素生产率的影响也有显著差异，从产业发展的进度来看，东部地区始终走在非东部地区前面，而数字化改造又是建设现代化产业体系的必经之路。国际数据公司（International Data Corporation，IDC）发布的《2018 年中国企业数字化发展报告》显示，我国零售、文娱、金融等消费端企业数字化转型程度较高，而这些企业绝大部分集中于东部地区，制造业、资源性行业的数字化程度相对较低，数字化转型成功的制造业大多集中于东部地区，而数字化转型处于单点试验和局部推广的企业大多集中于非东部地区，造成东部与非东部地区之间显著的数字产业鸿沟。

（5）数字经济对全要素生产率影响效应的进一步分析。上述分析得出我国东部地区数字经济发展对提升全要素生产率的影响比非东部地区更加显著，鉴于我国地区数字经济发展水平差异较大，本文将样本划分为东部、中部和西部地区进行检验，考察不同地区数字经济对提升全要素生产率的影响，以及技术进步在哪些地区中发挥的中介作用更加显著。

表 10 是分地区的数字经济对全要素生产率影响效应的 FGLS 估计结果，东部、中部、西部三大地区数字经济指数对全要素生产率的影响系数分别为 0.325、0.260、0.298，且都在 0.01 水平下显著，说明无论是从中国整体层面还是分地区来看，发展数字经济对提升全要素生产率都具有显著影响，也证明了前文结果的稳健性。另外，东部地区数字经济指数的影响系数要明显大于其他地区，也佐证了东部地区经济发展水平较高的一个重要因素是数字经济发展水平较高。

表 10　分地区研究数字经济对提升全要素生产率的影响效应

变量	被解释变量：全要素生产率（TFP）		
	东部	中部	西部
DEI	0.325*** (4.95)	0.260*** (4.58)	0.298*** (5.01)
TP	0.239** (3.12)	0.138*** (3.42)	0.165*** (3.67)
HUC	0.122*** (2.21)	0.084*** (2.54)	0.057** (1.56)
FIN	0.069** (2.00)	0.065** (1.94)	0.084** (2.31)
IS	0.052*** (1.76)	0.066** (2.02)	0.074** (2.12)
OPEN	0.006 (0.10)	0.010 (0.23)	0.034* (0.51)
RD	−0.101*** (−1.30)	−0.092*** (−2.73)	−0.067** (1.81)
constant	22.882*** (9.20)	8.024*** (6.56)	9.114*** (8.33)
Wald	716.35	626.96	772.01
N	40	24	44

表 11 是分地区的数字经济对促进技术进步的回归结果，东部、中部、西部三大地区数字经济指数对技术进步的影响系数分别为 0.458、0.397、0.375，且都在 0.01 水平下显著，说明不同地区发展数字经济对提升技术进步水平均具有显著影响，但是东部地区影响系数要明显大于其他地区，说明东部地区数字经济发展与技术进步之间的良性互促机制要优于其他地区。

表 11　分地区研究数字经济对促进技术进步的影响效应

变量	被解释变量：技术进步（TP）		
	东部	中部	西部
DEI	0.458***	0.397***	0.375***
	(4.79)	(3.09)	(3.18)
HUC	0.127***	0.162***	0.082**
	(3.25)	(2.43)	(1.75)
FIN	0.098***	0.095***	0.103**
	(2.39)	(1.67)	(2.41)
IS	0.087***	0.136***	0.071**
	(2.17)	(2.14)	(1.53)
OPEN	0.078**	0.120***	0.003
	(1.89)	(1.93)	(0.01)
RD	−0.079**	−0.082**	−0.107**
	(−1.34)	(−1.35)	(−2.50)
constant	19.420***	8.521***	13.543***
	(9.21)	(5.12)	(5.65)
Wald	610.51	786.84	743.99
N	40	24	44

如表 10 所示，东部、中部、西部三大地区技术进步对全要素生产率的影响系数分别为 0.239、0.138、0.165，东部地区技术进步对提升全要素生产率的影响系数要略大于其他地区。在东部、中部、西部三大地区中，技术进步在促进数字经济提升全要素生产率的影响机制中发挥的中介效应分别为 33.68%、21.07%、20.76%[①]，而前文中计算的我国整体层面技术进步促进数字经济提升全要素生产率的中介效应为 31.32%，可见只有东部地区技术进步发挥的中介效应超过全国平均水平，也从另一个角度验证了假设 H1 的后半部分，即在数字经济发展水平较高的东部地区，无论是发展数字经济还是提升技术进步水平，其对提升全要素生产率的影响都要大于非东部地区。未来，如何有效应对这种由于数字经济鸿沟而加剧的区域经济发展不平衡问题，是实现我国区域经济均衡发展的应有之义。

---

①东部：0.458×0.239/0.325≈33.68%；中部：0.397×0.138/0.260≈21.07%；西部：0.375×0.165/0.298≈20.76%。

5. 研究结论与政策建议

本文以中国 30 个省区市（不包括西藏、台湾、香港、澳门）2015～2018 年的数据为样本，运用面板模型实证研究数字经济对全要素生产率的影响效应。研究发现，2015～2018 年我国数字经济发展水平呈逐年递增趋势，其中数字基础设施分指数增势较为明显，数字融合效应的增长趋势基本与数字经济发展水平保持一致，但是数字产业发展较为缓慢。分区域来看，东部地区数字经济发展水平要远高于其他非东部地区，其中北京、广东、上海、江苏、浙江五个省市数字经济发展位于全国第一梯队。另外，无论是数字经济指数，还是数字基础设施分指数、数字产业分指数、数字融合分指数，都对区域全要素生产率具有正向的影响作用，其中技术进步的中介效应占总效应的 31.32%，反映出技术进步对于数字经济影响全要素生产率具有重要意义。最后，东部地区数字经济对提升全要素生产率具有更高的边际贡献率，该优势集中体现在东部地区数字基础设施更加完善，说明东部地区与非东部地区之间存在显著的数字接入鸿沟。为更好地发挥数字经济对提升全要素生产率的作用，提出如下建议。

第一，构建数字技术"底层创新 + 单点突破 + 赋能实体"的创新发展思路。首先，重视数字底层技术创新的全面发展，培育支撑底层创新的文化，引导政府产业资金和社会资本向自主创新企业倾斜，加快推进知识产权和专利体系建设，在关键领域学习美国等发达国家的建设经验，促进产权制度对生物技术、信息技术、互联网及先进制造业发展的推动作用，更好地让技术转化为产品或服务。其次，在集成电路、工业软件、高端智能制造等核心单点技术领域，以"底线开放思维 + 全面自主创新内生能力"的平衡战略新视野实现"卡脖子"技术突破的战略引领，实现核心自主可控与对外开放的动态平衡[36]，围绕产业链部署创新链，围绕创新链部署产业链，集中制度优势和资源禀赋，鼓励东部数字经济发达地区利用产业优势攻克核心技术，形成以技术创新为核心的产业链良性竞争。最后，在推动数字经济与实体经济融合发展的战略基点上，更要突出制造业对数字技术创新发展的需求，打破人才、资本等创新要素在国内循环的体制机制障碍，依托高科技企业，深入推动产学研融合，解决好从"科学"到"技术"再到"应用"的转化。

第二，将数字经济产业发展的着力点放在实体经济数字化转型。首先，夯实数字基础设施建设，积极推进 5G、大数据、物联网、人工智能等新型基础设施与产业网络深度融合，支持传统企业进行可持续化的基础设施数字化建设和改造。其次，加快工业互联网发展，建立完善的工业互联网跨界融合机制，通过打破各种行业性、地区性、经营性壁垒，为实体企业和互联网企业合作营造良好环境，建立适应融合发展的技术体系、标准规范、商业模式和竞争规则。推动工业企业资源与互联网平台无缝对接和融合，加快普及和推广面向工业领域各环节的分享机制，推进研发设计、数据管理、工程服务等制造资源的开放共享。最后，构建数字经济与实体经济融合发展的投融资服务机制，积极运用政策性金融工具和市场化手段，构建从基础设施到创新研发，从新兴产业培育到传统产业改造，从平台打造到智能化应用于一体的财政扶持政策链条。

　　第三，以国家战略缩小区域间数字经济鸿沟。首先，在国家"十四五"规划中，要从政策制度、资金保障、人才队伍等方面鼓励落后地区加快数字基础设施建设，同时也为新一轮扩大投资形成新的增长点。其次，在确保东部地区数字经济产业链关键环节与核心企业的基础上，有序推动发达地区数字经济产能向中西部和东北部梯度转移，让发达地区的数字经济发展经验向其他地区进行复制和扩散。最后，针对东北和西部地区人才流失与吸引力不强的情况，要着力构建数字经济人才培育体系，支持发达地区知名高校、科研院所在东北和西部地区设立数字经济研发机构，探索产学研合作新模式，积极培育数字经济人才。

　　第四，在数字政府理念下完善政府治理体系。首先，要明确政府在引领数字经济发展中的地位，与市场和企业划分明显的界限，制定财政研发投入负面管制清单，对基础性、非市场性的研发进行精准补贴，对影响市场竞争的财政补贴进行严格管控，利用大数据、区块链等数字技术对企业研发资金进行全过程监督。其次，在数字经济时代，应当加快推动政府决策方式从经验决策到数据决策的转变，推动政府公共服务数据有序开放，利用数字化技术提升政府公共服务能力，鼓励企业主体利用政务开放数据创新产业发展路径，旨在更好地挖掘数据价值，释放数据红利。

主要参考文献

[1] 胡雯. 中国数字经济发展回顾与展望[J]. 网信军民融合，2018（6）：18-22.

[2] 张鹏. 数字经济的本质及其发展逻辑[J]. 经济学家，2019（2）：25-33.

[3] 李长江. 关于数字经济内涵的初步探讨[J]. 电子政务，2017（9）：84-92.

[4] 李晓华. 数字经济新特征与数字经济新动能的形成机制[J]. 改革，2019（11）：40-51.

[5] 荆文君，孙宝文. 数字经济促进经济高质量发展：一个理论分析框架[J]. 经济学家，2019（2）：66-73.

[6] 温军，邓沛东，张倩肖. 数字经济创新如何重塑高质量发展路径[J]. 人文杂志，2020（11）：93-103.

[7] 李辉. 大数据推动我国经济高质量发展的理论机理、实践基础与政策选择[J]. 经济学家，2019（3）：52-59.

[8] 郭晗. 数字经济与实体经济融合促进高质量发展的路径[J]. 西安财经大学学报，2020，33（2）：20-24.

[9] 唐要家. 数字经济赋能高质量增长的机理与政府政策重点[J]. 社会科学战线，2020（10）：61-67.

[10] 刘淑春. 中国数字经济高质量发展的靶向路径与政策供给[J]. 经济学家，2019（6）：52-61.

[11] 蒋长流，江成涛. 数字普惠金融能否促进地区经济高质量发展？：基于 258 个城市的经验证据[J]. 湖南科技大学学报（社会科学版），2020，23（3）：75-84.

[12] 何宏庆. 数字金融：经济高质量发展的重要驱动[J]. 西安财经学院学报，2019，32（2）：45-51.

[13] 刘军，杨渊鋆，张三峰. 中国数字经济测度与驱动因素研究[J]. 上海经济研究，2020（6）：81-96.

[14] 张雪玲，焦月霞. 中国数字经济发展指数及其应用初探[J]. 浙江社会科学，2017（4）：32-40，157.

[15] 万晓榆，罗焱卿，袁野. 数字经济发展的评估指标体系研究：基于投入产出视角[J]. 重庆邮电大学学报（社会科学版），2019，31（6）：111-122.

[16] Dahlman C，Mealy S，Wermelinger M. Harnessing the digital economy for developing countries[J]. OECD Development Centre Working Papers，2016，334（1）：1-80.

[17] Myovella G，Karacuka M，Haucap J. Digitalization and economic growth: A comparative analysis of Sub-Saharan Africa and OECD economies[J]. Telecommunications Policy，2020，44（2）：0308-5961.

[18] Uçar E，Le Dain M A，Joly I. Digital technologies in circular economy transition: Evidence from case studies[J]. Procedia CIRP，2020（90）：133-136.

[19] Škare M，Soriano D R. A dynamic panel study on digitalization and firm's agility: What drives agility in advanced economies

2009—2018[J]. Technological Forecasting and Social Change，2021，163（2）：120418.

[20] Byrne D M，Oliner S D，Sichel D E. Is the information technology revolution over？[J]. International productivity monitor，2013，25：20-36.

[21] Chou Y C，Chuang H H，Shao B B. The impacts of information technology on total factor productivity：A look at externalities and innovations[J]. International Journal of Production Economics，2014，158：290-299.

[22] Shao B B，Lin W T. Assessing output performance of information technology service industries：Productivity，innovation and catch-up[J]. International Journal of Production Economics，2016，172（2）：43-53.

[23] Bertani F，Ponta L，Raberto M，et al. The complexity of the intangible digital economy：An agent-based model[J]. Journal of Business Research，2021，129（5）：527-540.

[24] Yuan S，Musibau H O，Gen S Y，et al. Digitalization of economy is the key factor behind fourth industrial revolution：How G7 countries are overcoming with the financing issues？[J]. Technological Forecasting and Social Change，2021，165：120533.

[25] Gillani F，Chatha K A，Jajja M S，et al. Implementation of digital manufacturing technologies：Antecedents and consequences[J]. International Journal of Production Economics，2020，229：107748.

[26] Zhao F，Wallis J，Singh M. E-government development and the digital economy：A reciprocal relationship[J]. Internet Research Electronic Networking，2015，25（5）：734-766.

[27] Ranta V，Stenroos L A，Visnen J M. Digital technologies catalyzing business model innovation for circular economy：Multiple case study[J]. Resources，Conservation and Recycling，2021，164：105155.

[28] 鲁俊群. 大力发展数字经济是高质量发展必由之路[J]. 红旗文稿，2019（3）：26-28.

[29] 郭亚军. 一种新的动态综合评价方法[J]. 管理科学学报，2002（2）：49-54.

[30] 张军，施少华. 中国经济全要素生产率变动：1952—1998[J]. 世界经济文汇，2003（2）：17-24.

[31] 罗贞礼. 我国数字经济发展的三个基本属性[J]. 人民论坛·学术前沿，2020（17）：6-12.

[32] 李福柱，赵长林. 中国经济发展方式的转变动力及其作用途径[J]. 中国人口·资源与环境，2016，26（2）：152-162.

[33] 喻贞，胡婷，沈红波. 地方政府的财政补贴：激励创新抑或政策性负担[J]. 复旦学报（社会科学版），2020，62（6）：145-153.

[34] 余明桂，回雅甫，潘红波. 政治联系、寻租与地方政府财政补贴有效性[J]. 经济研究，2010，45（3）：65-77.

[35] 王姝楠，陈江生. 数字经济的技术-经济范式[J]. 上海经济研究，2019（12）：80-94.

[36] 陈劲，阳镇，朱子钦. "十四五"时期"卡脖子"技术的破解：识别框架、战略转向与突破路径[J]. 改革，2020（12）：5-15.

数字经济发展的评估指标体系研究：基于投入产出视角①

万晓榆　罗焱卿　袁　野

　　数字经济是继农业经济、工业经济之后更加高级的经济阶段，是以数字化的信息和知识作为关键生产要素，以现代信息网络为主要载体，以信息通信技术融合应用、全要素数字化转型为重要推动力，促进包容、创新、高效和可持续发展的新经济形态[1]。进入 21 世纪，我国政府高度重视发展数字经济。党的十九大以来，习近平总书记就加快发展数字经济发表了一系列重要讲话，对"实施国家大数据战略，构建以数据为关键要素的数字经济，加快建设数字中国"等工作作出重大战略部署。在上述党中央政策措施的推动下，中国近年来数字经济发展取得显著成效。2018 年，我国数字经济总量达到 31.3 万亿元，按可比口径计算，名义增长 20.9%，占 GDP 比重达到 34.8%，成为经济高质量发展的重要支撑，数字竞争力的国际地位也日益提升。

　　在数字经济高速发展的同时，一些根源性的问题逐渐显露出来。第一，数字驱动创新能力不足，在数字经济基础核心创新领域较为落后，研发投入力度也较弱；第二，数字经济基础设施建设偏于网络通信资源建设，在新一代人工智能、高端装备制造等领域基础设施建设不足；第三，从事数字经济相关的知识型就业人才比重不高，知识数字型人才供需结构失衡；第四，与产业数字化和数字产业化良好发展形成对比的是我国数字化治理的进程才刚刚起步，数字经济发展的成效只体现在对经济增量的拉动上，在创新、社会、民生等效率发展方面成效不足。政府虽已出台相应的政策以提高数字经济治理水平，但效果并不理想，原因在于对整个数字经济发展体系以及治理环境影响因素认识不足，缺乏针对性的衡量指标来评价数字经济发展质量。

　　推动数字经济可持续、高质量发展在理论上和实践上都具有重要意义。但是目前学界关于数字经济发展的研究和定量测度中，鲜有文献将数字化治理和数字知识型人才供给纳入指标体系进行考察。因此，基于数字经济及一系列经济活动，本文借助经济学传统的投入产出视角，在引入治理环境的基础上，基于投入产出视角对我国数字经济发展体系进行研究，从而构建一套系统的评估指标体系。

　　在此研究背景下，本文研究的核心问题是：在考虑数字经济产业发展的基础上，把数字化治理和数字知识型人才供给纳入指标体系内，应如何对我国数字经济发展指数进行有效测度？数字经济指数维度下的细分指标该如何确定？本文试图对以上问题进行解

　　①发表期刊：《重庆邮电大学学报（社会科学版）》，2019，31（6）：111-122. 有改编。

　　基金项目：重庆市社会科学规划项目"重庆市经济高质量发展测度与实现路径研究"（2018ZDZK07）、重庆市社会科学规划重点智库项目"中美贸易摩擦背景下重庆市大数据智能化产业发展应对策略研究"（2018ZDZK10）。

　　作者简介：万晓榆，重庆邮电大学经济管理学院院长，教授；罗焱卿，重庆邮电大学研究生；袁野，重庆邮电大学经济管理学院副教授。

答，以期更为客观、全面地认识目前我国数字经济总体建设状况和突出问题，为更好地发挥数字经济对推动经济高质量发展的作用提供有效的政策参考。

1. 文 献 综 述

在对文献梳理的过程中发现，国内外关于数字经济发展的研究大多集中在其内涵、范围界定、技术支撑、应用和影响意义等方面。国外关于数字经济发展的研究大多集中于社会应用层面，包括数字社会、数字城市和数字民生等方面，以及选取一些典型的城市案例来研究数字经济发展带来的影响，但并没有直接关于数字治理评价指标体系设计的相关研究。基于以上研究现状，本节先对研究数字经济内涵与特点的文献进行梳理，再针对其评价指标体系相关研究进行梳理，最后针对数字治理的相关文献进行梳理。

1.1　数字经济内涵

美国 IT 咨询专家唐·塔普斯科特（Don Tapscott）在其专著《数字经济：网络智能时代的希望和危险》中最早提及数字经济[1]。1998 年，美国商务部发布 *The emerging digital economy*，宣布美国经济进入数字时代，随后，又陆续发布了 *The emerging digital economy II* 和 *Digital economy 2000*[2]等相关报告，表 1 为美国统计局对数字经济的内涵描述。经济合作与发展组织（OECD）在持续跟进数字经济发展的研究报告中指出，数字经济给美国带来了短期的高增长、低通货膨胀、低失业率的繁荣，因此对数字经济的测量至关重要，并发布报告 *Measuring the Digital Economy：A New Perspective*[3]。2016 年，G20 数字经济发展与合作倡议中从经济发展的角度定义数字经济：以使用数字化的知识和信息作为关键生产要素、以现代信息网络作为重要载体、以信息通信技术的有效使用作为效率提升和经济结构优化的重要推动力的一系列经济活动[4]。

表 1　美国统计局对数字经济的内涵描述

	电子化企业的基础建设	电子化企业	电子商务	计算机网络
定义	电子化企业流程和电子商务交易运作基础	企业或组织通过计算机网络所进行的任何工作流程	通过计算机网络进行的货品或服务交易	由可经由计算机操控的电子设备所组成的网络
范畴	硬件、软件、通信网络、支持服务及人力资本	生产、顾客及内部管理方面的企业流程	在特定电子化企业流程（如销售）中发生的交易	使用的硬件、软件及使用者发出的操控命令

学术界关于数字经济内涵的研究主要基于技术层面和经济影响层面。技术层面，数字经济发展的基础是信息技术的不断发展与应用，这是目前学术界的共识。从传统 ICT 层面，澳大利亚数字经济部指出，移动互联网、传感网络、智能互联互通等新一代信息基础设施，构成了数字经济发展所需的基础信息和通信技术[5]。国内学者何枭吟[6]指出，数字经济是以知识和信息为基础，利用新一代数字经济（特别是移动互联网）对传统的流通领域、制造领域和管理领域进行数字化的改造，是一种新的经济形态。逄建和朱欣民[7]指出，数字经济是以数据、信息和通信技术为基础，通过物联网、云计算等，实现端

对端交易、交流和合作流程的数字化，推动经济社会的发展和进步。随着新一代信息通信技术的发展，大数据和智能化的广泛应用给数字经济的发展带来新的变化，数字经济开始从数字化向网络化和智能化阶段过渡[8]。李长江[9]从数字信息的产生、传播、处理三个技术环节把数字经济划分成数字化、网络化、智能化三个阶段，三个阶段并不相互排斥，这种基于技术视角和时间纵向的分类方式强调数字经济发展的不同阶段，其特征、技术特点和政策需求等方面侧重也不同。学术界关于数字经济领域信息技术层面的研究已比较成熟，而在相关指标量化层面研究不足。因此，本文将从 ICT 和新一代智能化信息技术两个层面衡量数字经济发展领域中的基础设施建设。

经济影响层面，这种定义常见于从政府角度研究数字经济发展的研究机构，在研究数字经济所带来的革命性变化时。从研究机构的角度，经济合作与发展组织在《数字经济衡量：一个新视角》中将"数字经济"这一具有动态特征的概念界定为经济社会发展的数字化转型，强调了数字化和互联性两大技术支柱对传统生产成本和组织模式的影响，指出应当充分挖掘数字经济对创新发展和包容性增长的驱动力。中国信息通信研究院[10]认为，数字经济是以数字化的知识和信息为关键生产要素，以数字技术创新为核心驱动力，以现代信息网络为重要载体，通过数字技术与实体经济深度融合，不断提高传统产业数字化、智能化水平，加速重构经济发展与政府治理模式的新型经济形态。从学者研究的角度，王伟玲和王晶[11]系统地研究了数字经济的创新性、规模性和革命性等特点，指出发展数字经济能够给人类带来新的要素禀赋、新的资源配置和新的社会生产力，同时也使人类在信息数据的生产、传递和消费等活动中产生的经济关系变得日益多样化。张晓[12]运用经济学的相关理论和概念，构建了以产品与服务、技术、市场、产业、政策为五大核心要素的系统性分析框架，研究指出，数字经济发展能够推动以上五大核心要素之间的良性互动，强化与实体经济的深度融合，实现整体经济稳定快速增长。本文借助中国信息通信研究院对数字经济产出的分类标准，以数字产业化和产业数字化衡量数字经济对经济发展的影响。

目前，关于数字经济内涵的研究还处于理论层面，尚未有一个统一的、系统的框架和定义，研究也呈现出多样化和抽象化，从而造成对数字经济的产出与测量也没有统一的衡量标准，无法有效地衡量其对经济发展产生的作用。随着数字经济发展进入一定的阶段，数字化治理相关概念也没有很好地纳入数字经济内涵中，本文后续部分将尝试从数字经济发展评价指标体系角度探讨数字经济的内涵。

1.2　数字经济指标评价体系

国内外关于数字经济指标评价体系的研究，基本上是政府机构或相关科研机构承担，研究的视角也因地制宜。由于整个数字经济体系包含的框架太大，尚未有一个完整的指标体系来衡量数字经济发展现状。从整体上看，欧盟国家的数字经济核算体系侧重数字社会指数和数字民生指数，美国的数字经济核算体系侧重数字经济相关的产业测度，国内数字经济的指标评价体系大多由科研机构承担，具体的视角也不尽相同，但关于数字化治理方向的指标鲜有研究涉及。国内外典型相关数字经济指标体系汇总如表 2 所示。

表 2 国内外典型相关数字经济指标体系

	指数名称	发布方（时间）	一级指标	二级指标	三级指标	出处
国外	数字产业分类标准	美国商务部（2002）	4	32	—	Digital Economy 2002. Washington, DC：US Department of Commerce, 2002
	数字经济与社会指数（DESI）	欧盟（2014）	5	12	31	DESI 2017：Digital Economy and Society Index
	衡量数字经济	联合国经济合作与发展组织（2016）	6	—	—	Measuring the Digital Economy：A New Perspective
国内	数字经济指数	中国信息通信研究院（2017）	3	23	—	《中国数字经济发展白皮书(2017年)》
	"互联网＋"数字经济指数	腾讯研究院（2017）	4	14	135	《中国"互联网＋"数字经济指数 2017》
	数字经济指数	赛迪研究院（2017）	5	34	—	《2017中国数字经济指数（DEDI）》
	全球数字经济竞争力指数	上海社会科学院（2017）	4	12	24	《全球数字经济竞争力发展报告（2017）》
	中国数字经济指数	财经&数联（2018）	4	14	—	《中国数字经济指数》（修订版）
	数字经济发展指数	阿里研究院（2018）	5	14	—	《2018全球数字经济发展指数》

以上国内外研究机构关于数字经济指标体系的研究各有侧重，不同机构从不同的视角出发，涉及的指标体系也比较全面。国内的六个数字经济相关指数都是近几年发布的，其主导设计的指标体系中包含数字经济的基础、产业和社会层面，数据的来源也具有多样性。但学术界关于数字经济指标体系的研究较少，大多是集中在指标设计的原则、流程、产业划分、数据收集等方面。张雪玲和焦月霞[13]构建了数字经济发展的综合指标，指标类别包括信息通信基础设施、ICT 初级应用、ICT 高级应用、企业数字化发展、信息和通信技术产业发展、测量层共计 19 项指标，该指标体系类别选取上没有一定的依据，并且所处维度不在一个层级，但后续研究中利用数据进行实证性的测算具有一定的参考意义。

目前关于数字经济发展指标体系研究中鲜有涉及关于数字化治理的相关指标，具体的指标选取上也没有可依据的方法或流程。本文在借鉴以上国内研究机构提出的指标体系的基础上，将数字经济治理环境维度纳入评价指标体系中，从投入产出视角构建指标体系衡量数字经济发展现状。

1.3 数字化治理

数字化治理起源于数据治理。数据治理的对象是以大数据为核心的数据资产；治理过程是通过数据挖掘，利用数据化网络平台，进行统计分析；治理目标是把所收集整合的数据以可理解的、交互的方式展现，以支撑决策分析。目前，狭义的数据治理主体是政府，是指政府收集、分析以及运用数据来达到其管理社会事务、服务大众的目的[14]。

而广义的数据治理是指数据整个生命周期内的持续管理与利用、数据资源的开放共享，治理主体不局限于政府部门，还包括企业平台，它们利用先进的信息技术、数据库等解决信息数据本身的问题[15]。

在数字化治理的相关研究中，Dunleavy[16]最早对数字化治理进行系统性描述，并在其著作"Digital Era Governance：IT Corporations，the State，and E-Government"中指出了数字变革的九个要素，指出数字治理不仅仅是 ICT 技术在公共事务领域的简单应用，其更加注重的是对经济和社会资源的综合管理，目标是提升数字经济发展的效率和质量。从数字化治理主体的角度出发，黄建伟和陈玲玲[15]提出了一种基于政府、企业和市民社会综合的经济社会治理主体，并基于此形成政府与市民（government to citizen，G2C）、政府与政府（government to government，G2G）、政府与企业（government to business，G2B）之间的互动和政府内部运作的几个层次。徐晓林和周立新[17]也指出数字治理是指政府、公民及其他主体依托信息技术进行参与、互动与合作，构建融合信息技术与多元主体参与的一种开放多元的社会治理体系，意味着政府权力由机构中心向以企业或者市民为中心的转变，增强了政府、市民与企业之间的互动，以政府、市民和企业为治理主体，是一种新型的治理模式[18]。本文借助以上研究视角，在数字化治理中考虑政府、企业平台、公众三类主体视角，构建一个多元协同参与的数字化治理体系。

结合以上研究，本文将数字化治理概念界定为：在政府提供治理框架的基础上，针对数字经济发展领域中信息资源、数据资产、管理模式、公共服务等方面的问题，利用先进的信息技术、数据库资源构建精准治理、多方协作的经济社会治理新模式，旨在培育高端智能、新兴繁荣的数字经济产业发展新生态。

1.4　研究述评

上述关于数字经济内涵、数字经济指标体系和数字治理相关文献的梳理为本文构建数字经济评价指标体系奠定了一定的理论基础，同时也论证了数字化治理在数字经济发展体系中的重要性。现有指标体系研究中分类维度较为单一，测量层指标偏向于传统的信息技术指标，指标体系的形成机制并没有体现数字经济的本质，即一系列生产经营活动，其发展过程需要经过投入、治理和产出三大环节。因此，本文引入环境维度，即数字化治理，基于投入产出视角构建衡量数字经济发展的指标评价体系。

2. 国外数字经济发展国家战略及政策经验借鉴

笔者整理了部分发达国家的数字经济相关战略汇编，如表 3 所示。

表 3　部分发达国家数字经济相关战略汇编

国家	数字经济相关战略	时间	报告主要内容
新加坡	《智慧国 2015 计划》	2006 年	建设高速、全覆盖的以有线和无线宽带网络为核心的 ICT 基础设施，培养信息通信方面的精英劳动力和具有全球竞争力的信息通信劳动力

续表

国家	数字经济相关战略	时间	报告主要内容
日本	《i-Japan 战略 2015》	2009 年	促进电子政务、医疗保健和教育及人力资源领域建设优先发展，培育新产业，大力开展数字化基础设施建设
澳大利亚	《国家数字经济战略》	2011 年	设定宽带建设、在线教育、政府互联网教育等八项目标，加大数字基础设施投资力度，为数字经济发展开放公共部门信息
德国	《数字化战略 2025》	2016 年	建立可广泛应用的光纤网络，制定针对竞争、秩序和垄断的法律体系，为更多的投资和创新建立管理框架
美国	《国家人工智能研究和发展战略计划》	2016 年	对人工智能进行长期投资，了解并解决人工智能的伦理、法律和社会影响，制定标准和基准以测量与评估人工智能技术，更好地了解国家人工智能人力需求
英国	《英国数字战略》	2017 年	为英国建立世界一流的数字化基础设施，为个人提供其掌握所需数字化技能的途径，帮助英国企业顺利转型为数字化企业，提升英国政府在在线民众服务方面的能力

由上述部分国家数字经济发展战略总结得到如下结论：运用相关数字化技术，促使数字经济、国家传统经济与产业融合发展至关重要，通过新兴数字产业发展，带动传统产业发展，总体上提升经济发展的效率和质量。

第一，各国都重视在数字经济基础设施方面的投资与建设，尤其是以 ICT 为代表的信息通信技术，如有线无线宽带、互联网平台、在线服务等，以及以美国为代表的在新一代通用核心基础设施方面的投资建设，包括大数据、人工智能、物联网等，并且数字化基础设施的建设需要长期跟进与投资，核心驱动力还是国家综合创新实力。

第二，创建和维持一支体系健全、结构合理的数字经济发展人才队伍。在教育模式方面，德国实行的包含职业教育体系的双元制度，将许多职业领域的学科转移至高等教育范畴中，注重在基础教育和高等教育层面培养人才。在人才就业结构层面，美国将人力资源（特别是知识型人才）视为国家战略资源，提高知识型人才在数字经济各个领域中的就业比重，包括研发、管理、商业模式等。

第三，构建国家数字治理的配套支撑体系，从国家法律法规建设，到企业平台运营监督，构建一套多方参与的数字经济协同治理体系，不断提升国家现代化治理水平，提升政府和企业利用数字化技术服务公民的能力，在包容审慎的制度环境下最大化地实现数字经济对经济高质量增长的促进作用。

3. 数字经济测度指标体系

3.1 基于投入产出视角的指标体系构建模型

投入产出分析是美国著名经济学家瓦西里·里昂惕夫[19]在 20 世纪 30 年代所提出的一类同时研究"投入"和"产出"的经济数量分析方法。根据投入产出理论，投入产出在某一经济系统中表现为资源要素投入和生产成果产出。这种投入产出的循环发展表现为以产业优化升级为代表的经济高质量发展，其中经济高质量发展离不开经济稳定增长，经济增长的来源主要有两大方面：生产要素的优化和生产率的提升。生产要素的优化即本文的投入，生产效率的提升即本文的产出。

从投入的角度来看，郝寿义[20]认为要素禀赋结构是经济发展从初级向高级循环转变的关键，林毅夫从新结构经济学的角度解释了一个经济体最优的产业结构和技术结构内生地取决于其要素禀赋结构，并且这种要素禀赋结构是随着发展阶段的改变而动态变化的[21]。数字经济的兴起与发展也离不开要素禀赋结构的支撑，而其中创新和基础设施条件又是要素禀赋的重要组成部分。

从治理的角度来看，经济高质量发展要体现开放和共享的理念，开放不仅仅是指对外开放，还包括经济发展中资源配置的优化，而以大数据为特征的数字经济更要突出数据的透明性和开放性。数字经济作为新技术革命的产业，能够优化资源配置方式和提升资源配置效率，对于实现城乡之间、区域之间的协调发展具有深远的影响，同时也为落后地区、低收入人群创造了更多参与经济活动、共享发展成果的机会，因此数字化治理成为数字经济发展中的重要环节。本文借鉴传统的三方主体治理模式，从政府政策治理、企业自身约束和公众积极协同监管三个角度构建数字化治理体系。

从产出的角度来看，数字经济是一种更高效、更绿色、更开放的新经济，能通过变革传统产业、优化产业结构和提升生产效率促进经济高质量发展。数字化产业在现代化产业体系建设中发挥着重要作用，包括产业数字化和数字产业化规模不断提升、对现代产业体系和经济管理体制的改进[22]。党的十九大报告提出要推动大数据、云计算、互联网、人工智能与实体经济深度融合发展，深化数字化技术、流程、管理、理念在传统产业中的运用，表现为微观主体应用互联网等技术从事相关经济活动，传统经济的服务模式、技术形态不断创新突破。数字经济助力我国现代化产业体系建设，而其中数字化产业和数字化融合是其发展带来的根本性变化。

数字经济主要能够通过三种路径促进经济增长，包括新的投入要素、新的资源配置和新的全要素生产率[23]。基于以上数字经济发展带来的要素禀赋变化、资源配置优化和全要素生产率提升，从投入产出的角度进行分析，以要素投入对应数字化投入，以资源配置对应发展环境即数字化治理，以全要素生产率对应数字化产业，同时对应经济高质量发展的动力变革、效率变革和质量变革，以一个综合的、系统的视角对我国数字经济发展进行有效测度与评价，建立指标构建模型，见图1。

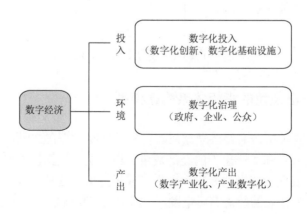

图1　基于投入产出视角的数字经济指标体系构建模型

在引入治理环境的基础上，从投入产出的视角出发，本文将数字经济发展评价指标体系界定为：为衡量以技术创新与应用为特征的数字经济发展，通过创新要素和数字化基础设施条件投入，创造数字化治理新模式，推动数字化产业与数字化融合纵深发展。在数字化治理环境的基础上，从投入产出的角度全方位对数字经济发展的全过程进行评价。数字化投入环节和数字化产出环节相互影响与促进，不断适应发展需要。治理环境对整个投入产出环节起着调控作用。

3.2 构建原则及流程

针对我国数字经济发展现状，结合其发展阶段、技术特点、治理需要和产业状况，本着科学性、系统性、易操作性、可度量性和可比性等原则，从投入产出视角构建了 3 个一级指标、7 个二级指标、20 个三级指标、70 个四级指标。构建流程如图 2 所示。

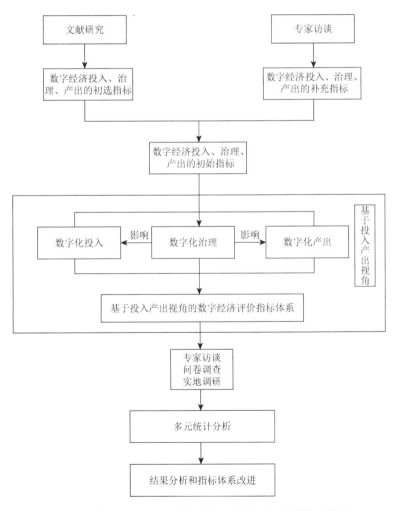

图 2 基于投入产出视角的数字经济评价指标体系构建流程

3.3　数字经济发展的评估指标体系构建

根据上述基于投入产出视角的评估指标模型，本文构建了评估指标体系，鉴于测量层四级指标过细，本文将论述到三级指标，具体的四级指标如表 4 所示。

表 4　基于投入产出视角的数字经济评价指标体系

一级指标	二级指标	三级指标	四级指标（测量层指标）	指标属性
数字化投入	数字化创新	信息技术投入	智能硬件整体发展水平	定性
			智能软件整体发展水平	定性
			信息网络整体发展水平	定性
			信息技术服务整体发展水平	定性
		知识型人才投入	高等教育投入占 GDP 比重	定量
			25～34 岁人口中获得高等教育及以上学历所占比重	定量
			数字知识型人才就业比重	定量
		研发资本投入	R&D 支出占 GDP 比重	定量
			数字企业 R&D 经费占收入比重	定量
			数字研发人员人均经费	定量
	数字化基础设施	ICT 基础设施	每百万人计算机存储服务器数量	定量
			每千人拥有网站数量	定量
			移动宽带使用率	定量
			用户平均互联网带宽	定量
		智能化基础设施	大数据应用管理局数量	定量
			云计算资源接入用户数	定量
			物联网终端用户数	定量
			工业互联网企业用户数	定量
			5G 基站覆盖率	定量
数字化治理	政府治理	数字经济专项政策	专项数据治理政策	定量
			专项网络环境优化政策	定量
			专项重点行业发展政策	定量
		数字经济管理体制	专项税收政策	定量
			专项就业政策	定量
			专项社会保障政策	定量
		数字经济产权保护	企业知识产权保护政策	定量
			数字知识专利申请量	定量
			公众个人隐私数据保护政策	定量
	企业自治	制度建设	信息内容制度规范	定量
			数据安全制度规范	定量
			用户管理制度规范	定量
			行业协会组织	定量

一级指标	二级指标	三级指标	四级指标（测量层指标）	指标属性
数字化治理	企业自治	技术支撑	信息数据库建设	定量
			数据分析系统建设	定量
			数据决策系统建设	定量
		运营规范	企业平台自身违法违规	定量
			企业平台之间违法竞争	定量
			企业平台对用户的违法违规	定量
	公众监管	条件保障	专项公众协同治理政策	定量
			数字治理公众参与奖励制度	定量
			公众检举部门机构数量	定量
		监管意识	公众参与数字治理的权利意识	定性
			公众参与数字治理的责任意识	定性
			公众参与数字治理的积极性	定性
数字化产出	数字产业化	电子信息制造业	集成电路产业增加值	定量
			智能硬件产业增加值	定量
			通信设备制造业增加值	定量
			计算机制造业增加值	定量
		信息通信业	电信业务总量规模	定量
			移动互联网流量收入总量规模	定量
			百兆宽带用户接入比例	定量
		软件和信息服务业	软件产品收入规模	定量
			信息技术服务收入规模	定量
			信息安全产品和服务收入规模	定量
			嵌入式系统软件收入规模	定量
		互联网及相关服务业	信息服务收入规模	定量
			互联网平台服务收入规模	定量
			互联网数据服务收入规模	定量
	产业数字化	"数字化+"农业	农业生产数字化水平	定量
			农业互联网数据服务平台数量	定量
			农产品网络零售额占比	定量
		"数字化+"工业	供应链数字化管理水平	定量
			数字化研发设计工具普及率	定量
			关键工序数控化率	定量
			智能制造就绪率	定量
			工业产出平均能耗水平	定量
		"数字化+"服务业	金融科技数字化水平	定量
			智慧物流数字化水平	定量
			电子政务数字化水平	定量
			共享经济数字化水平	定量

注：除数字产业化下四个三级指标的测量指标来自工业和信息化部统计口径外，其余指标系笔者整理。

1）数字化投入指标

数字化投入指数字经济发展中关键的要素禀赋投入，主要衡量的是数字经济活动中以信息技术为代表的创新要素投入，以现代信息网络为代表的数字化基础设施投入。有效的、合理的数字化投入是数字经济高质量发展的基础。

（1）数字化创新。

数字化创新投入是推动数字经济以创新驱动发展的高端要素投入集合，结合传统的柯布-道格拉斯生产函数，把数字化创新要素投入分为知识型人才投入、研发资本投入，结合数字经济包含的信息技术创新特点，再加入信息技术投入。

知识型人才投入。人才是经济发展的基本要素之一，而创新型人才是数字经济发展实施的主体，因此知识型人才投入是数字经济发展过程中不可或缺的一部分。从教育投入、人口素质、就业比重三个角度出发，分别用高等教育投入占 GDP 比重、25～34 岁人口中获得高等教育及以上学历所占比重、数字知识型人才就业比重三项指标衡量数字经济发展中知识型人才投入情况。

研发资本投入。资本是创新活动的血液，是不断支撑数字经济创新发展的重要环节。从国家层面、企业层面和个人层面出发，分别用 R&D 支出占 GDP 比重、数字企业 R&D 经费占收入比重、数字研发人员人均经费三项指标衡量数字经济活动中的研发资本投入情况。

信息技术投入。数字经济是以数字化的知识和信息作为关键的生产要素，并以现代信息网络作为重要载体，其中信息技术投入主要包括四个方面，即智能硬件、智能软件、信息网络和信息技术服务，这四项指标由于无法直接可测，所以采用定性指标进行衡量。

（2）数字化基础设施。

数字化基础设施是数字经济发展的基础条件，而数字经济不仅需要借助传统的 ICT 基础设施，还包括以新一代信息技术为代表的智能化基础设施。

ICT 基础设施。从数据存储、网站资源、网络通道使用率和速率等角度出发，分别用每百万人计算机存储服务器数量、每千人拥有网站数量、移动宽带使用率和用户平均互联网带宽等指标量化。

智能化基础设施。以新一代信息技术为代表，其特点是数据化、智能化和信息化。以大数据、云计算、物联网、工业互联网和 5G 为代表，分别用大数据应用管理局数量、云计算资源接入用户数、物联网终端用户数、工业互联网企业用户数和 5G 基站覆盖率五项指标衡量数字经济发展中智能化技术设施的发展现状。

2）数字化治理指标

环境维度中主要涉及数字经济治理的相关主体，基于多方协作的治理体系，本部分将从政府治理、企业自治和公众监管三个角度探讨数字经济治理模式。

（1）政府治理。

政府对数字经济的治理主要从两个角度进行，一是对数字经济本身进行治理，即数字经济专项政策，二是对数字经济发展所处的管理体制进行治理。考虑到当前产权保护是数字经济治理中的重要一环，所以再加上数字经济产权保护。

数字经济专项政策。数字经济专项政策指政府战略性引导层面的规划和治理，根据目前数字经济发展中的一些重点环节，从数据、网络环境和重点行业三个角度，分别用专项数据治理政策、专项网络环境优化政策和专项重点行业发展政策三个指标衡量。

数字经济管理体制。数字经济有别于传统经济，其发展都需要新的税收政策、就业保障制度和社会福利政策与之相适应，本部分从数字经济发展的社会管理层面出发，从三个重点角度出发，用专项税收政策、专项就业政策和专项社会保障政策来衡量数字经济管理体制。

数字经济产权保护。数字经济发展的特点是以数字化的知识和信息作为基本生产要素，区别于传统的产权保护，数字化的知识产权保护边界难以确定，内涵也更加复杂。本部分从企业和私人角度出发，用企业知识产权保护政策、数字知识专利申请量、公众个人隐私数据保护政策三项指标来衡量数字经济发展中产权保护的现状。

（2）企业自治。

在政策顶层战略设计的规制下，企业有一定能动力对自身数字经济发展活动进行规范和治理。企业层面的数字化治理是数字化治理最直接的一个环节，通过对企业自身制度建设的优化，运用相关信息技术、规范运营流程等能够有效地对数字经济活动进行治理。

制度建设。企业自治先以制度建设为基础，对典型数字企业的运营流程进行分解，信息内容、数据安全和用户管理三个方面是其基本环节，使用信息内容制度规范、数据安全制度规范、用户管理制度规范三项指标，另外数字经济中不同行业的发展也需要不同的行业协会进行引导和制约，所以加上行业组织协会这项指标，如中国互联网协会、中国消费者协会等。

技术支撑。平台企业进行数字化管理时是基于大数据分析的，该部分从技术角度勾画数字化管理监督的流程，从数据存储-分析-决策角度出发，用信息数据库建设、数据分析系统建设、数据决策系统建设三项指标衡量基于技术层面的企业自治。

运营规范。在运营环节，本部分采用逆指标衡量平台企业的运营规范情况。从企业自身、企业之间、企业对用户三个角度，分别用企业平台自身违法违规、企业平台之间违法竞争、企业平台对用户的违法违规三项指标衡量其运营是否规范。

（3）公众监管。

公众监管是提升国家治理体系现代化水平的关键主体，公众是参与数字经济活动最直接的一方，能够及时、有效地识别出数字经济活动中的不当现象。公众参与数字经济治理从条件保障和监管意识两个方面来衡量。

条件保障。公众参与数字经济治理需要政策鼓励和制度保障，才能提高公众参与数字经济活动的监管积极性。主要保障分为专项公众协同治理政策、数字治理公众参与奖励制度、公众检举部门机构数量。

监管意识。本部分采用调查指标，分为调查公众对参与数字治理的权利意识、责任意识和积极性；采用定性指标，分为高、较高、中等、较低、低五个水平。

3）数字化产出指标

根据数字经济定义，数字经济产出包括数字产业化和产业数字化两大部分。

（1）数字产业化。

数字产业化指以数字技术为特征的信息产业增加值，包括数字技术创新和数字化产业生产，主要包括电子信息制造业、信息通信业、软件和信息服务业、互联网及相关服务业。

电子信息制造业。根据工业和信息化部对电子信息制造业增加值的测算划分，其主要包括集成电路、智能硬件、通信设备和计算机制造业四大板块。

信息通信业。据工业和信息化部对信息通信业发展指标的测量，从业务总量规模、移动数据规模和高速率接入比例角度，分别用电信业务总量规模、移动互联网流量收入总量规模和百兆宽带用户接入比例三项指标衡量信息通信业产出水平。

软件和信息服务业。根据工业和信息化部对软件和信息服务业分领域运行情况衡量标准，用软件产品收入规模、信息技术服务收入规模、信息安全产品和服务收入规模以及嵌入式系统软件收入规模四项指标衡量其产出规模。

互联网及相关服务业。把互联网及相关服务业划分为信息服务、平台服务和数据服务三个板块，分别用信息服务收入规模、互联网平台服务收入规模和互联网数据服务收入规模三项指标衡量其产出水平。

（2）产业数字化。

产业数字化也称为数字化融合，指数字技术与其他产业融合应用和产出结果，通过ICT 产品和服务在其他领域融合渗透带来产出增加和效率提升，体现在对三次产业产出的提升。

"数字化+"农业。"数字化"+农业从农业生产、经营管理和产出三个角度出发，分别用农业生产数字化水平、农业互联网数据服务平台数量和农产品网络零售额占比三项指标衡量其产出质量。

"数字化+"工业。"数字化"+工业从前端供应链管理，中端研发生产到末端产出水平顺序，分别用供应链数字化管理水平、数字化研发设计工具普及率、关键工序数控化率、智能制造就绪率和工业产出平均能耗水平五项指标衡量数字化技术给传统工业发展和产出带来的提升效果，正指标和逆指标结合。

"数字化+"服务业。"数字化"+服务业主要从金融、物流、政务和共享四大方面出发，分别用金融科技数字化水平、智慧物流数字化水平、电子政务数字化水平和共享经济数字化水平四项指标衡量服务业数字化产出水平。

4. 结　语

本文在梳理数字经济内涵、评价指标体系、数字化治理相关研究的基础上，结合数字经济的技术特征、产业发展状况，从投入产出视角构建了我国数字经济发展的评估指标体系，补充了前人研究中缺乏的关于数字化治理和数字知识型人才的研究。文章从理论上和实践上为数字经济评价与治理的研究奠定了基础，为评价现阶段中国数字经济发展情况提供了一个可参考的指标体系，以期更好地发挥数字经济对经济高质量发展的支撑作用。

虽然本文的指标体系构建比较全面，但是在数字经济发展应用层面体现不足，如数字城市、数字教育和数字民生等，且在数字化治理层面指标不够细化。后续研究可继续利用相关方法对指标进行精简和补充，针对测量难度较大的指标进行替换。在数据处理上可借助一定的统计方法对指标进行归一化处理，使数据具有可比性，并利用我国省际时序面板数据进行实证性分析，确保数据能够反映数字经济发展的真实情况。

主要参考文献

[1]   Tapscott D. The Digital Economy：Promise and Peril in the Age of Networked Intelligence[M]. New York：McGraw-Hill，1996.

[2]   Buckley P，Montes S，Henry D，et al. Digital economy 2000[R/OL].（2000-06-01）[2017-02-28]. https://www.commerce.gov/node/250

[3]   OECD. Measuring the Digital Economy：A New Perspective[M]. Paris：OECD Publishing，2014.

[4]   二十国集团数字经济发展与合作倡议[EB/OL].（2016-09-29）[2017-02-28]. http://www.cac.gov.cn/2016-09/29/c_1119648520.htm.

[5]   Department of Broadband，Communications and the digital economy. Australia's digital economy：Future directions[R/OL].（2009-07-16）[2017-02-28]. https://www.cac.gov.cn/2016-09/29/c_1119648520.htm

[6]   何枭吟. 美国数字经济研究[D]. 长春：吉林大学，2005.

[7]   逄健，朱欣民. 国外数字经济发展趋势与数字经济国家发展战略[J]. 科技进步与对策，2013，30（8）：124-128.

[8]   李国杰. 人民日报经济形势理性看：数字经济引领创新发展[R/OL].（2016-12-16）[2017-07-26]. http://opinion.people.com.cn/n1/2016/1216/c1003-28953441.html.

[9]   李长江. 关于数字经济内涵的初步探讨[J]. 电子政务，2017（9）：84-92.

[10]   中国信息通信研究院. 中国数字经济发展白皮书（2017 年）[R/OL].（2017-07-13）[2017-07-26]. http://www.caict.ac.cn/kxyj/qwfb/bps/201707/p020170713408029202449.pdf.

[11]   王伟玲，王晶. 我国数字经济发展的趋势与推动政策研究[J]. 经济纵横，2019（1）：69-75.

[12]   张晓. 数字经济发展的逻辑：一个系统性分析框架[J]. 电子政务，2018（6）：2-10.

[13]   张雪玲，焦月霞. 中国数字经济发展指数及其应用初探[J]. 浙江社会科学，2017（4）：34-40.

[14]   陈琳. 精简、精准与智慧政府数据治理的三个重要内涵[J]. 国家治理，2016（27）：28-39.

[15]   黄建伟，陈玲玲. 国内数字治理研究进展与未来展望[J]. 理论与改革，2019，225（1）：86-95.

[16]   Dunleavy P. Digital Era Governance：IT Corporations，the State，and E-Government[M]. Oxford：Oxford University Press，2006.

[17]   徐晓林，周立新. 数字治理在城市政府善治中的体系构建[J]. 管理世界，2004（11）：140-141.

[18]   王文凯，肖伟. 论数字治理模式及在我国的运用[J]. 成都行政学院学报，2007（6）：26-28.

[19]   瓦西里·里昂惕夫. 投入产出经济学[M]. 崔书香，译. 北京：商务印书馆，1980.

[20]   郝寿义. 区域经济学原理[M]. 上海：上海三联出版社，上海人民出版社，2016.

[21]   林毅夫. 产业政策与我国经济的发展：新结构经济学的视角[J]. 复旦学报（社会科学版），2017（2）：148-153.

[22]   张永恒，郝寿义. 高质量发展阶段新旧动力转换的产业优化升级路径[J]. 改革，2018（11）：30-39.

[23]   荆文君，孙宝文. 数字经济促进经济高质量发展：一个理论分析框架[J]. 经济学家，2019（2）：66-73.

我国智能化发展评价指标体系构建与测度研究[①]

万晓榆　赵　寒　张　炎

在新一轮科技革命和产业革命蓬勃兴起的当前，"为经济赋能，为生活添彩"的智能化已经成为社会经济发展的核心内容。尤其是我国从高速发展转向高质量发展，智能化战略作为促进实体经济高质量发展的坚实保障，其健康快速发展得到各界广泛关注。目前，学者已经探讨了如何推动大数据、云计算、人工智能等新一代信息技术与传统产业深度融合[1-3]，以及智能化应用对三次产业发展的助推作用[4,5]，却未对我国智能化发展水平进行衡量和测算，忽略了省区市间智能化发展水平差异。构建智能化发展水平评价指标体系是科学衡量各省区市智能化发展水平、找出发展不足和缺陷的基础，为推动我国智能化健康有序发展，智能化发展评价指标体系构建已经成为当前研究的重点。

经济发展质量变革、效率变革和动力变革已成为高质量发展的关键助力，其中质量变革是主体、效率变革是主线、动力变革是关键，三位一体才能推动产业持续稳定发展[6]。本研究针对当前缺少智能化发展评价指标体系的研究空白，结合三大变革理念，从基础环境、产业发展、智能制造、融合应用和创新能力维度，构建我国智能化发展评价指标体系，测度我国 31 个省区市智能化发展水平，并对各省区市智能化发展水平进行对比分析，总结现有发展经验，探讨提升我国智能化发展水平的相关策略。

1. 文 献 回 顾

互联网、大数据、云计算、物联网、人工智能等新兴技术推动传统产业转型升级[7-16]。智能化转型升级主要以技术变革为依托[17]，通过对智能化产品和服务进行全流程、全生命周期改造，以便在不同环境中创造经济效益[7]。以制造业为例，新一代信息技术通过整合现有资源，提高生产效率，增强产品核心竞争力，为传统产业赋予更多智能化特点[18]。物联网技术与制造业的深度融合也是传统产业智能化转型的重要动能，智能化设计生产、生产自动监督、仓储运输自动化和远程售后服务等应用也重新定义了新时代的生产制造方式[19]。深度学习作为人工智能关键算法，催生出了以数据为生产要素的新经济模式，而人工智能与制造业结合形成的智能制造，正推动着社会实体经济转型升级[20]。除智能化相关技术外，智能产品的市场需求、智能装备资源、智能化交互能力、智能服务应用和智能化管理能力均对智能化转型升级影响重大[21]。

①发表期刊：《重庆社会科学》，2020（5）：84-97.

基金项目：重庆市重点智库项目"重庆市经济高质量发展测度与实现路径研究"（2018ZDZK07）。

作者简介：万晓榆，重庆邮电大学经济管理学院院长，教授；赵寒，重庆邮电大学研究生；张炎，中国信息通信研究院西部分院院长。

智能化转型升级提升社会整体智能化发展水平，全面重塑当前产业格局[5]。智能技术应用于农业形成的智能温控系统、智能灌溉系统、智能体温检测系统等新业态，改变了原有生产经营方式，显著提升了农业经济效益[18]。工业智能化通过替代人类劳动，降低对初中、高中劳动力的需求，增加了对高水平教育劳动力的需求[21]，加剧了技术性失业、就业两极分化，并导致劳动力市场收入不平衡[5]。当然，智能技术在工业生产中的应用，也推动了产业创新[22]，帮助企业优化资源配置，带动全要素生产率增长[23]。智能技术在服务业中的应用，让服务业更加多样化和定制化[24]。当人工智能技术向文化产业多维度、多层级渗透时，媒体平台不断转型，新闻和内容产品更加丰富[25]，不仅提高了文化科技附加值，还加快了文化产业智能化转型，推动了智能内容生成、审核、分发和精准推送等关键环节不断革新[26]。智能技术与传统医药生产、医疗诊断结合，将有效降低药物生产成本、诊断成本，缩短诊断时间，帮助病患及时就诊，推动医疗健康智能化发展[27, 28]。人工智能技术的广泛应用还提升了社会治理"智能化水平"和智能政务水平[29]，实现了公共安全智能化管理，提高了政府回应能力，保证了政府治理效率，推进了政府社会协同共治[30]。

目前关于智能化发展的研究主要集中于新兴技术的发展应用对智能化水平的提升，以及智能化发展对社会经济的带动作用两方面，学术界尚未对我国智能化发展水平进行测算，各省区市智能化发展水平的优劣还未明确。基于此，本研究将在梳理智能化发展理念的基础上，选取关键指标，构建我国智能化发展评价指标体系，测度我国 31 个省区市智能化发展水平。

2. 指标体系构建

2.1 智能化发展理念

智能化被称为第四次科技革命，衍生出当前快速发展的智能化新兴产业[2]。作为信息化、网络化和数字化发展的高级阶段，智能化建立的前提是信息和知识的探索、发展、创造与应用，同时将大数据、人工智能等新兴技术与社会经济各领域深度融合。智能化具有明显的技术渗透与外溢效应，智能化技术快速发展在促进智能产业发展的同时，还带动农业、工业、服务业和社会发展各领域新模式、新业态、新产业的不断创新，进而有效推动经济高质量发展，如图 1 所示。也就是说，基础要素投入是智能化发展的基础，软件开发与应用是智能化发展的关键，最终目标是通过智能化应用提升社会整体经济效益[7]。

智能化发展质量变革是以提升智能产品和智能化服务为基础进行的全方位变革，最终目标是形成核心竞争力[6]，智能产业是智能化发展的最终表现形式，智能制造是智能化技术与传统制造业深度融合的新模式，二者当前发展状况是衡量智能化发展质量的核心。智能产业是以云计算、大数据、互联网、物联网、人工智能等新兴技术为依托，以知识和数据为核心生产要素，提供智能化产品与服务的产业形态[8]。随着信息技术整体性创新不断推进，全球智能产业正处于快速发展进程，形成了以"芯屏器核网"为代表的智能产品和以软件服

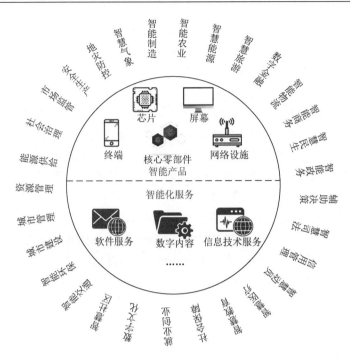

图1 智能产业对经济社会各领域形成技术外溢效应

务、信息技术服务、数字内容等智能化服务为主体的智能产业群聚发展态势。智能制造被认为是我国制造业高质量发展的关键抓手,也是推动我国经济发展完成新旧动能转换、推进产业发展进入中高端水平的重要手段[9]。智能制造既是智能制造技术,又是智能制造系统[10],其突出特征是将深度学习、语音识别等关键核心技术应用于制造领域,强化产品创新性和服务能力[11]。以智能化技术为基础,智能制造依靠企业整合、分配、利用社会资源,重塑制造产业价值链[12],推动制造业高速、高质量发展。

智能化发展效率变革是以提升产业发展效率为基础,通过技术改造破除效率制约,以既定投入获得最大产出,从而提升智能化发展水平[6]。其中,智能技术在社会经济各领域的融合水平是其发展效率的重要体现。融合应用是智能化技术发展的必然过程,以人工智能、大数据、云计算为代表的新兴信息技术正逐步渗透到各行各业,驱动传统行业走向智能化创新。全面推动智能化技术在农业、金融业、民生服务、社会治理等生产生活领域的融合应用,是提升智能化技术应用水平的关键手段,反之,智能化技术在各领域的应用水平也是智能化发展水平的关键衡量指标。

智能化发展的动力既是推动智能化产业优化升级的关键,也是推进智能化发展质量变革和效率变革的先决条件[6],以体制改革和科技创新为重点进行产业发展动力变革,需要创造良好的发展环境,也需要具备足够的创新能力[13]。基础环境的完善程度是影响经济发展前景的关键[14],只有具备良好的政策环境、合理的管理机制和完善的基础设施,智能化发展水平才能快速提升。而创新是引领发展的第一动力[15],是建设现代化经济体系的战略支撑,智能化发展过程中,必须不断集聚各类创新资源要素,提升创新动能转换效率,充分发挥创新带动智能化发展水平的能力。

2.2 指标选取

对智能化发展水平的测度，不仅要追求智能化发展的结果，还要把握各省区市当前智能化发展能力，以及智能化发展潜力。因此，为全面充分测度我国 31 个省区市智能化发展水平，本文基于智能化发展需求和主要特征，依照真实性、客观性、科学性和可操作性原则，从三大变革视角出发，构建了涵盖基础环境、产业发展、智能制造、融合应用、创新能力在内的 5 个一级指标、22 个二级指标的中国智能化发展评估指标体系，如表 1 所示。基础环境是智能化发展的前提，产业发展指智能产业的发展规模与现状，智能制造是我国制造业转型升级的主攻方向，融合应用是智能化在各领域的应用成果，创新能力是智能化发展的潜在驱动力。

表 1 中国智能化发展评估指标体系

一级指标	二级指标	测度指标
基础环境	政策环境	智能化专项规划、政策
		专项资金保障情况
	管理机制	智能化发展管理机构设置
	基础设施	网络设施、IDC 部署情况
		工业互联网部署情况
产业发展	产业运行	智能产业规模
		智能产业增加值占 GDP 比重
		智能产业增速情况
	企业发展	智能产业企业数
		智能产业规上企业数
		智能产业百强企业数
	载体建设	智慧园区数
		产业基地数
		国家新型工业化产业示范基地数
		国家级经济技术开发区、高新技术开发区数量
智能制造	示范成果	国家级制造业创新中心数
		工业和信息化部智能制造试点示范项目数
		工业和信息化部智能工厂类示范项目数
		工业和信息化部人工智能/工业互联网示范项目数
	工业互联网	工业互联网平台建设情况
		工业互联网创新中心建设情况
		企业上云上平台发展情况
		工业互联网应用情况
	两化融合	生产设备数字化率

一级指标	二级指标	测度指标
智能制造	两化融合	数字化研发设计工具普及率
		关键工序数字化率
		智能制造就绪率
融合应用	智能农业	农业智能化应用发展水平
	数字金融	金融智能化应用发展水平
	智慧物流	物流智能化应用发展水平
	智能商务	智能商务应用发展水平
	智能共享	共享经济应用发展水平
	智能政务	政务数据共享发展水平
	民生服务	民生服务领域智能化应用发展水平
	公共产品供给	公共产品供给智能化应用发展水平
	社会治理	社会治理领域智能化应用发展水平
创新能力	创新投入	研发投入强度
		技术市场成交额
	创新成果	新一代信息技术专利申请数量
		国家科技奖励
	人才保障	智能化领域相关学科设置情况
		高校智能化专业本科以上在校生数量
	创新机构	省级以上重点实验室数量
		省级以上工程技术研究中心数量

2.3 权重确定

为确保指标体系符合行业发展基本预期，本研究采用专家打分法对指标权重进行确定，通过邀请智能化领域专家对构建的指标体系中的二级指标进行两两对比打分，形成综合判断矩阵 $S = \left\{ s_{ij}^{k} \right\}_{n \times m}$, $k = 1, 2, \cdots, t$；再运用熵权法求出每位专家对指标的相对重要程度判断矩阵 $\boldsymbol{\omega}^{k} = \left[\omega_{1}^{k}, \omega_{2}^{k}, \cdots, \omega_{m}^{k} \right]^{\mathrm{T}}$, $k = 1, 2, \cdots, t$；利用层次分析法，对判断矩阵进行归一化处理 $x_{ij} = \dfrac{w_{ij}}{\max(w_{ij})}$；然后构造模糊相似矩阵 $\boldsymbol{p} = \left[p_{ij} \right]_{i \times j} = \dfrac{\sum\limits_{k=1}^{t} x_{ik} \wedge x_{jk}}{\sum\limits_{k=1}^{t} x_{ik} \vee x_{jk}}$；最后分别通过层次单排序、一致性检验和层次总排序后得到指标权重值。

2.4 数据来源与处理

本研究通过网络爬虫、案头调研、汇聚分析等方式，充分获取 2018 年底各分项指标数据。数据来源主要包括国家各部委办、地方政府、高校等官方数据平台，同时参考国内外相关研究机构已有成果，在此基础上汇聚网络爬虫数据进行综合分析。对于部分省区市在个别指标中数据的缺失，本研究邀请专家根据以往数据和发展状况进行评估测算。

本指标体系中的各变量单位存在差异，不具可比性，为消除变量单位对测算结果的影响，选择无量纲 $Z_{ij} = \ln\left(1 + \dfrac{x_{ij}}{X_j}\right)$ 和归一化方法 $C_{ij} = Z_{ij} \Big/ \overline{Z_j}$ 对原始数据进行转换。

3. 我国智能化发展水平实证测度

根据每个指标的初始值变换后的数值与各指标权重的计算，得到我国 31 个省区市智能化发展综合指数和分项指数。

3.1　智能化发展综合指数

新一轮产业革命在全球范围内蓬勃兴起，人工智能作为引领这一轮科技革命和产业变革的战略性技术，正以强烈的溢出带动性赋能传统产业，引领全社会迈向智能化发展。面对这一重大的历史契机，从国家到地方、从政府到企业正同步发力，全面助推我国智能化发展。2018 年，我国智能化相关政策全面优化，智能化发展环境持续改善，创新投入稳步提升，产业基础不断夯实，智能服务与智能制造规模迅速扩大，智能化融合应用走向深化，全国 31 个省区市智能化发展呈现良好态势。如图 2 所示，我国智能化发展平均指数为 49.92，共有 16 个省份智能化发展指数高于全国平均水平，其中，上海、广东、江苏、浙江、北京五省市智能化发展指数分别为 74.81、73.06、72.94、71.74、69.43，分列全国前五。与经济发展趋势相同，我国智能化发展水平也呈现出从东南沿海往西北内陆逐级递减态势，如图 2 所示。

1）东部省市绝对领先

东部省市智能化发展平均指数以 62.32 处于绝对领先水平。其中，上海、江苏、浙江三省市依托长三角经济圈制造业集群，大力发展机器人、工业互联网等智能制造技术，推动人工智能在多领域深度应用。广东依托珠三角经济圈和粤港澳大湾区发展机遇，以华为、腾讯等龙头企业为引领，加快布局人工智能产业，深化"互联网＋先进制造业"发展工业互联网，支持企业"上云上平台"，实现智能化产业领先发展。北京、山东两省市以环渤海经济圈智慧城市群建设为基础，依托高校雄厚的科研实力，在智能化技术研发和智能化产业培育方面形成核心优势。东部省市智能化发展水平与地区经济发展水平呈现高度的正相关性，经济发展水平靠前的省市通常制造业及服务业基础雄厚，科研机构众多，人才吸引力较强，在发展智能产业及智能化融合应用中具有先发优势。

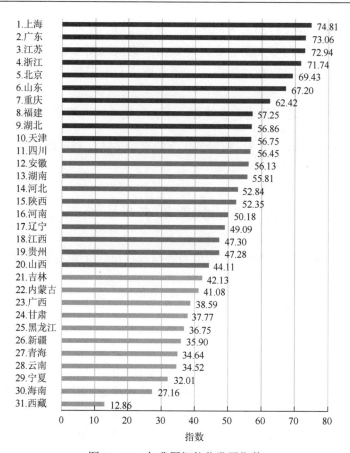

图 2　2018 年我国智能化发展指数

2）中部省区市均衡发展

中部省区市智能化发展平均指数为 51.73，高出全国平均水平 3.63%，区域内发展均衡，显现出区域集聚格局，是我国智能化发展的中坚力量。其中，湖北、安徽、河南三省智能化发展水平较为接近，在中部地区处于引领地位。湖北省以工业互联网标识解析国家顶级节点建设为契机，实施"万企上云"省级重点工程，加速打造湖北省工业互联网平台体系。安徽省以建设制造强省为目标，大力推进智能工厂和数字化车间建设，推动制造业转型升级。河南省以智能制造为主攻方向，发展建设智能化生产线和智能车间，推动建设了郑州航空港产业集聚区等 10 家智能化示范园区。

3）西部省区市两极分化

西部省区市智能化发展平均指数为 40.49，落后于全国平均水平 18.89%，发展形势呈现明显的两极分化状态。重庆、四川两地以成渝国家中心城市建设为契机，在政策和产业层面同步发力，智能化产业发展迅速，分别以 62.42 和 56.45 的指数列全国第 7 位和第 11 位，成为西部地区智能化发展重要增长极。陕西、贵州两省分别依托自身在科技研发和大数据应用方面的优势，加速推动人工智能与产业融合发展，智能化发展指数位于全国中游。除上述四省市外，其余西部地区在政府施策、产业发展、人才引培等方面整体欠佳，智能化发展水平略微靠后。

4）东北部省市水平不高

东北部省市智能化发展指数与西部接近，平均发展指数为42.66。其中，辽宁以49.09的指数位列东北第1、全国第17。近年来，东北经济发展内生动力不足，经济转型面临现实困难，导致在智能化发展领域投入不足，缺乏发展动能。随着《中共中央国务院关于全面振兴东北地区等老工业基地的若干意见》的发布，新一轮东北振兴重大政策逐步发挥作用，各省份正加速对接国家重大战略，积极融入京津冀协同发展，东北部智能化发展逐步显现新动能。

3.2 智能化发展分项指数

如表2所示，从5个一级指标来看，产业发展平均指数为54.99，智能制造平均指数为54.10，融合应用平均指数为48.29，高于基础环境平均指数（39.43）和创新能力平均指数（35.92），融合应用发展水平领先于基础环境水平和创新能力水平。我国智能化发展以产业应用为导向，基础环境为智能化应用提供基础支撑，创新能力则为智能化长远发展提供技术储备。目前，依靠庞大的工业基础和服务业体量，智能化在多个产业中率先发展起来，而政策环境、管理机制、基础设施等发展环境建设还处于逐步完善阶段，创新投入、人才保障、创新机构建设等创新能力水平还有待提高，均滞后于产业应用。

表2 各省区市智能化发展指数对比

省区市	基础环境	产业发展	智能制造	融合应用	创新能力
北 京	71.14	62.88	65.97	70.12	96.36
天 津	37.00	60.35	64.73	52.38	50.54
河 北	34.62	62.77	54.46	55.08	31.90
上 海	72.24	68.36	78.44	79.00	77.50
江 苏	52.48	77.69	81.15	71.37	57.66
浙 江	41.97	78.61	77.32	78.28	50.59
福 建	46.89	67.26	60.12	55.91	31.67
山 东	43.14	64.70	84.96	65.88	48.06
广 东	67.66	80.41	77.34	72.20	45.31
海 南	26.42	18.71	30.74	37.11	22.58
山 西	40.84	42.92	53.75	44.27	21.63
安 徽	41.01	60.93	62.52	54.92	40.12
江 西	30.08	66.83	50.99	34.01	21.44
河 南	44.23	51.72	55.74	50.73	33.75
湖 北	50.08	60.10	62.54	52.00	46.63
湖 南	33.64	56.69	69.21	47.24	52.29
内蒙古	44.99	40.97	53.73	30.44	20.81

续表

省区市	基础环境	产业发展	智能制造	融合应用	创新能力
广　西	31.39	48.16	37.40	38.32	21.19
重　庆	64.99	66.89	67.86	59.82	35.36
四　川	38.12	63.89	59.58	60.74	34.49
贵　州	46.26	61.07	45.30	43.64	20.09
云　南	26.23	49.36	25.18	35.27	24.76
西　藏	17.47	9.36	12.01	20.05	6.97
陕　西	37.84	59.73	56.92	42.34	51.08
甘　肃	26.81	46.00	35.86	34.05	37.26
青　海	30.25	44.14	36.47	25.86	22.55
宁　夏	22.24	35.47	33.80	38.27	13.46
新　疆	17.86	44.50	45.53	28.34	14.34
辽　宁	25.46	54.92	55.66	48.56	36.50
吉　林	33.87	50.61	46.90	36.84	21.18
黑龙江	24.94	48.41	34.79	33.80	25.38

1）基础环境

政策环境、运行保障机制和基础设施持续优化，5G、AI、IoT 等新一代信息技术及行业智能化应用纵深推进。全国智能化发展基础环境平均指数为39.43，其中部署工业互联网国家顶级节点的上海、北京、广东、重庆和湖北五个省市发展基础环境明显优于全国整体发展环境，发展环境指数分别为全国第1、2、3、4、6位，工业互联网逐渐成为城市智能化发展的重要推动力。①政策环境持续向好。国家和地方各级政府结合自身资源禀赋，陆续出台智能化发展专项政策培育智能产业，推动智能化发展从顶层战略规划到应用实施，为智能化营造良好的发展环境。其中，大数据、人工智能和信息化成为各省区市的发展重点，传统产业改造资金设立成为智能化项目落地的关键保障。②管理机制逐渐完善。为持续改善智能化产业发展环境和营商环境，全国各省区市均设立省级独立的智能化相关部门，并在经济和信息化厅下设置智能制造、大数据建设等相关处室，以推动发展进程。但各省区市间机构设置形式和数量存在差异，导致我国智能化发展管理机制呈现出"东高西低，梯级递减"的发展态势。③产业基础不断优化。产业基础设施由网络基础设施、平台基础设施和行业基础设施共同保障，各省份百兆网络普及、千兆网络推广和4G网络覆盖质量提升，全国网络基础设施环境持续向好，"宽带中国"战略的持续推进促使云网一体化服务趋势凸显。同时，数据中心的建设和使用也为企业智能化奠定坚实基础。

2）产业发展

各省区市积极推动新一代信息技术的发展应用，以抢占智能化产业发展先机，完善智能产业发展布局，智能产业运行稳定、规模初现。全国智能产业发展平均指数为54.99，产业智能化转型升级成效显著，区域间差距不断缩小。①产业运行状况整体平稳。智能化技术深度融合于传统产业，不断引领我国产业创新和经济增长，智能产业已经成为经济发展的关键带动点和新的增长极。但西部省区市和东北部省区市因为产业升级转型发展起步较晚，产业基础和政策支持相对薄弱，智能产业发展还有待提升。②重点企业趋于集群发展。因各省区市产业基础、人才引培、政策扶持、资源要素集聚程度不同，重点企业分布呈现出较明显的产业集群发展态势，在京津冀、长三角和珠三角三地形成了较大规模的智能企业集聚。③示范基地建设成效显著。示范基地作为新技术和新模式应用推广的重要平台，是智能产业快速集聚发展的重要载体，各省区市在智能化发展载体建设中迅猛发力。中西部地区四川、重庆、湖北、陕西、贵州五个省市在载体建设上得分较高，平均指数达到 61.78，为中西部地区产业集聚和发展奠定了一定的物质基础。

3）智能制造

各省区市积极布局智能制造发展，行业市场规模不断扩大，智能制造示范成果显著，工业互联网建设和两化融合持续推进，智能制造水平快速提升。我国智能制造平均指数达到 54.10，东部省市智能化发展起步较早，产业基础雄厚，资金人才聚集，智能制造发展优势明显。①试点示范成效显著。仅北京、上海、广东等为数不多的省区市已经成功建设和应用国家级制造业创新中心，智能制造、智能工厂、人工智能、工业互联网试点示范项目也多集中在东部省市。②工业互联网建设方兴未艾。各省区市深入实施工业互联网创新发展战略，全国超过 15 个省区市发布工业互联网专项规划，超过 20 个省区市积极建设并运行工业互联网平台、工业互联网创新中心，积极推进企业上云，实现网络协同。北京、上海、武汉、广州、重庆五个国家顶级节点已全部上线并试运行，初步形成"东西南北中"的顶层布局，同时二级解析节点建设稳步推进。③两化融合持续深入推进。两化融合贯标工作深入推进、优秀企业示范带动作用明显、关键共性技术不断突破，各省区市参与并推进两化融合的主动性和积极性不断提高，两化融合发展水平持续增长。从区域上看，东部省市产业生产环节复杂度较高，两化融合发展起步早，信息化应用广泛，两化融合指数领跑全国；中部地区在东部产业转移和政策扶持双重因素叠加下，努力仿效追赶，与东部地区差距缩小；西部地区工业化总体尚处在初级阶段，信息化发展也较东部地区有较大差距。

4）融合应用

融合应用是智能化技术发展的必然过程，新兴技术的发展推动传统产业智能化改造，智能化应用已经从物流、商务、金融、政务等扩展至农业、民生服务、社会治理等领域。我国各省区市智能化应用水平呈现出明显的"南高北低"态势，上海、广东、四川等地智能化融合应用发展成效突出，北方环渤海经济圈及东北老工业基地发展较好，但整体发展程度低于南方。①新经济业态不断涌现。传统产业与数字化、网络化技术深度融合，以智能化推动产业提档升级，衍生出智慧农业、数字金融、智能商务、智慧物流等新经济业态，其中，数字金融作为现代服务业、制造业的关键支撑产业，其智能化发展水平对社会智能化发展水平至关重要。②新模式应用发展迅速。巨大的市场需求、雄厚的投资力量、连续的政策激励，推动了以共享出行、共享住宿、共享服务等为主体的共享经济模式快速发展，同时出行、住宿、餐饮等行业的共享新业态对三次产业增长的拉动作用持续增强，成为推动服务业结构优化、快速增长和消费方式转型的新动能。③政务管理和社会公共服务应用深化。各省区市以网络为载体实行政务服务和社会治理改革，深入推进服务型政府建设，使政府服务方式多元化转型，服务效率显著提升。同时，民生服务领域的智慧医疗、智慧教育、智慧社保、数字文化等应用，以及公共产品供给领域的环境保护、城市管理、能源等应用，也是保障社会智能化应用综合发展，提高居民获得感的重要手段。

　　5）创新能力

　　各省区市积极推进智能产业创新发展行动计划以来，智能化发展环境日益优化，智能企业"专精特"创新精神凸显。我国智能化创新能力平均指数为 35.92，北京和上海领跑全国，江苏、湖南、陕西等地次之，西部省区市稍显落后。①区域创新不均衡特征凸显。东部省市经济基础坚实，营商环境优渥，技术转换成果显著，创新绩效明显，中西部省区市创新基础环境落后、创新资源短缺，导致创新发展绩效改善缓慢，智能化创新能力处于较低水平。②创新投入产出比尚需优化。创新投入持续增加，以集成电路为例，政府和企业竞相加大对重点领域的投资，力图改变关键技术受制于人、被个别国家"卡脖子"的现状，仅 2018 年，全国集成电路公司资本支出约合 110 亿美元，数额为 2015 年投入的 5 倍①。然而，由于技术受限、人才短缺、外部经济环境影响等，部分省区市研发实力和创新成果依旧不强，产业规模尚未形成，创新投入产出不成正比。③人才和机构建设亟待发力。智能化人才和创新机构呈现出明显的"东多西少"态势，东部北京、上海、浙江、江苏、广东等省市汇聚了众多开设机器人、网络安全、智能控制等智能化相关专业的高校和智能化创新机构，自主培育大量高精尖智能化专业人才。中西部省区市开设智能化专业的高校数量不多，且学科影响力在全国处于中低端水平，短期内难以建成一流学科，且智能化人才薪资待遇与东部省市存在较大差距，引发智能化专业人才外流，智能创新人才集聚短板明显。

4. 结论与建议

4.1　结论

　　本文构建了涵盖基础环境、产业发展、智能制造、融合应用、创新能力五个一级指标在内的智能化发展水平测度体系，借助熵权法和层次分析法对 2018 年我国 31 个省区市智能化发展水平及各一级指标指数进行综合测度，主要得到以下结论。

　　（1）我国智能化发展水平有所提升，平均水平达到 49.92，但区域间发展显著不平衡，依旧呈现出从东南沿海往西北内陆逐级降低态势，基本形成了以环渤海经济圈、环长三角经济圈和环珠三角经济圈为引领，由沿海智能产业发展逐步向内陆延伸，拉动长江经济带智能产业发展的"三圈一带"格局。全国智能化发展水平持续向好，东部、中部省区市发展相对均衡，但西部各省区市间智能化发展水平两极分化明显。重庆以 62.42 排名第 7，而内蒙古、广西、甘肃、新疆、青海、云南、宁夏、西藏八省区均处于全国后 10 位。作为西部排名第 1 的重庆，为响应国家加快"推进互联网、大数据、人工智能

---

①数据来源：凤凰网，https://www.eefocus.com/mcu-dsp/414255.

同实体经济深度融合"的发展目标,加速本地产业升级转型,重庆积极出台相关政策文件,同时成立管理大数据智能化的部门,推进基础设施建设改造,智能化政策环境全国领先。同时,依托两江新区、国家级高新区、国家级经开区、国家新型工业化产业示范基地等重要载体,以"芯屏器核网"作为关键着力点加速构建智能产业全产业链,狠抓重大项目落地,注重精准招商,实现智能产业多领域突破,积极推进新一代智能技术和实体经济深度融合,鼓励机械装备、消费品、化工、农业等企业进行智能化改造,通过"智能工厂/数字化车间"试点示范,提升全市智能制造生产水平。另外,重庆作为西部地区唯一的直辖市,依托政务信息平台、智能机关等政务项目的建设构建统一信息传输渠道,重点推进智慧公交、智慧医疗、智慧教育、数字文化等项目建设,智能化应用领域不断拓展;也依托重庆大学、重庆邮电大学等高校培育智能化专业,借助"鸿雁计划"等人才引进策略保障智能化创新能力。而内蒙古、新疆、宁夏、西藏等因经济基础和产业发展相对落后,基础设施尚未健全、人才引培动力不足等,智能化发展综合水平不高。

(2)具体来看,按照智能化发展综合水平和各一级指标指数水平,可将全国31个省区市划分为四个梯队。其中,上海、广东、江苏、北京属于第一梯队,四个省市智能化综合发展水平,以及基础环境、产业发展、智能制造、融合应用、创新能力五个一级指标指数水平均处于全国前列,应当继续发挥其领先优势,全面提升智能化发展水平。浙江、山东、重庆、福建、湖北、天津、四川、湖南八个省市属于第二梯队,在智能化发展中处于全国中上水平,具有一定先发优势,但是也存在相应短板,如山东、浙江还需继续优化基础环境,湖北、天津、湖南需要在产业发展和融合应用上全面发力,重庆、四川、福建的智能化创新能力还亟待提升。安徽、河北、陕西、河南、辽宁、江西、贵州、山西、吉林、广西、甘肃等因产业基础薄弱,智能化技术相对落后,创新投入和创新人才要素不足等,导致智能化发展处于全国中下水平,属于智能化发展第三梯队。另外,东部省份海南,东北部省份黑龙江,西部省份内蒙古、新疆、青海、云南、宁夏、西藏属于第四梯队,智能化发展综合水平和各一级指标发展水平均处于末位,智能化发展相对落后,需要充分发挥后发优势实现赶超。

4.2 建议

根据上述研究结论,为全面提升我国智能化发展水平,推进区域智能化协调发展,本研究提出如下建议。

完善智能化发展基础环境。优化发展环境,把完善基础设施建设作为第一要务。增强服务建设,着力于智能标准体系建设、系统解决方案供应商培育、标杆项目示范、智能化产业园区建设等环节,打造完善的智能服务支撑体系。实施智能化基础设施升级改造工程,以国家工业互联网战略国家顶级节点和二级节点建设与运行为契机,加快推进5G和IPv6环形高速互联网结构布局,积极布局5G规模组网及应用示范工程。优化智能化发展环境,协同推进智能装备和产品研发、系统集成创新与产业集群发展。

增强智能产业支撑能力。稳定现有集成电路、智能终端产业的同时,重点围绕智能可穿戴、超高清显示、汽车电子等领域,着力加大智能应用平台布局,快速构建智能产业生态圈，推动智能化产业集群发展，构建"芯屏器核网"全产业链。培育高端研发机构，加快推广关键技术、核心支撑软件应用，补齐智能传感器及仪器仪表等领域短板，增强全产业链核心竞争力，推进电子制造业智能化升级。

聚力实施智能化改造。优化管理能力，快速提升数字化、网络化、智能化水平，强化信息安全保障，完善统筹协调机制，推动全产业链实施智能化改造。围绕感知、分析、决策等智能制造关键技术环节，加强人工智能、物联网重点领域技术研发，构建智能制造技术供给体系，着力补齐短板，增强智能制造支撑能力。创建行业级智能制造标杆企业，形成各阶段改造标准，树立标杆示范引领，搭建咨询交流平台，引导企业推进智能化改造。

提升智能化创新能力。以智能化创新资源、创新主体和创新平台为着力点，大力提升智能化创新发展能力。增加智能化创新经费投入，增强企业智能化创新意识，培育和引进智能化创新人才，加快智能化创新资源聚集。把握创新主体培育的重点领域，通过合作吸引国内外智能化创新主体，壮大创新主体规模，加快智能化创新主体培育。鼓励科研院所创新成果产出，促进智能化创新成果交易，大力发展政产学研用创新联合体，促进智能化科研成果转化为市场产品，提高智能化创新成果转化能力。

推动各省区市均衡发展。实施全地域视角下的各省区市智能化发展协同优化策略，缩减智能化发展水平的区域差距。从国家顶层设计层面出发，在积极推进各智能化的同时，制定区域协调互动政策，通过推进智能化技术溢出、智能化应用模式互动交流、智能化创新经验分享等多种方式全面提升各省区市智能化发展水平，实现以强带弱，由点及面，协同提升不同省区市智能经济发展。对于中西部智能化水平相对落后的省区市，应当充分利用区域优势，因地制宜发展特色产业。例如，云南、新疆等旅游大省，应积极推进智能化先进技术与传统旅游业、服务业深度融合，提升智慧旅游、智能服务水平。

主要参考文献

[1] 高煜. 我国经济高质量发展中人工智能与制造业深度融合的智能化模式选择[J]. 西北大学学报（哲学社会科学版），2019，49（5）：28-35.

[2] 黄杨森，王义保. 网络化、智能化、数字化：公共安全管理科技供给创新[J]. 宁夏社会科学，2019（1）：114-121.

[3] 陆朦朦，刘辉. 内容2.0的未来：智能化生产盈利模式探析[J]. 出版广角，2019（7）：18-22.

[4] 孙早，侯玉琳. 工业智能化如何重塑劳动力就业结构[J]. 中国工业经济，2019（5）：61-79.

[5] 王娟，尹敬东. 以智能化为核心的新科技革命与就业：国际学术研究述评[J]. 西部论坛，2019，29（1）：34-44.

[6] 黎智洪. 我国产业发展"三大变革"的理论逻辑与方法论[J]. 改革，2018（9）：91-101.

[7] 李廉水，石喜爱，刘军. 中国制造业40年：智能化进程与展望[J]. 中国软科学，2019（1）：1-9.

[8] 中国电子信息产业发展研究院. 中国智能化发展指数报告（2018年）[R/OL]. (2018-08-27) [2020-04-09]. https://blog.csdn.net/r6Auo52bK/article/details/82112290.

[9] 史永乐，严良. 智能制造高质量发展的"技术能力"：框架及验证：基于CPS理论与实践的二维视野[J]. 经济学家，2019（9）：83-92.

[10] Farid A M. Measures of reconfigurability and its key characteristics in intelligent manufacturing systems [J]. Journal of Intelligent Manufacturing，2017，28（2）：353-369.

[11] 谭建荣，刘达新，刘振宇，等. 从数字制造到智能制造的关键技术途径研究[J]. 中国工程科学，2017，19（3）：39-44.

[12] Jardim-Goncalves R，Romero D，Grilo A. Factories of the future：Challenges and leading innovations in intelligent

manufacturing[J]. International Journal of Computer Integrated Manufacturing，2017，30（1）：4-14.

[13] 高培勇. 理解、把握和推动经济高质量发展[J]. 经济学动态，2019（8）：3-9.

[14] 魏敏，李书昊. 新时代中国经济高质量发展水平的测度研究[J]. 数量经济技术经济研究，2018，35（11）：3-20.

[15] Litsareva E. Success factors of Asia-pacific fast-developing regions' technological innovation development and economic growth[J]. International Journal of Innovation Studies，2017，1（1）：72-88.

[16] 吴旺延，荆玉蕾. 基于财务云的智能制造企业价值协同机制研究[J]. 西安财经学院学报，2019，32（5）：22-28.

[17] 黄俊，郭耿轩，刘敏，等. 动态能力视阈下我国汽车制造企业智能化转型升级路径研究：对3家本土自主品牌车企的跨案例探讨[J]. 科技进步与对策，2018，35（23）：121-129.

[18] 武赫. 智能化时代传统产业因应新业态的经营管理方式更新研究[J]. 云南社会科学，2019（4）：147-152.

[19] 张恒梅，李南希. 创新驱动下以物联网赋能制造业智能化转型[J]. 经济纵横，2019（7）：93-100.

[20] 齐明皓. 深度学习：数据经济新动能：兼论对我国实体经济智能化转型升级的启示[J]. 经济问题，2018（10）：27-32.

[21] 苏贝，杨水利. 基于扎根理论的制造企业智能化转型升级影响因素研究[J]. 科技管理研究，2018，38（8）：115-123.

[22] 何玉长，方坤. 人工智能与实体经济融合的理论阐释[J]. 学术月刊，2018，50（5）：56-67.

[23] 王兵，王启超. 全要素生产率、资源错配与工业智能化战略：基于广东企业的分析[J]. 广东社会科学，2019（5）：17-26.

[24] 简兆权，刘文. 智能服务的概念内涵及实现路径[J]. 管理现代化，2019，39（4）：101-104.

[25] 田莺. 数据化、智能化：互联网"下半场"的逻辑与进路：2017中国传媒经济与管理年会综述[J]. 新闻界，2018（3）：88-93.

[26] 解学芳，张佳琪. 技术赋能：新文创产业数字化与智能化变革[J]. 出版广角，2019（12）：9-13.

[27] Aquino R P，Barile S，Grasso A，et al. Envisioning smart and sustainable healthcare：3D printing technologies for personalized medication [J]. Futures，2018，103：35-50.

[28] Xie Y，GAO G，Chen X A. Outlining the design space of explainable intelligent systems for medical diagnosis [J]. ACM.10.48500/arXIV.1902.06019.2019.

[29] 李小艳. 习近平新时代的社会治理创新：智能化与共建共治共享[J]. 系统科学学报，2019，27（2）：80-85.

[30] 赵金旭，孟天广. 科技革新与治理转型：移动政务应用与智能化社会治理[J]. 电子政务，2019（5）：2-11.

城市数字经济可持续发展的关键影响因素研究[①]

樊自甫　吴　云

云计算、大数据、人工智能、工业互联网的快速发展和加速应用，催生了数字经济这一新的经济社会形态发展。与传统农业经济和工业经济的发展模式不同，数字经济以数字化的知识和信息作为关键生产要素，有利于城市经济社会的可持续发展。为此，国家高度重视城市数字经济的发展，2017 年，数字经济首次被写入《政府工作报告》，该报告明确提出要加快促进数字经济发展，2019 年《政府工作报告》再次强调要大力发展数字经济。目前，国内已有部分学者和机构从定性角度对数字经济定义进行了界定，并从不同角度对数字经济进行了测度，但鲜有学者从定量角度研究数字经济可持续发展的关键影响因素，故本文针对此问题展开研究。

1. 文 献 综 述

1.1 关于数字经济的研究

1994 年，"数字经济"（digital economy）首次出现在 *The San Diego Union-Tribune* 的一篇报道中。1996 年，Tapscott 在著作 *The Digital Economy: Promise and Perilin the Age of Networked Intelligence* 中第一次从学术角度引入"数字经济"这一概念，并描述了数字经济的各方面发展情况[1]。中国在 2016 年《G20 数字经济发展与合作倡议》中提出，数字经济是指以使用数字化的知识和信息作为关键生产要素、以现代信息网络作为重要载体、以信息通信技术的有效使用作为效率提升和经济结构优化的重要推动力的一系列经济活动[2]。目前，数字经济的定义并未在国际上得到统一。

近年来，国内外相关机构与学者从不同角度构建了数字经济测度指标体系。其中，欧盟数字经济与社会指数用于刻画欧盟各国数字经济的发展程度，该指数由宽带接入、人力资本、互联网应用、数字技术应用和数字化公共服务程度等 5 个主要方面的 31 项二级指标计算得出。国际电信联盟针对 ICT 接入、使用和技能设立了 11 项指标，对信息通信技术相关领域的基础设施建设、产业应用、人力资本情况进行全面衡量。中国信息通信研究院发布的《中国数字经济发展白皮书（2017 年）》采用直接法对数字经济总量进行估算，主要包括 7 个先行指标、10 个一致指标和 4 个滞后指标。赛迪研究院将数字经济

①发表期刊：《重庆邮电大学学报（社会科学版）》，2021，33（5）：106-115. 有改编。
基金项目：重庆市社会科学基金重点项目"成渝地区共建国家数字经济创新发展试验区研究"（2020ZJ10）。
作者简介：樊自甫，重庆邮电大学应用经济系主任，教授；吴云，重庆邮电大学研究生。

划分为基础型、资源型、技术型、融合型和服务型，设计了信息传输业规模、数据交易中心数量等 34 个二级指标。我国学者也从不同角度对数字经济的测算进行了研究，万晓榆等[3]从投入产出角度，构建了一套包括 71 个四级指标的完整体系对数字经济进行评估。林庆康和吕华侨[4]从产业融合角度，基于重点应用、政务平台投入、科研平台投入等 8 个指标，对合肥市的数字经济发展进行评估测算。张雪玲和陈芳[5]从经济效率、社会进步、结构优化、资源环境改善四个方面构建包含国际出口宽带、信息产业结构指数等 20 个指标的体系，对数字经济发展质量进行测度。辛金国等[6]构建了浙江省数字经济发展评价指标体系，对浙江省数字经济总体的数字经济做比较分析。宁晓静[7]以湖北省为研究主体，设计了技术经济范式的评价指标，对其进行测度和评估。

1.2　关于城市经济可持续发展研究

在经济快速发展的阶段，城市经济可持续发展问题得到越来越多学者的关注，可持续发展问题成为研究热点。尉薛菲[8]针对资源型城市的经济可持续发展这一论题，提出了合理调整产业结构、提高城市产业核心竞争力、拓展产业发展的技术空间、组建大型国有风险投资企业这四项措施。贾小乐等[9]根据包括太阳能、木料、表土层净损耗能等 41 项指标的城市生态经济系统能值分析表和包含健康能值指数、购入能值比率等 25 项指标的城市生态经济系统能值指标体系，分析得到城市群生态经济可持续发展的综合评分，建议调整产业结构、规划人口发展、推进绿色制造、开发利用新能源、优化对外开放结构。李春若[10]对城市共享经济的可持续发展提出完善法律法规、加强机制监管、健全信用体系、保障交易安全、创新产品服务、加强平台合作、防范金融泡沫、引导理性投资的建议。

综上所述，目前国内外学者从各个不同角度对数字经济的定义、测度以及城市经济可持续发展等问题进行研究，但从宏观层面对城市数字经济的可持续发展影响因素的定量实证研究较少。为更好地保证国家及地区数字经济的可持续性、高质量发展，需要进一步厘清影响城市数字经济可持续发展的关键因素，定量刻画各关键因素的影响程度。为此，本文通过对数字经济发展相关文献的梳理，找到影响城市数字经济可持续发展的关键因素，建立具有科学性的城市数字经济可持续性发展评价指标体系，并运用主成分分析法从众多影响因素中筛选出关键因素，提出适用于城市数字经济持续高质量发展的对策建议，为我国各省区市更好地发展数字经济提供参考借鉴。

2. 城市数字经济可持续发展指标体系构建

在对相关学者和机构数字经济评价指标体系的分析整理基础上，根据城市数字经济可持续发展的内涵要求，结合数据的可获得性，依据科学性、系统性、实用性和可操作性四原则选取 4 个决策层指标和 16 个指标层指标，构建了城市数字经济可持续发展影响因素指标体系，如表 1 所示。

表 1　数字经济可持续发展影响因素指标体系

目标层	决策层	指标层	指标单位
城市数字经济可持续发展测度指标体系	信息基础设施（A）	移动电话普及率（A1）	部/百人
		互联网宽带接入用户（A2）	万户
		单位面积光缆线路长度（A3）	千米/千米²
		互联网普及率（A4）	%
	科技创新（B）	R&D 项目经费内部支出（B1）	万元
		R&D 人员全时当量（B2）	人年
		专利授权量（B3）	件
		高等教育人口比重（B4）	%
	经济增长（C）	电子商务销售额（C1）	亿元
		第三产业比重（C2）	%
		工业增加值（C3）	亿元
		软件业务收入（C4）	万元
	社会发展（D）	城镇登记失业率（D1）	%
		城市公共财政支出额（D2）	亿元
		对外依存度（D3）	%
		软件及信息服务业从业人数（D4）	万人

　　从表 1 可以看出，影响城市数字经济可持续发展水平的主要因素有信息基础设施、科技创新、经济增长和社会发展，这四个方面构成了指标体系的四个决策层，具体每个方面的二级指标与选取依据说明如下。

2.1　信息基础设施

　　信息基础设施（A）是数字经济发展的前提和基础，也是推动数字经济可持续性发展的核心驱动力[11]。在数字经济时代背景下，与传统基础设施不同的是，新型信息基础设施对城市数字经济的发展更为关键，也能够为城市数字经济的可持续发展带来更多效用[12]。基于数字经济的网络化特征，基础设施主要指的是互联网设施和宽带网络[13, 14]。为此，本文的信息基础设施包含移动电话普及率（A1）、互联网宽带接入用户（A2）、单位面积光缆线路长度（A3）和互联网普及率（A4）四个指标[15-18]，其中，移动电话普及率（A1）是指每百名居民拥有的移动电话数量，反映了数字经济发展的潜在动力；互联网带宽接入用户（A2）反映某地区通信网络的服务质量，是数字经济可持续发展的基础；光纤网络是城市数字经济发展的重要基础，单位面积光缆线路长度（A3）较好地反映了该地区的互联网基础设施完备度；互联网普及率（A4）是指某地区互联网用户数占该地区常住人口总数的比例，可衡量一个地区的数字化发展程度。

2.2　科技创新

　　数字经济具有知识和技术密集型特征，城市的科技创新水平反映了一个地区数字经济的发展潜力，而一个地区的科技创新水平可以用 R&D 项目经费内部支出（B1）、R&D 人员全时当量（B2）、专利授权量（B3）以及高等教育人口比重（B4）等指标来衡量[19, 20]。其中，R&D 项目经费内部支出（B1）反映了企业对于创新的重视和投入程度，间接决定了数字经济的发展前景；R&D 人员全时当量（B2）反映了企业投入研究创新的人员数，人才是经济发展中的关键生产要素，研究和创新人员数量可以直接反映一个地区的创新发展潜力；专利授权量（B3）可以看出一个地区在科技创新方面取得的成果，也是该地区科技创新水平显性实力的重要体现；高等教育人口比重（B4）反映出某城市科技创新的人才储备基础，可较好地衡量一个地区进行长期科技创新的潜力。

2.3 经济增长

作为新经济的重要组成部分，数字经济的蓬勃发展势必会带来一个地区整体经济的快速增长，同时宏观经济的快速增长也是一个地区数字经济高质量发展的基础，经济增长与数字经济的发展休戚相关[21]。结合数字经济的特征，经济增长可以用电子商务销售额（C1）、第三产业比重（C2）、工业增加值（C3）、软件业务收入（C4）四个三级指标进行衡量[6]。其中，互联网的迅猛发展使得电子商务成为主流交易活动形式，在经济发展中也越来越重要，电子商务销售额（C1）反映了一个地区电子商务活动的参与度，可以衡量一个地区利用数字化、网络化手段开展经济活动的规模；第三产业比重（C2）是指一个地区第三产业产值占地区生产总值的比重，体现了该地区经济转型的程度，同时也是衡量经济发展的一个重要指标；工业增加值（C3）是指工业企业生产过程中新增加的价值，是能够直接反映第二产业对经济发展带来贡献的一项指标；软件业务收入（C4）衡量了一个地区软件行业的发展程度，软件行业在数字经济中的作用越来越重要，考虑到人工智能、大数据等数字产业的主要产业形态为软件产业，该指标可以较好地反映一个地区的数字产业发展水平。

2.4 社会发展

社会发展（D）水平在多个方面均会影响数字经济的可持续发展，一个地区社会发展水平越高，越能促进该地区的数字经济发展[22]。该指标可以较好地反映数字经济发展的社会基础，主要包括城镇登记失业率（D1）、城市公共财政支出额（D2）、对外依存度（D3）、软件及信息服务业从业人数（D4）四个指标。其中，城镇登记失业率（D1）反映一个地区社会发展的基本水平，低失业率也是数字经济可持续发展的基本保障；城市公共财政支出额（D2）可以反映政府对一个地区社会发展的支持力度，间接影响了数字经济的可持续发展能力；对外依存度（D3）反映出一个地区对外开放程度，考虑到数字经济的全球化、生态化特征，对外开放水平的高低直接影响一个地区的数字经济可持续发展水平，可以较好地衡量一个地区的数字经济社会发展基础；软件及信息服务业从业人数（D4）反映从事信息产业的人数，是城市数字经济社会发展的动力源泉。

3. 研 究 方 法

3.1 主成分分析法理论基础

主成分分析法是一种利用降维思想、将多指标转换为少数几个综合指标（即主成分）的方法，得到的每个主成分都能够反映原始变量的大部分信息，且所含信息互不重复。该方法在引进多方面变量的同时将复杂因素归结为几个主成分，使问题简单化，得到更加科学有效的数据信息。该方法的计算步骤如下。

第一步，进行主成分分析的指标变量有 m 个，即 $x_1, x_2, \cdots, x_m$，共有 n 个评价对象，第 i 个评价对象的第 j 个指标的取值为 x_{ij}，对样本阵元进行如下标准化变换：

$$z_{ij} = \frac{x_{ij} - \overline{x_j}}{s_j} \quad (i = 1, 2, \cdots, n; \quad j = 1, 2, \cdots, m) \tag{1}$$

式中，$\overline{x_j} = \dfrac{\sum\limits_{i=1}^{n} x_{ij}}{n}$，$s_j^2 = \dfrac{\sum\limits_{i=1}^{n}\left(x_{ij} - \overline{x_j}\right)^2}{n-1}$，得标准化矩阵 $\boldsymbol{Z}$。

第二步，对标准化矩阵 $\boldsymbol{Z}$ 求相关系数矩阵：

$$\boldsymbol{R} = \left[r_{ij}\right]_{m \times m} \tag{2}$$

式中，$r_{ij} = \dfrac{\sum\limits_{k=1}^{n} \overline{x_{ki}} \cdot \overline{x_{kj}}}{n-1}$，$i, j = 1, 2, \cdots, m$。

第三步，解样本相关矩阵 $\boldsymbol{R}$ 的特征方程 $\left|\boldsymbol{R} - \lambda \boldsymbol{I}_m\right| = 0$，得 m 个特征值，确定主成分，按 $\dfrac{\sum\limits_{j=1}^{p} \lambda_j}{\sum\limits_{j=1}^{m} \lambda_j} \geqslant 0.85$ 确定 p 值，使信息的利用率在 85% 以上，对每个 λ_j，$j = 1, 2, \cdots, p$，解方程组 $\boldsymbol{R}\boldsymbol{b} = \lambda_j \boldsymbol{b}$，得单位特征向量 $\boldsymbol{b}_j^0$。

第四步，将标准化后的指标变量转换为主成分：

$$U_m = \sum_{i=1}^{n} b_{im} x_m \, (m = 1, 2, \cdots, p) \tag{3}$$

式中，U_m 称为第 m 主成分，b_{im} 为向量 $\boldsymbol{b}$ 的第 i 行，m 列。

第五步，对 p 个主成分进行综合评价。对 p 个主成分进行加权求和，即得最终评价值，权数为每个主成分的方差贡献率。

3.2 实证分析

1）实验过程分析

考虑到数据的完整性与权威性，本文采用 2015~2018 年《中国统计年鉴》中全国

31 个省区市 16 项基础指标的原始数据。首先，对 2018 年数据进行 KMO 检验和 Bartlett 球形度检验，检验结果如表 2 所示。

表 2　KMO 检验和 Bartlett 球形度检验

KMO 取样适切性量数	Bartlett 球形度检验		
	近似卡方	自由度	显著性
0.802	781.294	120	0.000

从表 2 可以看出，KMO 取样适切性量数为 0.802，大于 0.6；Bartlett 球形度检验的近似卡方值为 781.294，显著性小于 0.01，表明拒绝单位相关原假设，数据适合做主成分分析。

接着，对各省区市数据进行标准化处理，采用主成分分析并通过 SPSS 23.0 软件对数据进行运算，输出全局特征值和各个主成分方差贡献率结果，如表 3 所示。

表 3　各个主成分方差贡献率分析结果

成分	初始特征值			提取平方和载入			旋转平方和载入		
	合计	方差/%	累计/%	合计	方差/%	累计/%	合计	方差/%	累计/%
1	9.291	58.071	58.071	9.291	58.071	58.071	6.791	42.441	42.441
2	3.001	18.754	76.825	3.001	18.754	76.825	5.472	34.198	76.639
3	1.127	7.043	83.868	1.127	7.043	83.868	1.157	7.229	83.868
4	0.904	5.653	89.521						
5	0.536	3.352	92.874						
6	0.400	2.500	95.374						
7	0.212	1.328	96.702						
8	0.164	1.027	97.730						
9	0.109	0.678	98.408						
10	0.094	0.590	98.998						
11	0.078	0.487	99.485						
12	0.042	0.264	99.749						
13	0.024	0.152	99.900						
14	0.012	0.075	99.976						
15	0.003	0.019	99.994						
16	0.001	0.006	100.00						

由表 3 可知，根据累计方差贡献率接近或超过 85% 的主成分提取原则，前三个主成分累计方差贡献率达到 83.868%，说明城市数字经济发展指标中的三个主成分包含原始数据 4/5 以上的信息量，能够对指标体系中的 16 个基础指标进行足够的解释。

然后，计算三个主成分的初始因子载荷，如表 4 所示。

表4 成分矩阵（初始因子载荷矩阵）

指标	成分		
	1	2	3
A1	0.657	0.642	-0.036
A2	0.721	-0.638	0.029
A3	0.761	0.158	0.400
A4	0.692	0.496	0.092
B1	0.872	-0.433	-0.007
B2	0.866	-0.408	-0.069
B3	0.923	-0.256	-0.086
B4	0.040	-0.044	0.935
C1	0.883	0.068	-0.127
C2	0.458	0.775	-0.006
C3	0.808	-0.560	0.059
C4	0.959	0.135	-0.046
D1	-0.338	-0.310	0.176
D2	0.854	-0.375	-0.066
D3	0.831	0.472	0.069
D4	0.906	0.303	-0.096

从表4可以看出，第一主成分的大部分基础指标的载荷都相对较高，第三产业比重（C2）在第二主成分上具有较高的荷载，高等教育人口比重（B4）在第三主成分上具有较高的荷载。

通过公式（特征向量值＝成分值/初始特征值）对成分矩阵进行转换，得到特征向量即每个主成分的系数，如表5所示。

表5 各指标在主成分线性组合中的系数

指标	成分系数1（F_1）	成分系数2（F_2）	成分系数3（F_3）
A1	0.216	0.371	-0.034
A2	0.237	-0.368	0.027
A3	0.250	0.091	0.377
A4	0.227	0.286	0.087
B1	0.286	-0.250	-0.007
B2	0.284	-0.236	-0.065
B3	0.303	-0.148	-0.081
B4	0.013	-0.025	0.881
C1	0.290	0.039	-0.120
C2	0.150	0.447	-0.006
C3	0.265	-0.323	0.056

指标	成分系数 1 （F_1）	成分系数 2 （F_2）	成分系数 3 （F_3）
C4	0.315	0.078	−0.043
D1	−0.111	−0.179	0.166
D2	0.280	−0.216	−0.062
D3	0.273	0.272	0.065
D4	0.297	0.175	−0.090

根据表 5，可以得到城市数字经济发展的三个主成分系数得分的计算表达式：

$$F_1 = 0.216X_1 + 0.237X_2 + 0.250X_3 + \cdots + 0.297X_{16} \tag{4}$$

$$F_2 = 0.371X_1 - 0.368X_2 + 0.091X_3 + \cdots + 0.175X_{16} \tag{5}$$

$$F_3 = -0.034X_1 + 0.027X_2 + 0.377X_3 + \cdots - 0.090X_{16} \tag{6}$$

最后，将方差贡献率作为三个主成分的权重 Q，通过整理运算得到数字经济主成分综合得分，如下：

$$F = Q_1 \times F_1 + Q_2 \times F_2 + Q_3 \times F_3 = 58.071F_1 + 18.754F_2 + 7.043F_3 \tag{7}$$

2）实验结果分析

（1）2018 年数据结果分析。

为了便于进行实证评价和城市间数字经济发展水平的对比分析，将主成分系数进行归一化处理，得到 2018 年城市数字经济可持续发展 16 个二级指标和 4 个一级指标对应权重 W，如表 6 所示。

表 6　2018 年城市数字经济可持续发展评价指标权重表

指标	权重	指标	权重	指标	权重	指标	权重
A	0.275	A1	0.082	C	0.270	C1	0.072
		A2	0.030			C2	0.073
		A3	0.081			C3	0.042
		A4	0.082			C4	0.083
B	0.191	B1	0.051	D	0.264	D1	0.037
		B2	0.050			D2	0.050
		B3	0.061			D3	0.092
		B4	0.029			D4	0.085

从表 6 的指标权重来看，按照指标的重要性排序，一级指标中首先是信息基础设施（A），其次是经济增长（C），再次是社会发展（D），最后是科技创新（B）。信息基础设施（A）、经济增长（C）以及社会发展（D）三个指标权重之间的差距甚微，说明这三个指标在城市数字经济可持续发展中的作用相差不大，共同影响数字经济的可持续发展能力。信息基础设施（A）是数字经济发展的重要前提和基础保障，经济增长（C）是数字经济可持续发展的助燃剂，经济的高质量增长能够推动数字经济的快速发展，而社会发

展（D）为数字经济发展提供了重要的环境支撑，只有社会发展到一定水平，数字经济才能够实现可持续发展。虽然科技创新（B）指标权重的数值低于指标平均权重（0.250），但与其他三个指标之间的差距不大，仍可被列为一项重要指标。

在二级指标中，16 个指标的平均权重为 0.0625，高于平均权重的指标有 8 个，分别是：信息基础设施中的移动电话普及率（A1）、单位面积光缆线路长度（A3）、互联网普及率（A4），经济增长中的电子商务销售额（C1）、第三产业比重（C2）、软件业务收入（C4），社会发展中的对外依存度（D3）、软件及信息服务业从业人数（D4）。16 个二级指标中，权重最大的是社会发展中的对外依存度（D3），表明对外开放程度越高，该地区的数字经济发展水平越高。二级指标中权重紧接对外依存度的分别是软件及信息服务业从业人数（D4）、软件业务收入（C4）、移动电话普及率（A1）、互联网普及率（A4）、单位面积光缆线路长度（A3），且这 5 个二级指标权重极为接近，表明软件及信息服务业从业人数（D4）越多、软件业务收入（C4）越多、移动电话普及率（A1）越高、互联网普及率（A4）越高、单位面积光缆线路长度（A3）越长，越能促进某地区的数字经济可持续发展。

（2）2015～2017 年数据结果分析。

为了进一步分析 2015～2017 年各地区数字经济可持续发展指标的纵向变化情况，使用 2015～2017 年的原始数据分别计算得到 2015～2017 年的城市数字经济可持续发展评价指标权重，如表 7～表 9 所示。

表 7　2015 年城市数字经济可持续发展评价指标权重表

指标	权重	指标	权重	指标	权重	指标	权重
A	0.275	A1	0.084	C	0.259	C1	0.069
		A2	0.036			C2	0.072
		A3	0.079			C3	0.039
		A4	0.076			C4	0.079
B	0.209	B1	0.044	D	0.257	D1	0.042
		B2	0.051			D2	0.047
		B3	0.062			D3	0.083
		B4	0.052			D4	0.085

表 8　2016 年城市数字经济可持续发展评价指标权重表

指标	权重	指标	权重	指标	权重	指标	权重
A	0.274	A1	0.082	C	0.264	C1	0.073
		A2	0.022			C2	0.071
		A3	0.085			C3	0.041
		A4	0.085			C4	0.079
B	0.223	B1	0.051	D	0.239	D1	0.018
		B2	0.050			D2	0.051
		B3	0.064			D3	0.086
		B4	0.058			D4	0.084

表9　2017年城市数字经济可持续发展评价指标权重表

指标	权重	指标	权重	指标	权重	指标	权重
A	0.316	A1	0.082	C	0.193	C1	0.076
		A2	0.047			C2	0.043
		A3	0.092			C3	0.059
		A4	0.095			C4	0.015
B	0.249	B1	0.067	D	0.242	D1	0.003
		B2	0.067			D2	0.061
		B3	0.077			D3	0.096
		B4	0.038			D4	0.082

从表7～表9可以看出，2015～2017年，一级指标中信息基础设施（A）均为数字经济可持续发展的最重要指标，科技创新（B）所占权重在四个一级指标中在 2015 年和 2016 年最低，在 2017 年则仅次于信息基础设施（A）。在信息基础设施中，单位面积光缆线路长度（A3）和互联网普及率（A4）的指标权重在2015～2017 年间呈现增长趋势，表明在信息基础设施中互联网普及率（A4）以及单位面积光缆线路长度（A3）越来越高，一定程度上反映了各地区的光缆的覆盖面和互联网的普及率在不断提高。

从表7和表8看出，2015 年和 2016 年，科技创新（B）在四个一级指标中权重最低，主要是因为当时各省区市数字经济的发展仍处于初期阶段，不管是企业还是政府，对于数字经济发展的科技创新投入仍处于前期小规模投入，尚未进行大规模数字经济科技创新投入，平均的科技创新投入只占 GDP 的 2.2%。从表9可以看出，2017 年科技创新（B）这一指标权重仅次于信息基础设施（A）的权重，主要是因为 2017 年《政府工作报告》首次写入"数字经济"，各省政府和企业开始对数字经济的科技创新加大投入，促进一、二、三产业的数字化转型，大力发展数字经济。总的看来，从 2015～2017 年科技创新指标权重在不断增长，说明各地区在数字经济发展过程中，越来越重视科技创新，有越来越多的人员投入到创新活动中，同时科技创新成果也越来越丰富。

从表7～表9可以看出，经济增长（C）这一指标在 2015～2017 年的权重占比先增后减，说明在数字经济发展前期，经济增长（C）对于数字经济可持续发展的影响较大，但随着数字经济的不断深入发展，其在国民经济发展中的占比越来越高，经济增长对数字经济可持续发展的带动作用有弱化趋势。尽管如此，经济增长（C）在 2015 年和 2016 年仍然是一级指标中仅次于信息基础设施（A）的第二大关键影响因素。同时，经济增长（C）指标中的工业增加值（C3）和电子商务销售额（C1）两个二级指标在 2015～2017 年的重要性呈现上升趋势，表明工业发展越好、电子商务越发达，城市的数字经济的可持续发展水平越高。

从表7～表9可以看出，2015～2017 年社会发展（D）这一指标权重变化不大，前后差距不是太明显，说明社会发展（D）这一指标对于数字经济可持续发展的影响相对于其他三个一级指标比较稳定，2015 年和 2016 年高于科技创新（B）指标，2017 年略低于科技创新（B）指标。高于科技创新（B）指标，反映了社会发展（D）对数字经济的可持续发展具有重要的作用。同时，社会发展（D）指标中的城市公共财政支出额（D2）与对外依存度（D3）两个二级指标的权重在 2015～2017 年呈增长态势，说明政府对社会公共财政支出越大、城市开放水平越高，该城市的数字经济发展越快。

（3）全国各省区市数字经济可持续发展水平比较。

为了对全国 31 个省区市的数字经济可持续发展情况进行横向比较，利用 2018 年截面数据计算得到全国 31 个省区市的数字经济发展水平得分情况（表 10）。

表 10　2018 年全国 31 省区市数字经济可持续发展水平得分情况

地区	得分	排名	地区	得分	排名	地区	得分	排名
北京	3.66	3	湖北	−0.28	13	山西	−1.09	19
天津	−0.05	11	广东	6.90	1	内蒙古	−1.33	21
河北	−0.16	12	广西	−1.40	23	辽宁	−0.05	10
上海	3.29	5	海南	−1.71	26	吉林	−1.37	22
江苏	4.61	2	云南	−1.65	25	黑龙江	−1.31	20
浙江	3.31	4	西藏	−2.75	31	福建	0.62	8
安徽	−0.56	16	陕西	−0.64	17	江西	−1.00	18
四川	0.68	7	甘肃	−1.95	29	山东	2.34	6
重庆	−0.51	15	青海	−2.23	30	河南	0.18	9
贵州	−1.57	24	宁夏	−1.73	27			
湖南	−0.43	14	新疆	−1.83	28			

从表 10 可以看出，我国东部、中部、西部之间的数字经济可持续发展水平存在一定差别，沿海的广东、江苏、浙江、上海、山东等地区相比于其他地区综合得分较高，数字经济可持续发展水平处于全国前列，而西藏、青海、甘肃、新疆等西部地区的综合得分普遍较低，数字经济可持续发展水平相对比较落后。究其原因，一方面，中西部地区的数字经济发展基础相对比较薄弱，数字文创、数字内容等数字产业发展缓慢，传统产业的数字产业化、智能化改造相对滞后。另一方面，部分中西部省区市的发展重点尚未从传统经济转型过渡到数字经济，仍停留在以传统产业为主导的发展阶段。比如，西藏、海南等以旅游业为发展重点，黑龙江、吉林等是传统重工业基地，数字化转型升级发展与沿海发达地区仍有一定差距。从表 10 还可以看出，东中西部地区的数字经济发展仍处于初期阶段，各省区市都具备数字经济可持续发展潜力，中西部地区的发展水平与沿海地区的发展水平存在差距，但是差距不是很大。

4. 结　　论

本文通过对现有国内外相关研究的梳理，首先构建了城市数字经济可持续发展的评价指标体系，然后通过主成分分析法得到影响城市数字经济可持续发展的关键影响因素。结果表明，现阶段影响各地区数字经济可持续发展的最主要因素是城市的信息基础设施，其次为经济增长、社会发展和科技创新能力。根据上述研究结论，提出以下发展建议。

第一，信息基础设施是城市数字经济可持续发展的基础和前提，能够为数字经济发展积蓄能量、增添动力。为此，需要进一步提高互联网普及率、扩大单位面积光缆线路长度和覆盖率，为城市数字经济可持续发展打下坚实基础。同时，需要进一步推广互联网宽带接入，提高移动电话普及率，让更多的用户方便使用互联网，为数字经济发展培育更多的潜在市场主体。

第二，总的来看，科技创新水平相对于其他三个一级指标权重较低，但也是影响数字经济可持续发展的一个关键指标。各地区需要进一步加强本地区的科技创新水平，一是要引导企业加大科研经费投入，创新人才评价与激励政策机制，鼓励更多的人才从事科技创新活动，产出更多科技成果，为数字经济的可持续发展提供理论与应用支撑。同时，要进一步提高高等教育人口比重，加大数字经济人才供给，增强适应数字经济可持续发展需求的长期科技创新潜力。

第三，经济增长是数字经济可持续发展中的第二大关键影响因素，宏观经济的增长与数字经济发展之间有着密切联系。为此，需进一步加快经济结构转型，转变粗放式经济增长方式，大力发展第三产业，扩大软件业务收入规模，提高工业增加值和附加值，推动经济高质量发展，从而促进数字经济的可持续发展。同时，鼓励电子商务发展，提升电子商务销售额，扩大基于网络化的经济活动规模，进一步促进数字经济的可持续发展能力。

第四，社会发展水平是数字经济发展的隐形环境支撑，在一定程度上决定了城市数字经济的可持续发展水平，需要创造出更多就业岗位，降低城镇登记失业率，调动更多从业人员从事软件信息行业等数字经济产业，加大政府在数字经济领域的财政支出预算额度，提升地区的对外开放合作水平，进一步改善各地区的数字经济发展环境，促进本地区的数字经济可持续发展。

第五，随着我国数字经济发展的不断深入，各省区市数字经济发展基础和发展重点存在不同，在后期发展中，需要结合现有基础和优势，做好科学规划，突出发展重点。农业大省应大力推进农业数字化转型，大力发展智慧农业，推进基于网络化的农业生产经营模式改革；制造业大省需要进一步推进"机器换人""设备换芯"，加大物联网、大数据、人工智能等数字技术在生产制造及经营管理环节中的应用，大力发展智能制造、网络化协同制造和服务型制造，加快推进制造业的数字化转型，实现数字经济的可持续发展。

主要参考文献

[1] Tapscott D. The Digital Economy：Promise and Peril in The Age of Networked Intelligence[M]. New York：McGraw Hill，1996：17-19.

[2] 中共中央网络安全和信息化领导小组办公室. 二十国集团数字经济发展与合作倡议[EB/OL]. （2016-09-29）[2020-06-25]. https://www.cac.gov.cn/2016-09/29/c_1119648520.htm.

[3] 万晓榆，罗焱卿，袁野. 数字经济发展的评估指标体系研究：基于投入产出视角[J]. 重庆邮电大学学报（社会科学版），2019（6）：111-122.

[4]　林庆康，吕华侨. 产业融合视角下数字经济发展评估实证研究：以合肥市为例[J]. 湖北工业大学学报，2019，34（1）：111-113.

[5]　张雪玲，陈芳. 中国数字经济发展质量及其影响因素研究[J]. 生产力研究，2018（6）：67-71.

[6]　辛金国，姬小燕，张诚跃. 浙江省数字经济发展综合评价研究[J]. 统计科学与实践，2019（7）：10-14.

[7]　宁晓静. 基于技术经济范式的湖北省数字经济发展研究[D]. 武汉：华中科技大学，2018：37-42.

[8]　尉薛菲. 资源型城市经济可持续发展问题研究[J]. 人民论坛，2018（16）：158-159.

[9]　贾小乐，周源，延建林，等. 基于能值分析的环太湖城市群生态经济系统可持续发展研究[J]. 生态学报，2019，39（17）：6487-6499.

[10]　李春若. 共享经济可持续发展的政策建议[J]. 中国财政，2018（1）：85-86.

[11]　张鸿，刘中，王舒萱. 数字经济背景下我国经济高质量发展路径探析[J]. 商业经济研究，2019（23）：183-186.

[12]　赵剑波，杨丹辉. 加速推动数字经济创新与规范发展[J]. 北京工业大学学报（社会科学版），2019，19（6）：71-79.

[13]　刘尚海，魏巍. 智能经济评价指标体系研究：以宁波市为例[J]. 未来与发展，2019（3）：19-23.

[14]　方维慰. 推进数字经济高质量发展的战略分析[J]. 重庆社会科学，2019（11）：80-88.

[15]　邹杰. 五省会城市互联网经济发展对标研究[J]. 通信企业管理，2017（4）：70-72.

[16]　蒋录全，邹志仁. 互联网经济的测度指标[J]. 情报理论与实践，2001，24（1）：8-10.

[17]　赵冬梅，吴士健，孙继强. 发展互联网经济推进智慧城市建设问题研究：以江苏省为例[J]. 科技管理研究，2016（11）：173-178.

[18]　向蓉美. 建立衡量网络经济的指标体系[J]. 统计与决策，2003（3）：12.

[19]　曹玉娟. 数字化驱动下区域科技创新的框架变化与范式重构[J]. 学术论坛，2019，42（1）：110-116.

[20]　樊自甫，李汶沁. 我国省域互联网经济发展水平评价研究[J]. 重庆邮电大学学报（社会科学版），2018，30（2）：96-103.

[21]　宋洋. 经济发展质量理论视角下的数字经济与高质量发展[J]. 贵州社会科学，2019（11）：102-108.

[22]　王海飞，龚晓莺. 新中国70年来中国经济社会发展的世界贡献[J]. 青海社会科学，2019（4）：8-12.

人工智能关键核心技术创新能力测度：基于创新生态系统的视角[①]

袁　野　汪书悦　陶于祥

技术创新是提升国家竞争力的重要影响因素[1]，加快人工智能关键核心技术体系建设，提高其技术创新能力对我国建设世界科技强国具有重要意义。毋庸置疑，经过多年的积累，我国在一些领域取得了重要进展，但整体发展水平与发达国家相比仍存在较大的差距：如关键设备、核心算法和操作系统等技术基本被谷歌、微软、英特尔等国际巨头垄断，形成"锁定效应"，关键核心技术"卡脖子"。后发追赶理论认为，先发企业为垄断核心技术设立了严格的独占机制，后发企业作为使用者无法了解技术研发的具体过程[2]，以市场换技术、依赖外资实行技术联合开发会导致技术陷阱和技术惰性，传统的技术创新模式难以为继[3]，适应关键核心技术创新的新模式、新理论呼之欲出。特别是在当前中美贸易摩擦加剧、核心技术"卡脖子"等错综复杂的国际形势下，如何实现关键核心技术的突破是我国建设创新型国家的理论焦点。Stiftung[4]认为，科学的评价是有效管理的基础。合理地评价技术创新能力是打破关键核心技术缺失桎梏、推进国家科技治理体系改革的基石。在健全新型科技创新的体制背景下，精准把握关键核心技术的特点，结合新兴创新管理理论，评价与测度某个国家、区域或产业的关键核心技术创新能力无疑是产业界与政府部门关注的热点问题。

从理论研究来看，学术界围绕投入产出视角、技术生命周期视角，使用 R&D 数据、专利数据和文献数据针对技术创新能力展开了激烈探讨。但关键核心技术通常被视为"自明性概念"而"黑箱"化处理，针对关键核心技术创新能力的研究更是罕见。与一般性技术不同的是，关键核心技术具备知识的复杂性、嵌入性、高投入、长周期、商用生态依赖等特点[5]。实现关键核心技术的创新不仅需要在某一科学原理点上实现突破，还应由点带面，关注不同创新主体间的价值共创、技术体系等方面[6]。因此，关键核心技术创新能力的评价不能局限于关注单一主体资源要素的投入与产出，而是需要考虑多元创新主体与创新环境之间的联动问题。现有技术创新能力评价指标的研究已经不能满足创新复杂度高、系统性强、速度快的关键核心技术创新能力评价，而创新生态系统理论以生态学、系统学、创新理论交叉融合的特性在创新理论中占据了独特优势，为关键核心技术创新能力评价提供新视角。

①发表期刊：《科技进步与对策》，2021，38（18）：84-93. 有改编。

基金项目：2020 年国家社会科学基金青年项目"人工智能产业核心技术突破中的创新共同体构建与协同机制研究"（20CGL004）；重庆市教委科研创新项目"重庆市人工智能产业重点发展领域选择与政策设计"（CYS19270）。

作者简介：袁野，重庆邮电大学经济管理学院副教授；汪书悦，重庆邮电大学研究生；陶于祥，重庆邮电大学经济管理学院教授。

基于此，本文选取人工智能关键核心技术为研究对象，遵循"确定备选指标—补充筛选指标—构建评价指标体系—实证研究—结论建议"的逻辑展开论述，为战略性新兴产业的关键核心技术创新能力测度提供思路。首先，使用社会网络分析法提取中心度高的指标作为备选集，经过补充和筛选，从创新生态系统视角出发构建人工智能关键核心技术创新能力测度指标体系；其次，基于宏观数据，使用变异系数-改进 TOPSIS（technique for order preference by similarity to Ideal solution，逼近理想解排序）方法，进行客观赋权并测度综合评价值；最后，识别人工智能关键核心技术创新能力的动态演进趋势，提出持续优化人工智能关键核心技术创新能力的具体措施和政策建议。

1. 文 献 综 述

1.1　人工智能关键核心技术

1）关键核心技术

目前，学界对关键核心技术的定义尚未达成一致，主流观点是从技术特性视角定性描述关键核心技术的内涵。"习近平总书记在 2018 年中国科学院第十九次院士大会指出，要以关键共性技术、前沿引领技术、现代工程技术、颠覆性技术创新为突破口，敢于走前人没走过的路，努力实现关键核心技术自主可控，把创新主动权、发展主动权牢牢掌握在自己手中。国内一些学者从不同视角定义了关键核心技术，例如，李显君等[7]基于技术类型视角发现核心技术是功能性核心技术、性能性核心技术与可靠性核心技术的组合。基于创新过程视角，Lee 和 Lim[8]认为实现根本性创新和技术质的演化是核心技术突破的实质。基于作用与特征视角，陈劲等[3]将关键核心技术视为一个技术体系，认为其具备高投入性、独特性与关键性的特征；Cannice 等[9]把核心技术定义为在技术体系中起核心或关键作用的技术；Kale 等[10]认为核心技术是企业的核心技术秘诀；张杰[11]指出具备"纯烧钱＋难以被山寨"特征的技术是关键核心技术最为形象的定义。从现有文献来看，学界围绕关键核心技术领域展开了初步探讨。大多数研究主要集中在概念界定、特征分析、突破路径等定性分析层面，关键核心技术的影响因素、创新能力测度、创新融合应用场景与能力提升等主题关注度不够，关键核心技术与创新融合的研究数量少、应用场景有限。

2）人工智能关键核心技术

人工智能在 1956 年达特茅斯（Dartmouth）学会上被提出后，核心技术的研发成为世界各国关注的焦点。20 世纪七八十年代，受到理论模型、数据样本等限制，人工智能核心技术主要集中在专家系统、知识搜索、统计建模、人工神经网络等领域。21 世纪，随着人工智能算法优化、应用场景拓展，学术界和产业界对人工智能关键核心技术的定义层出不穷。本文结合理论文献、《新一代人工智能发展规划》等政策文件和中国科学院《2019 年人工智能发展白皮书》，将人工智能关键核心技术定义为：与人工智能产业发展紧密结合，能够推动产业智能化转型和国家经济高质量发展的技术知识，包含自然语言处理、跨媒体分析推理等八大类。

人工智能技术具有创新不确定性、创新主体共生性、多产业融合性和演化自组织性等特性，"技术促产业"的模式推动着我国人工智能产业发展[12]。定性研究方面，房超等[13]将人工智能关键技术与核能、光伏技术对比分析，发现人工智能技术在理论基础上较为匮乏，同时指出人工智能技术能够实现军民两用。李修全[14]从基础理论突破、底层计算模式创新、模型算法演进三个维度剖析了人工智能技术创新的特征和未来发展趋势。以上研究主要关注在内涵、特征界定以及未来趋势，缺乏纵向深入研究。定量研究是定性研究的延伸，主要集中于使用专利和文献计量分析方法实现关键核心技术的预见和识别，黄鲁成和薛爽[15]使用相对强度指数（relative strength index，RSI）、专利成长率等指数甄别出机器学习的核心领域和发展阶段。王友发等[16]通过共词分析、专利主体分析、同族专利分析，识别出人工智能领域的核心技术。突破关键核心技术不能仅停留在定义和识别方面，更需要厘清技术创新路径、技术创新体系的形成与运行过程，评估技术创新能力和影响因素。

1.2　技术创新能力及其测度

技术创新能力是技术创新管理领域最重要的研究领域之一[17]，技术创新能力是一个动态演化过程。技术创新能力的概念涵盖了丰富的要素，因此格外复杂、多样[18]，学界基于资源依赖、动态能力、知识依赖等视角对其定义展开讨论。1990 年，Adler 和 Shenhar[19]首次基于资源依赖视角，从技术资产、组织资产、外部资产和项目四个维度定义了技术创新能力；组织行为理论认为，传统的技术创新能力是组织、创新能力等多种能力的集合；Yam 等[20]基于功能视角提出了企业技术创新能力的七维分析框架，包括组织、战略规划、学习与研发等七种能力。以上界定各有侧重，但多将创新主体限定在企业，同时对创新产出关注不够。吴友军[21]从微观、中观和宏观层面划分出技术创新能力的研究对象，即企业、产业和国家的技术创新能力，并纳入创新产出维度构建产业技术创新能力评价指标体系，成为我国聚焦产业技术创新能力研究的开端。

随着产业技术创新能力概念逐渐明晰，其测度和评价引发了学界激烈的探讨。研究对象从固体矿产业、钢铁产业、装备制造业等传统行业，到新能源汽车产业、高技术产业等战略性新兴产业均有涉及；研究方法由传统的数据包络分析（data envelopment analysis，DEA）模型、熵值法、神经网络等智能评价方法层出不穷；研究内容多数遵循"自上而下"的研究范式，即以特定产业为研究对象，从投入-产出、投入-产出-环境、技术研发过程等[22]不同视角构建指标体系，部分学者试图紧扣行业特征但理论支撑较薄弱。现有研究是技术创新领域的有益探索，但仍然存在尚待优化之处，如产业技术创新的主体未明确、创新机理未厘清、评价指标异质性差，集中于使用 R&D 相关统计指标，诸多技术创新的影响因素未被考虑。

1.3　创新生态系统理论

自熊彼特提出创新概念以来，以创新生态系统为核心的创新 3.0 范式正掀起创新研究的热潮。创新生态系统是生态学、系统科学与创新理论的有机结合，已经逐渐成为创新理论研究领域的新方向[23]，在我国前沿技术迅猛发展、产业结构转型升级的背景下，关键核心技术的知识复杂性与密集性日渐增强，以创新生态系统视角考察技术创新要素构成、外部环境与互动关系[24]是研究关键核心技术创新的"新思路"。

创新生态系统的研究层层递进，主要集中在以下三个方面。一是内涵与特征。李万等[25]指出创新生态系统是一个复杂、开放的系统，强调创新群落内部、创新群落与环境之间的竞合关系，该定义通用性强；部分学者基于新能源汽车、文化创意等产业情景，明确特定产业的创新生态系统概念。二是创新生态系统概念模型。现有研究主要从创新环境、创新种群和创新组织三方面剖析结构要素，为抽象特定产业的创新生态系统概念模型提供理论支撑。三是创新生态系统的运行、协同、演化机制与评估。例如，健康度评价、有机性评价和运行稳定性评价等。少部分学者开始将创新生态系统理论运用于综合评价中，潘苏楠等[26]从基础生态、创新人文、行业发展、社会经济环境四个子系统维度，测度新能源汽车的可持续发展水平；黎璞和宋娟[27]从创新环境和创新主体两个维度梳理了创新盲点知识的识别指标体系。现有技术创新能力研究多基于传统的创新链、创新集群、系统创新等视角，鲜有研究从创新生态系统视角对技术创新能力进行测度，二者融合研究能够丰富理论研究并解决应用问题。

2. 研　究　设　计

2.1　指标体系构建步骤

技术创新实现形式多样且创新方式丰富，试图找到一种综合评价通用指标体系的可能性低。然而，技术创新具有普遍性，最终均通过进取效应呈现[28]，因此评价技术创新能力时能够纳入部分通用指标。

本文采用通用指标和特定指标融合的方法构建指标体系，使得理论研究和实际应用相互贯通。具体步骤为：首先，使用社会网络分析法梳理产业技术创新相关文献，提炼通用指标，形成指标备选集；其次，搜集归纳行业研究报告；最后，结合变异系数法筛选和补充，确定人工智能关键核心技术创新评价指标体系。

通用指标来自文献数据，由于研究关注中国情境，故选取中国知网中的中文文献进行分析，文献的起始时间不限，截止时间为 2020 年。为防止文献遗漏，将关键词选定为"技术创新""评价""测度"，期刊等级为中文核心及以上，得到文献 3291 篇。手动剔除不相关文献，仅保留正文中包含产业技术创新能力评价指标体系的文献，最终筛选出样本文献 34 篇。特定指标来自行业研究报告，前沿报告库全面汇总了包含艾瑞咨询等机构的研究报告，以人工智能为主题词检索出报告 200 余份，最终选取 10 份样本报告。

2.2　确定通用指标备选集

将 34 篇文献中的指标进行去重、剔除、合并等处理，剔除 2009 年后废止的指标，如"科学家和工程师人数"等；去除指标中的特定行业前缀，如将"高技术产业 R&D

人员"处理成"R&D 人员"并与"R&D 活动人员"合并为"R&D 人员"，最终得到指标 207 个。使用 COOC6.7 软件生成词频表，取频次≥2 的指标形成 41×41 的共现矩阵，导入 Ucinet 软件绘制社会网络图（图 1）并导出各指标的绝对度数中心度。

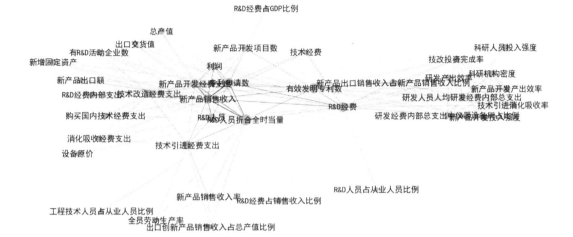

图 1　频次≥2 的指标共现网络图

34 篇文献使用的测度和评价方法包括 DEA、因子分析、熵值法、层次分析法（analytic hierarchy process，AHP）、神经网络等，以 DEA 方法居多；视角多以投入产出为主，兼顾投入产出环境、生命周期。因此，将各指标按照投入产出维度排列（表 1）。表 1 中 Degree 指绝对度数中心度，表示与某个节点直接相连的其他点的个数，是节点在网络中的重要性和权力的象征，中心度越高表示该节点的重要性越高[29]。投入和产出两维度中心度 TOP10 指标的中心度均已超过所有指标的中心度均值，故作为备选指标集。

表 1　各指标的中心度和频次分布表（中心度 TOP10 的指标）

编号	投入维度的指标	Degree	频次	产出维度的指标	Degree	频次
1	R&D 人员折合全时当量	123	14	新产品销售收入	141	26
2	R&D 经费	107	11	专利申请数	132	17
3	新产品开发经费支出	93	10	有效发明专利数	94	8
4	技术引进经费支出	72	7	利润	46	5
5	技术改造经费支出	53	5	新产品出口销售额占新产品销售额比例	43	3
6	R&D 人员	41	7	新产品销售收入率	39	3
7	R&D 经费内部支出	31	4	新产品开发项目数	32	3
8	R&D 经费占销售收入比例	30	3	技术引进消化吸收率	30	2
9	科研人员投入强度	30	2	技改投资完成率	30	2
10	新产品开发投入强度	30	2	新产品开发产出效率	30	2

　　具体而言,现有指标体系聚焦投入产出视角。投入维度,主要集中在人力与财力投入,R&D 统计数据中的创新主体边界不清晰,未能鉴别不同创新主体对技术创新的不同影响。同时,R&D 数据存在局限性,不能包括所有的创新投入,仅使用 R&D 相关数据不足以评估技术创新能力[30]。产出维度,专利、新产品收入等指标被频繁使用,但技术创新具备理论与实践双重意义,不仅包含理论效益还包含经济效益和社会效益[31]。关键核心技术创新能力的测度亟须一个新视角,因此,结合相关学者的研究,引入创新生态系统,同时,还需把握人工智能行业的技术特征。

2.3　补充特定指标

　　研究报告在深入分析行业研究动态方面具有优势,与注重理论研究的学术论文相得益彰,同时囊括了关键核心技术创新中的共性。精练研究报告中的指标,补充特定指标,具体分类如下:①数据层,使用数据开放度、手机用户数量等指标衡量;②算力层,使用半导体产品国际市场占有率、现场可编程门阵列(field-programmable gate array,FPGA)芯片制造等衡量;③基础层,使用人工智能开放平台数量衡量;④经济环境层,使用融资金额、融资次数衡量;⑤政策环境层,使用政策数量衡量;⑥技术创新落地应用层,使用应用场景企业数、场景介入度等指标衡量;⑦创新环境层,使用设有人工智能专业的本科院校数量衡量;⑧创新主题层,使用企业数量、开设人工智能专业的高校数量、科研机构数量等指标衡量;⑨理论产出层,使用期刊或会议论文数量衡量。

　　人工智能关键核心技术的创新与政府、企业、高校、科研机构等多元主体密切相关[32],具备多主体、开放性、可迭代优化等特点,仅从投入产出视角出发已经不能全面评估人工智能关键核心技术创新能力。随着创新范式的转移,创新生态系统不再将企业视为唯一的创新主体,强调创新主体之间彼此依赖、知识流动和创新资源互补共享[33],具备创新、生态和一般系统的特性。创新特性体现在各创新主体之间共生共荣,以实现可持续的价值创造、不断优化与完善的创新环境等系统效益上。

2.4　基于创新生态系统的指标体系构建

　　1)人工智能关键核心技术创新生态系统构建

　　人工智能关键核心技术创新生态系统(图 2)通过生命子系统内部各创新主体间协同创新以及生命子系统与环境子系统间的数据、资金、人才等交换,实现技术迭代、积累和再创新。生命子系统内部主体繁多,每个主体在不同阶段扮演不同的角色,如科研机构扮演单一的生产者,而政府既是生产者又是消费者与分解者。环境子系统包含技术环境和社会环境,其中社会环境包括政策环境、技术环境和经济环境。多元创新主体通过响应外界环境变化,获得信息交换、数据流动、人才流动、资金流动等方式保证整个系统健康有序运行。

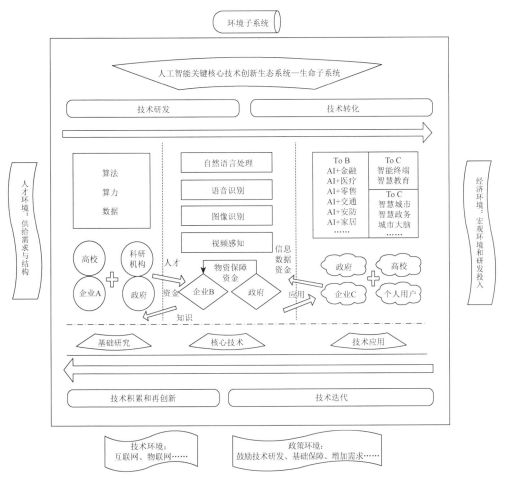

图2 人工智能关键核心技术创新生态系统模型

在技术研发阶段，基础层是重要保障，算法、算力和数据缺一不可。算法的突破需要高校、科研机构及A类企业等创新主体输出专业人才、深挖理论、训练算法。通过外界产生的消费数据、交通数据等不同数据集针对特定需求进行训练，数据集越多，算法训练效果越好，算法越精准，算力设施的压力越小。同样，作为生产者的政府，出台人工智能专项政策，营造浓郁发展氛围并保障基础研究资源和资金投入。基础牢固前提下，专注B类技术研发的企业则扮演消费者的角色，通过人才、资金流动，将优化的模型、算法纳入新的技术模块，嵌入具体应用场景，完成技术研发。

在技术转化阶段，B类企业完成技术研发后，最终将技术产品化，形成智能产品或行业解决方案，满足各类消费者的需求，此时已完成一个全生命周期的技术创新。产品化后的技术流入市场，三类用户群为产品付费，实现大量资金回流。同时，使用中会针对不同应用场景产生大量数据和用户反馈，这为技术创新循环提供了机会窗口。用户反馈信息、数据、资金在系统中回流，给予技术层和基础层的创新参与者反馈与支持，最终实现"技术创新—技术迭代—技术积累—技术再创新"的良性循环。

2）选取人工智能关键核心技术创新能力评价指标体系

基于此，遵循科学性、系统性与数据可得性原则，基于创新生态系统视角，从创新主体、创新环境与系统效益三个维度，构建人工智能关键核心技术创新能力评价指标体系（表2），经过专家评估和变异系数法过滤，筛选出18个指标。

表2 基于创新生态系统的人工智能关键核心技术创新能力评价指标体系

目标层	准测层	要素层	指标层	单位	权重排序
人工智能关键核心技术创新能力	创新主体（A）	企业	人工智能新增企业数量（A1）	个	5
			R&D 内部支出中企业资金（A2）	万元	2
		高校	开设人工智能专业的高校数量（A3）	所	1
			学校人工智能 R&D 研究课题（A4）	项	14
		科研机构	人工智能相关的科研院所（A5）	个	3
		政府	出台人工智能政策的省政府（A6）	个	17
			R&D 经费中政府资金（A7）	万元	13
			国家自科基金批准项目中信息科学学部的项目数（A8）	项	8
	创新环境（B）	算法基础	人工智能开放平台数量（B1）	个	6
		数据基础	中国产生的数据量（B2）	ZB	10
		算力基础	集成电路产量（B3）	亿块	15
		人才环境	人才需求数量（B4）	人	18
		经济环境	投融资总额（B5）	亿元	7
		政策环境	每年新增政策数量（B6）	份	9
	系统效益（C）	理论效益	会议论文数量（C1）	篇	4
			有效发明专利数量（C2）	件	11
		应用效益	新产品销售收入（C3）	万元	12
			TOP100 人工智能企业中每年新增商业落地的企业数量（C4）	个	16

（1）创新主体维度。技术创新主体包含企业、政府、高校与科研机构[34]，各创新主体对技术创新的作用方式不同。政府通过政策进行宏观调控，利用资金投入、项目支持等方式与企业、高校等主体形成互动；企业自身提供研发资金，不断扩大规模提升企业技术创新能力；高校是培养基础研究人才、落地研究课题的摇篮，为技术创新提供理论和知识；科研机构通过专注行业研究，把握行业趋势动态为技术创新赋能。

（2）创新环境维度。人工智能与其他新兴技术发展相辅相成，例如，以5G为代表的新一代信息通信技术为人工智能的应用场景赋能。人工智能关键核心技术创新离不开算法、算力和数据支撑，算法迭代对开放性有极大需求，参考《2019年中国人工智能产业发展指数》报告使用"国家级人工智能开放平台"衡量；算力主要体现在硬件层面，特别是 FPGA 芯片，使用集成电路产量替代；大量数据为算法优化提供训练集，以往研究使用智能手机替代，本文认为使用我国产生的数据量表征更加贴切。社会环境从人才、资金和政策环境等方面考虑。

（3）系统效益维度。系统效益即技术创新产出，分为理论效益和应用效益两部分。在理论部分使用人工智能领域公认的人工智能国际顶级会议国际先进人工智能协会（Association for the Advancement of Artificial Intelligence，AAAI）年会论文数量[35]表示；应用效益层面应从直接效益和间接效益两部分入手，直接效益选取中心度高的发明专利指标，由技术研发阶段产生；间接效益包括微观层面新产品销售带来的效益和宏观层面技术落地应用带来的效益，由技术转化阶段产生。

3. 实 证 分 析

3.1 数据来源与处理

参考前人研究，人工智能产业部分数据使用电子及通信设备制造业、软件与信息技术服务业的数据[36]，统计数据来源于《中国高技术产业统计年鉴》《科技统计年鉴》《中国统计年鉴》；部分数据来自中国信息通信研究院系列研究报告中的数据，如中国产生的数据量等。数据的时间范围确定为 2016～2018 年。

3.2 测度方法

1）变异系数法

综合评价需要经历指标赋权和综合评价值计算两个步骤。赋权有主观与客观两种主流方法，每种方法各有优劣。本文各指标数据为定量数据，数值相差较大且存在 0 值，故使用变异系数法确定权重。

使用变异系数法计算权重步骤如下。

（1）数据标准化处理。

正向指标，令

$$y_{ij} = \frac{x_{ij} - x_{j\min}}{x_{j\max} - x_{j\min}} \quad (i = 1, 2, \cdots, m; j = 1, 2, \cdots, n) \tag{1}$$

负向指标，令

$$y_{ij} = \frac{x_{j\max} - x_{ij}}{x_{j\max} - x_{j\min}} \quad (i = 1, 2, \cdots, m; j = 1, 2, \cdots, n) \tag{2}$$

其中，x_{ij} 为第 j 个指标在第 i 年的指标值；y_{ij} 为标准化后的指标值；$x_{j\max}$ 与 $x_{j\min}$ 分别为第 j 个指标的最大值与最小值。

（2）计算各个指标的平均数 $\overline{y}_j$ 和标准差 s_j 。

$$\overline{y}_j = \frac{1}{m}\sum_{j=1}^{n} y_{ij} \quad (i = 1, 2, \cdots, m; j = 1, 2, \cdots, n) \tag{3}$$

$$s_j = \sqrt{\frac{1}{n-1}\sum_{j=1}^{n}(y_{ij} - \overline{y}_j)^2} \quad (i = 1, 2, \cdots, m; j = 1, 2, \cdots, n) \tag{4}$$

（3）计算各个指标的变异系数 c_j 和权重 w_j 。

$$c_j = \frac{s_j}{\overline{y}_j} \quad (j = 1, 2, \cdots, n) \tag{5}$$

$$w_j = \frac{c_j}{\sum_{j=1}^{n} c_j} \quad (j = 1, 2, \cdots, n) \tag{6}$$

2）改进的 TOPSIS 模型

1981 年 Hwang 和 Yoon[37]提出 TOPSIS 评价模型，该综合评价方法以正负理想解为评价标准来计算相对贴近度，对数据、评价指标和对象无明确限制。同时，TOPSIS 模型具备整体和局部评价的优点，能够客观评价多个指标的各种方案[38]，客观反映我国人工智能关键核心技术创新能力。改进的 TOPSIS 在评价矩阵中引入变异系数法确定的指标权重，提高综合评价的准确性和合理性。

使用 TOPSIS 模型进行综合评价的步骤如下。

（1）计算矩阵 $\boldsymbol{H}$ 的每行指标与相应权重系数的乘积，确定加权规范化矩阵，$\boldsymbol{H} = \{W_j \times Y_{ij}\}_{m \times n}$ 。

$$\boldsymbol{H} = \begin{bmatrix} w_1 y_{11} & w_2 y_{12} & \cdots & w_n y_{1n} \\ w_1 y_{21} & w_2 y_{22} & \cdots & w_n y_{2n} \\ \vdots & \vdots & & \vdots \\ w_1 y_{m1} & w_2 y_{m2} & \cdots & w_n y_{mn} \end{bmatrix} = \begin{bmatrix} h_{11} & h_{12} & \cdots & h_{1n} \\ h_{21} & h_{22} & \cdots & h_{2n} \\ \vdots & \vdots & & \vdots \\ h_{m1} & h_{m2} & \cdots & h_{mn} \end{bmatrix} \tag{7}$$

（2）确定正理想解 H^+ 和负理想解 H^- 。

$$H^+ = (\max h_{i1}, \max h_{i2}, \cdots, \max h_{in}) \tag{8}$$

$$H^- = (\min h_{i1}, \min h_{i2}, \cdots, \min h_{in}) \tag{9}$$

（3）计算正负理想解之间的欧氏距离 O_j^+ 、 O_j^- 。

$$O_j^+ = \left(\sum_{j=1}^{n}(h_{ij} - h_j^+)^2\right)^{\frac{1}{2}} \tag{10}$$

$$O_j^- = \left(\sum_{j=1}^{n}(h_{ij} - h_j^-)^2\right)^{\frac{1}{2}} \tag{11}$$

（4）计算相对贴近度 B_j 。

$$B_j = \frac{O_j^-}{O_j^+ + O_j^-} \tag{12}$$

相对贴近度的取值在[0, 1]范围内，指标的贴近度越接近 1 表征指标朝着越好的方向发展。根据以上步骤，依次计算各指标的变异系数、权重和贴近度。夏文飞等[39]指出使用变异系数可以判断评价指标的鉴别能力，若指标变异系数小于 2.300 则判定其鉴别能力较强。18 个指标体系的变异系数最大值为 1.414，最小值为 0.728，均值为 0.944，故人工智能关键核心技术创新能力各指标的鉴别能力较强，无须剔除，指标体系整体鉴别能力良好。

3.3 结果分析

1）综合测度结果及分析

计算后的综合评价值如图 3 所示，结果保留三位小数。综合来看，人工智能关键核心技术创新能力由弱变强，呈高速增长态势。虽然我国政府及时发布"互联网＋"人工智能三年行动计划，但人工智能处于起步阶段，创新主体参与少、政策效果滞后等问题导致此时技术创新能力较低。2017～2018 年，国家及各级政府政策频发，着力营造人工智能氛围，保障创新发展环境，举国体制支持下，人工智能关键核心技术创新能力飞速提升。

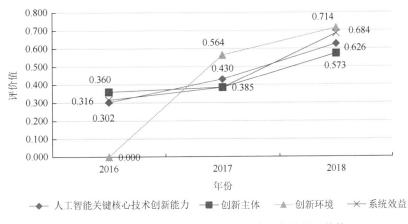

图 3 人工智能关键核心技术创新能力评价结果及趋势

从三个准则层看，创新主体、创新环境和系统效益均呈现持续向好趋势，各准则层发展均衡，充分拉动人工智能关键核心技术创新能力增长。创新主体和系统效益贴近度不断增加，特别是 2018 年增速明显加快。在创新环境支撑与创新主体的积极参与下，技术创新取得了丰硕成果，如自然语言处理领域，我国论文数量、独角兽企业数量赶超美国。创新环境明显改善，由最初的 0 值跃升到 0.714，在政府战略引领下，创新主体不断丰富、互联网与物联网等技术兴起、数据量激增、多方资本参与，创新环境持续优化。

2）准则层测度结果及分析

具体而言，各准则层的指标贴近度走向存在差异（表 3），贴近度均值为 0.944。贴近度走向呈现五种趋势：12 个指标的贴近度持续上升；A2 和 C4 的贴近度持续下降；

A1 的贴近度先下降后上升；A5 和 B1 的贴近度先上升后下降；A3 的贴近度连续两年为 0 后，实现了接近极值的急速增长。

表3　各准则层具体指标的评价结果及贴近度走向

准测层	指标编码	2016 年	2017 年	2018 年	贴近度走向
创新主体（A）	A1	0.242	0.000	0.569	
	A2	1.000	0.000	0.023	
	A3	0.000	0.000	1.000	
	A4	0.000	0.581	1.000	
	A5	0.143	1.000	0.000	
	A6	0.000	0.737	1.000	
	A7	0.000	0.570	1.000	
	A8	0.000	0.371	1.000	
创新环境（B）	B1	0.000	1.000	0.250	
	B2	0.000	0.396	1.000	
	B3	0.000	0.585	1.000	
	B4	0.000	0.755	1.000	
	B5	0.000	0.332	1.000	
	B6	0.000	0.377	1.000	
系统效益（C）	C1	0.000	0.158	1.000	
	C2	0.000	0.425	1.000	
	C3	0.000	0.489	1.000	
	C4	1.000	0.625	0.000	

（1）创新主体层面。创新主体维度整体发展不平衡，八个指标覆盖了五种不同的贴近度走向。人工智能新增企业数量的贴近度波动大，三年的贴近度均未能达到贴近度均值。人工智能热潮下众多企业涌入市场，但初创型企业抗风险能力弱，可能被激烈的市场竞争淘汰；持观望态度的企业望而却步，直至 2017 年政策风向再次倾向人工智能，新一轮初创企业涌入市场，因此良好的政策环境能促进技术创新能力提升[40]。开设人工智能专业的高校数量贴近值产生由 0 到 1 的变化，因为 2018 年教育部开始批准部分高校开设人工智能专业。

（2）创新环境层面。创新环境维度总体发展较平衡，六个指标存在两种贴近度走向。社会环境日趋完备，政策方面，人工智能政策遵循"弱指令型"扩散模式，遵循"由点到面"、跨层级、垂直型扩散路径[41]，政策数量逐年攀升。技术环境上，开放平台数量存在波动，2017 年制定了人工智能发展规划并启动重大科技项目建设计划，首批以科大讯飞和互联网三大巨头即百度、阿里巴巴、腾讯为载体，确立了四个开放平台；2018 年处于探索过渡期，企业未明确平台建设准则和申报要求；2019 年开放自主申请和推荐两条报名通道，鼓励各企业充分发挥自身特色优势，同年确立十个开放平台；预计未来会有更多企业承接细分领域的平台建设重任，创新环境将持续优化。

（3）系统效益层面。系统效益维度发展趋于稳定，三个指标持续向好，一个指标有下降趋势。技术创新转化阶段，创新产出不仅体现在对本行业的贡献上，还需要为其他传统行业转型升级赋能。在指标上体现为理论层面的会议论文数量，应用层面的专利、新产品收入和技术落地。除 TOP100 企业新增落地数量逐年减少外，其他指标发展势头良好。论文数量上已与国际并跑，在部分领域名列前茅。

三个准则层的各指标权重分布如图 4 所示。创新主体层面，包含创新主体数量和投入的测度，权重排序为：A3（高校数量）＞A2（企业资金）＞A5（科研院所数量）＞A1（企业数量）＞A8（自科基金立项数量）＞A7（政府资金）＞A4（学校课题数量）＞A6（关注人工智能的省政府数量）。其中，创新主体数量的重要性优于创新资源投入，创新生态系统中的创新主体丰富度能提升企业抗风险能力。创新主体有不同的作用方式，高校相对重视基础理论研究、培养专业人才；科研院所紧跟行业发展趋势，纵向深挖细分领域的技术特点；企业是技术创新的主要载体。除宏观调控手段外，政府 R&D 资金投入具备不可忽视的积极作用。

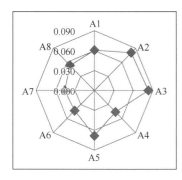 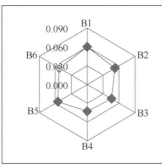 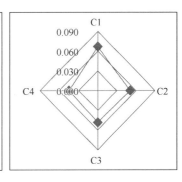

(a) 创新主体各指标权重　　(b) 创新环境各指标权重　　(c) 系统效益各指标权重

图 4　三个准则层的各指标权重分布图

创新环境层面。各指标权重相对均衡，具体顺序为：B1（算法）＞B5（投融资额）＞B6（政策数）＞B2（数据量）＞B3（算力）＞B4（人才）。算法和投融资的权重略高，算法是通过计算来解决问题的思想和方法，包含逆演绎算法、支持向量机、随机森林、置信网络等，为群体智能等技术提供理论支撑。人工智能技术创新是一项持续高投入、收益周期长的活动，需要社会资本长期注入。智能芯片被"卡脖子"、领军人才缺失，表现为算力、人才权重较低，而这恰恰是制约人工智能关键核心技术创新的因素。

系统效益层面。理论效益权重表现优于应用层面，除落地企业数权重较低外，其他三项指标权重相当。特别是在论文、专利方面表现突出，此前，针对我国 SCI 论文体量大，但关键核心技术仍被"卡脖子"的现象，科技部等部委联合倡导"破四唯""立新四条"。在论文、专利数量激增时，应关注内容质量、创新性与可用性等，警惕内容同质化等现象的发生。应用方面，技术创新研究需要长期大量资金投入，但人工智能技术研发企业以初创型企业居多，迭代速度快，落地困难，在完成商业落地前必须克服"死亡谷效应"，只有在竞争中生存的企业才可能完成"技术研发—技术转化—技术积累和迭代"的良性循环。

4. 结论与建议

4.1　研究结论

本文从创新生态系统的新视角出发，构建了由 3 个准则层、12 个要素层和 18 个指标层组成的评价指标体系，使用 2016～2018 年数据测度人工智能关键核心技术创新能力，揭示其变化趋势。主要研究结论如下。

（1）我国人工智能关键核心技术创新能力向世界顶尖水平迈进。2016～2018 年，贴近度数值成倍增长，表明技术创新能力在短期内实现跃升。创新主体、创新环境和系统效益也具备良好的竞争力，增速与技术创新能力不相上下。特别是创新主体与系统效益维度，三年的贴近度均与技术创新能力贴近度基本平齐。在新型体制下，创新环境也实现质的转变，多元化的创新主体为人工智能关键核心技术创新提供创新来源。

（2）创新主体维度总体日趋完善，少量细分指标贴近度波动明显。创新主体维度的评价包含不同创新主体的数量和创新资源投入，其中创新主体的数量对人工智能关键核心技术创新能力的影响高于资源投入。主体数量层面，随着政策不断扩散，我国的人工智能战略在各省区市全面铺开，关注人工智能创新发展的省政府数量稳步上升。而权重排名靠前的新增企业数量、高校数量和科研院所数量均不断波动。创新资源投入层面，企业资金投入和基础研究扮演着重要角色。

（3）创新环境和系统效益总体保持向好趋势，细分指标贴近度稳步上升。技术环境层面，算法基础对提升人工智能关键核心技术创新影响显著，其次是数据和算力，这与技术创新生命周期相关。完成技术创新需要优化算法模型，并且在高速计算支撑下训练海量数据集，提高算法模型精准度。社会环境层面，投融资环境和政策导向趋于完善，拉动人工智能技术创新能力增长。值得关注的是，商业落地企业数量起伏不定，技术转化环节受阻。

4.2　理论贡献

本研究主要有以下两个理论贡献：一是着眼于创新 3.0 范式、关键核心技术与技术创新理论的契合点，从创新生态系统视角出发，构建了创新主体、创新环境、系统效益的三维指标体系，对 2016～2018 年我国人工智能关键核心技术创新能力进行测度，弥补了现有产业技术创新能力指标体系以投入产出为主的传统维度和侧重 R&D 数据的不足，丰富了人工智能关键核心技术创新测度与评价的理论框架；二是基于创新理论与行业技术特性的出发点，立足我国人工智能关键核心技术创新的实践情景，遵循"确定备选指标—补充和筛选指标—确定指标"的路径构建指标体系，拓展了关键核心技术创新能力评价方法的应用范畴，为客观评价前沿技术创新能力提供了一套实践方法。

4.3 研究建议

（1）坚持"从 0 到 1"的原发创新，注重技术与社会环境等因素的组合效用。我国人工智能关键核心技术创新能力明显增强，但需要警惕在某个单一技术领域的领先，却很难实现"多点开花"的局面。在国内政策红利强劲释放、市场需求大爆发的背景下，部分企业受短期利润驱使，停留在国外开拓过的技术轨道上开展渐进式创新[42]，技术创新活动呈现"策略性迎合"与"量大质低"的特征[43]，因此应及时建立技术创新质量评估制度，关注底层技术和基础理论，以原发性基础创新为着力点突破关键核心技术壁垒。由于创新资源的有限性，创新速度与创新质量负相关，因此不能一味追求增速，需要权衡创新速度与质量的关系。技术环境是前沿技术创新过程中不可忽略的因素，以提升计算速度、打造开放协同的技术交流平台、吸引资本注入为抓手，合理推进技术环境和社会环境融合建设，实现"1＋1＞2"的聚合效应。

（2）强化双循环，推动产业链创新链协同。自主可控的前沿技术是影响全球资源配置与循环效率、促进国内国际双循环的关键因素。培养多元化创新主体，巩固创新生态系统，以前沿技术创新夯实双循环发展根基。人工智能作为新兴行业，技术创新过程中不仅存在"潮涌现象"，也存在企业和投资者观望、战略目标滞后、专业院校建设不平衡等情况。建议加强顶层政策设计，培育多元创新主体，以企业为创新主体，建立政产学研深度融合的技术创新生态体系。首先，提高企业的抗风险能力和韧性；其次，完善创新主体协作机制，使人工智能技术"落地生根"；最后，挖掘单个创新主体的特色优势，在各自擅长的领域"精耕细作"，突破算法瓶颈，解决技术难题，争先肩负创新平台建设任务，引领人工智能关键核心技术创新良性发展。

（3）打造标准开放、高效集约的超算中心。算法模型复杂程度日渐提升，对计算能力的要求也随之提高，创新主体之间存在信息"孤岛"。超算中心能够有效承载人工智能计算能力需求，突破开发者面临的困境。开放化、标准化需要实现从硬件到软件、从芯片到架构、从建设模式到应用服务等各个环节的开放；建设超算中心时，需要具备全局思维和前瞻性，在软硬件方面达到资源池化、数据高效调度和流转；最终，基于超算中心的算力基础设施，打造人工智能开放服务平台，汇聚并赋能技术研究团体机构和个体开发者，降低技术创新成本，打破创新壁垒，催化算法研究，确保人工智能关键核心技术创新质量。

（4）坚持科技创新与体制机制创新"双轮驱动"，加快推进技术标准与长效治理体系建设。现阶段来看，我国人工智能技术创新能力增长速度与技术标准制定、治理体系建设速度存在不平衡、不匹配等问题，传统的事后治理方式已不能解决人工智能的不确定性、安全性、伦理性等问题，技术创新和产业发展急需标准指导和治理体系的规范。2020 年 8 月出台首部人工智能标准建设指南，政策实施过程中需要及时追踪和反馈政策效果。将"事后治理"模式转变为"事前预防为主,事后治理为辅"模式,推动人工智能技术研究的可解读性和透明性,防止技术过度开发和滥用。把握技术跨越式发展与有效治理之间的关系,坚持法律和伦理共建,确保人工智能技术创新能力安全可靠。

4.4　不足与展望

本文结合理论和实践数据,运用社会网络分析方法完成指标体系构建,是对人工智能关键核心技术创新能力的初探,但存在不足。一是在构建指标体系时虽然已经考虑到理论依据和行业特性,但实证结果是对人工智能产业关键核心技术创新能力的概览,弱化了不同技术子领域技术带来的异质性影响。未来可以将技术生命周期和创新生态系统融合,使用案例研究方法探讨某个子技术领域的创新机制,并在此基础上推进指标体系构建。二是囿于数据及时性和可获得性,以2016年为数据时间起点,由于统计口径和新冠疫情等相关因素的影响,仅能获得三年的数据,给实证结果带来一定的影响,但可以将本文的研究思路拓展至其他行业进行验证。

主要参考文献

[1] 封伟毅,李建华,赵树宽. 技术创新对高技术产业竞争力的影响:基于中国1995—2010年数据的实证分析[J]. 中国软科学,2012(9):154-164.

[2] Frishammar J, Ericsson K, Patel P C. The dark side of knowledge transfer: Exploring knowledge leakage in joint R&D projects[J]. Technovation,2015,41:75-88.

[3] 陈劲,阳镇,朱子钦. "十四五"时期"卡脖子"技术的破解:识别框架、战略转向与突破路径[J]. 改革,2020(12):5-15.

[4] Stiftung B. Bertelsmann stiftung's transformation index (BTI) 2014: Laos country report[R/OL]. https://rest.neptune-prod.its.unimelb.edu.au/server/api/core/bitstreams/9b7672f0-d10e-5e28-83e7-cbea9705670d/content,,2014.

[5] 余江,陈凤,张越,等. 铸造强国重器:关键核心技术突破的规律探索与体系构建[J]. 中国科学院院刊,2019,34(3):339-343.

[6] 王海军. 关键核心技术创新的理论探究及中国情景下的突破路径[J/OL]. 当代经济管理,2021,43(6):43-45.

[7] 李显君,熊昱,冯堃. 中国高铁产业核心技术突破路径与机制[J]. 科研管理,2020,41(10):1-10.

[8] Lee K,Lim C. Technological regimes, catching-up and leapfrogging: Findings from the Korean industries[J]. Research Policy,2001,30(3):459-483.

[9] Cannice M V,Chen R R,Daniels J D. Managing international technology transfer risk: Alternatives and complements to ownership structure[J]. Management International Review,2004,44(1):129-152.

[10] Kale P,Singh H,Perlmutter H. Learning and protection of proprietary assets in Strategic Alliances: Building relational capital[J]. Strategic Management Journal,2000,21(3):217-237.

[11] 张杰. 中国关键核心技术创新的特征、阻碍和突破[J]. 江苏行政学院学报,2019(2):43-52.

[12] 邵必林,赵煜,宋丹,等. AI产业技术创新系统运行机制与优化对策研究[J]. 科技进步与对策,2018,35(22):71-78.

[13] 房超,李正风,薛颖,等. 基于比较分析的人工智能技术创新路径研究[J]. 中国工程科学,2020,22(4):147-153.

[14] 李修全. 当前人工智能技术创新特征和演进趋势[J]. 智能系统学报,2020,15(2):409-412.

[15] 黄鲁成,薛爽. 机器学习技术发展现状与国际竞争分析[J]. 现代情报,2019,39(10):165-176.

[16] 王友发,张茗源,罗建强,等. 专利视角下人工智能领域技术机会分析[J]. 科技进步与对策,2020,37(4):19-26.

[17] Mortazavi Ravari S S,Mehrabanfar E,Banaitis A,et al. Framework for assessing technological innovation capability in

research and technology organizations[J]. Journal of Business Economics and Management，2016，17（6）：825-847.

[18] Chen Q，Wang C H，Huang S Z. Effects of organizational innovation and technological innovation capabilities on firm performance：Evidence from firms in China's Pearl River Delta[J]. Asia Pacific Business Review，2019，26（1）：1-25.

[19] Adler P S，Shenhar A. Adapting your technolical base：The organizational challenge[J]. Sloan Management Review，1990，32（1）：25-37.

[20] Yam R，Guan J，Pun K，et al. An audit of technological innovation capabilities in Chinese firms：Some empirical findings in Beijing，China[J]. Research Policy，2004，33（8）：1123-1140.

[21] 吴友军. 产业技术创新能力评价指标体系研究[J]. 商业研究，2004（11）：27-29.

[22] Fang S，Xue X，Yin G，et al. Evaluation and improvement of technological innovation efficiency of new energy vehicle enterprises in China based on DEA-tobit model[J]. Sustainability，2020，12（18）：1-22.

[23] 梅亮，陈劲，刘洋. 创新生态系统：源起、知识演进和理论框架[J]. 科学学研究，2014，32（12）：1771-1780.

[24] 吴彤. 技术生态学的若干问题[J]. 科学管理研究，1994（4）：55-59.

[25] 李万，常静，王敏杰，等. 创新 3.0 与创新生态系统[J]. 科学学研究，2014，32（12）：1761-1770.

[26] 潘苏楠，李北伟，聂洪光. 我国新能源汽车产业可持续发展综合评价及制约因素分析：基于创新生态系统视角[J]. 科技管理研究，2019，39（22）：41-47.

[27] 黎璞，宋娟. 创新盲点识别指标体系构建与实证分析：以创新生态系统为中心[J]. 科技管理研究，2019，39（3）：1-8.

[28] 彭中文，何新城. 湖南装备制造业技术创新绩效及其竞争力研究[J]. 湘潭大学学报（哲学社会科学版），2009，33（2）：39-43.

[29] 刘军. 整体网分析讲义：UCINET 软件实用指南[M]. 上海：上海人民出版社，2009.

[30] 邓一华，吴贵生. 技术创新活动的几种测度方法综述[J]. 科技进步与对策，2002，19（7）：66-67.

[31] 王宏起，刘梦，武川，等. 区域战略性新兴产业创新生态系统稳定水平评价研究[J]. 科技进步与对策，2020，37（12）：118-125.

[32] 李煜华，王月明，胡瑶瑛. 基于结构方程模型的战略性新兴产业技术创新影响因素分析[J]. 科研管理，2015，36（8）：10-17.

[33] 吴金希. 创新生态体系的内涵、特征及其政策含义[J]. 科学学研究，2014，32（1）：44-51，91.

[34] 吴贵生，王毅，王瑛. 政府在区域技术创新体系建设中的作用：以北京区域技术创新体系为例[J]. 中国科技论坛，2002（1）：32-37.

[35] 张春博，丁堃，贾龙飞. 国际人工智能领域计量与可视化研究：基于 AAAI 年会论文的分析[J]. 图书情报工作，2012，56（22）：69-76.

[36] 李旭辉，张胜宝，程刚，等. 三大支撑带人工智能产业自主创新能力测度分析[J]. 数量经济技术经济研究，2020，37（4）：3-25.

[37] Hwang C L，Yoon K. Multiple Attribute Decision Making[M]. Heidelberg：Springer，1981.

[38] 马宗国，曹璐. 制造企业高质量发展评价体系构建与测度：2015—2018 年 1881 家上市公司数据分析[J]. 科技进步与对策，2020，37（17）：126-133.

[39] 夏文飞，苏屹，支鹏飞. 基于组合赋权法的高新技术企业创新能力评价研究[J]. 东南学术，2020（3）：153-161.

[40] Barros C P，Liang Q B，Peypoch N. The technical efficiency of US airlines[J]. Transportation Research Part A Policy & Practice，2013，50（2）：139-148.

[41] 刘红波，林彬. 人工智能政策扩散的机制与路径研究：一个类型学的分析视角[J]. 中国行政管理，2019（4）：38-45.

[42] 柳卸林，何郁冰. 基础研究是中国产业核心技术创新的源泉[J]. 中国软科学，2011（4）：104-117.

[43] 黎文靖，郑曼妮. 实质性创新还是策略性创新？：宏观产业政策对微观企业创新的影响[J]. 经济研究，2016，51（4）：60-73.

国家治理中大数据智能化的价值、困境与实现路径①

吴朝文　景星维　张　欢

　　大数据和人工智能正在深刻改变着人的实践和认识方式，对国家治理产生着深远的影响。大数据智能化对国家的治理，是指在网络化的社会环境下，将大数据和人工智能技术融入国家治理之中，实现政府决策、社会治理、公共服务三个层面的智慧治理、精准治理、高效治理、科学治理。党的十九大以来，习近平总书记两次主持中央政治局会议分别就大数据和人工智能进行集体学习，并指出，"要运用大数据提升国家治理现代化水平"[1]，同时"要加强人工智能同社会治理的结合""运用人工智能提高公共服务和社会治理水平"[2]。根据中国互联网络信息中心发布的《第 47 次中国互联网络发展状况统计报告》，截至 2020 年 12 月，我国网民规模达到 9.89 亿人，互联网普及率达 70.4%，手机网民规模 9.86 亿人，网民中使用手机上网人群占比 99.7%[3]。大数据和人工智能通过对网络化现实社会形成的数据资源进行数据、信息、知识、价值和趋势"五位一体"的交互转换和关系重构，引领了社会生产新变革，创造了人类生活新空间，拓展了国家治理新领域，极大提高了人类认识世界、改造世界的能力，为国家治理现代化的理论和实践提供了包括特征、思维、技术、方法等维度的崭新视域。另外，人类文明正在信息化的基础上，经历着进一步数据化、智能化的转型。在此背景下，我国要建成社会主义现代化强国，不仅需要在科学技术层面实现突破，还需要将大数据智能技术运用到国家治理活动中。可以说，大数据智能化是国家治理现代化发展的重要构成与必由之路。

　　近年来，国家治理中的大数据智能化问题逐渐成为学界研究热点问题。有学者认为，技术与治理的结合主要包括了三个论题："社会问题如何被识别和解决，谁有权力识别和解决问题，社会可能性如何被化简。"[4]大数据智能化融入国家治理，其核心要义就是在政治的维度上回答上述三个问题。治理主体通过大数据和智能技术识别、解决国家治理中的问题；明晰大数据和智能技术的运用权限与边界；通过在国家治理中的大数据智能化，提升国家治理效能。不少学者就国家治理中大数据智能化的具体问题开展了诸多研究。有学者提到"政府信息化阶段、电子政务阶段和数字政府阶段"是运用信息技术开展国家治理的三个阶段[5]。大数据智能化正在驱动第三阶段的变革转型，为国家治理带来现代化革命。大数据"嵌入"国家治理，是助推转型成功的重要引擎[6]。在具体的实施路径中，有学者提到要"以大数据为治理依据、以算法为治理核心、以算力为治理支撑"，

　　①发表期刊：《重庆社会科学》，2021（10）：70-81. 有改编。
　　基金项目：国家社会科学基金重点项目"网络社会治理体系研究"（18AKS015）；重庆市社会科学规划项目"大数据环境下高校教育教学全过程马克思主义大众化创新研究"（2018BS03）；重庆市教委人文社科项目"大数据时代高校精准就业模式研究"（fdyzy2020004）。
　　作者简介：吴朝文，重庆市中国特色社会主义理论体系研究中心重庆邮电大学分中心研究人员；景星维，西南交通大学马克思主义学院讲师；张欢，重庆市中国特色社会主义理论体系研究中心重庆邮电大学分中心研究人员。

构建起智慧治理的框架[7]。从学界的现有学术资源来看，较多学者以政治学的机制解释为切入，注重探讨国家治理大数据智能化是什么、怎么办的问题。这在为我们提供了更宽阔的学术视野和更丰富的学术资源的同时，也显现出一个巨大的研究空间：从人、技术、国家三者交织的宏观视角下，我们"为什么"需要国家治理大数据智能化。本文尝试从价值、困境、实现三个维度开展分析，以期回答上述问题。

1. 国家治理大数据智能化的内涵和价值分析

大数据智能化实质是为国家治理提供信息、决策和管理的精准技术支持，在践行"以人民为中心"的国家治理理念、助推构建现代化的国家治理体系、助力提升全面的国家治理能力等方面体现理论和实践价值。

1.1 国家治理大数据智能化的内涵

大数据是一种技术性的概念，它指通过记录人在日常生活中使用互联网留下的数据轨迹，经过存储、挖掘、整理、分析过程，从而形成的数据集合。大数据的本质是一种信息资产，它能够帮助人拓展认识，科学决策，最终影响到人的实践活动。作为一种技术，大数据的客观存在，将会全方位地影响人的生活。智能化是社会发展的趋势。智能在这里特指人工智能技术。人工智能技术能够在大数据记录和保存人的行为数据基础上，以高计算能力的计算机为硬件，通过深度学习等新的算法逻辑，模拟人脑的思维，开展分析，并影响人的行为决策，甚至代替人进行决策。因此，大数据智能化是指大数据通过人工智能实现大数据的智能化应用，即以大数据为基础的，融合了超级计算机、云计算、物联网等智能技术手段的科技方法，是一种高技术的继承物。大数据智能化主要体现在智能产业、智能制造、智能应用等领域的应用。社会智能化的显著表现是机器能够代替人完成一部分脑力劳动，甚至比人完成得更好。智能化作为信息技术的集成体现，不少学者认为其将深度影响我们的社会政治生活。"工业4.0时代的智能技术"将从"动力-理念-技术"三个层面实现对政府组织的全貌再造[8]。从国家治理来讲，国家治理是指在进行公共管理和资源配置中行使权力的方法[9]。有学者认为，在国家治理领域，大数据将"重塑治理结构与决策过程，建构更为平权化的治理模式"[10]。由于对治理主体认知的不同，在学界的研究中，国家治理的概念有着不同的认识。我们通常理解的政府治理模式，是"由上而下"的治理。在这种模式中，政府行政系统是治理的主体，治理就是政府在公共事务上行使权力的过程。随着经济全球化和公共管理理论的发展，一元化的治理模式已逐渐不能满足社会需求。有不少学者认为，治理和统治有所区别。国家治理是社会广泛参与，在一定的制度框架内，政府、市场、社区、社会组织、普通民众等参与的一种多元管理模式[11]。在这种理解框架下，国家治理由政府单主体，转变为了"政府主导、多主体共存"的模式。从治理模式的演变可以看到，国家治理水平的提升过程，往往体现出一种"下沉"的过程。国家治理的现代化水平越高，参与治理的主体就越多，那么影响治理效能的其他因素就越多，如法律因素、道德因素、社会组织因素、人口素质因素等。依据不同的影响因素，国家治理就有了法律路径、制度路径、道德路径等多重路径。在信息技术日新月异的今天，每个人都与技术紧密联系，不可分割。技术路径在国家治理中的重要性提升到了前所未有的高度。

学界对国家治理中技术路径的研究由来已久，主要包括技术中介理论和技术行为理论两个领域。技术中介理论认为，技术不仅关联和调节着人与自然的关系，还形塑着人的实践方式，改变着人的认知。技术作为一种人造物，通过影响人的认知和行为，改变了人的生活方式，进而作用于社会形态[12-18]。因此，拉图尔（Latour）、海德格尔（Heidegger）等学者都倾向于这样一种论断：人可以通过技术创造人造物来治理国家，技术在国家治理中扮演着中介的角色。此外，斯金纳[19]等技术行为理论的研究者认为，由于人的行为由周围环境和自身条件所决定，技术可以通过设计和改善人的进化条件、个体生存条件、社会文化条件，进而改变人的生活方式，达到治理国家的目的。大数据和人工智能的汇流，提升了技术的中介作用，也使国家治理更加依赖技术。人在大数据智能技术营造的环境中实践、认知、再实践，这个循环往复的过程，即数字化生存的过程。如何有效治理由"数字化生存的人"构成的国家和社会，是国家治理现代化必须要应对的问题。所以，国家治理中的大数据智能化，是一种基于大数据和人工智能技术的国家治理技术路径。

1.2 大数据智能化在国家治理中的价值分析

在国家治理中运用大数据智能化，能够有效创新行政方式，提高行政效能，进而充分发挥社会主义的制度优势。

1）践行"以人民为中心"的国家治理理念

十九届四中全会强调，要发挥我国国家制度和国家治理体系的显著优势，就需要"坚持人民当家作主，发展人民民主，密切联系群众"，同时"坚持以人民为中心的发展思想，不断保障和改善民生、增进人民福祉"。随着网络化现实社会发展，网络融入人们社会生活的方方面面，人们的基本信息、社会活动、社会交往等都被网络以数据化方式采集聚集，进而形成了具有 volume（规模性）、variety（多样性）、velocity（高速性）、value（价值性）和 veracity（真实性）的 5V 特征的大数据。大数据来源于人们的社会实践活动，它是人的社会实践活动以数据化的形式呈现和表达，是人们的社会实践活动的真实镜像。因而利用大数据这一现代化智能化手段进行国家治理应坚持以人民为中心的理念，做到坚持人民主体地位，坚持立党为公、执政为民、践行全心全意为人民服务的根本宗旨，把党的群众路线贯彻到治国理政的全过程中，把人民对美好生活的向往作为奋斗目标。以大数据为切入点，能够让国家治理的普遍性、针对性、现实性、契合性都得到明显提升，也充分体现了党和国家将人民群众置于中心位置，尊重人民群众的主体地位这一治理理念。另外，大数据智能化以客观量化的方式为国家治理现代化、坚持人民的主体地位、精准认识社会发展现状提供了丰富的资源，从而为国家治理的科学决策提供了有效的支撑。实现国家治理大数据智能化，是"确保人民依法通过各种途径和形式管理国家事务，管理经济文化事业，管理社会事务"[4]的有效技术路径。

首先，大数据智能化能够覆盖人民群众社会实践活动，超越了传统调查问卷或者走访的限制，确保对象即样本，样本即对象，使国家治理的信息搜集直接对应人民群众的生活，具备广泛性。其次，大数据智能化是人民群众在自主状态下社会实践活动的客观记录，准确反映了人民群众的行为规律和价值取向，保证了信息的客观性，使国家治理的依据更加贴近现实情况。再次，大数据智能化通过计算机网络的实时采集、高速传输、及时处理和可视化展现，能够保证政府决策及时出台、社会治理及时跟进、公共服务及时提供，大大提升了国家治理的时效性。最后，大数据智能化将人民群众社会实践各方面的数据进行关联分析和智能预测，能够联动起认识、预测、决策三个节点，为国家治理提供了综合治理的科学参考依据。党的十九届四中全会强调，要"注重加强普惠性、基础性、兜底性民生建设，保障群众基本生活。满足人民多层次多样化需求，使改革发展成果更多更公平惠及全体人民"[4]。借助大数据智能化，政府与群众能够建立起更紧密的联系。政府可及时、全面地了解群众的诉求，群众也可通过大数据智能化技术有效参与到国家治理的社会生活之中。可以看到，大数据智能化的运用使政府在处理信息的各个环节中都凸显出人民群众的主体地位，为国家治理现代化提供了科学价值的社会现实认识，有助于决策者科学把握人民群众对于美好生活的多样性、多层次、多方面需求特征，了解国家、社会、个人的生活样态，有利于考察和关注新时代中国的新矛盾、新需求、新表现[13]。

2）助推构建现代化的国家治理体系

实现国家治理现代化，亟须建立起政府、社会、公民协同共治、共建、共享的国家治理体系。党的十九届四中全会认为"社会治理是国家治理的重要方面"，我们应"建设人人有责、人人尽责、人人享有的社会治理共同体"[4]。随着数据规模的扩大、内容的全面、复杂程度的提高，数据覆盖了社会经济各个领域——现实社会的人的各种实践活动。大数据通过对每个"现实社会的人的实践"数据化的聚合，通过在大规模的数据中有效消除个别数据的偏差问题，形成更加准确的群体行为规律的有效分析。它从总体上反映出社会群体的共同性特征和发展性规律，将人是"一切社会关系的总和"的感性认识转向理性研究。在人工智能技术的助力下，政府、社会、公民三者能够通过数据链接和协同起来，在国家治理中发挥各自功能，使国家治理体系朝着更现代化方向发展。大数据智能化改变了传统逻辑推理形成因果性关系的思维范式，通过对数据进行人工智能自主学习和深度挖掘，建立了各个领域数据之间的数理变化关系，并由数据结论建立传统方法难以发现的各个领域之间的相关性关系。

大数据智能化能够推进健全中国共产党总揽全局、协调各方的党的领导制度体系，把党的领导落实到国家治理的各领域各方面各环节。网络化现实社会的环境使得政府能够获得充分的数据资源。这些数据包括：政府在社会管理、提供公共服务以及内部管理中产生的税务、工商、教育、交通、卫生、公安、民政等政府数据；政府专门机构专门采集的经济普查、人口调查、气象、遥感、测绘、环境等社会数据[14]；企业在经营管理、市场服务过程中产生的商品交易、物流配送、网络社交、电信服务等企业数据；公民在社会活动中产生的行为轨迹、收入消费、社会交流、个人媒体等公民数据。它们是随着大数据智能化的产生而形成的新的广义上的政务数据。这些广泛覆盖的政务数据和智能化的政务数据提供了国家治理中大数据智能化的技术基础，并为传统国家治理中自上而下的结构化管控模式提供了创新改革的客观条件和契机。具体来看，首先在国家治理领域，利用大数据智能化技术分析国家治理各个领域之间的因变关系和相互影响，发掘和判断各个领域相关性程度。其次，在明确了相关性的基础上，通过研究数据关联的递进路径，基于实践活动中相互纠缠的因果性关系，建立起相对应的治理体系。最后，以科学的数理关系建立政府、社会、市场和公民以及政府各部门机构之间改革和改进的联动与集成，推进技术、业务、数据的融合，实现不同层级、不同地域、不同系统、不同部门的协同参与治理和提供服务，发挥总体效应，进而形成统筹安排、资源共享、协调发展、合作共赢的国家治理体系。

3）助力提升全面的国家治理能力

增强运用国家制度管理社会各方面事务并做出决策的能力是实现国家治理现代化的一个重要方面。在传统的国家治理中，决策方式主要体现为政治精英和业务专家依靠其知识、经验，依据过去事实做出经验理性的判断。在当今高复杂度社会中，高新技术日新月异、社会问题纷繁复杂、人们思想观念不断更新，传统决策方式显然难以应对[15]。而大数据智能化从人们社会实践活动出发，通过数据的采集汇集和智能的挖掘分析，还原数据映射的社会经济发展现状、人们行为特征和思想状况，进而对公共需要和政策影响进行趋势预测，并且采取定量化、可视化、趋势化的形式展示，形成国家治理量化科学治理的模式。

此外，大数据智能化还能解决传统国家治理难以应对的决策难题。它从各种社会问题和各个治理环节中厘清内在联系与关联关系，综合分析风险因素，提高对风险因素的感知、预测、防范能力，明确解决问题的相关影响因素，对政策制定中的整体性和单一性、统一性和差异性、长期性和阶段性、政策链条和环节、顶层设计和分层对接提供精准决策支撑。需要指出的是，国家治理现代化是一个长期持续的过程。我们需要发挥出我国政治体制带来的"坚持改革创新、与时俱进，善于自我完善、自我发展，使社会充满生机活力的显著优势"[4]。随着时代的发展变化，人们的社会实践活动和需求也在不断地改变，这要求国家治理具备与时俱进、因时而变的及时应对能力。大数据智能化通过对网络的现实社会在时间、空间上进行长期性、连续性数据采集和智能分析，构建了具备时间和空间跨度的立体数据结构，其实质是从时空维度反馈了社会经济的发展过程。因此，国家治理现代化应充分发挥大数据智能化及时性、连续性的特征，建立由大数据智能化辅助的国家治理能力的评价、反馈和调剂机制，进而促成国家治理能力的全面提升。

2. 大数据智能化在国家治理中的现实困境

大数据智能化在体现国家治理中的内涵价值的同时，也在技术和人才、隐私和安全、嵌入和融合等方面面临现实的困境。其中，技术和人才是国家治理大数据智能化的基础，隐私和安全因素直接制约了国家治理大数据智能化的发展，嵌入和融合问题影响了国家治理大数据智能化的实施。

2.1 技术和人才问题

技术和人才问题，是影响实现国家治理大数据智能化的根本因素。拉图尔的存在主义认为，人在利用技术的时候，会受到技术本身具备的"激励"和"抑制"功能影响，其行为不再是单纯的人的行为，而是一种人与技术的复合体行为[16]。拉图尔的技术行为中介论固然有其弊端，但他的研究说明：技术和人才，是通过技术路径开展国家治理的最基础、最根本要素。但事实上，在大数据智能化领域，我国仍然存在较大的技术差距和人才缺口。大数据智能化形成和发展的根本基础在于互联网以及应用情景的普及。但我国大数据技术和人才发展的速度，显然没有跟上互联网应用情景发展的速度，甚至出现差距较大的情况。同时，我国在互联网领域也存在着发展不平衡、不充分的问题。根据中国互联网络信息中心的统计报告，截至 2020 年 12 月，我国城镇网民占比 68.7%，城镇地区互联网普及率为 79.8%，农村网民占比 31.3%，农村地区互联网普及率为 55.9%[5]。我国互联网发展呈现明显的城乡差别。互联网基础设施和网络普及率的不均衡导致国家治理过程中，大数据智能化的覆盖率不足，在部分领域数据价值较低。这些数据都指向于一个现实困境：要实现国家治理中广泛运用大数据和人工智能，技术硬件和软件都有较大的差距。另外，即使在互联网普及率高的地区，因为政务数据采集和管理上没有规范标准、缺乏统筹规划等，所以有数据定义不统一、数据系统性较差、数据连续性不够、数据精确度不足、开发利用率低等问题。同时，由于业绩考核等压力，一些部门的部分政务数据存在填报不准确等问题，这也造成了数据的失真，从而影响数据信息的效度和信度。更为重要的是，国家治理面临大量的数据资源，但大数据采集、处理、存储、管理和安全，智能化分析和挖掘，大数据智能化结果可视化表达等领域均缺乏核心技术。并且，国家治理中大数据智能化的开发利用需要既精通技术手段又熟悉政务运行的复合型人才。因此，如何在国家治理大数据智能化层面，落实党的十九届四中全会强调的"坚持德才兼备、选贤任能，聚天下英才而用之，培养造就更多更优秀人才的显著优势"[4]，是亟须思考和解决的问题。

2.2 隐私和安全问题

隐私和安全问题，是影响实现国家治理大数据智能化的直接因素。通过技术路径开展国家治理，就必须面对技术导致的权力变化。一般来讲，权力之所以存在，是因为当权者占有某种社会资源，如土地、工业资本等。当信息技术成为国家治理中的重要资源，数据和智能算法成为一种治理资产的时候，数据资源占有将不可避免地导致社会成员的隐私和安全问题。大数据智能化的本质在于对于网络化现实社会的镜像反映。现行科层制国家治理体制中"纵向等级管理、横向分工合作"，形成的各级政府和政府部门之间分工分层，必然映射到大数据智能化治理之中。然而，这种"现实-网络"的映射，并不适应信息技术对传统权力结构的冲击。卡斯特（Custer）曾以"流动的权力优先于权力的流动"来描述网络时代的权力结构。谁掌握数据资源，谁就掌握了相当大的权力。实际上，部分政府和非政府机构拥有大量有价值的数据资源，但由于数据资产的重要性、资本和利润的影响、相关制度缺位、人员的技术素养较欠缺、保存和利用数据的意识不足等客观和主观原因，部门之间难以实现技术共享，数字权力的分布不均，逐渐形成了"技术壁垒"。这种"技术壁垒"的存在，显然与"党委领导、政府负责、民主协商、社会协同、公众参与、法治保障、科技支撑的社会治理共同体"[4]建设理念不相适应。其次，数据来源多元化，使各部门间联通和协调数据的难度增大。数据采集程序和政府运行流程之间的差异，可能会造成数据的获取和分析与国家治理实践脱节的问题。一个环节的数据滞后将造成大数据智能化治理的停滞，影响实效性和时效性。此外，在追求国家治理数据开放共享的同时，数字权力的分散，权力结构的扁平化，也会导致数据隐私和数据安全问题。政府凭借数据资源占有和智能化分析能力，具备前所未有的全面采集、监控社会和公民信息的能力。但与新技术相适应的社会伦理和规则总是滞后于科学技术，因此新技术在传统规则运行的过程中，存在信息垄断挑战公平、信息披露挑战权威、结果预判挑战自由的问题。这些问题是在利用大数据技术提升国家治理效能的过程中，不可避免会产生的发展代价，也是必须正视的负面效应。如何构建相应的数据使用法律法规，在保障公民数据隐私的前提下，合理利用大数据智能化为国家治理提供帮助，是数据安全责任和数据伦理道德所需要思考的重要问题。在推进国家治理大数据智能化的过程中，应健全相应的监督体系，强化对"数据权力"运行的制约和监督，在数字领域也应有党的统一领域、全面覆盖、权威高效的监督体系。

2.3　嵌入和融合问题

嵌入和融合问题，是影响实现国家治理大数据智能化的隐性因素。在历史上，不乏有各种新的技术介入国家治理。但技术如何与国家治理有效结合，嵌入到治理实践中，并融合为国家治理的一部分，通常是被忽视的问题。大数据智能化是一场全新的技术变革，嵌入、融合到传统的国家治理理念、方法之中，面临着诸多困境。以泰勒为代表的技术治理主义者认为，国家由科技精英掌握政治权力，技术就可以与社会结合；技术恐惧论者则拒绝将技术纳入到国家治理之中，认为技术会导致人和人类社会的异化。但实际上，就如马克思在《资本论（第一卷）》的序言中提到的：现在的社会不是坚实的结晶体，而是一个能够变化并且经常处于变化过程中的有机体。大数据智能化技术也是社会有机体的一部分。但目前，大数据智能化技术有机融入国家治理，仍存在一些问题。首先，大数据智能化要求国家治理由政府主导的管理转向社会参与的治理，由传统科层制治理体系转向扁平化结构，建立政府机构间适应大数据智能化的合作联动机制[17]。这对政府的组织结构、制度规范、程序流程提出了挑战。其次，大数据智能化从网络化现实社会的客观量化出发，通过智能化方法形成社会现实的判断，其结果可能与国家的现实情况、人民的现实需要有所出入。认识来源方式的区别，造成了认识结果的偏差；如何有效将大数据智能化与国家治理的实践相结合，都是需要破解的问题。最后，数据本身来源于人，但要依靠技术的手段进行搜集和分析，容易使人落入工具理性的"泥沼"。经过数据分析得出的结论可以为国家治理提供参考，但如果用数据代替了现实的人的唯数据化，将陷入"大数据智能化的陷阱"，忽视人的社会属性和人文追求，失去感性价值和人文关怀，造成大数据智能化的技术异化[18]。党的十九届四中全会强调，"坚持人民当家作主，发展人民民主，密切联系群众，紧紧依靠人民推动国家发展"[4]是我国国家治理领域的显著优势。在发展技术、利用技术的同时，维护人民的主体性，并将以人民为中心的优势进一步发挥，是需要深入思考的问题。所以，在国家治理大数据智能化发展的过程中，更需坚持走共同富裕道路的基本理念，以保障和改善民生，增进人们福祉为目标。

3. 大数据智能化在国家治理中的实现路径

推进国家治理中的大数据智能化，需要实现理念变革，树立战略思维，在技术治理的新模式下开展国家治理；有机融合，构建共享体系，从全民参与治理过程，到全民享有治理成果；有序实践，建立运行机制等有效路径，使国家治理的大数据智能化能够稳步推进。

3.1 理念变革：树立大数据智能化在国家治理中的战略思维

在传统的社会治理中，治理理念往往围绕法治路径、道德路径、制度路径三者来进行设计。随着信息技术的不断发展，人类社会也越来越呈现出网络化的生存生活样态。大数据智能化将会逐渐由一项技术，发展为网络化现实社会的一种现象，并影响人们的实践方式和认识方式。树立国家治理中大数据智能化的战略思维，其本质就是要将国家治理的技术路径作为一种理念层面的考量。党的十九届四中全会强调，"坚持和完善中国特色社会主义制度、推进国家治理体系和治理能力现代化，是全党的一项重大战略任务。"[4]国家治理应该主动适应这种发展趋势，并将其融入战略层面，在理论和实践中树立大数据智能化理念，使信息技术能够充分应用到现代化的国家治理之中。国家治理理念的变革，将直接影响到人才培养、技术发展的布局，也能够从顶层设计上，为技术有机融入治理实践提供有效助力。具体来说，首先在国家治理现代化过程中应当由定性化的经验决策，向先定量再定性，二者有机结合的科学决策转变。政府部门应在实践中不断探索，逐步建立起数据思维，充分发掘和利用数据资源，将国家治理与大数据智能化深度融合，创造性地推动国家治理现代化发展进程。各级政府和领导干部要主动学习、理解和使用大数据智能化，树立大数据智能化的资源意识、价值意识、思维意识和运用意识，确立服务为民、科学务实、全面立体和动态及时的原则，在国家治理中建立适应大数据智能化发展的治理原则和理念。同时，还要重视真实数据的收集处理、完整数据的存储管理、系统数据的关联关系、基于数据的智能分析、结果数据的可视化展现，发挥政府、社会和市场的作用。其次，完善大数据智能化发展的相关标准规范，建立统一的元数据标准体系。标准的建立不仅能够有效降低成本，还有助于人才和技术进入相关领域，促进领域发展。最后，制定大数据智能化发展的法律法规，有效保证数据开放共享、数据安全保障和个人隐私保护，在法治化环境下推动国家治理的大数据智能化。

3.2 有机融合：构建大数据智能化在国家治理中的共享体系

前文提到，技术是社会有机体的一部分。政府、社会、公民是社会有机体的基础性要素。如何将技术有机融合到国家治理之中，使国家治理的技术路径成为常规性路径，就需要将大数据智能化技术与政府工作结合，与社会组织结合，与公民的日常生活结合。党的十九届四中全会强调，要"坚持和完善共建共治共享的社会治理制度，保持社会稳定、维护国家安全"[4]。大数据智能化背景下的国家治理，离不开政府、社会、公民的协同。共享体系的建立，是国家治理"人人有责、人人尽责、人人享有"[4]的客观诉求。互联网使信息越来越碎片化，权力结构越来越扁平化，在新时代，改进国家治理的重要手段，就需要利用大数据智能化技术，使治理主体更加多元化。有效开展协同，首先依赖共享平台的搭建。政府需要加强数据基础设施建设和网络应用普及推广，缩小不同地域和部门之间的技术差距，建立起信源统一接入、信道统筹传导、信宿普遍覆盖、研判与决策多部门联动的大数据治理共享平台。该平台能够以数据集中和共享为途径，推进技术、业务、数据融合，实现跨层级、跨系统、跨部门、跨业务的协同管理和服务，提供一体化在线服务。其次，政府需要建立起共享的政策。例如，通过详细制定技术规范和法律法规，根据政府、社会、市场和公民数据本质特征与核心价值的认识，对数据进行分类确权，划分公开数据和隐私数据、群体数据和个人数据、全局数据和局部数据、原始数据和结果数据，按类别进行约束管理。再次，政府需要建立起共享的数据库，使数据得到有效地保存、分类、使用，让数据共享不会侵犯到个人和集体的利益。具体来看，采取区块链方式，分布式数据存储、点对点传输、形成共识机制和加密算法，建立以应用为目的的数据共享体系，降低元数据扩散的范围，控制数据结果的使用对象。然后，维持各级政府和部门按照职能划分分别存储数据的方式，同时通过建立分布式存储的数据之间的关联关系，按照数据分类确权的管理方式确定使用范围。最后，各级政府和部门按照数据管理权限在降低元数据扩散的前提下，通过数据交换方式调用相关部门的数据系统进行智能化处理，从而实现大数据智能化的共享。同时，还要通过政府和企业、科研院所、高校的合作，完善政务与技术的合作模式，为国家治理的大数据智能化提供智力支持和人才保障。人的行为总是依托于各种需要，当数据本身成为一种资源的时候，对数据的需要就会产生。大数据技术和智能技术带来的资源共享，能够有效调动起社会各方力量参与到国家治理之中，以达到由共享的需要来带动共享与共治的目的。

3.3 有序实践：建立大数据智能化在国家治理中的运行机制

任何国家治理的技术路径，不仅需要宏观的理念设计、中观的体系建设，还需要建立起有效的运行机制，来应对实践中产生的各种微观问题。国家治理的大数据智能化，需要一整套完善的运行机制，以解决隐私问题、安全问题等现有国家治理中存在的障碍。党的十九届四中全会强调，要"着力固根基、扬优势、补短板、强弱项，构建系统完备、科学规范、运行有效的制度体系，加强系统治理、依法治理、综合治理、源头治理"[4]。技术本身是一把"双刃剑"。技术负面效应的产生不止于技术本身的缺陷，更多的是源于人在具体使用技术的过程中，由技术运行环境对人产生的影响[9]。在国家治理中建立起有效的大数据智能化运行机制，能够让治理效能提升，同时最大限度降低技术带来的社会负面效应。国家治理现代化，需要针对信息共享、资源统筹、工作协调不够等问题，通过充分发挥大数据智能化的技术优势，建立"用数据说话、用数据决策、用数据管理、用数据创新"的管理机制[20]，进而提高国家治理科学决策能力、社会治理效率和公共服务水平。首先，转变传统的治理思维和决策习惯，建立"数据驱动的决策方法"，增强对于社会经济发展基本规律和发展趋势的研究，优化顶层设计、政策制定、资源配置的决策机制，让数据成为科学决策的重要辅助工具。其次，用大数据智能化手段感知社会态势，推进社会治理的精准化与预见性。通过数据的关联分析，建设跨部门、跨系统的社会治理联动机制，发挥各自部门的作用，相互衔接、互为补充，形成社会治理的合力。发挥大数据智能化及时性特征，建立社会治理的快速响应机制，动态调整社会治理的路径和方法。尤其加强人工智能在公共安全领域的深度应用综合分析风险因素，提高对于风险的感知、预测和防范能力。最后，统筹发展电子政务，运用大数据智能化促进保障和改善民生，以大数据智能化提升人民对于公共服务的获得感。通过数据的聚合实现业务的整合，对已实现数据共享的审批流程，采取一站式审批，由事前审批转向过程监管，让数据多跑路，老百姓少跑腿。

综上所述，大数据智能化作为一种技术路径，能够为国家治理现代化提供丰富的资源、有效的方法，形成了科学的辅助支撑。随着网络化程度的提升和技术的演进迭代，这种技术路径必将展示出更大的价值。当然，科学技术总是"双刃剑"，在国家治理现代化的过程中应趋利避害地运用。同时，我们更要清楚地认识到国家治理现代化面对的是全社会的人民群众，任何科学技术都只是手段和方法。从根本上要牢固树立"以人民为中心"的国家治理思想，坚持源于人民、服务人民、为了人民的宗旨信仰，切实满足人民对于美好生活的需要，国家治理才能迈向现代化。

主要参考文献

[1] 习近平. 审时度势精心谋划超前布局力争主动，实施国家大数据战略加快建设数字中国[N]. 人民日报，2017-12-10（01）.

[2] 习近平. 加强领导做好规划明确任务夯实基础，推动我国新一代人工智能健康发展[N]. 人民日报，2018-11-01（01）.

[3] 中国互联网信息中心. 第 47 次中国互联网络发展状况统计报告[EB/OL].（2021-02-03）[2021-03-01]. https://www.gov.cn/xinwen/2021-02/03/content_5584518.htm.

[4] 彭亚平. 治理和技术如何结合？：技术治理的思想根源与研究进路[J]. 社会主义研究，2019（4）：71-78.

[5] 黄璜. 数字政府：政策、特征与概念[J]. 治理研究，2020，36（3）：6-15，2.

[6] 孙涛. "大数据"嵌入：社会治理现代化的重要引擎[J]. 求索，2018（3）：61-69.

[7] 陈鹏. 国家治理的智能化转向及其实施进路[J]. 探索，2021（3）：152-165.

[8] 匡凯平，刘建义. 智能化、组织变革与政府再造[J]. 湖南社会科学，2016（5）：99-104.

[9] 牛正光. 大数据对政府治理现代化的影响研究[D]. 北京：中国农业大学，2017：5.

[10] 王向民. 大数据时代的国家治理转型[J]. 探索与争鸣，2014（10）：59-62.

[11] 包国宪，郎玫. 治理、政府治理概念的演变与发展[J]. 兰州大学学报（社会科学版），2009，37（2）：1-7.

[12] 熊亚彬. 社会治理的技术路径研究[D]. 武汉：华中师范大学，2019：20.

[13] 李锋. 运用大数据提升国家治理现代化水平：以新时代人民对于美好生活需要的大数据分析为案例[J]. 电子政务，2018（5）：64-73.

[14] 王芳，陈锋. 国家治理进程中的政府大数据开放利用研究[J]. 中国行政管理，2015（11）：6-12

[15] 雷运清，赵继伦. 大数据下国家治理能力建设面临的机遇和挑战[J]. 湖南科技大学学报（社会科学版），2017，20（2）：68-72.

[16] 张卫. 技术伦理学何以可能？[J]. 伦理学研究，2017（2）：79-83.

[17] 曾小锋，高旭，唐莲英. 大数据时代国家治理现代化：现实挑战与路径选择[J]. 南京政治学院学报，2016，32（1）：48-52.

[18] 王勇，朱婉菁. "大数据"驱动的"数据化国家治理"研究："以人民为中心"视角[J]. 电子政务，2018（6）：32-42.

[19] 斯金纳. 超越自由与尊严[M]. 方红，译. 北京：中国人民大学出版社，2018.

[20] 国务院. 国务院关于印发促进大数据发展行动纲要的通知[EB/OL].（2015-08-31）[2015-09-05]. https://www.gov.cn/zhengce/content/2015-09/05/content_10137.htm.

互联网信息服务业多元共治模式的作用机制研究：基于多参数影响的演化博弈视角①

卢安文　何洪阳

1. 引　　言

　　数字经济时代背景下，网络技术的快速发展催生出一大批互联网企业，将为我国数字经济化转型提供强大助力。而随着互联网信息服务业的繁荣发展，企业间的竞争形式及手段出现了新的变化，一些严重影响消费者利益与行业健康发展的不正当竞争也频繁出现。因此，找出有效治理互联网信息服务业的方法和措施，成为当前政府部门与学术界普遍关注的问题[1-3]。

　　政府部门是解决治理相关问题的关键主体，但"一元化"监管的效果并不显著，现阶段国内外学者在研究行业治理问题时，大都强调多主体参与对于治理效果的重要性，提出应加快构建多元协作共治机制，实现由政府"一元化"监管向社会"多元化"治理的转型。Wood 和 Gray[4]对协作治理理论进行了详细的阐述，提出面对公共事务时各利益相关主体共同决策的治理模式。并且，国外学者还对多元协同的理论内涵、参与主体特征、主体间关系与协作等问题进行了深入研究[5-10]。与此同时，我国学者近些年也在多元协同治理效果的问题方面做了大量研究[11-15]。李维安等[16]和张国兴等[17]在研究环境保护问题时，提出应该建立由政府部门、企业、社会组织等主体构成的协同治理机制。李俊清和向娟[18]提出以构建扶贫领域多主体协同治理体系的方式解决民族地区贫困问题。叶大凤[19]从利益相关者理论出发，建立政府和社会主体的决策机制与协调机制以应对政策冲突。针对互联网行业多元协同治理的相关研究，赵玉林[20]指出多元协同治理模式应该由政府主导，社会相关主体广泛参与，从而实现共治效果。在探讨协同治理实施路径方面，许凤和戚湧[21]采用实证研究的方法来讨论多主体之间的协同关系问题，以期提高各主体间协同度从而改善治理效果。从上述文献梳理我们可以看出，当前国内外大部分学者在探讨互联网行业治理问题时，都强调了社会多方力量在治理过程中的关键作用，可见多元共治模式对于提高政府部门治理效果的重要性。

　　然而，互联网信息服务业多元共治模式要求政府部门引导协会与公众等相关主体参与治理过程，模式的作用发挥将会受到诸多因素的影响。由于协会是受政府部门领导的行业内组织，虽然拥有一定的专业知识、技术优势，但其在治理过程中作用的发挥还依

①发表期刊：《中国管理科学》，2021，29（3）：210-218. 有改编。

　　基金项目：国家社会科学基金资助项目（19XGL017）。

　　作者简介：卢安文，重庆邮电大学经济管理学院教授；何洪阳，北京邮电大学经济管理学院研究生。

赖于自身权力空间大小。而公众由于自身接收信息的渠道较窄，且容易受到不良舆论的错误诱导，因此公众可能将企业的合规行为错误地认定为违规行为，并向政府部门举报。国内已有部分学者注意到在多元协同治理的过程中，模式治理效果受到诸多因素的影响，并对多元协同治理失灵原因进行了分析，指出多元协同治理模式的效果受到其参与主体作用的影响，其在实施过程中仍存在一些问题和不足[22-24]。孙百亮[25]认为多元主体间的目标差异以及权责边界问题是限制多元共治模式发挥作用的重要原因。鹿斌和周定财[26]指出对多元协同治理的研究应该着重于将各主体间的关系明晰化，协同治理框架法治化以及协同治理创新本土化，从而更好地实现治理效果。可以看出，当前学者在讨论如何有效发挥多元共治模式作用时，大都将治理失灵的原因归结为各主体间的权责边界及相互之间的协同关系问题，鲜有学者探究各参与主体自身属性对多元共治模式作用效果的影响。

通过对互联网信息服务业多元共治模式的组织构建及作用机制进行梳理，可以看出互联网信息服务业多元共治过程中，政府部门与企业的行为策略选择相互影响，二者之间存在较强的博弈关系，且当前大部分国内学者在研究政府部门监管问题时，均选择采用演化博弈的分析方法来探究有效改善治理效果的措施[27-31]。曹裕等[32]通过构建演化博弈模型来探讨食品安全问题，指出新媒体报道对政府部门监管食品企业具有重要作用。樊自甫等[33]运用演化博弈理论，来讨论社交网络平台有害信息治理的相关问题。黄毅祥等[34]在研究电动汽车租赁问题时，通过构建博弈模型，探究价格、需求等因素对租车公司决策过程的影响。这些学者的研究一方面显示出演化博弈理论在研究政府部门治理问题时的可行性，另一方面也为本文运用演化博弈方法，研究互联网信息服务业多元共治模式的作用机制问题提供参考经验与理论基础。

因此本文构建政府监管部门与互联网信息服务企业之间的演化博弈系统，在研究如何充分发挥互联网信息服务业多元共治模式作用时，除了考虑协会与公众各自的参与度水平，还引入协会权力空间及公众举报公正程度两个相关作用参数。首先通过对协会权力空间与公众举报公正程度这两个参数进行（0，1）理想化赋值，求解不同特殊情形下演化系统达到最优稳定状态时，协会与公众各自参与度水平的取值范围，并详细讨论此时二者的参与度水平对政府监管效果的作用及影响；而后将参数进行一般化处理，整体考虑四个相关参数对演化系统稳定性的影响，探究各参数如何影响系统朝着最优稳定点方向演化的问题；最终运用 MATLAB 软件进行数值仿真分析，从图像上直观反映各相关参数对系统演化趋势的影响，并验证模型求解结果，研究结论为今后互联网信息服务业管理部门充分发挥多元共治模式的作用提供参考[35]。

2. 模型构建及分析

本文将互联网信息服务业多元共治问题模型化，其中涉及两方主体，即政府部门与互联网信息服务企业，并且在博弈过程中政府部门的行为策略包括两种，即采取积极监管或者采取消极监管，互联网信息服务企业的行为策略选择同样包括两种，即采取合规行为或者采取违规行为。

2.1　参数描述

下面对演化博弈模型中所涉及的参数意义进行说明，为后文构建互联网信息服务业多元共治博弈模型提供基础，各相关参数符号及意义如表 1 所示。

表 1　相关参数符号及意义

符号	意义与说明
α	政府部门选择积极监管行为策略的概率
β	企业选择合规行为策略的概率
p	协会的参与度水平，$0 < p < 1$
q	公众的参与度水平，$0 < q < 1$
ω	协会权力空间，$0 < \omega < 1$
φ	公众举报公正程度，$0 < \varphi < 1$
s	政府部门选择积极监管行为策略时的收益
c	政府部门监管时所付出的成本
c_0	政府部门监管时所付出的固定成本
k	政府部门自身监管能力
μ	政府部门查处企业采取违规行为策略的概率
λ	政府部门自身查处概率
n	公众曝光企业采取违规行为策略后，所带来的政府部门损失
d	企业采取合规行为策略时，获得的总收益
Δd	企业采取违规行为策略时，获得的额外收益
m	企业采取合规行为策略时，所带来的社会效益提升
θ	政府部门对企业的社会福利分成比例
v	企业采取违规行为策略时，给社会效益带来的损失
z	企业采取违规行为策略时，向政府部门支付的罚金
δ	企业违规行为被曝光所造成的企业损失

2.2　模型假设

模型假设是对博弈双方的相互关系进行清晰阐述，便于演化博弈模型的构建及分析，本文在充分结合市场实际的前提下，进行如下合理化假设。

假设 1：在多元共治过程中，政府部门采取积极监管行为的概率为 $\alpha(0 \leqslant \alpha \leqslant 1)$，此时政府需要花费成本 c，协会在治理过程中可发挥自身作用帮助政府降低成本，即

$c = c_0 + \dfrac{(1-p\omega)}{k}$。同时，由于政府采取积极监管，可获得收益 s，表示社会总福利以及政府公信力的提升。

假设 2：在多元共治过程中，政府部门选择消极监管行为的概率为 $1-\alpha$，此时政府虽然无须付出监管成本，但若此时企业违规行为曝光，政府将受到的损失为 qn，表示由于政府不作为所遭受的公信力下降等损失。

假设 3：在多元共治过程中，企业采取合规行为的概率为 $\beta(0 \leqslant \beta \leqslant 1)$，此时企业获得的总收益为 d，并且会提升社会总福利 m，同时得到政府部门的奖励分成 θm。

假设 4：在多元共治过程中，企业采取违规行为的概率为 $1-\beta$，由于企业采取违规行为，其可获得额外收益 Δd，但同时会降低社会总福利 v。并且当政府部门查处企业的违规行为后，将会对企业进行处罚，企业将面临政府罚金 z 及未来潜在损失 δ。

假设 5：当公众察觉企业采取违规行为时，可向政府部门举报，此时企业采取违规行为被政府部门查处的概率为 $\mu = \lambda + q(1-\lambda)$。同时，考虑到公众的举报信息未必完全准确，因此当公众错误举报企业采取违规行为时，政府部门将遭受的损失为 $(1-\varphi)qn$，企业将遭受的损失为 $(1-\varphi)q\delta$。

2.3　模型构建

根据 2.2 节的模型假设，可以得到本文所构建博弈模型的收益支付矩阵，具体如表 2 所示。

表 2　政府部门与企业的收益支付矩阵

	合规行为（β）	违规行为（$1-\beta$）
积极监管（α）	$s-c+(1-\theta)m-(1-\varphi)qn, d+\theta m-(1-\varphi)q\delta$	$s-c-v, d+\Delta d-\mu(z+\delta)$
消极监管（$1-\alpha$）	$(1-\theta)m-(1-\varphi)qn, d+\theta m-(1-\varphi)q\delta$	$-v-qn, d+\Delta d-q(z+\delta)$

注：矩阵中的值代表（政府，企业）。即第一个值代表政府，第二个值代表企业。

通过表 2 博弈模型的收益支付矩阵，可以得出政府部门在不同策略选择时的期望收益分别为

$$F_1 = \beta[s-c+(1-\theta)m-(1-\varphi)qn]+(1-\beta)(s-c-v)$$
$$= s-c-v+\beta m+\beta v-\theta\beta m-\beta qn+\beta\varphi qn$$
$$F_2 = \beta[(1-\theta)m-(1-\varphi)qn]+(1-\beta)(-v-qn)$$
$$= -v+\beta m+\beta v-qn-\theta\beta m+\varphi\beta qn$$

同理，企业在不同策略选择时的期望收益分别为

$$G_1 = \alpha[d+\theta m-(1-\varphi)q\delta]+(1-\alpha)[d+\theta m-(1-\varphi)q\delta]$$
$$= d+\theta m-q\delta+\varphi q\delta$$
$$G_2 = \alpha[d+\Delta d-\mu(z+\delta)]+(1-\alpha)[d+\Delta d-q(z+\delta)]$$
$$= d+\Delta d+(\alpha q-q-\alpha\mu)(z+\delta)$$

则政府部门与企业的复制动态方程分别如下：

$$F(\alpha, \beta) = \frac{\mathrm{d}\alpha}{\mathrm{d}t} = \alpha(1-\alpha)(F_1 - F_2)$$

$$= \alpha(1-\alpha)(s - c + qn - \beta qn)$$

$$G(\alpha, \beta) = \frac{\mathrm{d}\beta}{\mathrm{d}t} = \beta(1-\beta)(G_1 - G_2)$$

$$= \beta(1-\beta)\big[\theta m - \Delta d - q\delta + \varphi q\delta - (\alpha q - q - \alpha\mu)(z+\delta)\big]$$

令 $\frac{\mathrm{d}\alpha}{\mathrm{d}t} = 0, \frac{\mathrm{d}\beta}{\mathrm{d}t} = 0$，可得该演化博弈系统的五个局部均衡点，分别为 $(0, 0)$、$(0, 1)$、$(1, 0)$、$(1, 1)$、(α^*, β^*)。其中

$$\alpha^* = \frac{\theta m - \Delta d - (1-\varphi)q\delta + q(z+\delta)}{q(z+\delta) - \mu(z+\delta)}, \quad \beta^* = \frac{s - c + qn}{qn}$$

2.4　均衡点及稳定性分析

为判断各均衡点的稳定性，本文将根据雅可比矩阵的局部稳定分析进行判断，具体判断过程如下所示：

$$j = \begin{vmatrix} \dfrac{\partial F(x)}{\partial x} & \dfrac{\partial F(x)}{\partial y} \\ \dfrac{\partial F(y)}{\partial x} & \dfrac{\partial F(y)}{\partial y} \end{vmatrix} = \begin{vmatrix} a_{11} & a_{12} \\ a_{21} & a_{22} \end{vmatrix}$$

其中

$$a_{11} = (1-2\alpha)(s - c + qn - \beta qn), \quad a_{12} = -\alpha(1-\alpha)qn, \quad a_{21} = \beta(1-\beta)(z+\delta)(\mu - q)$$

$$a_{22} = (1-2\beta)(\theta m - \Delta d - q\delta + \varphi q\delta) - (\alpha q - q - \alpha\mu)(z+\delta)$$

通过计算可得，该博弈系统五个局部均衡点在 a_{11}、a_{12}、a_{21}、a_{22} 处的取值情况具体如表 3 所示。

表 3　局部均衡点取值表

均衡点	a_{11}	a_{12}	a_{21}	a_{22}
$(0, 0)$	$s - c + qn$	0	0	$\theta m - \Delta d + qz + \varphi q\delta$
$(1, 0)$	$-(s - c + qn)$	0	0	$\theta m - \Delta d - (1-\varphi)q\delta + \mu(z+\delta)$
$(0, 1)$	$s - c$	0	0	$-(\theta m - \Delta d + qz + \varphi q\delta)$
$(1, 1)$	$-(s - c)$	0	0	$-\big[\theta m - \Delta d - (1-\varphi)q\delta + \mu(z+\delta)\big]$
(α^*, β^*)	0	A	B	0

表 3 中

$$A = \varphi qn \frac{\left[q(z+\delta) + \theta m - \Delta d - (1-\varphi)q\delta\right]\left[\mu(z+\delta) + \theta m - \Delta d - (1-\varphi)q\delta\right]}{\left[q(z+\delta) - \mu(z+\delta)\right]^2}$$

$$B = \frac{(c-s)(s-c+qn)(\mu-q)(z+\delta)}{(qn)^2}$$

通过判断局部稳定点是否满足以下两个条件，可确定求出的均衡点是否为系统的演化稳定策略（evolutionary stable strategy，ESS）。

$$(1)\ \mathrm{tr}J = a_{11} + a_{22} < 0$$

$$(2)\ \det J = \begin{vmatrix} a_{11} & a_{12} \\ a_{21} & a_{22} \end{vmatrix} = a_{11}a_{22} - a_{12}a_{21} > 0$$

由于在本文所构建的演化博弈模型中，需要综合考虑 p、q、ω、φ 四个参数对系统稳定演化状态的影响，难以确定各参数相对应的阈值空间。因此，在不影响本文研究目的的基础上，笔者选定两个参照值 $s-c_0$ 与 Δd，将它们作为分析参数取值范围变化对系统稳定性影响的判断中介，具体可分为以下五种情况：

（1）当 $\begin{cases} s-c_0 < \dfrac{1-p\omega}{k} - qn \\ \Delta d > \theta m + q(z+\varphi\delta) \end{cases}$ 时，ESS 为 $(0,0)$。

（2）当 $\begin{cases} s-c_0 > \dfrac{1-p\omega}{k} - qn \\ \Delta d > \theta m + q(z+\varphi\delta) + \lambda(1-q)(z+\delta) \end{cases}$ 时，ESS 为 $(1,0)$。

（3）当 $\begin{cases} s-c_0 < \dfrac{1-p\omega}{k} \\ \Delta d < \theta m + q(z+\varphi\delta) \end{cases}$ 时，ESS 为 $(0,1)$。

（4）当 $\begin{cases} s-c_0 > \dfrac{1-p\omega}{k} \\ \Delta d < \theta m + q(z+\varphi\delta) + \lambda(1-q)(z+\delta) \end{cases}$ 时，ESS 为 $(1,1)$。

（5）当 $\begin{cases} \dfrac{1-p\omega}{k} - qn < s-c_0 < \dfrac{1-p\omega}{k} \\ \theta m + q(z+\varphi\delta) < \Delta d < \theta m + q(z+\varphi\delta) + \lambda(1-q)(z+\delta) \end{cases}$ 时，无稳定的 ESS。

3. 演化博弈模型分析

根据模型求解结果可以看出，系统稳定状态的演化方向取决于影响参数与参照值 $s-c_0$、Δd 的相对大小关系，其中 $s-c_0$ 表示政府部门采取积极监管行为策略时，所获得收益与所需付出固定成本之差，即在不考虑协会与公众参与治理过程时，政府部门采取积极监管行为策略，所获得的最大收益；而 Δd 表示企业采取违规行为策略时，所能够获得的额外收益，即在不考虑协会与公众参与治理过程时，企业采取违规行为策略所获得的机会受益。由此，我们可知此二值在互联网信息服务业多元共治的实际市场环境中的取值是稳定的，不受协会与公众参与与否的影响。因此，系统稳定均衡点在不同参数取值范围内的变动情况，可通过对协会参与度水平 p、权力空间 ω，以及公众参与度水平 q、举报公正程度 φ 综合分析得出。

3.1　特殊情形分析

由于系统的稳定演化方向受到协会参与度水平 p、权力空间 ω，以及公众参与度水平 q、举报公正程度 φ 四个参数的影响，而为了得到协会与公众参与水平的阈值范围，笔者首先对协会权力空间 ω 以及公众举报公正程度 φ 进行 0、1 赋值，从而得到四种不同的参数定值组合情形，具体分析结果如下所示。

情形1：$\omega=1$，$\varphi=1$ 情形下的系统稳定性分析。

此时，协会的权力空间 $\omega=1$ 表示协会在治理过程中能够充分发挥作用，借助自身在专业知识上的优势为政府部门提供企业信息，以帮助政府部门降低积极监管所要付出的成本；公众举报公正程度 $\varphi=1$ 表示公众具有较高的信息辨识能力，能够较好地识别企业是否采取违规行为，不存在错误举报的行为，从而避免给政府和企业带来额外的损失。

由模型计算结果可知，此时为使得系统的稳定演化状态为（1，1），各相关影响参数需要满足如下条件。

$$s-c_0>\frac{1-p}{k} \text{且} \Delta d<\theta m+q(z+\delta)+\lambda(1-q)(z+\delta)$$

即

$$p>1-k(s-c_0) \text{且} q>\frac{(\Delta d-\theta m)-\lambda(z+\delta)}{(1-\lambda)(z+\delta)}$$

分析表明，在协会能够充分发挥自身独立作用以及公众举报信息不存在失真情况时，协会与公众在治理过程中的参与积极性越高，互联网信息服务业多元共治模式的效果越好。同时，此情形下的参数取值范围也是现实情形中最理想的状态。

情形2：$\omega=0$，$\varphi=1$ 情形下的系统稳定性分析。

此时，协会的权利空间 $\omega=0$ 表示协会在治理过程中的作用有所限制，即协会参与治理的积极性很高，但由于自身发挥作用的能力受限，其也很难对政府部门的监管起到积极的促进作用；公众举报公正程度 $\varphi=1$ 表示公众仍能够对治理过程起到较好的积极作用。

由模型计算结果可知，此时为使得系统的稳定演化状态为（1，1），各相关影响参数需要满足如下条件。

$$s-c_0>\frac{1}{k} \text{且} \Delta d<\theta m+q(z+\delta)+\lambda(1-q)(z+\delta)$$

即

$$0>1-k(s-c_0) \text{且} q>\frac{(\Delta d-\theta m)-\lambda(z+\delta)}{(1-\lambda)(z+\delta)}$$

分析表明，若在治理过程中协会的作用发挥受到限制，那么其是否参与治理过程对政府部门的治理效果已经不产生影响，此时政府部门需要在较大程度上依靠自身的监管能力，从而使得系统演化结果朝着有利的方向演化。

通过将情形 2 与情形 1 的参数取值范围进行比较，我们可以发现，由于 $\frac{1}{k} > \frac{1-p}{k}$，因此在实际情形中，同样使得系统朝着（1，1）点演化，情形 1 中的参数取值范围更容易满足，即为了更好地实现互联网信息服务业多元共治模式的治理效果，情形 1 的参数设定更具有优势，而通过比较两情形下的参数取值差异，显示了协会的权力空间在政府部门监管中的重要作用。

情形 3：$\omega = 1$，$\varphi = 0$ 情形下的系统稳定性分析。

此时，协会的权力空间 $\omega = 1$ 表示协会在治理过程中能够有效发挥自身作用；公众举报公正程度 $\varphi = 0$ 表示公众的举报信息公正程度不高，即公众会将企业采取的合规行为策略认定为违规行为策略，并且向政府部门进行举报，进而给政府部门与企业带来额外损失。

由模型计算结果可知，此时为使得系统的稳定演化状态为（1，1），各相关影响参数需要满足如下条件。

$$s - c_0 > \frac{1-p}{k} \text{ 且} \Delta d < \theta m + qz + \lambda(1-q)(z+\delta)$$

即

$$p > 1 - k(s - c_0) \text{ 且 } q[z - \lambda(z+\delta)] > (\Delta d - \theta m) - \lambda(z+\delta)$$

我们发现，此种情形下，公众参与积极性对政府部门治理效果的影响并不稳定。因此，笔者根据政府部门自身监管能力的大小，分为两种不同情况进行讨论。

（1）当 $\lambda < \frac{z}{z+\delta}$ 时，上述条件可以转换为

$$p > 1 - k(s - c_0) \text{ 且 } q > \frac{(\Delta d - \theta m) - \lambda(z+\delta)}{z - \lambda(z+\delta)}$$

此时，$\lambda < \frac{z}{z+\delta}$ 表示政府部门的自身监管能力较低，而系统朝着（1，1）点演化的参数条件需要满足 $q > \frac{(\Delta d - \theta m) - \lambda(z+\delta)}{z - \lambda(z+\delta)}$，即为了实现更好的治理效果，需要提高公众的参与积极性。

（2）当 $\lambda > \frac{z}{z+\delta}$ 时，上述条件可以转换为

$$p > 1 - k(s - c_0) \text{ 且 } q < \frac{(\Delta d - \theta m) - \lambda(z+\delta)}{z - \lambda(z+\delta)}$$

此时，$\lambda > \frac{z}{z+\delta}$ 表示政府部门的自身监管能力较强，而系统朝着（1，1）点演化的参数条件需要满足 $q < \frac{(\Delta d - \theta m) - \lambda(z+\delta)}{z - \lambda(z+\delta)}$，即为了实现更好的治理效果，需要降低公众的参与积极性。

通过上述分析，我们发现政府自身监管能力的不同，将会影响公众参与治理过程的作用，即在公众举报并不完全公正的情况下，政府部门完全依靠公众对互联网信息服务

企业的举报信息难以实现多元共治的最优效果，表明政府部门的自身监管能力对于策略制定与治理效果起着关键作用。

通过将情形 3 与情形 1 的参数取值范围进行比较，我们可以发现，由于 $\theta m + qz + \lambda(1-q)(z+\delta) < \theta m + q(z+\delta) + \lambda(1-q)(z+\delta)$，因此在实际情形中，同样使得系统朝着（1，1）点演化，情形 1 中的参数取值范围更容易满足，即为了更好地实现互联网信息服务业多元共治模式的治理效果，情形 1 的参数设定更具有优势，而通过比较两情形下的参数取值差异，显示了公众举报公正程度在治理过程中的关键作用。

情形 4：$\omega = 0$，$\varphi = 0$ 情形下的系统稳定性分析。

此时，协会的权力空间 $\omega = 0$ 表示协会在治理过程中的作用难以得到切实发挥；公众举报公正程度 $\varphi = 0$ 表示公众举报信息存在失真现象，给政府部门与企业带来额外损失。

由模型计算结果可知，此时为使得系统的稳定演化状态为（1，1），各相关影响参数需要满足如下条件。

$$s - c_0 > \frac{1}{k} \text{且} \Delta d < \theta m + qz + \lambda(1-q)(z+\delta)$$

即

$$0 > 1 - k(s - c_0) \text{且} q[z - \lambda(z+\delta)] > (\Delta d - \theta m) - \lambda(z+\delta)$$

我们发现，此种情形下，公众参与积极性对政府部门治理效果的影响并不稳定。因此，笔者根据政府部门自身监管能力的大小，分为两种不同情况进行讨论。

（1）当 $\lambda < \dfrac{z}{z+\delta}$ 时，上述条件可以转换为

$$0 > 1 - k(s - c_0) \text{且} q > \frac{(\Delta d - \theta m) - \lambda(z+\delta)}{z - \lambda(z+\delta)}$$

此时，$\lambda < \dfrac{z}{z+\delta}$ 表示政府部门自身监管能力较弱，而系统朝着（1，1）点演化的参数条件需要满足 $0 > 1 - k(s - c_0)$ 且 $q > \dfrac{(\Delta d - \theta m) - \lambda(z+\delta)}{z - \lambda(z+\delta)}$，可以看出由于协会的权力空间 $\omega = 0$，协会在治理过程中参与与否对治理效果不产生影响，并且此种情况下政府部门仍要积极引导公众参与治理过程来改善治理效果。

（2）当 $\lambda > \dfrac{z}{z+\delta}$ 时，上述条件可以转换为

$$0 > 1 - k(s - c_0) \text{且} q < \frac{(\Delta d - \theta m) - \lambda(z+\delta)}{z - \lambda(z+\delta)}$$

此时，$\lambda > \dfrac{z}{z+\delta}$ 表示政府部门自身监管能力较强，而系统朝着（1，1）点演化的参数条件需要满足 $0 > 1 - k(s - c_0)$ 且 $q < \dfrac{(\Delta d - \theta m) - \lambda(z+\delta)}{z - \lambda(z+\delta)}$，可以看出此种情况下，协会在治理过程中依然不发挥作用，而为了改善治理效果，政府部门需要降低公众参与治理过程的积极性，即在政府部门具有较强监管能力时，应避免因为公众的失真举报信息给政府与企业带来额外损失。

通过对比分析四种情形下，系统朝着（1，1）点演化的参数取值，我们可以明显看出政府部门对互联网信息服务业的多元共治受到众多因素的综合影响，而其中协会权力空间、公众举报公正程度以及政府自身监管能力起到关键作用。

3.2　一般情形分析

为了更加清晰地了解协会与公众各相关参数对治理效果的影响，对系统朝着（1，1）点演化的一般性条件进行分析，即分析系统各参数在满足条件

$$\begin{cases} s - c_0 > \dfrac{1 - p\omega}{k} \\ \Delta d < \theta m + q(z + \varphi\delta) + \lambda(1 - q)(z + \delta) \end{cases}$$

时的情形。而在不影响分析结论的前提下，下面将同样以 $s - c_0$、Δd 为参照值来分析如何设定参数使得该限制条件可以满足，即通过求解

$$\begin{cases} \min F(p, \omega) = \dfrac{1 - p\omega}{k} \\ \max H(q, \varphi) = \theta m + q(z + \varphi\delta) + \lambda(1 - q)(z + \delta) \end{cases}$$

方程组来讨论参数变化对函数值的影响，进而得出更具一般性的结论。

1）协会相关参数分析

（1）协会参与度水平 p 的影响分析。令函数 $F(p, \omega)$ 对协会参与度水平 p 求导，可得

$$\frac{\partial F(p, \omega)}{\partial p} = -\frac{\omega}{k} < 0$$

可以看出函数 $F(p, \omega)$ 是协会参与度水平 p 的减函数，即提高协会参与度水平 p 可以降低函数 $F(p, \omega)$ 的值。因此，为了更好地满足系统朝着（1，1）点演化的参数范围，需要提高协会参与度水平。

（2）协会的权力空间 ω 的影响分析。令函数 $F(p, \omega)$ 对协会权力空间 ω 求导，可得

$$\frac{\partial F(p, \omega)}{\partial \omega} = -\frac{p}{k} < 0$$

可以看出函数 $F(p, \omega)$ 是协会权力空间 ω 的减函数，即提高协会权力空间 ω 可以降低函数 $F(p, \omega)$ 的值。因此，为了更好地满足系统朝着（1，1）点演化的参数范围，需要提高协会的权力空间。

综合以上分析可以看出，为了改善政府部门对互联网信息服务业的治理效果，需要提高协会的参与度水平与权力空间。

2）公众相关参数分析

（1）公众参与度水平 q 的影响分析。令函数 $H(q, \varphi)$ 对公众参与度水平 q 求导，可得 $\dfrac{\partial H(q, \varphi)}{\partial q} = \varphi\delta + z - \lambda z - \lambda\delta$，可以看到该式正负性不恒定，并且与政府部门自身监管能力有关，因此，笔者根据政府部门自身监管能力的大小，分为两种不同情况进行讨论。

首先，当 $\lambda > \dfrac{\varphi\delta + z}{z + \delta}$ 时，$\dfrac{\partial H(q, \varphi)}{\partial q} < 0$，即函数 $H(q, \varphi)$ 与公众参与度水平呈负相关

关系，降低公众的参与度水平 q 可以使得函数 $H(q,\varphi)$ 增大。因此，为了更好地满足系统朝着（1,1）点演化的参数范围，需要降低公众的参与度水平。

其次，当 $\lambda<\dfrac{\varphi\delta+z}{z+\delta}$ 时，$\dfrac{\partial H(q,\varphi)}{\partial q}>0$，即函数 $H(q,\varphi)$ 与公众参与度水平 q 呈正相关关系，提高公众的参与度水平 q 可以使得函数 $H(q,\varphi)$ 增大。因此，为了更好地满足系统朝着（1,1）点演化的参数范围，需要提高公众的参与度水平。

（2）公众举报公正程度 φ 的影响分析。令函数 $H(q,\varphi)$ 对公众举报公正程度 φ 求导，可得 $\dfrac{\partial H(q,\varphi)}{\partial \varphi}=q\delta>0$，可以看出函数 $H(q,\varphi)$ 与公众举报公正程度 φ 呈正相关关系，提高公众举报公正程度 φ 可以使得函数 $H(q,\varphi)$ 增大。因此，为了更好地满足系统朝着（1,1）点演化的参数范围，需要提高公众举报的公正程度。

4. 数值仿真模拟

通过对模型的求解及分析，我们可以看出协会参与度水平与权力空间、公众参与度水平与公正程度对于博弈系统的稳定演化均衡具有复杂作用。为了探究参数对系统朝向（1,1）点演化的连续趋势，本节对系统一般情形下的参数结果条件进行数值仿真，得到影响政府行为与企业行为的仿真图像，分析参数对系统趋势的影响。

4.1　政府行为策略选择分析

为了探究协会参与度水平 p 与协会权力空间 ω 对政府策略选择函数 $F(p,\omega)$ 的影响，令 $k=5$，同时 $p\in(0,1)$，$\omega\in(0,1)$，代入 MATLAB 软件进行数值仿真，所得到的图像如图1所示。

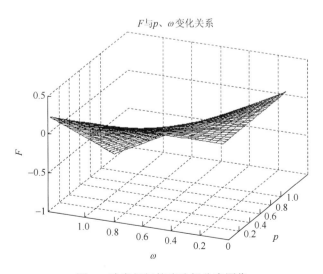

图1　政府部门策略选择仿真图像

　　从图 1 的图像走势可以看出影响政府策略选择的函数 $F(p,\omega)$ 是协会参与度水平 p 与协会权力空间 ω 的减函数。因此，为了使系统朝着（1，1）点方向演化，需要增大协会参与度水平 p 与协会权力空间 ω 的值，即为了优化政府部门对互联网信息服务业的多元共治效果，需要提高协会参与度水平与权力空间。

4.2　企业行为策略选择分析

　　为了探究公众参与度水平 q 与公众举报公正程度 φ 对企业策略选择函数 $H(q,\varphi)$ 的影响，令 $\lambda=0.9$，$z=0.2$，$\delta=0.2$，$\theta=0.3$，$m=1$，代入 MATLAB 软件进行数值仿真，所得到的图像如图 2 所示（在数值仿真图像显示中，公众举报公正程度 φ 用字母 a 表示）。

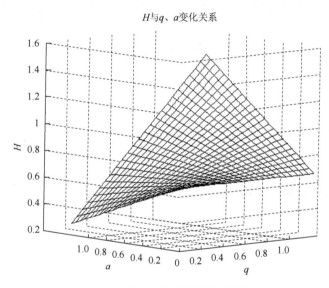

图 2　企业行为选择系统仿真图像

　　从图 2 的图像走势可以看出影响企业策略选择的函数 $H(q,\varphi)$ 增大的情况有两种，当公众举报公正程度 φ 较小时，函数 $H(q,\varphi)$ 与公众参与度水平 q、举报公正程度 φ 呈负相关关系；当公众举报公正程度 φ 较大时，函数 $H(q,\varphi)$ 与公众参与度水平 q、举报公正程度 φ 呈正相关关系。因此，为了使系统朝着（1，1）点方向演化，需要综合考虑公众各相关参数对系统稳定演化的影响。

5.　结　　语

　　政府部门对互联网信息服务业实施多元共治，需要引导协会、公众等社会多方主体参与治理过程，并探究各主体有效发挥作用的条件。本文运用博弈理论，构建互联网信息服务业多元共治模式的演化博弈模型，分析协会与公众相关参数对博弈系统稳定演化状态的影响，探究有效发挥多元共治模式效果的作用条件。结果显示：提高协会参与度水平、权力空间以及公众举报公正程度有利于多元共治模式作用的实现，而在公众举报信息存在失真的情形下，公众参与度水平对治理效果的影响与政府部门自身监管能力有关。总之，政府部门在实施多元共治模式的过程中，应充分明晰协会、公众等各参与主体在多元共治模式中的作用机制，以便于更好地维护我国互联网信息服务业的健康发展。

主要参考文献

[1] 张开云, 叶浣儿, 徐玉霞. 多元联动治理：逻辑、困境及其消解[J]. 中国行政管理, 2017（6）：24-29.

[2] 李盼强, 曾长秋. 突发重大疫情网络舆论的生成逻辑、演进特征与治理机制[J]. 重庆邮电大学学报（社会科学版）, 2020, 32（6）：112-120.

[3] 杨丽, 赵小平, 游斐. 社会组织参与社会治理：理论、问题与政策选择[J]. 北京师范大学学报（社会科学版）, 2015（6）：5-12.

[4] Wood D J, Gray B. Toward a comprehensive theory of collaboration[J]. The Journal of Applied Behavioral Science, 1991, 27（2）：139-162.

[5] Campbell H. A review of "Investing in democracy：Engaging citizens in collaborative governance"[J]. Journal of the American Planning Association, 2010, 76（4）：513-514.

[6] Balogh S. An integrative framework for collaborative governance[J]. Journal of Public Administration Research & Theory, 2012, 22（1）：1-29.

[7] Jap S D, Anderson E. Testing a life-cycle theory of cooperative interorganizational relationships：Movement across stages and performance[J]. Management Science, 2007, 53（2）：260-275.

[8] Kramer M W, Crespy D A. Communicating collaborative leadership[J]. Leadership Quarterly, 2011, 22（5）：1024-1037.

[9] Franceschhuidobro M. Collaborative governance and environmental authority for adaptive flood risk：Recreating sustainable coastal cities：Theme 3：Pathways towards urban modes that support regenerative sustainability[J]. Journal of Cleaner Production, 2015, 107：568-580.

[10] Margerum R D, Robinson C J. Collaborative partnerships and the challenges for sustainable water management[J]. Current Opinion in Environmental Sustainability, 2015, 12：53-58.

[11] 张振波. 论协同治理的生成逻辑与建构路径[J]. 中国行政管理, 2015（1）：58-61, 110.

[12] 徐顽强, 段萱. 国家治理体系中"共管共治"的意蕴与路径[J]. 新疆师范大学学报（哲学社会科学版）, 2014, 35（3）：21-26, 2.

[13] 李彦. 俄罗斯互联网监管：立法、机构设置及启示[J]. 重庆邮电大学学报（社会科学版）, 2019, 31（6）：59-72.

[14] 金祎, 万晓榆, 徐立. 大数据环境下微观信用机制和理论发展方向探析[J]. 重庆邮电大学学报（社会科学版）, 2019, 31（1）：102-109.

[15] 钱冰, 刘熙瑞. 构建以政府为核心多元主体共同参与的市场监管网络[J]. 中国行政管理, 2007（8）：48-51.

[16] 李维安, 徐建, 姜广省. 绿色治理准则：实现人与自然的包容性发展[J]. 南开管理评论, 2017, 20（5）：23-28.

[17] 张国兴, 李佳雪, 管欣. 部际节能减排政策博弈与协同关系的演进分析[J]. 管理评论, 2019, 31（12）：250-263.

[18] 李俊清, 向娟. 民族地区贫困成因及其治理[J]. 中国行政管理, 2018（10）：57-61.

[19] 叶大凤. 协同治理：政策冲突治理模式的新探索[J]. 管理世界, 2015（6）：172-173.

[20] 赵玉林. 构建我国互联网多元治理模式：匡正互联网服务商参与网络治理的"四大乱象"[J]. 中国行政管理, 2015（1）：16-20.

[21] 许凤, 戚湧. 基于贝叶斯网络的互联网协同治理研究[J]. 管理学报, 2017, 14（11）：1718-1727.

[22] 王辉. 合作治理的中国适用性及限度[J]. 华中科技大学学报（社会科学版）, 2014, 28（6）：11-20.

[23] 于江, 魏崇辉. 多元主体协同治理：国家治理现代化之逻辑理路[J]. 求实, 2015（4）：63-69.

[24] 党秀云. 论合作治理中的政府能力要求及提升路径[J]. 中国行政管理, 2017（4）：46-52.

[25]　孙百亮. "治理"模式的内在缺陷与政府主导的多元治理模式的构建[J]. 武汉理工大学学报（社会科学版），2010，23（3）：406-412.

[26]　鹿斌，周定财. 国内协同治理问题研究述评与展望[J]. 行政论坛，2014，21（1）：84-89.

[27]　焦建玲，陈洁，李兰兰，等. 碳减排奖惩机制下地方政府和企业行为演化博弈分析[J]. 中国管理科学，2017，25（10）：140-150.

[28]　徐松鹤，韩传峰，邵志国. 基于演化博弈的区域突发事件组织合作治理策略分析[J]. 中国管理科学，2017，25（8）：123-133.

[29]　卢安文，冯斐倩. 共享经济监管服务外包中的合谋行为研究[J]. 重庆邮电大学学报(社会科学版)，2020，32（4）：101-110.

[30]　于涛，刘长玉. 政府与第三方在产品质量监管中的演化博弈分析及仿真研究[J]. 中国管理科学，2016，24（6）：90-96.

[31]　刘伟，夏立秋. 网络借贷市场参与主体行为策略的演化博弈均衡分析：基于三方博弈的视角[J]. 中国管理科学，2018，26（5）：169-177.

[32]　曹裕，余振宇，万光羽. 新媒体环境下政府与企业在食品掺假中的演化博弈研究[J]. 中国管理科学，2017，25（6）：179-187.

[33]　樊自甫，程姣姣，田苡毓. 社交网络平台有害信息治理的演化博弈：基于社会公众辨识度视角[J]. 重庆邮电大学学报（社会科学版），2020，32（2）：94-105.

[34]　黄毅祥，蒲勇健，熊艾伦，等. 考虑消费者预期的电动汽车分时租赁市场价格竞争模型[J]. 中国管理科学，2020，28（5）：212-220.

[35]　何洪阳. 基于演化博弈的互联网信息服务业多元治理研究[D]. 重庆：重庆邮电大学，2019.

基于微分博弈的数据开放策略及合作收益分配机制研究①

樊自甫　程姣姣

1. 引　　言

数字经济时代，数据成为一种重要的生产要素，是实现传统行业转型升级的数字基石。目前，数据开放涉及众多利益相关者[1]，其中以政府和企业为主要领导者，政府掌握了超过80%的公共数据资源[2]，涵盖金融、医疗、生态等多个领域[3,4]；淘宝、微博、微信等平台企业拥有庞大的消费者交易记录、上网行为等商业数据，具有潜在的开发利用价值。麦肯锡报告显示，通过开放数据能提高生产效率、促进新产品研发、增加消费者剩余，每年在教育、交通运输、消费品等七个领域可带来超过3万亿美元的附加价值[5]。为此，2009年起以美国为首的发达国家陆续上线Data.gov等公共数据开放网站，我国也于2015年起相继出台了《促进大数据发展行动纲要》《科学数据管理办法》等相关政策文件，上线57个数据开放平台[6]，全面推动政府和企业数据开放进程，释放数据红利。尽管我国数据开放工作已取得一定进展，但与英美德等发达国家相比，我国仍存在数据开放不够全面、数据隐私保护不够完善等诸多问题[7,8]。

目前，国内外学者对数据开放共享问题研究日渐增多，主要内容有以下几个方面。①国外数据开放经验研究。通过对美英德等国家数据开放情况的梳理，指出要通过完善相关指导政策、积极鼓励社会各界参与等措施，加大数据开放力度[9]。②数据开放法规政策研究。通过梳理国家层面数据开放相关法规政策，发现我国数据开放政策体系仍处于初期水平，存在政策法规地区落实不充分、内部协调度不高、财政支持薄弱等问题[10,11]。③数据开放平台研究。以数据开放平台为对象，通过案例研究发现现阶段数据开放平台主要存在数据容量过低、可视化动态展示内容较为单一、获取数据门槛较高、平台缺少个性化服务等问题[12-14]。④开放数据应用实践研究。开放数据被大量运用到各个领域，释放潜在价值，如使用开放数据收集混凝土中关键氯化物含量[15]、检测和鉴定药物副作用[3]、测量物种稀有度[4]等。近年来，部分学者开始运用博弈论对数据开放问题进行研究，主要从政府数据开放着手，探讨了如何提高政府开放数据意愿以及政府间利益如何分配等问题[16,17]。

通过文献梳理发现，现有文献大多从政府数据开放角度出发，忽略了社会数据开放

①发表期刊：《运筹与管理》，2021，30（12）：100-107. 有改编。
基金项目：重庆市社会科学规划一般项目（2018YBGL060）；重庆邮电大学社会科学基金重点项目（2018KZD03）。
作者简介：樊自甫，重庆邮电大学应用经济系主任，教授；程姣姣，重庆邮电大学研究生。

水平是由多主体共同决定的。同时，政府等参与主体并不是只能固定地选择"开放"或"不开放"某一种策略，其开放数据程度是随时间不断变化的。

微分博弈模型是一种分析连续时间内博弈方合作决策问题的动态博弈模型[18, 19]。考虑到数据开放策略的选择随着时间的变化而变化，本文以数据开放的主要贡献者政府和企业为对象，运用微分博弈模型深入分析不同情形下政府和企业最优开放数据努力程度、社会数据开放存量最优轨迹以及最优收益函数。同时将时间因素引入到纳什（Nash）谈判模型中[20]，进一步分析了政府和企业合作时具有时间一致性的动态收益分配机制，以确保双方收益分配的长久公平性。最后根据研究结论提出了相关对策建议，以期为深化我国政府和企业数据开放提供参考。

2. 基 本 假 设

本文考虑数据开放系统由政府（G）和企业（E）共同组成，均为理性主体，基本假设如下。

假设 1：在数字经济背景下，政府和企业为提高社会数据开放水平，所付出的努力程度分别为 $X(t)$ 和 $Y(t)(X(t) \geqslant 0, Y(t) \geqslant 0)$，代表政府和企业为开放自身拥有的数据而付出的人力、资金、时间等。社会数据开放水平用社会数据开放存量来表征，由政府开放数据的努力程度和企业开放数据的努力程度共同决定，且社会数据开放存量是一个随着时间 t 变化的动态变量，其变化规律满足如下微分方程：

$$\begin{cases} \dot{K}(t) = \alpha_G X(t) + \alpha_E Y(t) - \delta K(t) \\ K(0) = K_0 > 0 \end{cases} \tag{1}$$

其中，$K(t)$ 为 t 时刻社会数据开放存量；α_G 和 α_E 分别为 t 时刻政府和企业开放数据活动对社会数据开放存量的影响系数；δ（$\delta > 0$）为当政府和企业开放数据的努力程度均为 0 时，社会数据开放存量因时效性而导致的存量衰减系数。

假设 2：政府开放数据的成本 C_G 与其努力程度 $X(t)$ 呈正相关关系，且边际成本随着开放数据的努力程度增加而增加，即 $C'_G(X(t)) > 0$，$C''_G(X(t)) = \beta_G > 0$，故政府开放数据成本为 $C_G = \frac{1}{2}\beta_G X^2(t)$，其中，$\beta_G$ 为政府开放数据的努力成本系数。同理，得到企业开放数据成本为 $C_E = \frac{1}{2}\beta_E Y^2(t)$，其中 $\beta_E > 0$，表征企业开放数据的努力成本系数。

在数据开放过程中，政府作为领导者，企业作为跟随者，由于资本、人力、技术等条件限制，政府数据开放技术水平高于企业。出于提升社会数据开放水平考虑，政府通过共享数据开放技术等激励方式来分担企业数据开放成本，假设成本分担比例为 $\psi(t)(0 < \psi(t) < 1)$。

假设 3：高质量数据能被广泛运用到城市交通、医疗、企业生产运营、产品研发等各个领域，充分发挥其最大价值、优化企业经营方式、提高居民日常生活便利性，数据开放能为社会发展带来巨大的社会福利效应。假设政府和企业开放数据所带来的社会福利效应为

$$Q(t) = Q_0 + \mu_G X(t) + \mu_E Y(t) + \tau K(t) \qquad (2)$$

其中，$Q_0 > 0$ 为社会福利初始状态；μ_G、μ_E 分别为政府和企业开放数据努力程度对社会福利效应的影响系数；τ 为社会数据开放存量对社会福利效应的影响系数。

政府和企业开放数据带来社会福利的增加，使得公众对政府和企业的满意度显著增加，同时，利用这些数据开发出的产品投入到市场后，能够发挥自身价值，并为政府和企业带来收益。令社会福利效应对政府企业开放数据收益的作用系数为 $\lambda(\lambda > 0)$，则政府和企业开放数据带来的总收益为 $\lambda Q(t)$。

假设 4：政府和企业开放数据的总收益在二者之间分配，分配比例分别为 ω、$1 - \omega$，其中 $0 \leqslant \omega \leqslant 1$。在无限时间区域内，政府和企业拥有相同的贴现率 $r(r > 0)$，两者目标都是在无限时间区域内寻求自身收益最大化的最优数据开放策略。

3. 模型构建及求解

为了更好地分析政府和企业开放数据的努力程度均衡、验证激励策略的有效性，本文分别考虑了无成本分担情形的纳什非合作博弈（为了便于区分，后文用 N 标记）、有成本分担激励下的施塔克尔贝格（Stackelberg）主从博弈（用 S 标记）和集中决策下的协同合作博弈（用 C 标记）三种情形得到政府和企业的目标函数与约束条件如下：

$$J_G^S = \int_0^\infty e^{-rt} \left\{ \begin{array}{l} \omega\lambda[Q_0 + \mu_G X(t) + \mu_E Y(t) + \tau K(t)] \\ -\dfrac{1}{2}\beta_G X^2(t) - \dfrac{1}{2}\psi(t)\beta_E Y^2(t) \end{array} \right\} dt$$

$$J_E^S = \int_0^\infty e^{-rt} \left\{ \begin{array}{l} (1-\omega)\lambda[Q_0 + \mu_G X(t) + \mu_E Y(t) \\ +\tau K(t)] - \dfrac{1}{2}(1-\psi(t))\beta_E Y^2(t) \end{array} \right\} dt$$

$$\text{s. t. } \dot{K}(t) = \alpha_G X(t) + \alpha_E Y(t) - \delta K(t), K(0) = K_0$$

3.1　纳什非合作博弈

在非合作背景下，政府和企业互相独立选择各自开放数据的努力程度以期实现自身利润最大化，故此时政府不会向企业共享数据开放技术来分担企业数据开放成本，即 $\psi(t) = 0$。

本文利用哈密顿-雅可比-贝尔曼（Hamilton-Jacobi-Bellman，HJB）方程求解非合作博弈的纳什均衡。假设其他参数均与时间无关，为了下文书写便利，均省略时间 t，得到命题 1。

命题 1：在纳什非合作博弈中，政府和企业的纳什均衡如下。

（1）政府和企业开放数据的最优努力程度分别为

$$\begin{cases} X_N^* = \dfrac{\omega\lambda[\mu_G(r+\delta) + \tau\alpha_G]}{\beta_G(r+\delta)} \\[3mm] Y_N^* = \dfrac{(1-\omega)\lambda[\mu_E(r+\delta) + \tau\alpha_E]}{\beta_E(r+\delta)} \end{cases} \qquad (3)$$

（2）社会数据开放存量的最优轨迹为

$$K_N^*(t) = \eta_N^* + e^{-\delta t}(K_0 - \eta_N^*) \tag{4}$$

其中，$\eta_N^* = \dfrac{\omega\lambda\alpha_G[\mu_G(r+\delta)+\tau\alpha_G]}{\delta\beta_G(r+\delta)} + \dfrac{(1-\omega)\lambda\alpha_E[\mu_E(r+\delta)+\tau\alpha_E]}{\delta\beta_E(r+\delta)}$。

（3）政府和企业最优收益表达式分别为

$$\begin{cases} V_{GN}^*(K) = \dfrac{\omega\lambda\tau}{r+\delta}K + \dfrac{\omega^2\lambda^2[\mu_G(r+\delta)+\tau\alpha_G]^2}{2r\beta_G(r+\delta)^2} \\ \qquad\quad + \dfrac{\omega\lambda Q_0}{r} + \dfrac{\omega(1-\omega)\lambda^2[\mu_E(r+\delta)+\tau\alpha_E]^2}{r\beta_E(r+\delta)^2} \\ V_{EN}^*(K) = \dfrac{(1-\omega)\lambda\tau}{r+\delta}K + \dfrac{(1-\omega)\lambda Q_0}{r} \\ \qquad\quad + \dfrac{(1-\omega)^2\lambda^2[\mu_E(r+\delta)+\tau\alpha_E]^2}{2r\beta_E(r+\delta)^2} \\ \qquad\quad + \dfrac{\omega(1-\omega)\lambda^2[\mu_G(r+\delta)+\tau\alpha_G]^2}{r\beta_G(r+\delta)^2} \end{cases} \tag{5}$$

由 $\partial K_N^*(t)/\partial t = -\delta e^{-\delta t}(K_0 - \eta_N^*)$ 得到推论 1 如下。

推论 1：当初始社会数据开放存量 K_0 小于系统稳定状态下的社会数据开放水平 η_N^* 时，$\partial K_N^*(t)/\partial t > 0$，社会数据开放存量会逐渐积累扩大并向稳定状态下的社会数据开放存量收敛；当初始社会数据开放存量 K_0 大于稳定状态下社会数据开放水平 η_N^* 时，$\partial K_N^*(t)/\partial t < 0$，社会数据开放存量会逐渐减少至稳定状态下的社会数据开放存量。

由纳什非合作博弈均衡可知，政府和企业开放数据最优努力程度与双方开放数据努力程度对社会福利效应的影响系数、社会福利效应对政府企业开放数据收益的作用系数、双方开放数据活动对社会数据开放存量的影响系数，以及社会数据开放存量对社会福利效应的影响系数正相关；与社会数据开放存量衰减系数、贴现率和开放数据的努力成本系数负相关，说明政府和企业进行数据开放决策时综合考察自身开放数据的成本、开放数据带来的社会福利效应以及自身收益来确定最优努力程度。此时政府和企业都仅以自身收益最大化为目标来判断其数据开放最优努力程度，而忽略社会数据开放水平，且双方决策均受成本系数制约。为了探讨降低一方成本能否提高社会数据开放水平、实现双方收益帕累托改进，下文将对有成本分担情形下的 Stackelberg 主从博弈均衡进行分析。

3.2　Stackelberg 主从博弈

在该种情形下，政府为提高企业开放数据努力程度，通过免费共享数据开放技术方式来分担企业数据开放部分成本，从而激励企业按照政府意愿来选择策略，促进社会数据开放水平实现帕累托最优，故政府和企业间签订成本分担契约，即政府向企业提供成本分担比例为 $\psi(t) \neq 0 (0 < \psi(t) < 1)$。博弈分为两个阶段：首先政府确定自身开放数据的

努力程度以及对企业成本分担比例，然后企业根据政府的策略确定自身的最优开放数据的努力程度。故利用 HJB 方程求解有成本分担情形下的均衡，得到命题 2 如下。

命题 2：在 Stackelberg 主从博弈中，政府和企业的均衡如下。

（1）政府和企业开放数据的最优努力程度分别为

$$
\begin{cases}
X_S^* = \dfrac{\omega\lambda[\mu_G(r+\delta)+\tau\alpha_G]}{\beta_G(r+\delta)} \\[2mm]
Y_S^* = \dfrac{(1+\omega)\lambda(\mu_E(r+\delta)+\tau\alpha_E)}{2\beta_E(r+\delta)}, \quad 1/3<\omega\leqslant 1 \\[2mm]
\psi = \dfrac{3\omega-1}{\omega+1}
\end{cases}
\tag{6}
$$

本文仅解决了政府和企业在 $1/3<\omega\leqslant 1$ 范围下的 Stackelberg 均衡。

（2）社会数据开放存量的最优轨迹为

$$
K_S^*(t) = \eta_S^* + \mathrm{e}^{-\delta t}(K_0 - \eta_S^*)
\tag{7}
$$

其中，$\eta_S^* = \dfrac{\omega\lambda\alpha_G[\mu_G(r+\delta)+\tau\alpha_G]}{\delta\beta_G(r+\delta)} + \dfrac{(1+\omega)\lambda\alpha_E[\mu_E(r+\delta)+\tau\alpha_E]}{2\delta\beta_E(r+\delta)}$。

（3）政府和企业最优收益表达式分别为

$$
\begin{cases}
V_{GS}^*(K) = \dfrac{\omega\lambda\tau}{r+\delta}K + \dfrac{\omega\lambda Q_0}{r} \\[2mm]
\qquad + \dfrac{\omega(1-\omega)\lambda^2[(r+\delta)\mu_E+\tau\alpha_E]^2}{r\beta_E(1-\psi)(r+\delta)^2} \\[2mm]
\qquad + \dfrac{\omega^2\lambda^2[(r+\delta)\mu_G+\tau\alpha_G]^2}{2r\beta_G(r+\delta)^2} \\[2mm]
\qquad - \dfrac{\psi(1-\omega)^2\lambda^2[(r+\delta)\mu_E+\tau\alpha_E]^2}{2r\beta_E(1-\psi)^2(r+\delta)^2} \\[2mm]
V_{ES}^*(K) = \dfrac{(1-\omega)\lambda\tau}{r+\delta}K + \dfrac{(1-\omega)\lambda Q_0}{r} \\[2mm]
\qquad + \dfrac{\omega(1-\omega)\lambda^2[(r+\delta)\mu_G+\tau\alpha_G]^2}{r\beta_G(r+\delta)^2} \\[2mm]
\qquad + \dfrac{(1-\omega)^2\lambda^2[(r+\delta)\mu_E+\tau\alpha_E]^2}{2r\beta_E(1-\psi)(r+\delta)^2}
\end{cases}
\tag{8}
$$

从 Stackelberg 均衡可知，有成本分担情形下，政府和企业各自开放数据最优努力程度的影响因素和影响关系与纳什非合作博弈情形相同，双方仍会忽略社会数据开放水平，仅以自身收益最大化为目标来确定最优努力程度。同时，企业开放数据最优努力程度与政府给予的成本分担比例呈正相关，说明政府的成本分担措施具有激励作用，且总收益分配比例达到 $1/3<\omega\leqslant 1$ 是政府提供成本分担的首要前提。

3.3　协同合作博弈

在该种情形下，政府和企业不再是各自独立决策的个体，两者通过协同合作，降低信息不对称等负外部性，提高开放数据意愿，以最大化整体数据开放水平为目标，共同确定各自开放数据的最优努力程度。此时政府和企业的目标函数为 $J = J_G^S + J_E^S$。同样利用 HJB 方程求解此时政府和企业的策略均衡，得到命题 3 如下。

命题 3：在协同合作博弈中，政府和企业的均衡如下。

（1）政府和企业开放数据的最优努力程度分别为

$$\begin{cases} X_C^* = \dfrac{\lambda[\mu_G(r+\delta)+\tau\alpha_G]}{\beta_G(r+\delta)} \\ Y_C^* = \dfrac{\lambda[\mu_E(r+\delta)+\tau\alpha_E]}{(r+\delta)\beta_E} \end{cases} \tag{9}$$

（2）社会数据开放存量的最优轨迹为

$$K_C^*(t) = \eta_C^* + e^{-\delta t}(K_0 - \eta_C^*) \tag{10}$$

其中，$\eta_C^* = \dfrac{\lambda\alpha_G[\mu_G(r+\delta)+\tau\alpha_G]}{\delta\beta_G(r+\delta)} + \dfrac{\lambda\alpha_E[\mu_E(r+\delta)+\tau\alpha_E]}{\delta\beta_E(r+\delta)}$。

（3）政府和企业最优总收益表达式为

$$\begin{aligned} V_C^*(K) = &\frac{\lambda\tau}{r+\delta}K + \frac{\lambda Q_0}{r} \\ &+ \frac{\lambda^2[\mu_G(r+\delta)+\tau\alpha_G]^2}{2r\beta_G(r+\delta)^2} \\ &+ \frac{\lambda^2[\mu_E(r+\delta)+\tau\alpha_E]^2}{2r\beta_E(r+\delta)^2} \end{aligned} \tag{11}$$

由协同合作情形下博弈均衡分析可知，政府和企业开放数据最优努力程度不再受总收益分配比例影响，即双方不再考虑自身收益最大化，而以整体收益最大化为目标判定最优决策，其他影响因素及影响关系均与前文两种博弈结论相同。

4. 比较分析与收益分配机制

4.1　均衡比较分析

比较纳什非合作博弈、Stackelberg 主从博弈和协同合作博弈情形下的命题 1～命题 3，得到以下相关推论。

由式（3）、式（6）、式（9）比较可知，$X_N^* = X_S^* < X_C^*$，$Y_N^* < Y_S^* < Y_C^*$，$Y_S^* - Y_N^* > 0$，$(Y_S^* - Y_N^*)/Y_S^* = \psi$。

推论 2：当政府开放数据总收益分配比例达到 $1/3 < \omega \leqslant 1$ 时，与无成本分担情形下的纳什非合作博弈均衡相比，有成本分担的 Stackelberg 主从博弈下，政府开放数据最优努

力程度虽没有变化，但依据企业在这两种情形下的均衡差可知，企业开放数据最优努力程度将得到明显提升，且增加比例等于政府的成本分担比例；当政府和企业协同合作时，双方开放数据最优努力程度均高于其他两种情形。

由式（4）、式（7）、式（10）比较可知，$\eta_C^* - \eta_N^* > 0$，$\eta_C^* - \eta_S^* > 0$，$\eta_S^* - \eta_N^* > 0$（其中，$1/3 < \omega \leqslant 1$）。

推论 3：当政府和企业协同合作时，稳定状态下的社会数据开放存量达到最大水平；当 $1/3 < \omega \leqslant 1$，即政府收益高于总收益的三分之一时，政府愿意为企业分担一定成本，此时稳定状态下的社会数据开放存量大于纳什非合作情形下的数据开放存量。政府和企业在协同合作情形下达到帕累托最优状态，有成本分担情形下处于次帕累托状态，纳什非合作博弈情形下效率最低。

由式（5）、式（8）、式（11）比较可知，

$$\Delta V_G(K) - \Delta V_E(K)$$
$$= [V_{GS}^*(K) - V_{GN}^*(K)] - [V_{ES}^*(K) - V_{EN}^*(K)]$$
$$= \begin{cases} < 0, \dfrac{1}{3} < \omega < \dfrac{1}{2} \\ > 0, \dfrac{1}{2} < \omega \leqslant 1 \end{cases}$$
$$V_C^*(K) - [V_{GN}^*(K) + V_{EN}^*(K)] > 0$$
$$V_C^*(K) - [V_{GS}^*(K) + V_{ES}^*(K)] > 0$$

推论 4：政府和企业协同合作情形下的双方整体最优收益相较于其他两种情形总是处于最高水平；当 $1/3 < \omega \leqslant 1$ 时，有成本分担情形下，政府和企业开放数据获得的最优收益均高于他们在纳什非合作情形下的最优收益，且此时存在两种不同情景：①当 $1/3 < \omega < 1/2$ 时，政府开放数据获得的收益增量小于企业的利润增量；②当 $1/2 < \omega \leqslant 1$ 时，政府开放数据获得的收益增量大于企业的利润增量。

综上所述，无论是从社会数据开放水平角度还是从整体收益角度考虑，政府和企业协同合作都是帕累托最优状态。一方面政府和企业通过协同合作，解决了某一方"搭便车"行为，减少了数据开放过程中不必要的经济损失；另一方面，双方通过合作，使其在生产经营、行政管理中效率更高，进而产生额外收益。当政府获得的收益分配比例达到一定水平时，政府愿意为企业分担一定的数据开放成本，促使企业贡献更高水平的努力程度，从而使得社会数据开放水平和整体收益均得到帕累托改进。而在纳什非合作情形下，政府和企业仅从自身收益最大化角度出发，忽略社会数据开放水平来确定各自最优决策，使得各自的努力程度、双方所获收益、社会数据开放存量和总体收益均处于最低水平，效率最差。

4.2 收益分配机制

由上文可知，政府和企业协同合作时整体收益与社会数据开放存量均高于其他两种情形，但在现实中，若缺少一个有效的收益分配机制，该合作状态将很难长久维持。为了实现政府和企业在整个博弈过程中均有合作意愿，动态收益分配机制（见命题 4）必须同时

满足个人理性和整体理性，其中，个人理性确保政府和企业在协同合作情形下的各自收益不低于其非合作收益，谈判顺利进行；整体理性确保双方从合作中获得所有潜在收益。

命题 4：在协同合作情形下，政府和企业在任何时刻 $s \in [0, \infty)$ 均同时满足个体理性和整体理性具有时间一致性的动态收益分配机制：

$$V_{iC}(K_0) = \int_t^\infty e^{-rs} B_i(s)ds + e^{-rt} V_{iC}(K_C(t))$$

其中，i 表示主体为政府或者企业。

5. 仿 真 分 析

由命题 1～命题 4 以及推论 1～推论 4 可知，三种不同情形下，政府和企业开放数据最优努力程度、社会数据开放存量以及收益均受模型中多个参数影响，不利于具体分析，故利用 MATLAB 软件对其进行数值仿真。假设基准参数设为：$\alpha_G = \alpha_E = 0.6$，$K_0 = 5$，$\delta = 0.1$，$\beta_G = \beta_E = 2$，$Q_0 = 1$，$\mu_G = \mu_E = \tau = 0.5$，$\lambda = 10$，$\omega = 0.6$，$r = 0.9$。

图1～图3描述了三种不同情形下社会数据开放存量、政府和企业收益的变化趋势。由图1与图3对比可知，协同合作情形下的社会数据开放存量和双方总收益均远高于非合作情形，表明合作机制能全面有效地提升数据开放效率。对比图2与图3可知，有成本分担情形下的政府和企业各自收益、双方总收益均优于纳什非合作情形，表明政府通过为企业分担部分数据开放成本的激励手段也能有效促进数据开放水平的提升。

由于篇幅有限，本文仅对政府数据开放活动的相关参数进行了灵敏性分析（图4～图9），企业相关参数的灵敏性分析与之类似。由图4～图6可知，三种情形下的社会数据开放存量均分别随着 α_G、μ_G、λ 的增加而呈线性上升，表明政府开放数据活动对提升社会数据开放水平具有显著作用，政府是数据开放活动的主导者，其开放数据的努力程度关系到社会数据开放存量的高低，间接影响着开放数据被公众、媒体、高校等利用增值所带来的社会福利效应大小，最终决定着政府和企业开放数据所获收益大小，形成一个有效的正反馈循环。同时，协同合作情形下的三种参数对社会数据开放存量的促进程度均高于非合作情形下的程度，表明合作机制对参数的作用程度具有放大效应。

由图7～图9可知，三种情形下随着 β_G、r 的增长，社会数据开放存量、政府或企业收益迅速下降并收敛于稳定状态。由图7可知，当 β_G 较小时，有成本分担情形下的社会数据开放存量与纳什非合作情形下的存量几乎相同，但随着 β_G 的不断上升，有成本分担情形下的社会数据开放存量逐渐大于纳什非合作情形下的存量，表明当 β_G 不高时，政府开放数据带来的社会开放数据存量的增长效率高，无须通过为企业分担部分成本来提高社会数据开放水平，此时成本分担激励机制作用并不明显，但当 β_G 很高时，其开放数据效率低，无法通过自身努力来改变现状，故通过为企业分担部分成本的激励手段来鼓励企业，改善整体现状，此时成本分担激励机制作用明显。对比图8与图9知，随着 r 不断增大，社会数据开放存量、政府或企业所获收益曲线的斜率不断减小，表明政府和企业可能具有短视行为，其仅着眼于最大化当前短期收益，而忽略长期收益，减少开放数据努力程度，致使存量和收益均大幅减少。

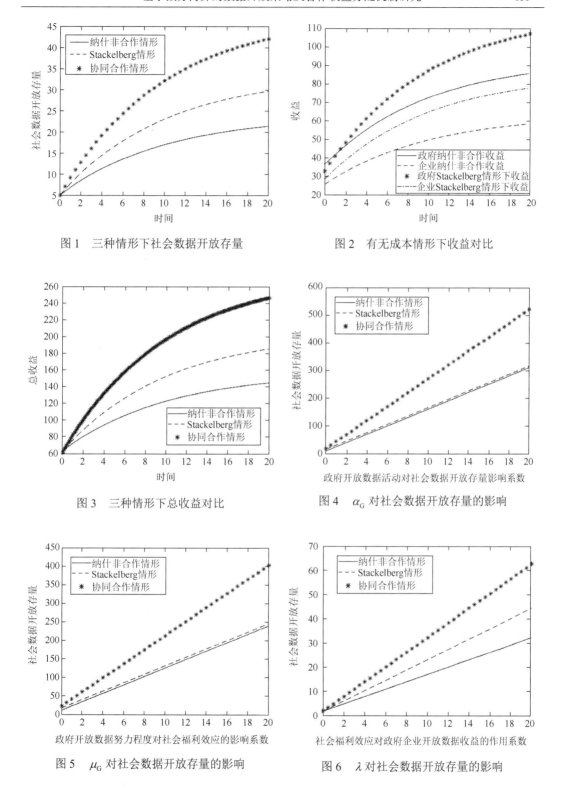

图1 三种情形下社会数据开放存量

图2 有无成本情形下收益对比

图3 三种情形下总收益对比

图4 α_G 对社会数据开放存量的影响

图5 μ_G 对社会数据开放存量的影响

图6 λ 对社会数据开放存量的影响

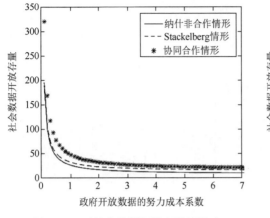

图 7 β_G 对社会数据开放存量的影响

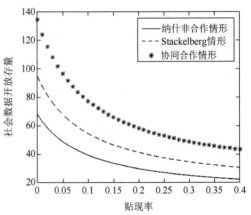

图 8 r 对社会数据开放存量的影响

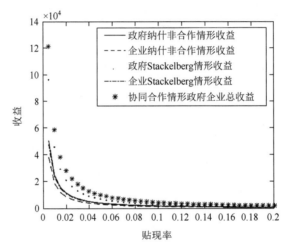

图 9 r 对政府或企业收益的影响

6. 结论与建议

本文利用微分博弈分析了政府和企业开放数据努力程度对社会数据开放存量的影响,并设计了一个政府和企业协同合作情形下的动态收益分配机制。通过以上研究分析发现:①当政府获得收益分配比例大于 1/3 时,有成本分担情形下的政府和企业双方收益以及社会数据开放存量均高于纳什非合作情形;协同合作情形下,双方总收益和社会数据开放存量都达到帕累托最优状态。②运用纳什谈判模型得到了保证个体理性的合作收益分配方案,在此基础上通过引入一个动态收益分配机制保证了整体理性,使政府和企业合作关系能随着时间的变化而具有稳定性。③三种情形下的社会数据开放存量均分别与 α_G、μ_G、λ 呈正相关,与 β_G、r 呈负相关。

根据上述结论,本文提出以下相关建议。

(1)完善数据开放法律法规,建立针对性的成本分担补偿机制,为政企数据开放合作奠定基础。同时，由于地域、生产经营模式、客户类型等因素不同，企业间开放数据能力和所获收益均存在极大差异，政府应根据不同企业制定科学有效的成本分担准则，建立资金、人力、技术等多层面的成本分担补偿机制，激励企业提升开放数据努力程度，为促进政企合作提供保障。

（2）构建统一的数据开放平台，制定长期有效的动态收益分配机制，提升政府和企业合作程度。上述比较分析表明，协同合作情形下社会数据开放水平和整体收益均达到帕累托最优状态。政府作为统一平台的发起者，制定数据开放格式、技术、管理等统一标准，提升数据开放平台的使用率；借鉴本文建立的具有时间一致性的动态收益分配机制，确保收益分配的公平和稳定，解决政府和企业间信息不对称、搭便车、合作意愿不高等问题，引导企业积极参与数据开放活动，全面提升交通、医疗、生态等公共数据以及消费者交易行为、上网行为等商业数据的开放力度。

（3）根据相关参数的灵敏性分析，可以从以下几个方面入手：一是提升开放数据在各地区交通、医疗、教育、电力等公共领域以及产品研发、管理等商业领域的利用率，释放开放数据的潜在价值，增加社会福利效应，提升政府和企业开放数据收益，提升社会数据开放水平；二是借助大数据、人工智能等技术手段，解决数据开放技术短板，提升数据开放智能化水平，减少开放数据的努力成本；三是政府和企业需要转变仅着眼于最大化当前短期收益的惯性思维，在考虑自身收益的同时还应注重数据开放所带来的社会福利效应，放眼长期收益，提升开放数据努力程度。

本文还存在诸多不足，如未对随机因素干扰下社会数据开放水平变化、政府和企业开放不同类型数据所获收益的差异以及 Stackelberg 主从博弈均衡的控制受约束等问题作探讨，后续应对其进行深入研究。

主要参考文献

[1] 盛小平，吴红. 科学数据开放共享活动中不同利益相关者动力分析[J]. 图书情报工作，2019，63（17）：40-50.

[2] 王娟，王赟芝，曹芬芳. 大数据时代政府数据开放共享的博弈分析：基于不完全信息动态模型[J]. 情报科学，2018，36（11）：17-22，87.

[3] Fan B，Fan W，Smith C，et al. Adverse drug event detection and extraction from open data: A deep learning approach[J]. Information Processing and Management，2020，57（1）：102131.1-102131.14.

[4] Smith J A，Benson A L，Chen Y，et al. The power，potential，and pitfalls of open access biodiversity data in range size assessments: Lessons from the fishes[J]. Ecological Indicators，2020，110：105896.

[5] Manyika J，Chui M，Groves P，et al. Open data: Unlocking innovation and performance with liquid information[EB/OL].（2013-10-01）[2020-01-09]. https://www.mckinsey.com/capabilities/mckinsey-digital/our-insights/open-data-unlocking-innovation-and-performance-with-liquid-information.

[6] 复旦大学，国家信息中心数字中国研究院. 中国地方政府数据开放报告[R]. 2020：4.

[7] 储节旺，汪敏. 美国科学数据开放共享策略及对我国的启示[J]. 情报理论与实践，2019，42（8）：153-158.

[8] 刘莉，刘文云，刘建，等. 英国科研数据管理与共享政策研究[J]. 情报资料工作，2019，40（5）：46-53.

[9] 相丽玲，李彦如，陈梦婕. 中外政府数据开放运行机制的实证分析[J]. 现代情报，2020，40（1）：134-143.

[10] 马续补，吕肖娟，秦春秀，等. 政策工具视角下我国公共信息资源开放政策量化分析[J]. 情报理论与实践，2019，42（5）：46-50.

[11] 吴金鹏，韩啸. 制度环境、府际竞争与开放政府数据政策扩散研究[J]. 现代情报，2019，39（3）：77-85.

[12]　杜荷花. 我国政府数据开放平台隐私保护评价体系构建研究[J]. 情报杂志，2020，39（3）：172-179.

[13]　王法硕. 我国地方政府数据开放绩效的影响因素：基于定性比较分析的研究[J]. 情报理论与实践，2019，42（8）：38-43.

[14]　Neumaier S，Umbrich J，Polleres A. Automated quality assessment of metadata across open data portals[J]. Journal of Data and Information Quality，2016，8（1）：1-29.

[15]　Boschmann Käthler C，Angst U M，Aguilar A M，et al. A novel approach to systematically collect critical chloride contents in concrete in an open access data base[J]. Data in Brief，2019，27（0）：104675.

[16]　王娟，李玉海. 基于演化博弈论的政府开放数据质量控制机制研究[J]. 现代情报，2019，39（1）：93-102.

[17]　程琳，朱晓峰，陆敬筠. 大数据背景下政府数据开放共享平台的收益分配研究：基于协同效应视角[J]. 情报理论与实践，2019，42（4）：71-75.

[18]　汪明月，刘宇，史文强，等. 碳交易政策下低碳技术异地协同共享策略及减排收益研究[J]. 系统工程理论与实践，2019，39（6）：1419-1434.

[19]　徐浩，谭德庆. 区域合作污染控制及动态收益分配策略研究[J]. 中国管理科学，2021，29（9）：65-76.

[20]　汪明月，刘宇，李梦明，等. 碳交易政策下区域合作减排收益分配研究[J]. 管理评论，2019，31（2）：264-277.

第 2 篇　重庆数字经济创新发展路径

准确把握数字经济发展的趋势和规律①

樊自甫　许光洪

党的十九届六中全会审议通过的《中共中央关于党的百年奋斗重大成就和历史经验的决议》指出，加快发展现代产业体系，壮大实体经济，发展数字经济。数字经济健康发展有利于推动构建新发展格局，数字技术和数字经济可以推动各类资源要素快捷流动、各类市场主体加速融合，帮助市场主体重构组织模式，实现跨界发展，打破时空限制，延伸产业链条，畅通国内外经济循环。各级领导干部要准确把握数字经济的发展趋势和规律，提高数字经济思维能力和专业素质，增强发展数字经济本领，强化安全意识，推动数字经济更好地服务和融入新发展格局。

深刻理解数字经济的丰富内涵。数字经济是以数字化的知识和信息作为关键生产要素，以数字技术为核心驱动力量，以现代信息网络为重要载体，通过数字技术与实体经济深度融合，不断提高经济社会的数字化、网络化、智能化水平，加速重构经济发展与治理模式的新型经济形态。从边界上来看，数字经济既包括电子信息制造、信息通信、软件及信息技术服务等数字产业发展，也包括应用数字技术和数据资源提升传统产业生产效率的产业数字化转型，两者相辅相成、相互促进，数字产业化为产业数字化发展提供数字技术、产品、服务、基础设施和解决方案，产业数字化为数字产业化发展提供丰富的应用场景。在推动数字经济发展中，需要做好数字产业化和产业数字化的有效衔接。一方面要做好大数据、人工智能、区块链等新兴数字产业的培育发展；另一方面要以数字产业化为引擎，促进传统产业建强产业链、优化供应链、提升价值链、拓展生态链，提升传统产业能级。

全面把握数字经济的发展特征及运行规律。信息和数字产品是数字经济的典型产品与"运行细胞"，在技术经济特征上与工业产品有着较大差异。在供给侧，数字产品的边际成本递减等特性使得供给曲线向右下方倾斜，价格对供给的影响十分有限，免费、后向收费等模式加速涌现。在需求侧，由于梅特卡夫定律及网络外部性等作用影响，数字产品的边际和规模收益均呈现递增规律，产品的平台化、智慧化、生态化趋势明显。此外，由于正反馈和马太效应明显，市场受多态均衡和预期等影响具有不稳定性，次优技术（产品）获胜、短期垄断成为数字产品市场的典型特征。为此，需要建立包容审慎的监管机制，强化技术知识共享和产业生态体系的打造。

熟练掌握数字技术和产业深度融合发展路径。赋能传统产业转型升级的关键是要促进数字技术与实体经济的深度融合，利用互联网新技术对工业、农业和服务业进行全方位、全链条的改造，提高全要素生产率，发挥好数字技术对经济发展的放大、叠加、倍

①发表于重庆日报《思想周刊》，2021-12-23。
作者简介：樊自甫，重庆邮电大学应用经济系主任，教授；许光洪，重庆邮电大学党委副书记，研究员。

增作用。一方面，加快搭建制造业、建筑业、农业等产业互联网平台，加速跨设备、跨系统、跨厂区、跨地区互联互通，实现产业全要素连接，进而优化提升生产制造服务体系的智能化水平和资源配置效率。另一方面，也要看到产业数字化转型发展初期，要素市场化配置机制不健全、市场主体缺乏活力、企业创新动力不足等问题依然存在，需要加快数字化转型促进中心及公共服务平台建设，扩大产业数字化公共服务供给，切实破解生产制造企业"不会转""不敢转""不能转"困境。

建立健全数字经济发展支撑保障体系。数字经济发展离不开数字技术创新的驱动，离不开数据要素以及数字经济人才、新型基础设施等的支撑。为此，需要围绕数字产业化和产业数字化关键共性技术，布局一批高端研发平台和产业创新平台，加大技术创新力度。优化数字经济类学科布局和专业建设，加强企业人员职业培训，扩大专业化数字人才供给，筑牢数字经济发展人才根基。加大财政金融扶持力度，吸引社会资金参与新型基础设施建设等数字经济重点项目投资，鼓励金融机构加大对数字经济企业信贷支持力度，扩大数字经济企业商业价值信用贷款、知识价值信用贷款规模。探索公共数据和企业数据融合开发利用机制，扩大公共数据资源开放共享水平，推动数据要素安全有序流通，加快培育数据要素市场。加快5G、千兆光纤宽带、数据中心、超算中心等信息基础设施建设，为数据的高效流转打下基础。

正确处理好安全和发展的关系。数字技术的快速发展及产业化应用，在为数字经济提供发展动力的同时，也由于其开放、融合等特性带来了新的安全挑战。为此，需要坚持促进发展和监管规范"两手抓、两手都要硬"，在发展中规范、在规范中发展。健全市场准入制度，清理和规范制约新业态、新模式健康发展的行政许可、资质资格等事项，合理设置市场准入规定和许可，及时制定出台相关产品和服务标准。强化守信激励和失信惩戒制度，加强全链条全领域监管，压实互联网平台治理企业主体责任，防止平台垄断和资本无序扩张。纠正和规范发展过程中数字经济企业过度收集个人信息、"大数据杀熟"等损害群众利益的行为，切实保护消费者合法权益。加大安全边界泛化程度，重塑网络安全生态，重点加强5G、区块链、人工智能、云计算、数据中心、工业互联网、车联网等数字经济新技术新应用的安全评估管理。

加快推动数字经济和实体经济融合发展①

樊自甫　万晓榆

2020 线上中国国际智能产业博览会全方位展示了全球大数据智能化新产品、新技术、新业态以及新模式，为数字经济发展带来了新动能。我们要进一步深化认识、抢抓机遇，用足用好 2020 线上中国国际智能产业博览会成果，积极拓展大数据智能化创新应用，加快推动数字经济和实体经济融合发展。数字经济和实体经济融合发展是指通过互联网、大数据、人工智能、物联网等新一代信息技术在传统产业中的深度融合应用，实现传统产业质量变革、效率变革和动力变革，其核心要义是以数字技术赋能为主线，推动传统行业数字化转型、智能化升级。

准确把握数字经济和实体经济在融合发展中的关系。深刻把握实体经济是根基、数字经济是引擎的融合发展总基调，两者之间为相互促进而非替代关系。数字经济特别是互联网、人工智能、大数据等数字技术的发展，有利于提升数字技术在实体经济中的融合应用深度，进一步发挥数字技术在实体经济资源要素配置中的优化与集成作用，更好地推动实体经济的数字化转型和智能化升级。当前，重庆传统支柱产业仍大而不强、大而不优，面临产品迭代不快、综合效益偏低等问题，需要通过数字经济和实体经济融合发展实现传统产业建强产业链、优化供应链、提升价值链、拓展生态链，进而在产业存量中做大经济增量，做大做强实体经济。

政府市场同时发力协同推进数字经济和实体经济融合发展。由于信息不对称、外部性、市场化程度不够等，在数字经济和实体经济融合发展初期，仍存在市场失灵和政府缺位问题，需要更好地发挥政府作用，扩大数字化转型公共服务供给，加快数字化转型促进中心建设，着力构建转型促进公共服务体系，破解中小企业"不会转""不敢转""不能转"困境。与此同时，加速引进和培育一批数字化转型优质市场主体，扩大市场化服务供给。一是支持以技术和资本为纽带组建产学研用联合体，重点培育一批具备自主研发能力的实体经济数字化转型解决方案供应商。二是着力推动本地龙头企业裂变式发展，组建信息技术服务部门或企业，面向行业内企业提供数字化设计与虚拟仿真、检验检测认证，数字化转型解决方案设计等专业化服务。三是重点支持规划设计、咨询服务等机构延伸业务链条，开展咨询诊断服务和总集成总承包服务，鼓励信息技术服务企业发展智能制造系统集成业务。

以产业互联网建设应用为突破口推动实体经济数字化转型。一是加快工业互联网平台及标识解析体系建设，加速跨设备、跨系统、跨厂区、跨地区互联互通，推动工业制造协同和产品全生命周期管理，提升生产制造服务体系的智能化水平。二是加快农业互

①发表于重庆日报《思想周刊》，2020-10-29。
作者简介：樊自甫，重庆邮电大学应用经济系主任，教授；万晓榆，重庆邮电大学经济管理学院院长，教授。

联网及农（副）产品交易大数据平台建设，推动全市农业农村数据资源系统互联互通、业务协同，加快农业生产经营管理服务的数字化转型。三是加快建设建筑业互联网平台，推动工程建设领域物联网、业务、空间、过程等数据融合，加快建筑业数字化转型。四是抓好服务业在线平台培育，围绕金融、物流、商贸等重点细分行业打造一批具有全国影响力的互联网平台，加快服务业的网络化、平台化和智能化，提升服务效能和精准性。五是支持大型企业建设产业互联网平台，支持中小企业采用产业互联网平台提供的平台应用服务，通过"上云上平台"降低 IT 建设成本，优化管理能力，提升数字化、网络化、智能化水平。

以数字化转型共性技术创新增强融合发展内生动力。一是引导高校、企业、研究机构深度合作对接，联合共建数字化转型关键共性技术研发机构，围绕重庆支柱产业积极开展大数据、云计算、人工智能、5G、物联网和区块链等新一代数字技术应用和集成创新。二是着力突破先进感知与测量、高精度运动控制、高可靠智能控制、工业互联网安全等一批关键共性技术，加快推动智能化装备、边缘计算系统、工业无线通信、工业大数据分析、工业安全防护等关键技术及系统的开发和应用。三是重点突破计算机辅助类软件、基于数据驱动的三维设计与建模软件、数值分析与可视化仿真软件等工艺仿真软件，高安全高可信的嵌入式实时工业操作系统等业务管理软件。四是加快研制具有自感知、自决策、自执行功能的高端数控机床、工业机器人、检测装配、物流仓储等智能制造设备，突破高性能专用伺服电机和驱动器、高精度减速器、高档控制系统、高速大扭矩切削电主轴等"卡脖子"关键零部件制造技术。

做好数字经济和实体经济融合发展重点措施保障。一是加大数字经济类学科布局和专业建设，扩大中高端专业化数字服务人才供给，加强企业人员职业培训，筑牢数字经济和实体经济融合发展人才根基。二是加大财税支持力度，设立市区两级数字化转型专项引导基金，探索企业商业价值信用贷款、知识价值信用贷款等创新模式，拓宽实体经济企业数字化转型贷款增信渠道，切实解决中小企业数字化转型资金短缺问题。三是加快研究农业、制造业、服务业、建筑业与数字经济融合发展统计指标及评价体系，定期对全市、各区县数字经济和实体经济融合发展水平进行测度，找出差距，明确方向。四是将数字经济和实体经济融合发展纳入部门及区县考核范围，定期开展督促检查，在推进较好的地区和行业，选择骨干企业，组织策划制造业数字化转型示范项目，探索数字化转型经验做法和解决方案，以典型示范引领带动全市数字经济和实体经济融合发展。五是推进网络安全地方立法，强化 5G、云计算、物联网、区块链、人工智能、工业互联网等新技术新应用网络安全保障，为数字经济和实体经济融合发展保驾护航。

协同推进重庆市数字产业化和产业数字化转型[①]

樊自甫

2021 年政府工作报告提出,加快数字化发展,打造数字经济新优势,协同推进数字产业化和产业数字化转型,加快数字社会建设步伐。重庆在加快数字产业化、产业数字化发展中,需要坚持把发展着力点放在实体经济上,协同推进数字产业化和产业数字化转型,进一步发挥数字技术在实体经济要素配置中的优化与集成作用,以数字产业化为引擎,改造提升传统产业,推进产业基础高级化、产业链现代化。

统筹推进传统基础设施数字化转型和新型基础设施建设。在协同推进数字产业化和产业数字化转型中,基础设施建设具有战略性、基础性和先导性作用,既要加快新型基础设施建设,又要做好传统基础设施建设和数字化改造。一是加大 5G、千兆光纤宽带、空间互联网等信息基础设施建设,打造空天地一体化信息高速公路。二是持续推进全国一体化大数据中心国家枢纽节点、数据中心、超算中心、边缘计算资源池节点等存算设施建设,加大人工智能开放平台、低空无人机通用航空物流网络等试验设施建设,强化数字产业化创新支撑。三是加大产业互联网平台建设应用,促进传统产业全要素连接和资源优化配置,以数字化手段降低企业研发、生产、营销、服务环节的试错、转换和交易成本,提高生产效率和产品质量。四是推动窄带物联网(narrow band internet of things,NB-IoT)、增强机器类通信(enhanced machine-type communication,eMTC)、射频识别(radio frequency identification,RFID)、地理信息系统(geographic information system,GIS)、北斗卫星定位等技术在城市交通、电力、水利、市政、卫生等领域基础设施中的应用,发挥技术溢出及催化效应,提升传统基础设施的建设质量、运行效率、服务水平和管理水平。

以数字产业化为引擎推动产业数字化转型发展。当前,重庆市传统产业仍大而不强、大而不优,面临产品迭代不快、综合效益偏低等问题,需要通过数字产业化发展帮助传统产业建强产业链、优化供应链、提升价值链、拓展生态链,进而在产业存量中做大经济增量,做大做强传统产业。一是优化完善"芯屏器核网"全产业链,加快人工智能、大数据、物联网、区块链等新一代信息技术的产业化进程,大力发展线上业态、线上服务、线上管理,进一步提升数字产业化发展能级。二是以数字产业化为契机,加快培育一批软件及信息技术服务市场主体,面向传统产业提供数字化设计与虚拟仿真、检验检测认证,数字化转型解决方案设计等专业化服务,推动传统产业数字化、网络化和智能化升级。三是充分认识在传统产业数字化转型发展初期的市场失灵问题,更好地发挥政府作用,加快数字化转型促进中心及公共服务平台建设,通过购买服务等方式引导数字企业面向实体企业开展数字化转型服务。

---

①发表于重庆日报《思想周刊》,2021-03-18。

作者简介:樊自甫,重庆邮电大学应用经济系主任,教授。

协同推进数字产业化和产业数字化转型关键技术创新。关键核心技术是国之重器，要促进科技创新与实体经济深度融合，更好地发挥创新驱动发展作用，依靠创新推动实体经济高质量发展，培育壮大新动能。一是围绕数字产业化发展，搭建一批国家级高端研发平台和产业创新平台，增强 5G/6G 网络、集成电路、知识工程、跨媒体智能、多维数据分析、认知计算、类脑计算、智能语言处理等数字产业化领域关键技术研发能力。二是面向产业数字化转型发展，重点突破先进感知与测量、高精度运动控制、高可靠智能控制、建模与仿真、工业互联网安全等关键共性技术，集成应用具有深度感知、智慧决策、自动执行等技术的成套装备及智能化生产线。三是支持数字经济企业和实体经济企业共建技术研发机构，联合开展大数据、云计算、人工智能、5G、物联网和区块链等数字技术在汽车、生物医药、高端装备、绿色化工及新材料等支柱产业中的应用和集成创新，加速数字产业化技术向实体经济企业输出。

优化数字产业化和产业数字化要素资源配置。近年来，数字产业化发展受到了各级政府重视，纷纷出台扶持政策，使得数字经济产业特别是在互联网领域，集聚了大量的优质市场主体、资金和创新人才，在资源有限条件下对传统产业数字化转型产生了一定影响。为此，要以资金、人才、数据等要素资源优化配置为着力点，做好数字产业化和产业数字化转型协同发展。一是通过普惠金融定向降准、发行"云量贷"等方式引导金融机构加大对实体经济企业的贷款投放力度，将企业数字化转型投入纳入免税范围，降低实体企业数字化转型成本。二是建立人才跨界流动机制，引导数字科技人才在数字企业和实体企业间有序顺畅流动，有效解决传统产业数字化转型的人才瓶颈。三是推动互联网企业和制造企业数据平台对接，有效整合生产侧和消费侧数据，在为数字经济企业提供数据价值挖掘新应用场景的同时，利用数字企业的数据运营能力帮助实体经济企业加快实施数据驱动型生产。

强化数字产业化和产业数字化转型发展安全保障。数字产业化和产业数字化发展都离不开大数据的支持，离不开互联网平台载体的支撑，离不开新应用场景的融合创新。数据的采集、平台的运用、应用场景的开放也带来了信息及网络安全风险。一是加大安全边界泛化程度，提高架构安全的一体化安全能力，重塑网络安全生态，加速形成智能安全防御能力。二是推进网络安全地方立法，落实网络安全"三同步"要求，开展网络安全前置审批。三是重点强化 5G、区块链、物联网、人工智能、工业互联网、云计算、数据中心、车联网、空间互联网等新技术新应用的网络安全保障。完善数据安全管理体系，实现数据汇聚、整合与处理、挖掘分析、共享以及管理与治理全过程的安全防护。四是大力推广安全可控软硬件产品和技术，强化安全可信的信息系统建设和运行，构建主动免疫、积极防御的网络安全技术防护体系。

深度挖掘数据价值　激活新要素活力①

邓维斌　万晓榆

2020 年 6 月 22 日召开的重庆市发展数字经济推进大会强调，要激活新要素，着眼"聚、通、用"，推动数据高效集聚，加强数据处理加工，促进数据顺畅融通，推进数据开放共享，深度挖掘数据价值。生产要素范畴由土地、劳动力、资本、技术等向数据拓展，数据正逐渐成为人们进行生产经营活动所需要的主要资源，以及财富创造和经济增长的主要源泉。与土地和资本等相比，数据具有衍生性、共享性、非消耗性三大价值，打破了自然资源有限供给对增长的制约，为持续增长和永续发展提供了基础和可能。如何在保障安全的前提下，促进数据的高效集聚、顺畅流通和开发运用，对充分挖掘数据价值、激活数据要素新动能具有重要意义。

推动数据高效集聚。一是加速建设数据互联互通高速网络。扎实推进 5G 网络、千兆宽带、IPv6 等信息基础设施建设，强化国家级互联网骨干直联点、中新（重庆）国际互联网数据专用通道等关键枢纽设施布局，提前规划部署低轨卫星移动通信和量子通信等未来网络设施，加速形成主城都市区互联互通、共建共享的信息通信高速网络。二是加快建成海量数据存储和高性能计算中心。强化两江水土云计算中心核心承载能力建设，根据区域经济社会发展需要，适时建设区域性、行业性和专业性数据存储分中心，打造布局合理、功能兼容、平滑扩展的大数据存储体系。统筹高性能计算方案提供商、全市高校和科研院所等资源，建设面向各类科学研究、工程应用等的计算资源集聚高地，为大数据汇聚和处理提供计算支撑。三是加速各类数据资源集聚进程。利用重庆工业互联网标识解析国家顶级节点优势，重点推动工业互联网标识解析二级节点建设，结合重庆市在汽车、摩托车、笔记本电脑等行业的集聚优势，全力支持和打造忽米网、阿里云飞象、领工云等工业互联网示范服务平台，实现人、机器、车间、企业等主体和设计、研发、生产、管理、服务等产业链各环节全要素的泛在互联与数据汇聚。依托互联网领头企业等在业务和技术方面的优势，加强对金融、电信、交通、教育、医疗、电子商务等信息数据的依法合规收集，形成丰富的行业和专业数据资源。

促进数据有序交易。一是打造大数据交易平台。依托数字重庆大数据应用发展有限公司等龙头企业，借鉴贵阳大数据交易所、上海数据交易中心等成功经验，加快打造大数据交易系统、建设交易平台、形成交易联盟，实现数据的共享共用、二次开发和交易流通。二是健全数字交易机制。建立数据格式标准化、数据质量认证、数据定价、数据源追溯、数据交易信息披露、市场主体考核评价等标准及规范体系，提供完善的数据指数开发、数据交易结算与交付、安全保障、数据资产管理和融资等综合配套服务，为数

---

①发表于重庆日报《思想周刊》，2020-06-30。

作者简介：邓维斌，重庆邮电大学现代邮政学院副院长，教授；万晓榆，重庆邮电大学经济管理学院院长，教授。

据交易提供保障。三是加强数据交易监管。加强对数据交易从业人员的资格审查、诚信评估和培训，强化工作权限和责任义务。加强对交易会员的条件审核和管控，包括内部监督、风险控制、数据源审核、交易协议订立、数据交易信息统计等。四是丰富数据交易类型。接入涵盖多领域的优质数据资源，通过数据算法和接口进行多源数据聚合，生成增值数据产品。引入招投标对接机制实现对专业数据或产品需求的定制开发，满足数据市场多样化需求。

深化数据开发运用。一是加快政府服务与社会治理智慧化进程。推动大数据、物联网、人工智能等技术在医疗、教育、交通、物流、市政等领域的应用，全面提升重庆市公共服务精细化、智能化水平。持续深化"渝快办"等政务服务平台建设，推动"线上办公"与"线下办公"协同发展，全面提升政府服务质量。二是助推实体经济转型升级。大力推动大数据在农业生产管理、产品溯源和市场销售中的应用，实现现代农业生产实时监控、精准管理、远程控制和智能决策，为乡村振兴战略实施提供强有力支撑。创新大数据与服务业融合应用场景，加快推进"大数据＋服务业"深度融合，推动服务业向平台型、智慧型、共享型发展。深入分析和挖掘用户需求与市场反馈信息，打通供给侧和需求侧信息流通渠道，精准锁定市场需求，灵活安排和调整产品线，实现个性化生产与服务，推动产品和服务供给模式创新。三是推动政企数据融合运用。研究建立促进公共数据开放和数据资源有效流动的制度规范，探索建立面向互联网头部企业的数据目录备案机制，推进政府数据开放共享、加强与社会数据资源的对接整合，架构起"政-政"数据共享、"政-企"数据开放、"企-企"数据互通的数据流通与融合运用体系，促进数字经济新产业、新业态和新模式涌现。

筑牢数据安全底线。一是完善数据安全法律法规。从网络和信息安全相关法律法规、标准规范和保障规划等方面强化数据安全整体规划和顶层设计，制定地方数据安全防护政策法规及实施细则，对脱敏化数据、模型化数据和人工智能化数据等明确产权归属，对数据采集、存储、分析处理等明确安全要求，对数据安全问题明确责任界定。二是完善数据安全制度体系。根据不同数据类型、敏感程度、脱敏状态、可用性等要求，建立数据分级保护机制、安全保护策略和安全评估制度，并紧跟数据生成方式多元、数据体量庞大以及流动迅疾的特点，推出涵盖数据全生命周期的立体性安全监管标准。三是构筑数据安全技术屏障。加强对重要信息系统和数据资源的安全技术防护措施，推进密码学、区块链、防火墙等安全技术和产品的研发与应用，实现信息安全领域的自主可控。定期对网络设备、数据库、信息系统、应用平台等进行可靠性及安全性检测和评估，及时发现和规避安全风险。四是建立数据安全应急预案和联动防御机制。强化数据风险应急预案部署，提升数据安全事件的应急响应能力。建立信息共享、系统协同、部门协作的联动防御机制，形成全面分析风险、及时获取威胁、协同研判处置的防御策略，提升数据安全联动防御效率。

抓大数据促智能化　建设新型智慧城市[①]

万晓榆

习近平总书记在致 2019 中国国际智能产业博览会的贺信中强调，中国高度重视智能产业发展，加快数字产业化、产业数字化，推动数字经济和实体经济深度融合。重庆全面贯彻落实习近平总书记贺信精神，坚决落实"共创智能时代，共享智能成果"要求，以构建数据驱动的创新体系和发展模式为战略选择，坚持抓大数据促智能化，高标准推进新型智慧城市建设，更好地让大数据产业为经济赋能、为生活添彩。

1）科学分析重庆市大数据产业发展形势

当前重庆市加快大数据产业发展正面临着千载难逢的机遇。一是党中央、国务院对重庆大力支持，确定重庆为中国国际智能产业博览会永久举办地。二是重庆市是国家级互联网骨干直联点城市，大数据产业衍生应用场景不断丰富。三是市委坚决实施以大数据智能化为引领的创新驱动发展战略行动计划，大数据产业链相关企业入驻，"芯屏器核网"（芯片、液晶面板、智能终端、核心零部件、物联网）全产业链正在形成。四是数字资源载体平台（数字重庆大数据应用发展有限公司）建立，将推动重庆市数据资源"全面汇聚、共享互通、创新应用"。同时还要看到，重庆市大数据产业发展还存在一些短板，主要表现在：总体上规模不大；规划布局有待进一步优化；发展质量有待提高，缺乏核心产业和行业龙头；法律和规范标准建设不够；高端人才总体供给不足。

2）抓大数据促智能化，引领重庆市新型智慧城市建设

坚持协同发展，致力于将大数据产业打造成一个深度关联、跨界融合、开放协同、利他共生的生态圈系统，助力新型智慧城市建设。

一是统一思路，科学布局。要突出资源规划的整体性、系统性、超前性，发挥产业发展的集群效应和互补作用。加快推进新一代信息通信基础设施建设。持续增强数据的战略性资源集聚效应，以数据采集、存储、清洗、挖掘分析、可视化、交换交易等为重点，普及采集终端，完善数据采集体系。科学规划大数据产业链布局，以两江新区云计算中心为核心，优化产业空间布局，形成市区县协调发展、特色发展的产业布局。

二是产业扶持，拓展生态。要扶持产业发展的创新性、标杆性、引领性，拓展产业生态的应用边界和辐射范围。大力支持大数据技术和产业创新发展，支持大数据核心关键共性技术研发攻关。培育扶持大数据行业标杆企业，通过智博会积极引进一批国内外知名大数据企业入渝，建立系统化、流程化、透明化的大数据企业发展评估体系。拓展大数据产业生态链的应用边界，从政务大数据平台、工业大数据应用、城市综合管理数据平台等方面不断丰富大数据产业生态圈。

[①]发表于重庆日报《思想周刊》，2019-09-17。

作者简介：万晓榆，重庆邮电大学经济管理学院院长，教授。

三是规范标准，完善制度。要重视数据应用、数据安全、数据产权等相关立法的及时性、全面性、统一性。推进政府数据共享开放相关法律法规的建立健全，重点围绕政府数据共享平台建设，加快新法出台、现有法律文件修订及相关标准规范的制定工作。进一步明确数据权属的边界和数据流通的法规，以保护个人隐私和数据安全为前提，对禁止性大数据应用场景加以明确，在此基础上积极鼓励市场主体的大数据应用创新。

四是人才为先，优化供需。要坚持人才引培的积极性、灵活性、前瞻性，健全人才培养机制，优化市场中人才供需结构。积极引进大数据产业生态发展急需的人才和平台，建立全方位的中高端和领军人才梯度引培计划，引进国内外知名高校和研究机构。优化市场中大数据相关人才的供需结构，鼓励市场主体开设相关的大数据人才培养机构，对高校相关专业设置进行对口优化，从制度保障上鼓励高校毕业生留渝发展。

五是价值导向，开放共生。要深挖大数据的商用、政用、民用价值，助力新型智慧城市建设。以工业物联网技术改造传统工业生产和工艺流程，动态采集实时数据，实现企业生产运作管理的自动化、精准化。推动公共数据的整合、共享和开放。鼓励企业及科研机构利用民生领域大数据开展研究，提升民生服务质量。构建以大数据为引领的城市综合管理体系。以城市综合管理为对象，构建科学的预警监控体系，建立可视化、智能化的大数据应用分析模型，提升城市治理智能化水平。

抢抓战略机遇协同打造数字双城经济圈①

　　重庆市委五届八次全会指出，推动双城经济圈建设，使成渝地区战略地位凸显、战略空间拓展、战略潜能释放，为成渝地区发展带来前所未有的战略机遇期。川渝两地要抢抓战略机遇，树立一盘棋思维，深刻把握谋全局与谋一域的辩证关系，加强统筹协调，强化政策协同，聚力打造数字双城经济圈。紧密围绕国家赋予川渝两地的试验任务，以数字产业集聚发展、新型基础设施建设、超大城市智慧治理、数字经济国际合作、促进数字技术和实体经济深度融合为重点，有序推进数字双城经济圈建设。

　　协同打造数字产业集聚区。一是做大做强数字产业。延伸产业链条，补齐产业链短板，构建"芯屏器核网"全产业链，抢抓机遇加快培育人工智能、区块链、网络安全、数字文创等特色产业集群。二是壮大优质市场主体。联合推进数字经济领域大型国有企业、央企落户双城经济圈，共建数字经济孵化器、众创空间，引进一批龙头企业，培育一批高成长型中小企业和创新团队。三是搭建数字技术创新平台。围绕人工智能、大数据、物联网、区块链等重点领域集中布局一批高端研发平台、产业创新平台和公共服务平台，解决数字产业发展中的关键核心技术"卡脖子"问题。四是促进区域创新一体化发展。以"一城多园"模式合作共建西部科学城，搭建关键核心数字技术集成攻关平台，打造区域技术创新协作网络。

　　协同促进数字技术与实体经济深度融合。一是推动成渝地区工业互联网协同发展。围绕成渝地区汽车、电子信息、装备制造等优势产业，建设一批跨行业、跨地区工业互联网平台，共建新技术新产品测试床、试验验证平台等。二是携手共建工业互联网标识解析体系。以政府引导、市场主导方式推进标识解析二级节点、递归节点和企业节点及应用系统建设，依托重庆国家标识解析顶级节点优势，率先构建西部地区标识解析与标准体系。三是联合开展建筑业数字化转型。共建建筑信息模型（building information modeling，BIM）项目管理平台和数据中心，有序推动成渝地区建筑勘察、设计、生产、施工、验收等环节数据有效传递和实时共享，联合制定智慧小区、智慧工地、装配式建筑等建设评价标准。四是推动农产品产供销数字化发展。围绕成渝地区特色农（副）产品资源，共建国家级专业农（副）产品交易大数据中心和区域性农村电子商务平台。五是推动成渝地区数字旅游一体化。围绕成渝地区自然风景、人文景观旅游资源和特色农业资源，协同打造智慧旅游大数据管理平台。

　　携手参与数字经济国际合作。一是携手举办数字经济国际会议论坛。共同举办智博会、"数字丝绸之路"国际合作会议等国际性展览展会，争取中欧峰会、"一带一路"

---

①发表于重庆日报《思想周刊》，2020-05-12。
　　作者简介：樊自甫，重庆邮电大学应用经济系主任，教授。

国际合作高峰论坛等高层次会议落地成渝。二是联合开展跨境数据贸易。联手开展数据
保护能力认证、数据流通备份审查、跨境数据流通和交易风险评估，共建区域性国际数
据交换中心，探索跨境数据安全流动和离岸数据业务试点等首创性改革。三是联合承接
国际数字技术及产业转移。联合共建"一带一路"科技创新合作区和国际技术转移中心、
创新合作中心，依托成渝地区已建的中新、中德、中日、中国-东盟等产业园，积极承接
国际高端产业和创新资源。

推动成渝地区城市智慧治理一体化。一是推动政务服务"一网通办"。推动自然人
数据库、地理信息空间数据库、法人数据库等社会公共基础数据库的数据共享，做好成
渝地区社会公共信息共享交换平台的互联互通，统一制定数据治理标准。二是实现交通
"一卡通行"。以智能化手段推动成渝地区城市轻轨、地铁、公交、航空、高铁、高速、
水运无缝对接、多式联运，联合开展智能安检和电子客票服务。三是打造一体化智慧医
疗服务体系。共建共享城乡全覆盖的电子病历、电子健康档案和人口家庭数据库，联合
建设基于 5G 网络的远程医疗系统，促进城市优质医疗服务资源向农村偏远地区下沉。四
是推动智慧教育一体化。共建成渝地区教育数据资源标准体系，搭建一体化智慧教育平
台，推动成渝地区优质教育资源共建共享，缩小区域和校际教学水平差距。五是共同筑
牢长江上游生态屏障。加速长江上游生态环境大数据平台和环境信息模型（environmental
information modeling，EIM）数字孪生平台建设，推动生态环境监测与环境监管跨区域协
同联动。

强化新型基础设施互联互通。一是协同打造中新国际数据出口通道。加快中新国际
数据通道对成渝地区相关数字经济园区的接入授牌，共享共用中新（重庆）国际互联网
数据专用通道。二是协同共建国家信息通信枢纽。推进重庆、成都国家级互联网骨干直
联点扩容，共同创建国家新型互联网交换中心试点，加大成渝省际数据出口带宽。三是
推动算力基础设施一体化建设。统一规划建设大数据同城灾备、同城双活和异地灾备数
据中心，构建一体化的存储平台、云平台和安全平台等基础服务平台，争取国家布局共
建高性能智能超算中心。四是推动成渝地区试验设施一体化建设。联合创建国家车联网
先导区，共建共享基于 5G 的 L4 级自动驾驶开放道路场景示范运营基地、低空无人机通
用航空物流网络，联合建立测试评价体系和无人机低空监测平台。

大力推动大数据智能化集群发展①

万晓榆

2018 年中央经济工作会议明确指出:"要提升产业链水平,注重利用技术创新和规模效应形成新的竞争优势,培育和发展新的产业集群。"作为国家中心城市的重庆,更需抓住数字化、网络化、智能化融合发展的重大机遇,积极实施以大数据智能化为引领的创新驱动发展战略行动计划,培育和壮大一批战略性新兴智能产业集群,实现为经济赋能,为生活添彩的发展目标。

1)重庆市大数据智能化集群发展的机遇、挑战与借鉴

重庆作为传统的老工业基地,在经济高速发展转向高质量发展阶段,不可避免地会出现产业结构不合理、创新能力不强、竞争力不够、成本高等问题,加快智能化改造和集群发展已成为推动重庆市工业转型升级、助推高质量发展的根本出路。

大数据智能化集群发展态势良好。一是智能优势产业体系初步构建,智能产业发展态势良好。二是以两江新区为核心的开放平台体系已构建完成,智能产业公共服务平台不断拓展。三是行政村光纤和 4G 全覆盖,网络基础设施日渐完善。四是大数据智能化应用深入推进,交通、教育、政务等领域初步实现智能化。五是人脸识别、新一代国产云计算操作系统、半导体级硅片等部分关键技术领域取得突破。六是地处西部大开发的重要战略支点,"一带一路"和长江经济带的连接点,奠定了重庆市大数据智能化产业集群的区位优势。

大数据智能化集群发展挑战不断。一是智能化发展急需一批理论深、业务强、经验多、善创新的专业和复合人才。二是全要素、全天候、高质量、强智能的 IPv6 网络支撑体系尚未建设完成。三是重庆市 R&D 投入力度不够,高新技术主体企业较少,技术与应用创新要素需加速集聚。四是区域同质化竞争严重,开放型经济产业结构和布局亟待优化,对外开放合作深度和广度尚需加强。五是大数据智能化发展和产业集群过程中的支撑政策体系尚待完善。

大数据智能化集群发展经验借鉴。从国际上看,美国拥有微软、英特尔、苹果、IBM等智能基础型企业;德国充分借助"工业 4.0"战略将人工智能技术深入融合于工业、交通、能源等领域;英国立足国家科研领先优势鼓励高校科研人员持续攻关人工智能技术;韩国基于半导体、智能手机等产业加快推进智能化转型。从国内智能化发展来看,贵阳着力推动大数据处理加工交易,推动大数据产业蓬勃发展;杭州依托电商生态圈培育专业的电子商务服务商,带动产业集群发展;西安充分发挥硬科技的产业化潜力,促进"硬科技 + 实体经济"深度融合;上海不断深化科研体制改革,集中力量打造高端装备制造

---

①发表于重庆日报《思想周刊》,2019-01-23。

作者简介:万晓榆,重庆邮电大学经济管理学院院长,教授。

业产业集群。重庆市应积极借鉴发达国家在基础层进行布局的策略，以及"贵阳大数据""杭州互联网""西安硬科技""上海高端装备制造"等城市产业集群品牌的重要经验，打造"重庆智能化"这一城市品牌。

2）大数据智能化集群发展的布局与重点任务

重庆推动大数据智能化集群发展，必须坚持以供给侧结构性改革为主线，突出"数字产业化、产业数字化"这个重点，注重科技成果转化，创新产品市场化，引进高新技术和人才，培育和发展新的产业集群，推动经济高质量发展。在发展布局上，坚持实施"一心五翼"的计划，即以两江新区数字经济产业园为"核心"，带动北碚和沙坪坝"基础集成设备翼"、渝北和江北"汽车硬件生产翼"、渝中和大渡口"民生服务应用翼"、南岸和巴南"技术创新驱动翼"、九龙坡"高端装备制造翼"协调发展，促进十二大战略性新兴产业集聚。

推动大数据智能化产业集群发展重点任务包括四个方面。第一，以两江新区数字经济产业园为中心，依托国家级智能产业集聚区和智能园区，力争三年内培育和引进 10 家以上国内领先的智能产业龙头企业，聚集 1000 家以上智能产业开发、应用和服务企业。第二，围绕智能感知、人机交互等重点产业领域创新发展需求，突破知识自动获取和智能决策技术，突破优化无人系统核心感知技术，完善关键共性技术攻关。第三，推动集成电路等重点领域产品研发应用，形成智能机器人标准体系，构建智能网联汽车关键零部件产业化体系，建成高效共享便捷智能服务体系。第四，以"一心五翼"为圆心，打造具有全方位竞争力的智能产业集群，带动全市产业升级，实现 7500 亿元智能产业规模。

3）大数据智能化集群发展的实施路径

借助"鸿雁计划"引进海内外高层次人才，加大奖励从事基础研究、应用开发、工程实践和运营管理的大数据智能化人才。加大本土人才培养力度，围绕智能产业集群重点任务，高度重视和积极建设重庆大学的智能测控、重庆邮电大学的人工智能、重庆理工大学的装备制造、重庆医科大学的智慧医疗等为代表的 15 所高校 43 个专业，扩大招生规模，为重庆市人才需求提供基础保障。推动校企共建合作项目，让高校成为大数据智能化的实验场所、人才高地、科技高地，实现校内人才和创新资源整合，完善本土人才汇聚与培养，引领和支撑重庆市建设国家重要的大数据智能化产业基地。

实施智能化基础设施升级改造工程，以国家工业互联网战略国家顶级节点建设为契机，加快推进 5G 和 IPv6 环形高速互联网结构布局。积极布局 5G 规模组网及应用示范工程。依托长江上游航运中心和国际物流转运中心建设目标，推动通往全球主要城市的航线网、北上广等地的"米"字形高铁网、主城 9 区的轻轨网、各区县的高速公路网等交通设施建设。优化智能化发展环境，协同推进智能装备和产品研发、系统集成创新与产业集群发展。

充分发挥企业创新主体作用，加强重点领域技术研发，推广先进运营理念，完善技术创新平台，构建智能化技术供给体系。引导企业加大研发投入，加大政府对产业研发费用的补贴。发挥引进的中国科学院大学、清华大学等 9 所知名高校和科研机构的技术引领作用，加强关键核心技术攻关，加速应用科技成果转化，持续提升重庆市智能化产业集群重点领域和关键环节创新能力。

深度融入"一带一路"建设和长江经济带发展，加强与智能化领先国家和区域间的合作。综合运用重庆市"1277"①国家级开放平台体系，打造国际合作产业园，引领重庆市全域开放。通过每年的中国国际智能产业博览会，吸引跨国企业来渝布展，在渝设立大数据、智能化研发机构、人才培训基地，建设智能化示范工厂。同时，通过交流合作，带领有"中国特色""重庆特色"的智能化产品"走出去"，鼓励本市智能化企业参与国际国内并购，海外市场拓展和内需消费的提升。

在资金、财政和税收方面出台专项政策，保障大数据智能产业集群发展。对招商引进的本地项目兑现相应优惠政策，成立风险担保基金为基础理论研究、核心技术研发、传统产业改造等企业提供金融支撑。加大财政扶持力度，设立智能化产业专项资金，扩大对相关企业的政府财政贴息。同时对智能化产业集群发展过程中所涉及的企业、工作人员可实行降税或免税等优惠政策，降低企业研发、运营成本。

---

① "1"指两江新区；"2"指中国（重庆）自由贸易试验区、中新（重庆）战略性互联互通示范项目；第一个"7"指重庆高新技术产业开发区、重庆经济技术开发区、万州经济技术开发区、长寿经济技术开发区、璧山高新技术产业开发区、荣昌高新技术产业开发区、永川高新技术产业开发区；第二个"7"指两路寸滩保税港区、西永综合保税区、江津综合保税区3个海关特殊监管区域，铁路保税物流中心（B型）、南彭公路保税物流中心（B型）、万州保税物流中心（A型）3个保税监管场所，以及重庆检验检疫综合改革试验区。

持续提升重庆工业互联网创新能力[①]

许光洪　王　平

当前，变革生产方式、增强创新动能的工业互联网，正处在产业格局未定的关键期和规模化扩张的窗口期。重庆要贯彻新发展理念，构建新发展格局，持续提升工业互联网创新能力，坚持工业兴市、智造强市，把工业互联网作为数字化转型的实现途径、打造"智造重镇"的关键力量来抓。要本着应用是王道、数据是核心、互联是关键、安全是保障的理念，强弱项、补短板，着力构建创新有团队、研发有平台、成果有转化、产业有链条、投入有产出的协同创新体系，加快建成国家重要的工业互联网创新中心、人才培养基地和产业发展高地。

突出技术协同创新，聚力攻坚突破"卡脖子"技术。根据工业互联网技术图谱，重庆要在保持工业自动化控制、工业无线、工业物联网、供应链协同等技术研发领先优势的同时，在生产自动化设备上，研发支持边缘计算和自诊断、自学习、自决策的功能安全型仪器仪表，开发支持机器学习的分布式协同控制系统。在设备设施互联上，研发时间敏感网络芯片与核心交换机、工业软件定义网络（software defined network，SDN）网络控制器及多协议高速网关设备、边缘智能服务器与边缘计算平台、支持 IPv6 与 5G 的工厂内网设备等。在大数据平台搭建上，聚焦数据信息处理与分析，打造支撑全市重点产业发展和产业聚焦的行业性工业互联网平台。在产业链协同应用上，在标识、设计、资源配置等方面有突破，打造行业性智慧供应链和智能制造服务平台。在安全防护上，研制工控安全系统、核心安全设备与边缘安全网关，构建安全态势感知与深度防御平台，实现工业互联网的全面可信可管可控可审计可追溯。在标准规范制定上，开展网络与连接、边缘计算与安全、标识与行业应用等标准制定，形成产业竞争主导权。

突出运营模式创新，持续推进重点行业示范应用。坚持企业主导、多方联动。汽车与装备制造因其规模庞大、全产业链协同，可采用"主机厂主导"模式应用工业互联网，主机厂通过对供应商的准入要求以及制定标准规范，加速提升产业链上企业设备设施的数字化自动化网络化，消除终端设备连接不足的制约，实现纵向集成。电子产品制造要针对单品数量大、产品换代快、上下游企业订单紧密联系的特点，采用"供应链主导"模式，由工业互联网支撑代工厂商和上游企业之间物料供应的优化调度与实时配送，并通过供应链企业的标准规范和准入要求，促使代工厂商和上游企业的设备设施数字化自动化网络化。能源与化工产业要根据流程工业特点，通过完善标准规范，对生产过程、计划资源、关键设备等进行全方位管控与优化，解决好安全生产、生产管控、装备效率等，实现价值挖掘和提升。服装与快消产业则要把住产品换代（季）快、个性化订单多，

———————————
[①]发表于重庆日报《思想周刊》，2020-10-22。
　作者简介：许光洪，重庆邮电大学党委副书记，研究员；王平，重庆邮电大学自动化学院院长，教授。

定制化生产特色鲜明的特点，建设工业互联网生态体系，使用户持续、深度参与到产品设计研发、生产制造、物流配送、迭代升级等环节，满足用户个性化定制需求，缩减产品研制周期与生产成本。

突出组织管理创新，形成共建共享发展合力。实现人、机、物的全面互联，推动工业生产质量变革、效率变革、动力变革，需要技术创新、示范应用的持续积累，以及人才、资金、技术等要素资源的持续投入。首要的是集合工业企业、运营单位和科研机构，编制实施好"十四五"全市工业互联网发展专项规划，成立工业互联网创新中心，加强工业互联网发展的整体规划、产业联动、优化布局，促进工业互联网的自动化设备、物联网连接、大数据平台等协同发展。整合财力投入和社会资本，设立工业互联网重大工程创新基金，倾斜支持关键技术创新和企业设施设备数字化、智能化、网络化。支持高校协同工业企业、运营单位、科研机构等开发课程，建设浸入式应用创新体验中心和工程实训基地，培养应用创新型工业互联网人才。以事业留住人才，以市场留住机构，深化"放管服"，营造良好的工业互联网发展生态，使引进的机构和人才深耕重庆。加强成渝地区双城经济圈及"一区两群"协同联动，共同建设工业互联网的标识解析体系、一体化公共服务平台、一体化安全体系，推广流程和离散工业的企业示范应用，延长和提升重庆智能制造的产业链、供应链、价值链。

把握好大数据智能化这个科技创新的主方向①

樊自甫

重庆市委五届十次全会提出,加快推进大数据智能化创新,高质量推动产业创新发展。大数据智能化作为科技创新的主方向,为新技术运用、新产业发展、新模式推广创造了条件、开辟了空间。近年来,重庆市大力实施以大数据智能化为引领的创新驱动发展战略行动计划,倾力打造"智造重镇""智慧名城",成效正逐步显现,创新创造活力竞相迸发。但也要看到,当前重庆市经济发展、社会治理、民生服务仍面临需要解决的现实问题,亟须抓紧做实科技创新这个高质量发展的主动力,更多依靠大数据智能化创新的力量,稳住经济基本面、培育新的增长点,更好地引领推动全市经济社会高质量发展。

加大科技创新载体及平台建设。准确把握面向世界科技前沿、面向经济主战场、面向国家重大需求、面向人民生命健康,集中力量、整合资源,加快创新载体及平台建设,巩固筑牢大数据智能化创新发展基础。一是推进西部(重庆)科学城、两江协同创新区、中国智谷(重庆)科技园等重点载体建设,打造梯次布局、高效协同的科技创新平台体系,进一步优化重庆市创新资源布局。二是高水平建设脑科学、量子科技、智能计算、工业物联网等领域国家重点实验室,加速推动粒子物理、聚变物理、天文学、网络安全等专用大科学装置和重大科技基础设施落地,谋划建设大数据智能化领域大科学装置培育群,抢先布局高端研发平台,加快提升原始创新能力。三是突出产业创新这个主战场,加快创建集成电路特色工艺及封装测试国家级制造业创新中心、工业大数据制造业国家级创新中心、国家智能网联汽车创新中心、国家先进计算产业创新中心等产业创新平台,加快推动大数据智能化领域国家级高端研发机构来渝设立分中心、分院或应用示范中心,全面提升大数据智能化产业创新支撑能力。

加快关键共性技术攻关。围绕数字产业化发展、产业数字化转型、新型智慧城市建设等需求,依托高校、科研机构、企业等创新主体,加快推进大数据智能化关键共性技术攻关,不断增强全市科技创新技术供给能力,形成一批引领全国大数据智能化创新发展的标志性成果。一是重点突破云计算、物联网、知识工程、跨媒体智能、5G网络、认知计算、类脑计算、智能语言处理、集成电路等关键技术,加快布局大数据智能、混合增强智能、群体智能、自主协同控制与优化决策、高级机器学习、量子智能计算等基础理论和前沿技术研究。二是针对智能制造关键技术装备、智能产品、成套装备、数字化车间、智能工厂的开发和应用,重点突破先进感知与测量、高精度运动控制、高可靠智能控制、建模与仿真、工业互联网安全等一批关键共性技术。三是加强工业软件支撑能

①发表于重庆日报《思想周刊》,2021-05-20。
作者简介:樊自甫,重庆邮电大学应用经济系主任,教授。

力建设，重点突破计算机辅助类软件、基于数据驱动的三维设计与建模软件、数值分析与可视化仿真软件等设计工艺仿真软件，高安全高可信的嵌入式实时工业操作系统等业务管理软件。

强化科技成果转化应用。抓紧做实科技成果产生转化应用这个主抓手，提高科技成果转化率和产业化率，推动关键共性技术产业化发展，培育新的增长点，将科技成果转化为推动经济社会发展的现实动力，全面增强大数据智能化创新服务经济社会发展的能力。一是依托全市产业技术创新联盟、行业协会等，整合高校、科研机构、科技型企业等创新资源，构建集理论创新、技术研发、检验检测、成果转化等功能于一体的创新服务综合体，建立以需求为导向的科技成果转化机制，加强科技供给和需求对接。二是鼓励企业加强与国内外相关领域知名高校和科研院所合作，搭建大数据智能化关键共性技术开源社区，以开源开放平台促进科技成果的扩散共享和转化应用。三是改革高校、科研院所的科技成果管理体制，提高科研人员分享科技成果转化收益，增强科研人员推动科技成果转化的积极性。四是鼓励高校、科研机构和企业共同建立概念验证、孵化育成等面向基础研究成果转化的公共服务平台，建设国家科技重大专项成果转移转化试点示范基地，加快推动科技创新成果转移转化。

加快科技创新支撑体系建设。抓紧做实优化创新生态这个主任务，深化体制机制改革，加大科技投入力度，建立健全人才引培、创新创业、金融投资、知识产权保护等支撑体系，着力打造良好大数据智能化创新生态。一是充分认识科技创新力的根本源泉在于人，依托重庆市建设的重大科技基础设施和国家级研发机构，招引一批具有国际水平的战略科技人才、科技领军人才和创新团队。优化高等院校学科布局和专业建设，扩大适应大数据智能化创新需要的中高端人才供给。二是发挥资本市场和金融服务功能，加大金融中介服务体系建设，构建多元化、国际化、跨区域科技创新投融资体系，推进专业化科技创新创业保险机构建设，扩大知识价值信用贷款和商业价值信用贷款规模，强化金融对大数据智能化创新的支撑扶持。三是引导本土企业加大研发投入，加快引进一批世界 500 强和中国 500 强企业研发机构，培养一批高新技术企业和科技型企业，扩大科技创新投入和优质创新主体规模。四是加大知识产权保护力度，积极营造勇于探索、敢于创新的良好环境，加速人工智能、先进计算、智能制造等大数据智能化领域科技创新成果涌现。

打造高水平科技创新中心，建设高端研发平台①

以基础研究为主导的国家（重点）实验室和以提升产业核心竞争力为目标的国家技术创新中心等高端研发平台，是探索重大科学问题、突破关键核心技术、构建创新链供应链产业链的"顶梁柱"，是引育科技人才、积累人才红利、营造创新产业生态的"梧桐树"。重庆要牢牢把握推动成渝地区双城经济圈建设的新机遇，抓住用好国家数字经济创新发展试验区、国家新一代人工智能创新发展试验区和西部（重庆）科学城建设等政策支持，坚持前瞻引领，突出原创导向，强化产学研协同，加快建设一批具有国际重大影响力的高端研发平台，力争在行业影响力、标志性成果、经济社会发展贡献度上实现新的突破，加快建成具有全国影响力的科技创新中心。

拓宽领域"上规模"。近年来，包括重庆在内的全国各地通过省部共建、产学研合作等，统筹布局高端研发平台，支撑了地方经济社会发展和创新创造能力提升。但与先进地区相比，重庆高端研发平台在数量和规模上还存在一定差距。重庆要赶超领跑，瞄准世界科技前沿、聚焦国家战略需求、立足重庆现实基础，围绕长江流域和三峡库区生态环境保护需求，争取国家在渝布局三峡库区环境和生态国家实验室，组建三峡库区灾害监测防治等国家重点实验室。围绕跨学科研究，组建植物功能基因组、超低剂量电子显微、应用数学等学科交叉国家研究中心，建设超瞬态物质科学实验装置、超精密跨尺度基标准与溯源研究设施、重离子加速器癌症治疗装置等大科学装置，以及无线能量传输与环境影响等大科学工程。围绕能源电力、生态环境和现代农业等相关领域，建设雪峰山能源电力装备安全、金佛山喀斯特生态系统、三峡库区地表生态过程、寡日照与高温伏旱区粮油作物等国家野外科学观测研究站等。

注重内涵"提能力"。高端研发平台是基础科学研究的聚集地，基础科学研究又是整个科学体系的源头、解决技术难题的总开关。针对重庆高端研发平台高精尖深技术攻关实力不足的现状，要抓紧填空白、补短板、促融合，努力在若干领域走在理论最前沿、占据创新制高点、争创产业新优势。要填补基础研究空白，通过布局国家科研基地，开展与重庆乃至成渝地区、西部地区发展密切关联的数学、物理学、化学、地球科学、生物学、生态学等基础科学研究，不断增添新原理新知识新方法的源头储备和人才储备，实现基础研究从高原到高峰的突破。要补齐核心技术短板，围绕信息科学、生命科学、材料科学、能源科学、环境科学、农学、医学等优势和需要，把重大共性关键技术和重大应用示范相结合，形成一批应用基础研究的原创性成果，解决一批关键核心技术难题。要促进产学研用共融，以重点企业和高校、科研院所为主体，开展数字化网络化智能化、

---

①发表于重庆日报《思想周刊》，2020-06-24。

作者简介：许光洪，重庆邮电大学党委副书记，研究员；张能，重庆邮电大学马克思主义学院，副教授。

生物技术工程、生态安全工程、应急保障工程等技术攻关，建设一批试验场、体验中心、示范应用基地，以及大型科研仪器设备、大数据中心等科技资源共享服务平台，形成完善的科技资源支撑服务体系，加快科研成果从样品到成品再到商品的转化。密切政产学研用合作，融入全球创新网络，打造科研设施共建共享、关键核心技术集体攻关、科技成果转移转化的全链条、开放式的创新创业生态。

创新机制"强保障"。打造高端研发平台是一项系统工程，离不开资金、人才、项目等体制机制创新。要完善组织架构，实行实验室主任负责制和首席科学家制度，赋予职称评审权，支持设立博士后流动站和联合培养研究生。要建立项目激励机制，优化财政资金支出结构，汇聚高端创新资源，对落地实施的国家重大科技基础设施前期预研项目，国内外知名高校、科研机构在渝联合共建研发机构等给予资金补助，激励全社会加大研发投入。要健全人才培养机制，实施英才计划，办好英才大会，完善人才引育留用政策，把高端研发平台打造成为吸引人才、留住人才、用好人才的聚集地，成为通过研究发现和技术攻关培养人才、锻炼人才、提升人才层次的主通道。要健全交流合作机制，强化国际国内交流与合作。既要坚持"请进来"举办国际学术会议、开展国际项目合作、办好国际学术刊物，还要"走出去"服务"一带一路"建设，为国家牵头或参与引领科学前沿、解决全球性难题的国际大科学计划和工程作出重庆贡献。定期选派高端研发平台人员进入国际高端研发机构及合作组织开展合作研究，促进研究理念、研究方法、研究成果的互鉴共享。

第 3 篇　重庆数字经济创新发展实践

重庆市数字经济与实体经济融合发展调研报告[①]

樊自甫

为深入推动数字经济和实体经济融合发展，建强产业链、优化供应链、提升价值链、拓展生态链，市领导带领市政府办公厅、市委网信办、市发展改革委、市科技局、市经济信息委、市住房城乡建委、市农业农村委、市商务委、市统计局、市大数据发展局和两江新区、重庆高新区、重庆经开区管委会，深入开展调研，详细研究梳理了重庆市数字经济与实体经济融合发展基础、难点问题及下一步工作思路打算，形成了 1 个调研总报告、7 个部门专题报告、3 个开发区专项行动报告。

1. 重庆数字经济与实体经济融合发展背景及现状

1.1 数字经济与实体经济融合发展的定义及典型场景

数字经济与实体经济融合发展指通过互联网、大数据、人工智能、物联网等新一代信息技术在传统产业中的深度融合应用，实现对传统产业从生产要素到创新体系、从业态结构到组织形态、从发展理念到商业模式的全方位变革和突破，其核心要义是以数字技术"赋能"为主线，推动传统行业数字化转型、智能化升级，加速传统产业由标准化、单向线性模式向定制化、有反馈效应的立体化模式转变。

随着世界经济格局的深刻变化、新冠疫情的巨大影响，全球数字化进程提前了 5~7 年，传统企业的数字化进程被大大提速，本来可能需要 30~50 年才能完成的，现在很可能被缩短到一二十年。每个企业都必须思考如何利用数字技术来降低企业的推广成本、渠道成本、人力成本和管理成本，每一个传统行业都需要利用数字技术推动自身进步和发展，转变成技术驱动的现代行业。近年来，国内外传统制造企业纷纷开始尝试，积累了丰富的经验。在智慧工厂方面，德国安贝格西门子智慧工厂基于互联网实现上千制造单元联络和无人力操作状态下的挑选与组装，制造产品可靠性达 99%、追溯性达 100%，远超过普通工厂的产品质量。在柔性生产方面，三一重工"18 号工厂"是亚洲最大智能化制造车间之一，各环节的自动化、信息化推动生产中人、设备、物料、工艺等要素的柔性融合，拥有 8 条装备线、可实现 69 种产品的混装柔性生产，每条生产线可同时混装 30 多种不同型号机械设备，开足马力工作时能支撑 300 亿元的产值。在协同设计方面，长安汽车分别在中国的重庆、北京、河北、安徽，意大利都灵、日本横滨、英国伯明翰、美国底特律和德国慕尼黑建立起"六国九地"全球协同研发格局，拥有来自全球 18 个国家、

---

① 作者简介：樊自甫，重庆邮电大学应用经济学系主任，教授。

近万人的研发团队和产品研发流程体系（Chang An product development system，CA-PDS）、产品试验验证体系（Chang An test verification system，CA-TVS），实现智能语音、飞屏互动等 49 项领先技术国内首发，连续 5 届 10 年蝉联中国汽车研发实力行业第一。在机器换人方面，重庆金康两江智能工厂以德国工业 4.0 标准建造、拥有智能协同系统的"数字大脑"，采用全新的数字化及智能化协同系统，打造出了一个让"人、机器、资源互联互通的智能制造体系"，其自动化、智能化、定制化和网联化能力实现冲压、焊装、涂装、总装等环节全部无人化。在个性化定制方面，重庆磁器口古镇的老店"陈麻花"牵手阿里云飞象工业互联网平台，消费者在线提交需求，企业根据订单进行生产，2019 年线上销售份额从之前的不到40%提升到了80%。在智慧教育方面，科大讯飞基于 AI 技术研发了线上线下一体化的智慧课堂 4.0，运用人工智能、大数据、云计算等新一代信息技术打造智能、高效课堂，新冠疫情期间科大讯飞"停课不停学"解决方案已在 21 个省6500 余所中小学应用，服务师生超过 1500 万人。

1.2 习近平总书记对数字经济与实体经济融合发展的要求和指示

习近平总书记在 2018 年 1 月 30 日中共中央政治局第三次集体学习时提出，加快发展先进制造业，推动互联网、大数据、人工智能同实体经济深度融合。习近平总书记在2018 年首届中国国际智能产业博览会贺信中指出，促进数字经济和实体经济融合发展，加快新旧发展动能接续转换，打造新产业新业态，是各国面临的共同任务。2019 年，在G20 大阪峰会的数字经济特别会议上，习近平总书记再次提出要促进数字经济和实体经济融合发展。

1.3 主要国家及省市数字经济与实体经济融合发展路径

数字经济与实体经济融合是数字经济发展的主战场，各国、各地区不断强化相关战略布局，抢抓数字时代发展先机。在国际上，美国依托全球领先的信息技术领域基础性研究、应用型专利、技术的商业转化能力，充分发挥数字技术的非竞争性、网络效应等特征，主动把握制造业产业高附加值环节，利用数字技术推动制造业革命、激发传统工业的新活力，数字经济发展形成一条独特的"高频创新-产品全球化"发展路径。欧盟从个人数据隐私、垄断规则、数据安全等方面构建全方位数据法律规则，推动数字化单一市场的建立，保障数字经济规范发展，探索数据挖掘、交易生态体系发展路径。日韩立足信息通信产业优势，通过数据互连、智能制造、数字化人才培养等方面重点推动产业数字化发展。德国以中小企业数字化转型为突破口，在扶持计划"中小型企业 4.0-数字化生产流程和工作流程"框架下，强化技能中心普遍性建设，深化对数字化通信、云计算、流程管理和贸易的研究并提供支持服务。在国内，广东省依托坚实的制造业基础和政策引领，以数据驱动为发展主线，大力推动重点行业企业"上云上平台"，强化制造业与服务业数字化、融合新动能等方向，重点推进数字产业化发展。江苏省以数字化赋能实体经济为主要路径，启动 2020 年互联网大数据类企业转型升级计划，通过有效转型升级企业案例和政企研开放已建平台、工具等带动企业转型发展。上海市打造"站在数字上的全球城市",大力推进重点产业智能制造产业集群和产业互联网平台建设,积极在"AI＋综合研发""AI＋智造""AI＋生活""AI＋交通"四大领域开展数字应用先行先试,探索国际化数字贸易开放体系建设,多方发力推动数字经济与实体经济融合发展。福建省以贸易服务业转型为主要路径,强化数字经济龙头企业、"瞪羚"企业培育,大力发展"丝路电商"、跨境电商,对"买全球、卖全球"的电商企业和供应链平台企业,有的放矢地发力产业互联网、构建"数字丝路"、建设智慧海洋,全力打造数字经济的特色产业布局。

1.4 重庆数字经济与实体经济融合发展基础

当前,重庆坚持将大数据智能化作为高质量发展的战略选择,以建设国家数字经济创新发展试验区为契机,加快推进数字产业化、产业数字化,全力打造"智造重镇""智慧名城",数字经济与实体经济融合发展基础及态势良好,主要表现在以下方面。

一是实体经济发展良好,融合发展"土壤"厚实。2020年上半年,重庆地区生产总值增长0.3%,达到1.12万亿元,人均地区生产总值突破1万美元。第一产业实现增加值610.02亿元,增长2.4%;第二产业实现增加值4407.84亿元,增长0.9%;第三产业实现增加值6191.97亿元,增长0.5%。其中,重庆制造业基础雄厚,工业门类齐全、综合配套能力强,为数字经济融合发展提供丰富应用场景;第三产业上半年逆势增长,产业增速分别高出四川及全国平均水平0.9个百分点、2.1个百分点,金融、数字服务及新兴服务业发展势头强劲,行业数字化转型逐步深入,为融合发展奠定坚实基础。

二是数字经济势头强劲,融合发展基础坚实。截至2020年,"芯屏器核网"全产业链持续壮大,华为鲲鹏计算产业生态重庆中心、海康威视重庆基地二期等项目落地,紫光华智数字工厂、瑞声智能制造产业园等项目开工,联合微电子中心、英特尔FPGA中国创新中心、工业大数据制造业创新中心等项目投入运营,共有639家规模以上电子企业,软件企业约2.5万家。2020年上半年,大数据、集成电路、软件服务等10个数字产业增速为正,较一季度增加5个产业,增长面不断扩大。智能硬件产业在智能终端消费需求大幅增加的带动下,增长21%。一批汽车电子产业优质项目先后落户重庆市,上半年累计增长达10.8%。全市数字产业发展趋势良好,为数字经济与实体经济融合发展加速增效。

三是数字基础设施广泛布局,融合发展支撑有力。2020年上半年,全市开工建设新型基础设施重大项目176个,总投资2119亿元,以5G、数据中心、工业互联网平台建设为主的信息传输和信息技术服务业投资同比增长1.6倍。5G基站建设站稳全国第一方阵,全市新建5G基站3.2万个,累计建成4.2万个,提前超额完成全年3万个目标。数据算力进一步汇集,两江云计算中心集聚腾讯、电信、移动、联通、浪潮等10个大数据中心,形成1.9万架机柜、24万台服务器的数据存储能力,建立了腾讯云、华为云、浪潮云等近 20 个大型云平台，数据中心规模西部领先。国际数据通道能力进一步扩容，中新（重庆）国际互联网数据专用通道总带宽达 380Gbit/s，覆盖 7 个示范园区，用户企业 29 家，建成国家级互联网骨干直联点，省际直联城市 29 个。国家顶级节点（重庆）成功上线，日均标识解析量 140 余万次，面向汽车、电子、装备、医药、医疗器械等行业二级节点加快建设，为数字经济融合发展抢抓先机和持续发展提供坚实基础支撑。

四是服务平台加速集聚，融合发展生态完善。在工业方面，加快实施十大工业互联网平台培育工程，遴选了宗申忽米网、阿里飞象、航天云网工业大数据等十大平台，全市已集聚 197 家工业互联网服务企业，提供第三方服务的工业互联网平台 47 个，累计服务企业"上云" 5 万多户、连接设备 150 余万台，工业互联网平台引领发展格局初步形成，为数字经济融合发展提供有力供给和良好基础。在服务业方面，本土垂直生活服务平台加快发展，家电维修"啄木鸟"、家装"俏业家"等平台强化行业资源整合，制定行业服务标准，完善服务流转体系，加速拓展市内外市场。餐饮、住宿等品质商家电商应用渐成规模，美团、饿了么等生活服务平台加速餐饮等商家触网营销。截至 2020 年，全市在美团上餐饮商户约 2 万家、携程上住宿商户约 2.2 万家。摄影、家政等商家线上营销、线下服务能力逐步构建，全市在商务部家政信用体系平台企业达 370 余家、家政服务员超 3.2 万人。

五是重点行业数字化转型加速，示范带动作用明显。智能制造成效显著，汽车、电子、装备、消费品、医药等重点行业融合发展稳步推进，智能化逐步向供应链、产业链等延伸。截至 2020 年底，累计推动实施 2265 个智能化改造项目，认定 67 个智能工厂和 359 个数字化车间。智能建造加快发展，打造 699 个 BIM 技术工程项目，完成 BIM 项目管理平台和 BIM 数据中心建设，实现数据在勘察、设计、生产、施工、验收等环节的有效传递和实时共享；实施智慧工地 2630 个，其中 BIM 智慧工地 233 个，上线启动重庆市智慧工地管理平台，实现账户体系、基础数据库和外部接口的规范统一。农业数字化体系逐步构建，"三农"大数据平台、特色农产品交易大数据中心加快建设，农业产业数字化地图逐步完善，农产品质量安全溯源体系覆盖加深，农业生产环节智能化水平稳步提升。黔江区建成测土配方施肥指导系统，实现测土配方施肥 120 万亩，技术覆盖率达 90.2%。潼南区 10 余家农机专业合作社组建了农用无人机联合社，利用大疆 MG-1P 农业植保无人机开展植保社会化作业服务。服务业线上线下加速融合，农村电商升级出新、直播电商迅猛发展，生活性服务线上化水平不断提升。2020 年 1～7 月，全市限额以上单位网上零售额同比增长 42.5%，比 2019 年同期提升 30.6 个百分点。

六是新业态模式涌现，融合发展动能汇聚。"宅经济""云经济""直播带货"和无接触服务等新模式新业态加速涌现，形成了新的增长点。餐饮、百货超市、农贸市场加速线上线下深度融合，腾讯"云会议"疫情期间使用量达到过去常规时间的 100 倍，2020 年上半年，全市服务业数字化增加值同比增长 21.8%，较第一季度提升 9.6%。联合阿里巴巴启动"春雷计划"，推动传统批发市场、大型超市线上线下联动发展，2020 年上半年依托淘宝平台举办的直播带货就达 6.3 万余场，销售额 32.3 亿元。依托"巴味渝珍"平台，推广和促销秀山土鸡、城口老腊肉、开州春橙等扶贫产品，打造网络销售品牌，实现平均溢价率达 4%。

七是智慧城市建设稳步推进，融合发展深入人心。全面实施"云长制"，重庆市政务信息系统上云率达 85.7%；建成城市大数据资源中心，完成 4 个基础数据库、60 个以上部门数据资源池、5 个以上主题数据库集中部署，推动政务数据集中汇聚，市级共享数据突破 3500 类。"渝快办"政务服务平台已融入全市 20 个市级部门的 51 套自建系统 462 个事项，日均交换数据超过 300 万次。智慧城市公共服务能级提升，"渝快办"注册用户超过 1200 万人，累计办件量超过 1 亿件，超过 80%的事项实现"最多跑一次"。普及应用居民电子健康卡 3100 万张，近 80%的二级以上医院开通网上预约诊疗服务。市级基础教育、职业教育和高等教育资源公共服务平台开放基础教育同步课程资源 60 万余条，累计注册用户超 550 万人、访问量突破 2.56 亿人次。

八是网络安全协同联动，融合发展行稳致远。本着"安全先行"的建设原则，全市不断加快网络信息安全建设，着力构建网络安全生态圈，成立以两江新区、合川区为首的数字经济产业园、网络安全产业基地等，积极引进龙头企业和重点项目。据《2019 年重庆市信息安全产业调查报告》，2019 年全市网络安全行业服务类企业和集成类企业居多，分别占受访单位的 69.84%、64.28%，但从事软、硬件开发的企业相对均衡，硬件企业相对薄弱，涉及网络安全领域的其他企业偏少。各安全企业在网络安全领域的投入逐年呈上升态势，在网络安全方面投入 500 万元以上的企业占比为 22.22%。网络安全保障工作扎实推进，网络安全产业集聚初显成效，初步形成由浪潮、华为、华三、紫光、阿里等多家云服务商提供的共享云平台，深入推进数字产业化、产业数字化，全市网络安全产业发展趋势良好，为数字经济与实体经济融合发展保驾护航。

2. 重庆数字经济与实体经济融合发展的主要问题

2.1 "政"：政府作用发挥不够充分，数字经济与实体经济融合发展支撑服务体系建设不足

一是政府数据红利释放不够，数据要素在融合发展中的价值未能充分体现。政府数据壁垒仍然存在。多数核心数据仍由政府各部门分别掌握，市级部门公共数据资源目录、分类分级管理制度及数据质量管控体系、安全可控的数据资源交付标准等尚未完全建立畅通，数据整合与集成使用的效率和效益未能充分显现。数据开放利用程度不高。政务数据、公共数据和社会数据的共享利用场景与融合开发利用机制不健全，推动政府数据资源开放平台与企业数据平台力度不够，数据在运行监测、预测预警、实时调度、辅助决策等方面应用较少，数据要素对数字经济与实体经济融合发展的支持作用未能充分发挥。部分行业的数据资源融通水平较低。调研中发现，建造行业中，工程建造、基础设施和房屋管理数据通道仍未打通，以智能建造为核心的数据资源未能向终端延伸。农业农村行业数据资源还有待整合，全市性智慧农业物联网数据采集和分析系统、农产品生产管理 AI 数据模型等尚未建立，生猪、柑橘等重点单品种全产业链大数据建设还有待突破。

二是融合发展评价指标体系不健全，对重庆市各区县推动数字经济与实体经济融合发展指导力度不够。尽管市统计局对数字经济统计监测指标体系已有系列研究成果，但缺乏推动数字经济与实体经济融合发展的考核评价机制和具体量化的评价指标体系，特别是数字经济与传统产业融合的分产业分区域研究仍有空缺，尚未建立数字经济与传统产业融合发展评价体系，对全市数字经济产业与行业融合发展创造的增加值动态监测和测算力度不够。调研中发现，两江新区、涪陵区等工业强区反映，由于不了解数字经济统计考核方法，造成在推动实体经济数字化转型升级发展中分不清方向、找不到重点，加上自身数字产业基础较为薄弱，影响了数字经济与实体经济融合发展的推进步伐。

三是实体经济转型促进基础设施建设滞后，城乡"数字经济鸿沟"仍然明显。以 5G 基站为重点的网络基础设施走在全国第一梯队，但是转型促进、融合应用基础设施建设相对滞后，面向产业数字化转型的工业互联网平台、农业互联网平台、人工智能公共服务平台、制造业数字化转型通用技术支撑平台，公共服务智能化设施和数字乡村等建设不够，与"北上深"等城市存在明显差距，难以满足实体经济数字化转型支撑需要。农村宽带通信网、移动互联网等网络覆盖面和信号强度尚有不足，巫山县、巫溪县反映近半数的行政村仍不同程度存在网络信号差和盲点问题，还有部分区县反映不少家庭农场、规模化养殖场、养殖池塘等农业生产区域还没有网络信号覆盖，制约了农业生产信息化的应用普及。边远贫困地区农产品加工流通基础设施落后，物流成本高，区县产地集配中心、冷链设施等配套设施还不健全，尚不能满足农产品"上行"需求，冷链运输能力不足，人均冷藏运输车辆为 0.08 辆，仅为全国平均水平的 50%。

2.2 "产"：数字产业引擎作用不强，支撑数字经济与实体经济融合发展的优质市场主体偏少

一是数字经济发展整体规模偏小，数字经济与实体经济融合发展势能不高。2019 年全市数字经济增加值规模超 5000 亿元，数字经济 GDP 占比超 30%，但与国内第一梯队省市相比仍存在较大差距，广东、江苏、浙江、上海、北京等省市数字经济增加值均超过万亿元，数字经济占 GDP 比重均超过 40%。从融合发展情况来看，上海、北京、福建、四川等省市产业数字化增加值均超过 1 万亿元,仅产业数字化占 GDP 比重都超过了 30%。

二是数字产业化与产业数字化发展有效衔接不够，数字产业对传统产业数字化转型支撑力度不足。近年来，重庆市数字产业发展势头良好，但主要集中在"芯屏器核网"硬件制造业，且产业链不长、群不强、龙头企业偏少、市场占有率不高，软件及信息服务产业规模较小，软件产业规模仅占全国的 2.27%，远低于广东、江苏等省市。由于数字产业特别是软件及信息服务等数字产业基础偏弱，工业自动化控制系统及工业应用软件企业较少，造成在研发设计、生产执行、产品全生命周期管理等领域的云化软件供给不足，建筑业、生物医疗、装备制造等行业数字化转型急需的系统集成能力较为欠缺。

三是支撑服务业数字化转型的龙头平台企业较少，数字经济与实体经济融合发展优质市场主体不多。重庆市是传统老工业基地，数字产业布局较晚，缺乏有规模有影响力的互联网平台，"独角兽"企业数量与"北上杭深"差距很大，2019 年胡润"独角兽"

企业榜单中，重庆仅有 2 家。马上消费、中科云丛等潜力企业虽处于数字经济细分行业领先地位，但影响力处于二三集团。引进来渝的"独角兽"企业、行业领军企业都已完成了初创培育期，发展根基基本固定，难以将发展重心集中到重庆市。优质数字服务企业及龙头平台的不足，大大影响了线上业态、线上服务、线上管理等新业态新模式发展，制约了物流、金融等服务业以及农业经营管理环节的数字化转型。

2.3 "学"：中高端专业化人才短缺，数字经济与实体经济融合发展人才队伍支撑不足

一是数字经济领域"高精尖缺"人才偏少，中高端数字经济人才供给不足。2019 年两江新区抽样调查显示，现有数字经济领域人才中，取得高级技师以上技能等级、中级职称以上人才占比分别为 0.8%、9.4%，远低于浦东新区的 9.4%、28.1%。全市高校和职业院校博士、硕士点学科布局有待优化，数字经济相关专业招生比例及招生规模偏小，中高端人才本地化供给存在不足。

二是数字人才结构性问题突出，支撑数字经济与实体经济融合发展的中端人才引进政策缺失。现有人才政策过于偏重高端（鸿雁计划）和低端（信产招工），中端人才引进出现"两头不靠"现象，服务数字化转型的专业化中端人才引进、落户、奖励等激励政策缺失，对人才的吸引力不强。调研中发现，爱奇艺、可兰达等企业对架构师、数据挖掘师、算法工程师、开发工程师等人才需求较大，企业只能在沿海地区设立研发中心招引人才。

三是部分行业专业化人才匮乏，支撑传统产业数字化转型的人才保障不足。主要表现在：制造业领域，工业自动化软硬件开发、数据开发利用以及人工智能、3D 打印等新技术、新工艺研发领域专业化人才偏少，信息化管理人才较为短缺。农业领域，从业人员年龄偏高、文化水平普遍较低，对数字技术了解较少，既懂产业发展又懂数字化的复合型技术管理人才严重匮乏。

2.4 "研"：数字化转型共性技术研发创新能力不足，科技支撑数字经济与实体经济融合发展能力不强

一是支撑制造业数字化转型共性技术创新能力较弱，难以有效实施智能制造深度应用。先进感知与测量、高精度运动控制、高可靠智能控制、建模与仿真、工业互联网安全等支撑数字经济与制造业融合发展关键共性技术创新能力不足，如 2019 年重庆数字经济专利数量仅有 1718 件，在全国省区市中排第 15 名，对企业开展生产制造的实时感知、智能化管控以及基于工业互联网的智能工厂建设等支撑不够。

二是智能制造装备及核心零部件供给不足，难以有效支撑制造企业的智能化改造升级。受国际竞争形势影响，数控机床、工业机器人、电子行业智能制造装备等整机板块种类不齐全，核心数控系统及零配件方面存在供给短板，影响了制造业的数字化、柔性化生产能力的提升。例如，全市传统制造企业生产设备数字化率排第 17 名，低于全国平均水平。

三是支撑数字化转型的本地软硬件企业不足，难以有效支撑制造企业实施数据驱动型生产经营决策。调研中发现，重庆市本土工业软件企业数量较少，缺乏具备较强系统解决方案供应能力的集成商和物联传感设备生产制造企业，造成工业智能化控制集成与工业应用软件开发等能力欠缺，制约了制造业的数字化智能化转型，难以有效支撑企业实施基于数据的生产经营决策。

2.5 "用"：数字技术应用不足，数字经济与实体经济融合发展总体水平较低

一是制造业不同领域不同类型企业数字技术应用水平参差不齐，融合发展不均衡。制造业智能化程度相对较高，但存在不同步、不均衡问题。近年来，全市汽车、电子信息等优势行业智能化改造力度较大，生物医疗、化工、新材料等行业智能化改造相对滞后，同全国其他省区市相比仍有差距。例如，全市企业工业云平台整体利用率排全国第 9 名，低于全国平均水平。同时，龙头企业和中小企业智能化水平差距不断增大。调研中发现，中小企业出于投入成本压力，基本以局部应用和单项改造为主，大多停留在自动化阶段，生产、经营、销售、供应等前后端系统尚未打通，"数据孤岛"现象较为严重，数据挖掘利用水平较低。

二是智能制造水平相对较高，但柔性化、个性化生产能力不足。重庆工业基础雄厚、门类较为齐全、综合配套能力强，制造业数字化转型发展良好，全市两化融合指数达 58.6，比全国平均水平高 4.1，处于西部地区领先地位。但在融合深度上，企业单项应用较为充分，但整体创新能力不足。从分项指标来看，重庆市智能制造就绪率指数为 12.1%，低于四川的 13.2%且与沿海发达地区仍有一定差距；数字化研发设计工具普及率、关键工序数控化率、生产设备数字化率均高于西部其他地区，但整体水平仍处于全国第二阵列；新模式新应用带动不足，个性化定制等重点指标不足 10%，低于四川的 14.3%，基本处于全国中等水平。

三是农业生产环节数字技术应用水平较低，与数字经济深度融合发展推进相对缓慢。数字技术与种植业、畜牧业、渔业等产业融合不够充分，2019 年全市农业数字经济增加值仅占数字经济生产总值的 1.2%，占农业增加值的 8.2%，规模和体量均远低于第二、第三产业。在农作物种植、设施栽培、畜禽养殖和水产养殖中应用信息技术（含部分应用）比例分别为 9.7%、21.5%、5.6%、5.3%，农产品质量安全追溯比例为 11.2%，本土农产品网络零售渗透率不足 5%。

四是建筑业设计建造等环节数字技术应用不足，数字化水平相对较低。受建筑业产品的非标化、流动作业、野外作业等行业特点影响，加上长期以来建筑业以劳动力投入驱动和手工作业为主的产业发展模式，行业科技投入水平很低，建筑企业信息化转型意识较差，对物联网、大数据、云计算、人工智能、区块链等新一代信息技术或产品应用不足，全过程建筑信息模型（BIM）技术应用推广不够，勘察、设计、生产、施工、验收等各环节数据有效传递和实时共享水平较低。

五是服务业线上线下一体化发展不够，服务的网络化、精准化和个性化不足。全市网络零售额仅占全市社会消费品零售总额的 13.8%，在线旅游、在线医疗等线上业态规模

仍然偏小，能够提供游戏竞技、文化娱乐网上服务的市场主体不多，相当一部分流通、餐饮、旅游等商户通过大数据、物联网对业务流程再造、利用互联网开展精准营销的意识和能力较为欠缺。

2.6 "媒"：媒体宣传引导力度不够，数字经济与实体经济融合发展认识不到位、动力不足

一是融合发展顶层设计不足，企业对数字化转型的预期收益缺乏科学准确认识。这主要表现在战略规划和管理层认知上。在战略规划方面，大多数企业缺乏整体战略规划，企业智能化发展路径不明确，导致建设与需求不匹配，从对全市 100 家企业智能制造评估诊断分析可以看出，具有整体规划的企业数量比例不高。在管理层认知方面，通过对企业领导的访谈发现，领导层对企业数字化转型相关管理和技术有清晰理解与认识的比例相对较小，且集中出现在中大型企业，中小企业普遍存在资金融通渠道窄、资产规模小、持续经营能力弱等现象，数字化转型多以观望为主。两江新区调查显示，41.9%的企业表示对数字化改造预期不明确。

二是受资金、技术、人才等因素影响，企业数字化转型动力不足。企业的数字化需要对现有设备进行全面改造、购置数字化设备（传感器、服务器等）、构建企业内部工业物联网、培养或引进专业化人才，因此转型成本较高，短期内投资回报不成比例。调研中发现，传统制造企业，考虑到数字化改造费用高昂、一次性投入成本高、投资压力大，补贴力度不够，33.7%的企业生产经营困难，过半企业表示数字化改造资金压力较大，企业"不愿转""不敢转"。两江新区调查显示，41%的企业表示没有足够预算开展数字化改造，25.7%的企业表示开展数字化改造会给企业短期生产经营造成压力。

三是受集团总部管理权限等约束，外地入渝企业智能化改造进程较为缓慢。近年来，重庆市特别是部分区县引进的生产制造企业大多为外地企业在重庆布局的分公司或生产基地，受企业总部统一管理和财务权限约束，独立实施数字化转型难度较大。调研中发现，剑锋化工、大朗冶金等制造企业均表达有数字化转型需求，但由于公司总部资金预算控制，近期内难以投入较大资金用于重庆工厂的数字化转型建设，造成总体数字化水平较低。调研中发现，仅有 10%左右的企业实现了从生产、管理、物流、营销等全流程数字化管理，20%左右的企业使用了企业资源计划（enterprise resource planning，ERP）、生产执行系统（manufacturing execution system，MES）等生产管理系统。

3. 促进重庆市数字经济与实体经济融合发展工作建议

3.1 发展思路

为牢固树立和贯彻落实新发展理念，深入实施以大数据智能化为引领的创新驱动发展战略行动计划，坚持目标导向、问题导向、结果导向，依托重庆数字经济与实体经济融合发展的定位和优势，围绕"12346"数字经济与实体经济融合发展总体思路，政府和

市场同时发力,加快推动大数据、区块链、人工智能等数字技术在传统产业中的深度应用,打通企业设备、产线、信息系统等数据链,贯通企业内外部产业链、供应链、价值链,全面推进制造业、建筑业、农业和服务业的智能化转型与新模式应用,推动传统产业质量变革、效率变革、动力变革。到 2023 年,将重庆打造成为全国具有重要影响的数字经济与实体经济融合发展示范区,产业数字化增加值超过 5000 亿元,在数字经济总量中的占比超 65%,跻身全国数字经济发展第一梯队,全力支持"智造重镇""智慧名城"建设。

"1"(把握一个融合发展总基调)。深刻把握实体经济是根基、数字经济是引擎的融合发展总基调,针对重庆市传统支柱产业大而不强、大而不优,面临产品迭代不快、综合效益偏低等问题,聚焦主导产业、优势企业、薄弱环节,发挥数字经济在生产要素配置中的优化与集成作用,建强产业链、优化供应链、提升价值链、拓展生态链,努力在产业存量中做大经济增量,做大做强实体经济。

"2"(坚持两条推进主线)。发挥市场在资源配置中的决定性作用,积极招引数字化转型解决方案供应商、软件及信息服务企业、互联网平台等数字服务企业,培育壮大支撑融合发展的优质市场主体,加快推进实体经济企业数字化转型。针对数字经济与实体经济融合发展初期市场不成熟造成的市场失灵、缺位等问题,更好地发挥政府统筹协调作用,加快数字化转型促进公共服务体系建设,扩大政府服务供给,切实解决中小企业"不会转""不敢转""不能转"的问题。

"3"(抓好三个关键环节)。充分认识实体经济的数字化转型,既要"连接"更要"赋能"。一是抓好数字基础设施建设,特别是标识解析体系、人工智能平台等转型促进设施、城市智能中枢等融合基础设施建设,大力推动基础设施数字化改造,推动"铁公基"、市政、能源、水利等传统基础设施升级,夯实数字经济与实体经济融合发展基础。二是抓好产业互联网建设应用,以工业互联网、农业互联网等产业互联网和消费互联网平台建设为抓手,加快推进实体经济企业"上云用数赋智"。三是抓好传统产业数字化转型关键共性技术创新,强化大数据、物联网、区块链、5G、AI 以及智能硬件等通用数字化转型共性技术研发,不断增强数字经济与实体经济融合发展内生动力。

"4"(聚焦四大行业领域)。聚焦制造业、建造业、农业和服务业(含公共服务)四大行业领域和汽车、电子信息、生物医疗、高端装备、绿色化工及新材料等主导产业,加快物联网、人工智能、大数据、5G 等数字技术融合应用,推动汽车、电子信息等传统支柱产业向高端化、智能化、绿色化方向发展,培育壮大新材料、生物医疗、节能环保等战略性新兴产业,做优做强会展、物流、金融等现代服务业,大力发展现代山地特色高效农业,加快构建现代产业体系。引导实体经济企业应用数字技术不断提升生产组织能力(上游)、产品研发能力(中游)和客户营销能力(下游),帮助企业促进销售、产品创新、提升效率、优化成本,不断增强数字技术对实体经济企业的赋能作用。

"6"(做好六项重点保障)。聚焦专业化人才供给、政策扶持、评价指标体系、数据要素流通等重点领域和关键环节,做好支撑保障,发挥人才、资金、数据等要素资源叠加效应,以新供给创造新需求,加快推动我市数字经济与实体经济融合发展。一是推动数据要素安全有序流通,加速释放数据特别是政府数据要素红利,更好地利用数据要素资源为实体经济赋能。二是加大财政金融扶持力度，开放公共服务市场，为数字化转型市场主体提供更为优越的投资营商环境。三是加大支撑数字化转型所需的中高端专业人才培养，夯实数字经济与实体经济融合发展人才基础。四是完善融合发展统计评价指标体系，明晰数字经济与实体经济融合发展方向。五是加大宣传引导力度，营造全社会支持数字经济与实体经济融合发展的良好氛围。六是强化网络安全保障，做好数据隐私及知识产权保护，建立健全消费及产业互联网等网络安全法律法规、制度标准、行为管理体系，提高网络安全态势感知和预警处置能力，为数字经济与实体经济融合发展保驾护航。

3.2 推进数字经济与实体经济融合发展的重点举措

1）坚持政府市场同时发力，加快推进数字经济与实体经济融合发展

一是更好地发挥政府作用，狠抓数字化转型促进中心体系建设，破解中小企业"不会转""不敢转""不能转"困境。重点围绕数字经济与实体经济融合发展市场失灵、缺位问题，扩大政府服务供给，加快数字化转型促进公共服务体系建设。整合政府、企业、资本各方资源，全力推进区域性数字化转型服务综合体建设，顺势创建国家级数字化转型促进中心，打造跨区域跨行业的数字化生态核心枢纽；立足重庆"一区两群"区域布局，合理部署区域数字化转型促进中心；围绕汽车、电子信息等支柱产业，支持龙头企业建设多个开放型企业数字化转型促进中心。不断完善创新发展、协调联动、辐射带动、引领示范的转型促进公共服务体系，以区域性平台服务破解企业数字化转型"不会转""不敢转""不能转"的困境。

二是加速引育数字化转型优质市场主体，激发数字经济与实体经济融合发展活力。支持以技术和资本为纽带组建产学研用联合体，融合云计算、大数据、移动互联网、物联网，重点培育一批行业市场份额大、具备自主研发能力的数字技术与实体经济融合应用解决方案供应商。推动本地龙头企业裂变专业技术优势，组建信息技术服务部门或企业，面向行业内企业提供数字化设计与虚拟仿真、检验检测认证，数字化转型解决方案设计等专业化服务。支持规划设计、咨询服务等机构延伸业务链条，开展咨询诊断服务和总集成总承包服务，鼓励信息技术服务企业发展智能制造系统集成业务。推进智能制造、智能建造领域大型国有企业、央企落户重庆，引进大数据、区块链、人工智能等领域数字经济头部企业、平台企业在渝设立区域性总部，进一步壮大数字服务企业规模。

2）突出抓好三个关键环节，加速推动数字技术为实体经济赋能

一是大力推动工业互联网建设应用，打牢企业"上云用数赋智"支撑基础。建设工业互联网标识解析各级节点和基础功能平台，应用标识解析推动工业制造协同、追溯和产品全生命周期管理，加速跨设备、跨系统、跨厂区、跨地区的全面互联互通，推进企业生产运营的多元资源优化和多维创新协同，升级和拓展生产制造服务体系的智能化水平和价值链，做大传统企业增量。支持长安汽车、川仪股份等大型制造企业建设企业级云平台或产业链协同平台，鼓励发展成为行业性、专业性工业互联网平台，重点推动宗申忽米网依托"淘工厂"模式建设产销一体化工业互联网平台、树根互联公司通过"智

能装备云"建设综合远程运维服务工业互联网平台、航天云网依托航天制造优势建设网络协同制造和云制造工业互联网平台，加快生产要素资源汇聚、共享，加速区域融通发展。支持大型企业联合工业互联网平台和云服务企业采用私有云、混合云架构，逐步实现信息系统和制造设备"上云上平台"，实现制造资源云端协同和平台化管理，支持中小企业采用工业互联网平台和云服务企业提供的云计算服务或平台应用服务，通过"上云上平台"降低 IT 建设成本，优化管理能力，提升数字化、网络化、智能化水平。

二是加强数字化转型共性技术创新，增强数字经济与实体经济融合发展内生动力。针对智能制造关键技术装备、智能产品、成套装备、数字化车间/智能工厂的开发和应用，突破先进感知与测量、高精度运动控制、高可靠智能控制、建模与仿真、工业互联网安全等一批关键共性技术。加强工业软件支撑能力建设，重点突破计算机辅助类软件、基于数据驱动的三维设计与建模软件、数值分析与可视化仿真软件等设计、工艺仿真软件，高安全高可信的嵌入式实时工业操作系统等业务管理软件。支持装备制造商研制具有自感知、自决策、自执行功能的高端数控机床、工业机器人、检测装配、物流仓储等智能制造装备，突破高性能专用伺服电机和驱动器、高精度减速器、高档控制系统、高速大扭矩切削电主轴等"卡脖子"关键零部件制造技术。加快面向计算机视觉、语音识别、跨媒体感知、自主无人智能等人工智能核心技术和关键理论研究，加快开展高能效、可重构类脑计算芯片、高效能类脑神经网络架构和硬件系统等关键技术研发，强化人工智能技术对实体经济的"赋智"作用。

三是加大数字基础设施建设，夯实数字经济与实体经济融合发展基础。加快建设 5G 网络、人工智能、云计算、物联网等硬件设施，为构建智能化应用场景提供感知、传输、运算等基础支撑。鼓励企业运用互联网协议第 6 版（IPv6）、工业无源光网络（passive optical network，PON）、新型蜂窝移动通信等技术和新型工业网关、边缘计算等设备，部署建设灵活、高效、稳定的企业工业网络。加快基于信息化、数字化、智能化的新型城市基础设施建设，推进物联网在城市排水、城市路网、公共停车场、城市管网、市政消火栓、海绵城市、综合管廊等城市基础设施领域的应用，打造自生长、开放式城市信息模型（city information modeling，CIM）平台，集成、分析和综合应用全市各类城市基础设施物联网数据，努力形成"万物互联"的城市基础设施数字体系。抓紧推进市政、交通等设施数字化升级，运用二维码、电子标签、GIS、通信站点、北斗卫星定位等技术手段，为传统设施建立统一的数字化身份标识，构建遍布全城的"神经末梢"。因地制宜加强农业农村新型基础设施建设，实现行政村光纤网络和 4G 信号普遍覆盖，满足农业用网需求，加快推动 5G 在农村地区应用，现代农业园区、农产品规模生产加工和农旅休闲聚集区等农村重点区域优先落地 5G 信号。

3）聚焦四大行业重点产业，找准数字经济与实体经济融合发展路径

一是推进汽车行业智能制造深度应用。发挥汽车行业产业链长，带动效应明显的优势，以整车智能制造为牵引，带动动力电池、驱动电机和控制器等核心零部件企业同步提升智能制造能级，使重庆市汽车产业成为智能化转型升级的标杆行业。重点推动长安汽车、长城汽车等整车企业打造智能制造标杆工厂，提高金康动力等新能源汽车"三电"企业的智能化水平。通过系统互联互通、数据价值驱动、制造服务转型、组织生态创新等新理念的引入和实践，深入推进物联网、大数据、工业云等技术的应用，探索培育网

络协同设计、网络协同制造、大规模个性化定制等智能制造新模式，强化企业间、企业部门间创新资源、生产能力、市场需求的集聚和对接，深化客户在研发设计等环节的参与度，构建行业个性化定制模式。

二是推动电子信息行业智能制造广泛应用。在集成电路领域，以芯片制造、大硅片制备和封装测试为主攻方向，推动光刻机、刻蚀机等关键技术装备研制和产业化，提升芯片制造产业链的智能化和自主可控水平。在信息通信领域，大力推动通信终端产品数字化设计、工艺设计与仿真，开发产品数据管理系统，建立产品数字化研发平台；提高智能测试装备、基于机器视觉识别的质量在线检测系统、智能仓储物流装备等普及率；建立基于5G的工业互联网平台，实现现场数据采集与制造执行系统、企业资源计划系统的数据集成共享，提高生产效率和降低生产成本。重点推动英业达、OPPO、天实精工等电子行业企业加大机器视觉、虚拟现实等新一代信息技术的应用示范。

三是促进生物医药行业智能制造应用。重点聚焦生产状态在线监控、产品全流程追溯、大数据应用创新等，实现产品安全可控、研发快速高效。支持建设制药数字化车间/智能工厂，推广应用制药智能装备，实现小批量、多品种的柔性生产模式，对生产状况、设备状态、能源消耗、生产质量、物料消耗等进行实时采集和分析，实现生产过程自动化、可视化、精益化和可追溯，确保创新药、仿制药、疫苗等品种生产工艺的连续性和规范性，保障药品质量稳定。重点推动华邦制药、华森制造等制药行业龙头企业的信息化、智能化水平提升。

四是推动高端装备行业智能化转型发展。重点聚焦互联智能工厂、制造服务化、供应链协同等，全面提升生产自动化水平、设备运行效能和产品创新能力。在发电设备、数控机床、智能电梯等高端装备领域，突破面向高端装备个性化定制的新模式，实现产品模块化设计、零部件智能生产、装配及检测智能化，为高端装备的个性化定制和柔性生产奠定基础。鼓励支持大型装备制造企业搭建工业互联网平台，利用5G、互联网、大数据、人工智能等新技术手段，提供远程维护、故障预测、性能优化等服务，促进高端装备领域企业实现服务化延伸。重点推动海装风电、川仪自动化等装备制造企业建设产品标准化信息采集与控制、自动诊断、基于专家系统的故障预测和故障索引的管理平台，开展产品远程无人操控、工作环境预警、运行状态监测、故障诊断与自修复、产品优化等在线支持（信息增值）服务，发展服务型制造。

五是促进绿色化工及新材料行业智能制造应用。重点聚焦大数据应用创新、产业交易生态圈等，推动全产业链集成创新和服务制造化转变。在绿色化工、新材料等流程型制造企业中，推动建立网络化协同平台，实现资产运营、生产管理、供应链协同优化及产品全生命周期管理。加强智能传感和实时数据采集、在线检测、远程监控与故障诊断系统的集成应用，提升企业在资源配置、工艺优化、过程控制、质量控制与溯源、能源需求侧管理、节能减排及安全生产等方面的智能化水平。重点推动重庆钢铁、华峰化工等企业提升信息化水平和大数据分析能力，由自动控制转型为基于人工智能的工业优化控制。

六是加快推动建筑行业智能化发展。强化全过程建筑信息模型（BIM）技术应用，积极推进建设智慧小区和智能物业，扩大智慧工地实施范围，推进工程项目数字化试点，带动智能化终端产品市场需求不断释放。依托智慧住建大数据中心深入推进建筑业大数据应用,打通设计、生产、施工、验收等全生命周期的数据通道,实现数据交互共享,并以建筑业大数据支撑互联网金融向建筑业拓展,发展建筑业供应链金融和工程保险。以大力发展新型建筑工业化为载体,以数字化、智能化升级为动力,加大智能建造在工程建设各环节的应用,推动智能建造和建筑工业化协调发展,形成涵盖科研、设计、生产加工、施工装配、运营等全产业链融合一体的智能建造产业体系。推进物联网在城市基础设施领域的应用,加快基于信息化、数字化、智能化的新型城市基础设施建设,打造自生长、开放式城市信息模型(CIM)平台,集成、分析和综合应用全市各类城市基础设施物联网数据,努力形成"万物互联"的城市基础设施数字体系。加快培育建筑业互联网平台,推进建筑业互联网平台在工程建造、企业管理、资源调配、运行维护中的应用,提升智能建造实施能力。

七是推进农业生产经营服务数字化转型。加快农业生产数字化服务转型,聚焦生猪、柑橘等重庆市山地特色产业,积极开展智慧农业技术攻关和智能化先行试点,重点探索应用标准规范、低成本、实效好的智慧农业技术、农业智能化关键技术和成套设备、产业数据采集、生产管理 AI 数据模型和服务软件等技术与标准,打造一批节本增效山地特色智慧农业应用模式和可复制的农业全产业链数字化改造模式。加快农业经营数字化转型,引导生猪、柑橘、榨菜、翠李等优势特色产业与农产品电子商务融合发展,全面推进特色农产品电商标准化、品牌化、规模化发展;大力培育乡村新业态,探索农村旅游产业和大数据融合发展路径。加快农业管理数字化转型,推动建设空天地一体化智慧农业监测体系,构建全市农业产业数字地图,加快推进"三农"大数据中心和重要农产品全产业链大数据建设,精准指导全市智慧农业生产发展。加快农业服务数字化转型,依托特色产业农产品产业化运营龙头企业,开展优质特色农产品生产、加工、物流、品牌、营销等服务,带动小农户、专业大户、家庭农场、农民合作社,统筹对接网络销售平台和传统批发零售渠道,推动以数据信息指导生产、引导市场和服务决策;深入推进信息进村入户工程,完善为农综合服务平台,开发适应农业农村发展的信息技术服务产品,推动在线为农解难题。

八是加快推进服务业线上线下融合发展。深化数字技术应用,扎实推进在线平台培育,扎实做好传统服务业转型。深入实施"线上服务"行动,鼓励生活服务品质商家利用第三方平台提升网上服务供给水平和能力,探索"餐饮+零售""电商+长短视频+直播"等新模式,推动传统餐饮、批发市场、大型超市、农贸市场等主体线上线下联动发展,加速线上购物、无人零售、直播带货等适应"宅经济"的新业态新模式培育。积极探索网上会展、智慧会展,加快智慧商圈、智慧步行街、智慧市场、智慧旅游景区等建设,实现线上线下一体化发展,提升全方位线上线下精准营销服务水平。积极扩大网络零售规模,支持传统商贸企业、生产企业积极触网营销,积极开展"网上购物节"等线上活动,创新销售特定商品或针对特定消费人群的细分网络零售模式,做精做透网络零售业务。加快新兴业态培育,强化服务业线上供给,打造线上线下互动融合的、国内知名的生活服务品牌。支持 5G、VR/AR、区块链等技术在商业、教育、文化旅游、娱乐等领域的广泛应用,大力发展手游、直播数字娱乐及线上办公、远程协助、知识付费等线上服务,创新性丰富服务业态。聚焦新兴消费领域,丰富服务功能、拓展服务空间、创新服务模式，加大行业在线平台招商引进、孵化培育力度，不断催生新产品、新业态、新模式，努力打造一批细分行业内具有全国影响力的平台，积极发展平台经济，为经济高质量发展提供新动能。

九是加快发展数字化城市公共服务。打造数据高效集聚、互联互通、开放共享的城市公共服务基础设施体系，加快完善城市、通信网络等基础设施，深化传统基础设施数字化改造，构建结构化城市数据资源中心，建好用好智慧城市智能中枢，充分发挥运管中心"三中心一平台"的功能，为数据"聚、通、用"奠定基础，全面实现城市运行"一网通管"、政务服务"一网通办"、应急管理"一网调度"、基层服务"一网治理"。聚焦"云联数算用"要素集群，在政务管理、城市治理、民生服务、生态宜居等重点领域，以新型智慧城市建设为主要抓手，在智慧名城建设、"小切口、大民生"、5G试点示范、中新国际数据专用通道、智慧社区等领域，打造一批具有全国示范效应的融合发展应用场景，突出数字技术催化作用，全面提升数字化公共服务能力，增强人民群众的幸福感和获得感。

4）做好六项重点措施保障，夯实数字经济与实体经济发展基础

一是扩大专业化人才供给，筑牢数字经济与实体经济融合发展人才根基。建立健全市高等院校、职业学校学科专业动态调整机制，加大数字经济类学科布局和专业建设，积极开设数据科学与大数据技术、人工智能、物联网工程、电子信息工程、物流电商、生物信息等相关专业，培养支撑数字经济与实体经济融合发展所需的中高端人才，特别是中高端专业化数字服务人才。积极推进行业职业技能鉴定工作和高技能人才选拔工作，加强企业人员职业培训，每年针对示范企业技术骨干开展提高培训，针对企业员工开展普及培训，培育一批既懂行业又懂互联网的产业数字化复合型人才。建立企业、科研机构、高校间人才的联合培养机制和流动机制，鼓励科研机构、高校中一定级别的科研人员在企业中任职或入股，带动人才从"专业"向"有用"迈进。

二是加大政策支持力度，为数字经济与实体经济融合发展创造良好投资营商环境。加大财税支持力度，采用无偿资助、贷款贴息、有偿使用、委托投资等多种方式，鼓励企业积极实施智能制造改造项目。引导金融机构加大对数字经济与实体经济融合发展相关领域信贷支持力度，引导社会资金、风险投资等投向在线平台培育、企业在线业态拓展。积极探索企业商业价值信用贷款、知识价值信用贷款等创新模式，建立健全企业评估机制，拓宽实体经济企业数字化转型贷款增信渠道。针对中小型企业数字化转型特性制定具有针对性的风险控制机制，降低中小型企业数字化转型风险，提高中小型企业数字化转型意愿。持续优化营商环境，建立健全数字经济与实体经济融合发展新业态监管机制，清理和规范制约新业态、新模式健康发展的行政许可、资质资格等事项，合理设置市场准入规定和许可，制定出台数字经济与实体经济融合应用相关产品及服务标准，建立以负面清单为核心的投资管理体制。开放医疗、教育、交通、养老等公共服务市场，鼓励各类市场主体利用社会公共数据开展公共服务数字化服务产品开发，加大政府购买服务力度，加快推动公共服务数字化转型。

三是加速释放数据要素红利，更好地利用数字为实体经济数字化转型赋能。从政府公共部门数据开放和共享入手，推动数据数字资产化，利用区块链等技术手段做好数据

确权，结合实际界定非公共数据的权利归属，建立数据所有者、采集者、加工者和使用者之间共同的治理机制。加强制度创新，鼓励科技社会组织积极制定数据确权、数据贸易、数据伦理等方面的新标准、新规则，为深度参与全球数字经济合作奠定基础。建立数据的定价和交易机制，强化数据产权保护，加快推动数据要素安全有序流通，逐步培育数据要素市场。加快市级各部门、区县公共数据开放目录清单、需求清单和责任清单编制，结合公共数据安全要求、个人信息保护要求和应用要求等因素，制定本市公共数据分级分类规则，建立公共数据开放审查机制和开放安全管理体系，探索公共数据和企业数据融合开发利用机制，进一步扩大公共数据资源开放共享水平。

四是完善统计评价指标体系，明晰数字经济与实体经济融合发展方向。加快研究农业、制造业、服务业、建筑业与数字经济融合发展统计指标及评价体系，建立健全有效反映数字经济与实体经济融合发展全貌和动态变化的评估体系，定期对全市、各区县农业数字经济发展水平进行测度，找出差距，明确方向。进行传统重点企业数字化转型的调研分析，对重庆市产业数字化融合的发展趋势进行预判，揭示发展中存在的主要问题，为正确判断重庆数字经济与实体经济融合发展现状提供数据支持，并提出未来发展方向。

五是加强引导宣传示范，营造全社会支持数字经济与实体经济融合发展良好氛围。从思想认识上高度重视数字经济与实体经济的融合发展问题，将其纳入部门及区县考核范围，定期开展督促检查，加大通报力度。利用中国国际智能产业博览会、世界互联网大会、数字中国建设峰会、中国国际农产品交易会等平台，宣传推广数字经济与实体经济融合发展成功模式和典型经验，对数字经济与实体经济融合发展的目的、意义、思路、举措和重大决策部署进行全方位宣传，形成全社会发展合力。开展融合应用示范。在两江新区、高新区、经开区等推进较好的地区和行业，选择骨干企业，围绕离散型智能制造、流程型智能制造、网络协同制造、大规模个性化定制、远程运维服务等，组织策划制造业数字化转型示范项目，探索数字化转型经验做法和解决方案，以典型示范引领带动全市数字经济与实体经济融合发展。

六是强化网络安全保障，为数字经济与实体经济融合发展保驾护航。加大新技术融合应用，加速形成智能安全防御能力，加大安全边界泛化程度，打造架构即安全的一体化安全能力，重塑网络安全生态，构建以能力为导向的协同安全局面。推进网络安全地方立法，落实网络安全"三同步"要求，开展网络安全前置审批。强化保障 5G、区块链、物联网、人工智能、工业互联网、云计算、大数据中心、车联网、卫星互联网等新技术新应用网络安全。完善数据安全管理体系，实现数据汇聚、整合与处理、挖掘分析、共享以及管理与治理全过程的安全防护。大力推广安全可控软硬件产品和技术，强化安全可信的信息系统建设和运行，构建主动免疫、积极防御的网络安全技术防护体系。建设工业信息安全在线监测及应急管理等平台、工业互联网标识解析安全及保障平台，支持中核瑞思工业信息安全实验室、爱思网安智能制造密码创新基地以及第三方攻击防护、监测预警、仿真测试及验证等信息安全公共服务平台建设。

"十四五"时期重庆市数字经济人才队伍建设问题研究[①]

万晓榆 袁 野 张 洪 陈 绩 刘 壮

千秋基业,人才为本。人才是第一资源,在科学、社会、经济高质量发展中起着关键性作用。2020年1月3日,习近平总书记在中央财经委员会第六次会议上发表重要讲话,专题部署成渝地区双城经济圈建设。人才作为经济高质量发展的关键要素,是推动成渝地区双城经济圈建设的重要支撑,如何促进成渝两地人才资源有效整合,打破体制机制壁垒,更好地发挥成渝地区人才集聚效应,促进两地科技创新和建设现代化的产业体系,是成渝两地建设双城经济圈亟待解决的重要问题。2020年6月22日,重庆市发展数字经济推进大会召开,会议强调要打造一批数字经济发展战略平台,抓好新型基础设施建设,集中力量建设"智造重镇",加快建设"智慧名城",深化与大数据智能化领军企业战略合作,培育大数据智能化专业人才队伍,加速数字经济发展。

因此,如何科学系统地研究重庆市数字经济人才的供给现状、需求分析、评价指标和政策体系,对重庆市更好地引进及培养人才,促进成渝地区人才聚集效应的形成,引导产业和科技创新发展,加快推动成渝地区双城经济圈和西部科学城建设具有重要意义。

1. 数字经济人才的概念和内涵

目前,数字经济人才没有一个标准的定义。有些学者认为数字经济人才是"服务于数字经济领域,负责数字产业化和产业数字化发展的中高层管理人才,以及具有 ICT 专业技能的人力资源的统称",并将数字经济划分为三个层次,分别归类于数字经济核心产业、数字经济关联产业以及其他产业;《贵州省数字经济人才发展白皮书(2019)》认为数字经济人才分为数字产业化人才和产业数字化人才两大类;BCG(The Boston Consulting Group,波士顿咨询公司)在《迈向 2035:攻克数字经济下的人才战》中认为数字经济人才为行业业务与数字技术加网络的跨界人才;清华大学和领英相关报告认为数字经济人才需具备 ICT 专业技能和 ICT 补充技能。

综合借鉴前述研究结论,并考虑到数字经济的技术、网络特性,本研究认为数字经济人才应具备 ICT 相关专业技术,并能为产业数字化提供重要支撑。具体来看,本研究定义数字经济人才为具备数字经济核心产业领域大数据智能化 12 个智能产业的 32 个相关专业[②]及涉及市场营销、电子商务、行业信息化等相关专业背景的人才。

———————————

①作者简介:万晓榆,重庆邮电大学经济管理学院院长,教授;袁野,重庆邮电大学经济管理学院副教授;张洪,重庆邮电大学经济管理学院副教授;陈绩,重庆邮电大学经济管理学院研究生;刘壮,重庆邮电大学经济管理学院研究生。

②资料来源:《重庆市教育委员会关于开展本科高校大数据智能化类特色专业建设项目申报工作的通知》(渝教高函〔2018〕41 号)。

2. 国内数字经济人才政策分析

2.1　描述性统计分析

近年来，各级地方政府陆续出台数字经济人才相关政策，推进数字经济持续发展。本研究选取数字经济人才相关政策共 229 项，涵盖国家级、省级、市级、区级四个层面，包含中、东、西部三个地区。在分析中，一个完整的政策文件被设定为一个分析单元，并试图从中提取核心信息。本研究使用内容分析法，按照政策样本选择、研究框架构建、政策工具编码、分析结果四个步骤，提出了客观的政策文本分析框架，使用定性数据分析软件 Nvivo 进行编码与分析，最终得出各政策维度的覆盖率情况，全面地分析了国内数字经济产业的人才政策现状（表 1）。

表 1　各省区市数字经济人才相关政策数量分布情况

省区市	数量	省区市	数量
广东	27	河北	7
浙江	16	甘肃	6
重庆	14	辽宁	6
福建	12	四川	5
上海	12	黑龙江	5
安徽	12	湖北	5
山东	11	陕西	4
江苏	11	贵州	3
北京	10	内蒙古	3
江西	9	湖南	3
天津	9	青海	3
吉林	9	新疆	2
河南	8	山西	2
广西	8	西藏	
云南	7		

2.2　政策工具类型分析

为了更加客观地分析和研究政策的完善度，本研究提出数字经济人才分析框架，将人才政策分为人才引进、人才培养、人才激励三个维度。各类政策工具类型及具体含义如表 2 所示。

X 维度——人才激励。人才激励政策的作用是明确对人才科研活动的支持以及个人所获得的科研成果的奖励,以此吸引人才。主要包括股权激励、职称评定等。

Y 维度——人才培养。人才培养政策的作用是明确对于人才培养的具体展望,明确培养发展方向。主要包括高端人才培养、创新人才培养以及青年人才培养等。

Z 维度——人才引进。人才引进政策的作用是明确所需引进人才的具体类型,提出引才计划,表明人才需求。主要包括国内优秀人才引进、海外优秀人才引进、人才素质要求等方面的内容。

表2 政策工具类型及具体含义

政策类型	政策工具	含义
人才引进	人才素质要求	关于引进人才所具有的能力、主攻领域、头衔、科研成果的具体要求。例如,河南省提出:将信息化高端人才纳入省、市高层次人才引进计划,重点引进云计算、物联网、大数据、智能制造等领域高级技术专业人才
	国内优秀人才引进	对于国内其他省区市的优秀人才的重点引进政策。例如,安徽省提出:针对国内北京、深圳、上海等人工智能人才集聚区,定期召开人才引进对接会,吸引高端人才和团队来皖创业和就业
	海外优秀人才引进	对于海外华侨、海外籍专家的重点针对引进政策。例如,《"互联网+"行动指导意见》中提出:完善移民、签证等制度,形成有利于吸引人才的分配、激励和保障机制,为引进海外人才提供有利条件
人才培养	高端人才培养	着重将人才培养为领域领军人物、学科带头人、高层次人才等。例如,广东省提出:积极营造良好的环境,培养一批具有国际领先水平的专家和学术带头人,培养和锻炼一批从事智能技术和装备研发的创新团队
	创新人才培养	对于人才创新能力的重点培养。例如,成都市双流区提出:以高层次、创新创业型和高技能人才为重点,建设一支规模宏大、富有创新精神、敢为人先的创新创业人才队伍
	青年人才培养	对于现有人才中青年梯队的重点培养。例如,《"十三五"国家科技创新规划》中提出:加大对优秀青年科技人才的发现、培养和资助力度,建立适合青年科技人才成长的用人制度,增强科技创新人才后备力量
人才激励	股权激励	采取股权激励等方式,激励企业、高校和院所中重要的技术人员与经营管理人员。例如,成都市提出:鼓励企业以股票期权、限制性股票等方式对科技人员给予股权激励,使企业科技收益与研发人员个人收益有机结合
	人才奖励	对于顶尖人才引入、做出巨大科研贡献的人才的奖励政策等。例如,合肥市提出:深化科技奖励制度改革,修订市科技奖励办法及实施细则,逐步完善奖励机制,加大对经济社会发展做出重大贡献的人才(团队)以及创新型企业家的奖励力度
	职称评定	对于职称评定制度的规划完善等。例如,成都市提出:对从事基础和前沿技术研究、应用研究、成果转化等人员建立分类评价制度,建立适应不同行业领域、不同用人主体和不同岗位需求的职称评定办法
	成果转化利益分配	通过完善科技成果转化"利益共享"分配机制,进一步提高单位和科研人员积极性。例如,江西省提出:积极完善科技成果转移转化机制,努力畅通渠道、提高效率,推动重大自主创新成果产业化

通过使用 Nvivo 质性分析软件对选取的 229 份数字经济人才相关政策进行分析,依据数字经济人才相关政策分析框架设立节点进行编码,得出各个政策中人才政策相关情况的量化结果。根据编码显示所设置的节点、编码材料来源数及编码参考点数量,依据从父节点到子节点以及编码参考点数量进行降序排列,结果如表3所示。

表 3　政策工具节点编码情况

名称	节点类型	已编码的材料来源	编码参考点数	节点类型
人才引进	父节点	84	113	—
人才培养	父节点	83	135	—
人才激励	父节点	62	81	—
人才素质要求	子节点	52	69	人才引进
国内优秀人才引进	子节点	14	15	人才引进
海外优秀人才引进	子节点	25	29	人才引进
高端人才培养	子节点	51	76	人才培养
创新人才培养	子节点	30	37	人才培养
青年人才培养	子节点	20	22	人才培养
股权激励	子节点	13	14	人才激励
人才奖励	子节点	19	21	人才激励
职称评定	子节点	15	20	人才激励
成果转化利益分配	子节点	22	26	人才激励

1）总体分析

从人才政策总分析（表4）来看，我国在发展数字经济产业方面意识强烈、布局深远，人才引进、培养、激励政策侧重点差别不大，各项政策完备且各具创新点，从国家层面的"顶层推动"到各省区市人才政策的因地制宜，在不断完善的过程中搭建了较为全面的数字经济战略实施框架，以构建完备的不同层次的人才梯队。

表 4　人才政策总体覆盖率分析表

父节点	覆盖率/%
人才引进	8.04
人才培养	7.76
人才激励	7.14

2）人才引进分析

从人才引进政策分析结果（表5）来看，因数字经济产业自身对高技术人才的高需求，各省区市引才战略突出，着力"高精紧缺"为主导的人才队伍建设。各省区市对于海外华侨、外籍专家人才引进的力度更强，更偏向于引进具有国际视野的高端人才，希望以顶尖人才带动技术的升级革新。相较以往，各省区市人才的引进已不仅仅局限于国内人才市场，逐渐趋向实现人才引进的多元化、国际化。合肥、成都等多个城市在海外人才的落户、子女上学等方面开辟绿色通道。这表明从国家与省区市层面来说，海外人才引进是人才政策的重中之重。

表 5　人才引进政策覆盖率分析表

子节点	覆盖率/%
海外优秀人才引进	12.00
国内优秀人才引进	10.71
人才素质要求	7.69

3）人才培养分析

从人才培养政策分析结果（表 6）来看，各地区更注重人才的创新能力，对国家和各省区市来说，培育各类科技创新人才，能使科学技术的发展具有巩固的基础和足够的技术储备，创新型人才是科学研究的活力源泉，是人才培养中最重要的方向。

表 6　人才培养政策覆盖率分析表

子节点	覆盖率/%
创新人才培养	10.00
高端人才培养	7.84
青年人才培养	7.50

4）人才激励分析

从人才激励政策分析结果（表 7）来看，各省区市人才奖励制度较为完善，对于高端人才、做出巨大科研贡献人才奖励评选标准透明公正，这有利于激发专业人才的创新动力。但是，在股权激励、成果转化利益分配、职称评定等方面各省区市重视程度不够，无法满足人才实际需求。

表 7　人才激励政策覆盖率分析表

子节点	覆盖率
人才奖励	10.53%
股权激励	7.69%
成果转化利益分配	4.55%
职称评定	3.33%

3. 重庆市数字经济人才供给现状

根据重庆市教育系统提供的相关数据，截至 2020 年重庆市共有 67 所院校，1035 个专业，毕业各层次学生近 23.5 万人。按照前述对数字经济人才的定义，确定软件工程、计算机科学与技术、电子商务等 300 余个专业为数字经济相关专业，共计毕业生 6.5 万人。

根据中国信息通信研究院提出的数字产业化、产业数字化、数字化治理、数据价值化四化框架，组对数字经济企业从以下两个维度进行认定：①企业名称包含"科技""信息""制造""电子""网络""工程"等关键词；②企业所属行业为集成电路、先进制造、信息传输、软件和信息技术服务业等大数据智能化相关行业，以及基础科学研究、传统制造业、建筑业、金融业等产业数字化领域相关行业。

3.1　学历分布

重庆市高校数字经济人才供给以本科、专科学历为主。如图 1 所示，2020 年重庆市高校数字经济相关专业毕业生中，本专科生学历占比 93.65%，研究生学历占比 6.35%（其中硕士研究生占比 6.04%，博士研究生占比 0.31%），应届毕业生中本科生、专科生人才占绝大多数，反映出重庆市数字经济相关专业硕博点数量较少，涉及基础理论和应用开发等高层次（学历）人才培养不足，不能有效地支撑重庆市数字经济和大数据智能化产业发展战略目标的可持续化发展。

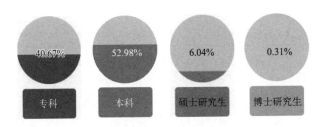

图 1　高校数字经济人才供给学历

3.2　行业及岗位分布

重庆市数字经济人才就业分布以信息传输、软件和信息技术服务业为主。如图 2 所示，重庆数字经济相关专业毕业生所在行业排名前列的为信息类和制造业，在信息传输、软件和信息技术服务业（25.62%）、制造业（19.34%）、建筑业（6.59%）就业人数占比约 50%，体现出数字经济中数字产业化和产业数字化领域人才吸纳能力仍需加强。

岗位分布以工程技术人员、其他专业技术人员为主[①]。如图 3 所示，工程技术人员和其他专业技术人员在高校数字经济人才岗位中占比达到 54.79%。生产和运输设备操作人员、财务管理等传统岗位需求较少。同时，数据显示，制造业较信息类行业吸纳的数字经济人才数量偏少，反映出重庆市数字经济与实体经济融合的进程弱于数字产业化，可能由于传统产业数字化转型中经济效益的体现存在滞后性，在薪资待遇等方面实体企业对于数字经济人才的吸引力不够，而博士研究生等科学研究人员主要流向高校，进入企业偏少，成为企业研发和转换能力不足的主要影响因素之一。

---

①岗位分布按照《中华人民共和国职业分类大典》（2015 修订版）分类标准。

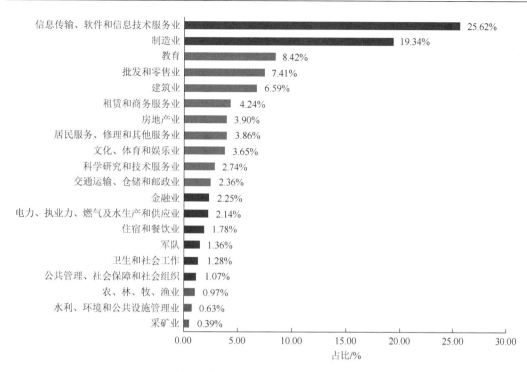

图2 高校数字经济人才行业分布图

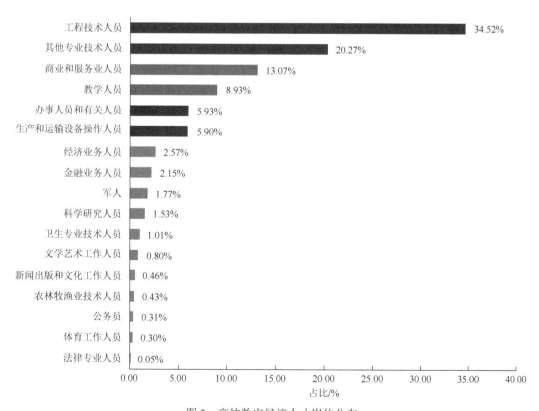

图3 高校数字经济人才岗位分布

3.3　就业地区分布

　　数字经济相关专业应届毕业生的就业地区主要为重庆市，超过半数的人才留渝，重庆籍生源留渝率较高。如图 4 和图 5 所示，总体上看，人才留渝比例较高，但留渝人才中专科学历留渝率为 77.30%，重庆市对于高学历人才吸引力还有待提高，本硕博人才多数流向四川省，其次为北上广深等数字经济发展先进地区。在重庆市数字经济专业的毕业生中，31775 名重庆籍生源毕业生中有 23644 名学生留在重庆，留渝率为 74.41%（其中专科就业人数 15755 人，留渝就业人数为 13103 人，留渝率为 83.17%）；12322 名非重庆籍生源毕业生中有 3775 名学生留在重庆，留渝率为 30.64%。受制于重庆固有的产业结构，劳动密集型产业仍占有一定比例，重庆在中高端人才留存上稍显乏力。重庆市应抓住国家数字经济发展试验区、成渝双城经济圈等战略机遇，积极探索学科共建、平台共享、人才互认等交流合作机制，提升重庆数字经济人才的吸引力。

　　重庆市本科毕业生和博士毕业生相较于硕士毕业生留渝就业意愿更强。这主要可能存在两方面原因，一是重庆市企业对于数字经济人才需求多为专科、本科学历，即本专科毕业生已经能够满足企业用工所需；二是重庆市人才的政策供给保障偏向于"塔尖人才"和"强基人才"，在落户条件、福利引进、薪资水平等方面对于研究生学历等人才吸引力还有较大的提升空间。

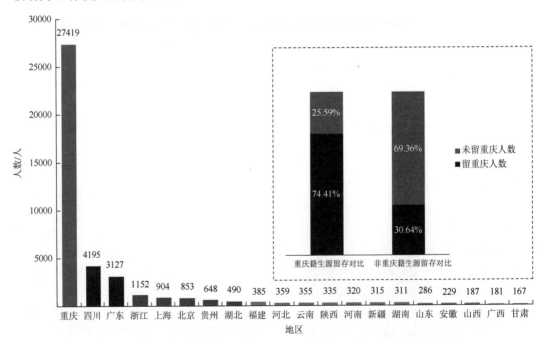

图 4　重庆市高校数字经济毕业生就业分布、留渝率①（按地区）

---

①留渝率包括重庆籍生源留渝率和非重庆籍生源留渝率。

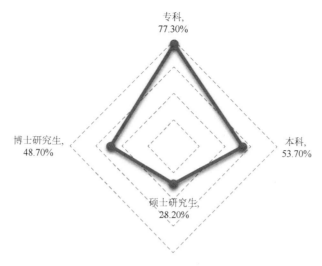

图 5　重庆市高校数字经济毕业生留渝率

留渝毕业生主要流向渝北区。如图 6 所示，数字经济产业园、仙桃大数据谷等均位于渝北，其拥有完备的数字经济产业集群，重庆两江新区云计算中心集聚了腾讯、腾龙、移动、联通、电信等九大数据中心，拥有智能制造规模以上的企业 200 余家，在大数据、智能网联汽车、智能机器人等领域的技术创新和产业培育方面具有较大优势，为数字经济人才就业提供了良好的土壤。

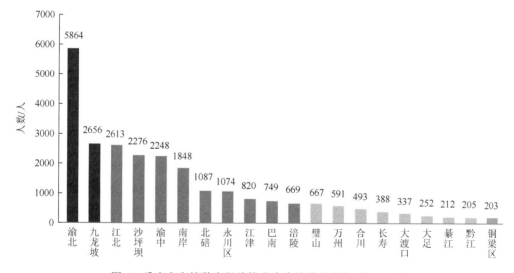

图 6　重庆市高校数字经济毕业生本地就业分布（TOP20）

3.4　专业转化率

重庆市数字经济相关专业的毕业生就业转化率整体较高。如图 7 所示，电磁场与无线技术、信息安全、集成电路设计与集成系统、智能科学与技术、微电子科学与工程五个专业的转化率达到 80% 以上，一方面体现出数字经济企业对于网络安全、芯片等新兴行业投入加大，对相关专业人才需求增加；另一方面，表明这部分专业与市场需求基本契合，毕业生能较好地胜任岗位要求。网络工程、电子信息工程等部分专业转化率为 70%，市场对于此类专业人才需求平稳，存在较大的提升空间。机械电子工程、智能电网信息工程以及智能控制技术专业转化率排名略微靠后，表明相关专业需要进行"数字经济+"的专业改造，破除专业桎梏，结合市场需求动态更新课程内容，以更好地支撑数字经济相关产业发展。

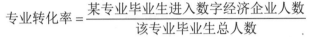

$$\text{专业转化率} = \frac{\text{某专业毕业生进入数字经济企业人数}}{\text{该专业毕业生总人数}}$$

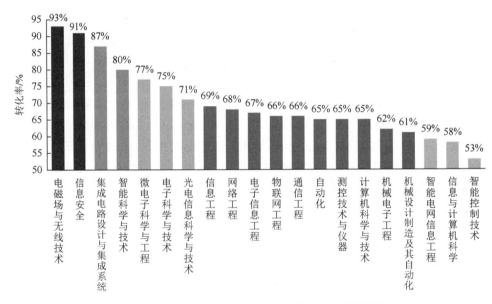

图 7 数字经济各专业毕业生进入数字经济企业转化率

4. 成渝数字经济人才对比分析

4.1 成渝数字经济领域本硕博学科分布

成渝高校数字经济人才学科专业设置，成都在数量上占绝对优势。如图 8 所示，2020 年重庆市高校数字经济相关专业设置中，本科设置专业 85 个，硕士研究生设置专业 132 个，博士研究生设置专业 32 个，而成都依次为 198 个、348 个、108 个。这表明成都地区的数字经济专业设置在各个学历层次都优于重庆地区。

4.2 成渝数字经济相关专业招生人数

在各个学历层次上的数字经济人才招生人数重庆都少于成都。如图 9 所示，2020 年重庆市数字经济相关专业招生人数总计 20960 人，成都市数字经济相关专业招生人数总计 36930 人，其中重庆数字经济人才本科招生人数 14540 人，硕士研究生招生人数 6065 人，博士研究生招生人数 355 人，而成都分别为 23172 人、12652 人、1106 人，表明不管在总人数还是各学历层次招生人数，成都都明显占优。

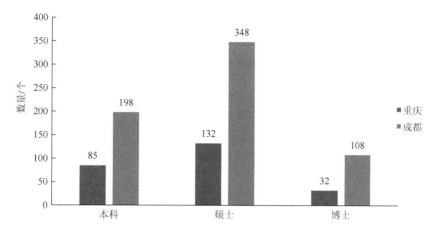

图 8　成渝高校数字经济人才本硕博专业设置数量情况

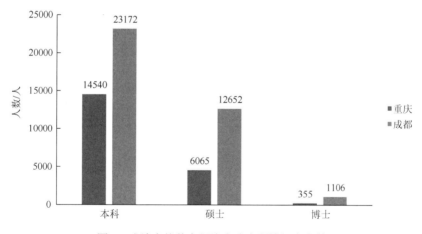

图 9　成渝高校数字经济人才本硕博招生人数

4.3　成渝数字经济相关专业学科门类设置

通过对成渝地区数字经济相关专业学科门类情况进行分析（图 10 和图 11），可以看出：①博士点数量不足，在重大基础理论创新的基础研究人才培养上还存在明显短板，博士点数量和质量与重庆市经济结构和产业规模不匹配，尤其是涉及大数据智能化新兴学科偏少，博士学科点全国排名靠后，与数字经济相关的大数据智能化发展密切相关的先进制造、计算机科学、软件工程、管理科学与工程等学科非常少，学科布局更是集中在重庆大学和西南大学等几所院校；②毕业生人才存量较少，增量不足，可以看出重庆产业转型升级发展所急需的基础理论、研究开发、工程技术和复合型管理类智能人才、技能人才在人才总量和未来增量上都严重不足；③相关专业在校生学历层次不高：从数量上讲，重庆市具有一定的规模，但主要布局在本科及以下学历层次。重庆市大数据智能化领域人才增长动力不足。

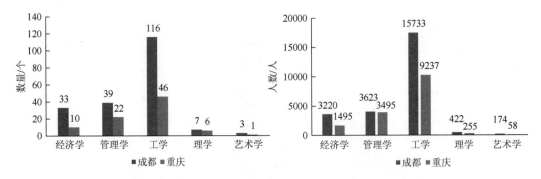

图 10　成渝高校本科数字经济学科门类设置及招生人数

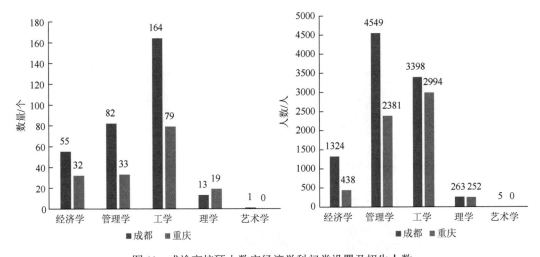

图 11　成渝高校硕士数字经济学科门类设置及招生人数

5. "十四五"时期重庆市数字经济人才需求分析

5.1　人才需求画像分析

借助 Python 语言抓取 2019 年 9 月至 2020 年 7 月期间智联招聘、前程无忧、BOSS直聘等网站发布的数字经济相关岗位的人才招聘信息，抓取字段包括岗位名称、岗位描述、经验要求、学历要求等 9 个维度，并经过数据清洗得到最终的有效数据为 39869 条。

本研究从数字经济人才的学科专业设置、职业属性和供需匹配的视角，对接数字经济企业活动中技术研发、企业运营管理和产品营销推广等关键环节，将数字经济人才岗位划分为技术研发人才、数字化运营人才和数字化营销人才三类。

（1）技术研发人才指从事基础理论研究、现代数字信息技术研发、工程项目实施等方面的技术人员。

（2）数字化运营人才指以数字网络技术为基础，为企业生产流程再造，实施信息化、自动化和智能化解决方案，提升企业运营效率的应用型、复合型管理人员。

（3）数字化营销人才指具有互联网思维，熟悉商业 IT 技术应用，在传统与新兴领域推广新模式、新应用、新产品的营销人员。

1）学历要求

如图 12 所示，从企业需求看，学历没有成为主要门槛，企业以本科学历需求为主，占比为 54.72%；大专学历需求其次，占比为 35.26%，对大专以下、研究生学历需求则较少。数据显示，重庆市数字经济相关企业对学历层次需求要求不够高，表明相关企业在高新技术产品研发及应用方面有进一步提升空间。

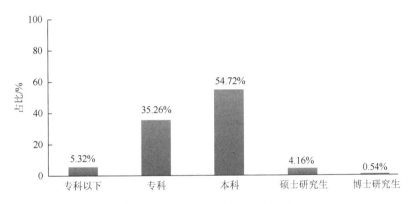

图 12　学历（学位）要求分布图

2）专业要求

如图 13 所示，从企业对专业的需求看，数字经济企业对于计算机、软件相关专业人才具有明显的偏好。企业对计算机专业的要求达到了 32.91%，管理相关专业达到了 23.35%，除了计算机、软件专业，企业在电子、通信等，与数字经济联系紧密的技能型专业也存在大量需求，其他与第二产业相关的专业如工业、机械、建筑等尽管企业需求相比数字技术相关专业占比较低，但也逐渐在走向数字化转型，需要相关人才。

3）工作经验要求

如图 14 所示，企业对人才的工作经验需求不高，企业对于数字经济人才的工作经验要求普遍在四年以内。35.34%的企业对工作经验没有要求，30.79%的企业有 1～2 年的工作经验要求。这表明企业对人才工作经验的需求不高，应届毕业生在数字经济领域有较顺利进入的条件。

数字经济作为近年来高速发展的新兴产业，更需要人才脱离原有传统的框架，具有创新思想，另外，数字化转型尚处于初级阶段，具有丰富工作经验的人才存量本身较少，因此企业对于工作经验的要求相对宽松。

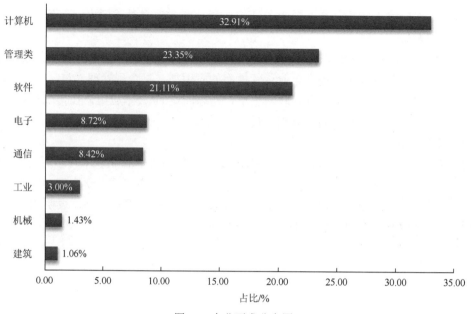

图 13　专业要求分布图

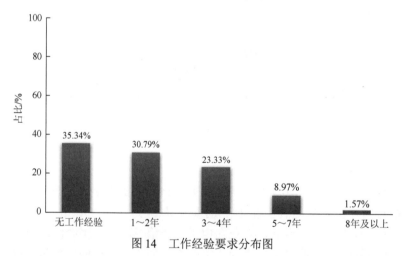

图 14　工作经验要求分布图

4）岗位能力要求

如图 15 所示，数字经济岗位最为看重人才的开发、管理、数据分析等能力。对于数字经济来说其岗位工作主要围绕"项目"开展，数据分析、系统开发维护、设计等都是数字经济人才应具备的岗位基本能力。此外，目前企业数字经济岗位也还需要大量管理人才，可见数字经济作为目前大力发展的新兴行业，在各个方面的人才上都存在缺口。

5.2　人才需求预测分析

参照联合国、OECD、国际货币基金组织（International Monetary Fund，IMF）、世界银行等权威机构关于估算就业的"规模-劳产率"通用计算方法，数字经济就业人数为数

图15 岗位能力需求词云图

字经济产值增加值与数字经济从业人员平均劳动生产率之间的比例。其中，数字经济产值增加值是指在一定时期内单位产值的增加值，数字经济从业人员平均劳动生产率基于全国数字经济平均劳动生产率进行相关性分析并预测。

第一步，统计全国数字经济产业规模（增加值口径）及平均劳动生产率。基于全国数字经济产业规模以及就业人数，计算全国数字经济劳动生产率（劳动生产率=产业规模/就业人数），如表8所示。

表8 数字经济产业规模表

年份	重庆数字经济产业规模/亿元	重庆数字经济产值增加值/亿元	全国数字经济产业规模/亿元	全国数字经济从业人数/亿人	全国数字经济劳动生产率
2017	4360	—	271737	1.71	158910.526
2018	6502	1500	312934	1.91	163839.791
2019	7138	1605	358402	—	—
2022	10000	—	—	—	—

第二步，测算 2017～2019 年重庆市数字经济人员从业人数。按照规模-劳产率的通用计算方法，根据 2017～2019 年全国数字经济劳动生产率，按照重庆市在全国经济发展水平配置权重，推测出重庆市数字经济产业劳动生产率，通过"数字经济从业人数=数字经济产业经济增加值/数字经济劳动生产率"公式，测算出重庆市数字经济从业人数。

（1）按照重庆市在全国经济发展水平的配置权重，根据 2017～2019 年全国劳动生产率与重庆劳动生产率，进行数据分析，其相关 R 值如表9所示，二者强相关。

表 9　权重配置表

	全国劳动生产率	重庆劳动生产率
全国劳动生产率	1	
重庆劳动生产率	0.9919562	1

将这两组数据表现在散点图上，其线性回归方程与 R^2 值如图 16 所示。

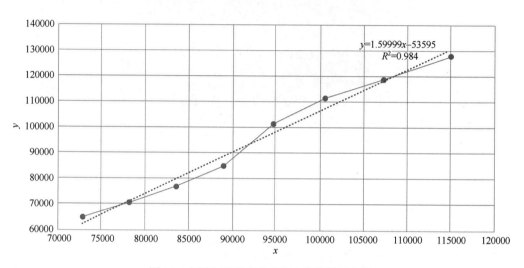

图 16　全国与重庆市劳动生产率线性回归图

（2）根据线性回归方程，以全国数字经济劳动生产率为自变量，推测出的重庆市数字经济产业劳动生产率，采取数字经济从业人数 = 数字经济产业经济增加值/数字经济劳动生产率的公式，测算出重庆市数字经济从业人数（表 10 和表 11）。

表 10　重庆劳动生产率测算表

年份	重庆劳动生产率/（元/人）	全国劳动生产率/（元/人）	全国数字经济劳动生产率/（元/人）	重庆数字经济劳动生产率推测值/（元/人）
2017	100702	111311	158910.526	200645.951
2018	107327	118647	163839.791	208532.282
2019	115009	128035	168921.958（等比预测值）	216663.241

表 11　重庆数字经济从业人数预测表

年份	重庆数字经济产值增加值/亿元	重庆数字经济劳动生产率推测值/（元/人）	重庆市数字经济从业人数/万人
2017	—	200645.951	—
2018	1500	208532.282	71.93
2019	1605	216663.241	74.08

第三步，2020～2022 年从业人数预测。以弹性分析法分析 2017～2019 年重庆市数字经济产业规模与就业人数两个变量间数量关系、变化特征和规律，其增减率的比值为弹性系数，计算公式为

$$E = \left(\sqrt[n]{y_n / y_0} - 1 \right) \Big/ \left(\sqrt[n]{x_n / x_0} - 1 \right)$$

得到弹性系数 $E = 0.31$，即当重庆市数字经济产业规模增加 1%时，重庆市数字经济从业人数将增加 0.31%。

根据重庆市政府机构等发布的对于重庆数字经济产业规模的预测，预计 2022 年全市数字经济近万亿元规模，使用弹性分析计算出的弹性系数预测届时数字经济产业就业人数将达到 106.25 万人（表 12），并根据等比增长补充 2020～2022 年全部预测数据。

表 12　未来重庆数字经济从业人数表

年份	重庆市数字经济从业人数预测/万人
2020	84.8
2021	95.52
2022	106.25

6. 对 策 建 议

6.1　优化专业学科梯队布局，加大专业人才培养力度

一是教育主管部门要主动整合学科专业，结合重庆市学科设置具体实际，与时俱进地对学科布局进行优化调整，快速提升数字经济人才数量和质量。在新一轮学科申请中，教育委员会要积极争取市级领导的支持，主动向国家争取学科布局对重庆的倾斜，支撑重庆发展。以当前行业大的科技革新技术作为导向，侧重基础学科，尤其是加大数字经济领域博士点、硕士点数量和招生人数。优化基础理论和应用课程的内容设置，改善就业环境，加强专业结构调整和课程设置，形成有效的良性循环。

二是积极鼓励在渝教育部高校和市属"双一流"大学增设数字经济专业。重点围绕新一代信息技术和新技术革命创新融合为主的交叉专业，加快培养战略性新兴产业发展所需的紧缺人才，鼓励有数字经济基础的院校如重庆大学、西南大学、重庆邮电大学、重庆交通大学、重庆理工大学等新设数字经济相关专业，加大数字经济专业人才和研发人才培养力度。

三是明确要求市属其他高校对传统专业进行"互联网＋"改造，围绕"中国制造2025"提出的十大重点领域 23 个优先发展方向和"互联网＋"行动计划的 11 个重点领域，建立跨学科、跨产业、跨领域的交叉培养模式，力求培养出适应"互联网＋"时代的复合型人才。

6.2　健全数字经济人才培养机制，完善数字经济人才发展环境

一是建立梯级人才培养体系，形成结构合理的数字经济人才梯队，按照不同产业和

产业链分类实施卓越人才培养。不同层次与类型的高校要把握大数据与相关产业领域融合人才需求的方向，找准服务面向、合理定位、培养适合产业链中特定环节的数字经济人才，形成错位发展和优势发展，形成合理的数字经济人才培养生态体系。

二是加强专业培养方案的调整，按照新工科、新文科建设要求，以产业需求为导向，注重学科交叉融合，在通识教育、专业教育、个性化教育和实验实习体系设计中，突破传统的单一学科中心的局限，及时捕捉市场需求动向，强化技能应用导向，针对市场变化和人才技术技能需求动态更新专业计划，加入数字经济人才技能需求要素。避免专业设置和培养方案修订的"闭门造车"。

三是建立"多模块"的课程体系，将课程体系模块化处理，将专业知识分为普及性知识、专业性知识和综合化知识三大模块，各个模块之间相互补充，把隐性课程和显性课程有机地结合在一起，根据人才不同的发展方向，调整课程比例。

四是要理论与实践相互协调，搭建科学双证融通的实践体系。将职业资格证书和学历证书相互贯通与衔接，以岗位需求为目标，将社会实践中的岗位职业技能认证要求与教学大纲的内容深入融合，强化学生的专业技术能力。

五是提升师资队伍建设力度，针对性培养基础型研究人才目标，改变重应用轻理论的师资队伍建设导向，从政府到企业，吸纳一批基础和开发研究能力强的人才补充到教师队伍中。创造条件和调整政策鼓励教师潜心开展自主创新、自主研发。重庆市高校学校特别是市属"双一流"应抛弃"科研 GDP"至上观念，学习美国、日本和欧洲国家的理论创新制度，尝试首席研究员（principal investigator，PI）制度，不搞大项目，不搞大团队，减少"帽子"及附带利益，专注于理论研究，吸引更多学生参与基础研究。

6.3 健全合作意识和合作机制，完善政校企研一体化协同

一是要按照市场原则，推动协同机制建立。高校和科研院所应出台可行成果转化激励政策，充分考虑各自利益诉求，鼓励教师和研究人员深入地方企业，了解企业真实需求，与企业联合开展技术成果和知识应用转化，为企业技术攻关和数字经济人才培养提供保障。企业则应更关注如何准确地提出知识需求，为高校提供资金和物力上的支持。在综合考虑各方利益，协同多赢原则下，政府应牵头整合各方资源并投入到数字经济人才培养上来，形成政府为主导、学研为主体、企业为支撑、产业为载体的高效协同机制。

二是要建立资源共享机制。政府要积极为数字经济人才培养创造政策条件，搭建知识产权转移平台和设立成果转化与孵化机构，以专业的机构和人才促进相关资源向人才培养聚合优化，加强对高新区、创业园区和大学创业孵化基地的全局规划和建设，按照功能定位、产业集群、人才属性进行整合，统一科技服务平台。同时，要紧紧围绕重点产业和重点企业的需求，科学合理地分配物质和财力资源，确保创新平台为创新创业提供全方位、全过程的服务。政府要引导和加强各方主体的深度合作，充分发挥高校和科研院所的科研资源优势与企业的实践资源优势，并将其有机结合起来，促进创新型科技人才的快速发展。

三是共建数字经济人才培养和激励模式。政府和企业是研发活动的主要受益者，因

此政府在资源资金和科研平台建设投入过程中，应按照企业、高校、科研机构研发投入，成果转换，共建共享的实际状况，重点予以倾斜。引导和扶持企业在国内外数字经济发展好的地区建立培训基地，邀请领域内一流专家进行指导，鼓励创新型科技人才参加国际高科技俱乐部和顶级国际会议的一些重大活动，保持数字经济人才的创新活力。发挥协同体的积极性和创造性，面向市场，引导全社会多渠道、多层次增加人才培养投入，形成以财政投入为引导、企业投入为主体、社会投入为补充、优惠政策作扶持的全社会人才培养投入机制，进一步激发人才的主动性和创造性。

四是建立"多元评价体系"。学习先进省区市成功经验，结合重庆市发展的特点和优势，由市委人才工作领导小组牵头，市人力资源和社会保障局负责，市级部门配合，按照产业分类和重庆市产业转型升级所需智能人才、技能人才要求，以经济结构占比，产业产出结果和人才实际贡献为导向，注重输入性要素评估向注重输出性结果评估转移，引入"多主体评价"主体从"一元"到"多元"，针对不同类型、不同层次、不同行业的特点和对人才的不同需求，引入企业、行业协会、中介组织等多元主体评价。分行业、分产业、分领域地建立操作性强、持续动态和可落地的多元人才评价标准体系。

推动重庆数字经济与实体经济深度融合研究①

万晓榆　张　伟　樊自甫　袁　野　刘　壮　罗焱卿

1. 数字经济与产业融合理论基础研究

西方学者普遍认为产业融合是在数字技术和计算机硬件发展到一定程度催生出来的新经济现象，并在各个不同阶段呈现出不同的特征。20世纪40年代，人类发明了电子计算机和集成电路，极大地提高了信息和知识的存储能力，为数字技术的发展创造了基础。50年代，数字信息技术开始逐渐向其他领域扩散。70年代，人类社会创造了大规模集成电路和微型处理器，同时在软件领域取得了突破性成果，为数字技术在其他领域更加广泛与深入地扩散与应用创造了物质基础。此时，产业融合现象在数字技术的催化下开始萌芽，一方面，信息产业、通信产业、软件业等部门出现融合创造了新产业，即数字经济基础产业的出现；另一方面，数字经济基础产业与其他产业部门开始融合，提高了其他产业部门的数字化水平。80年代开始，伴随新的数字技术和互联网技术的日趋成熟，数字技术特征出现了新的变化，产业融合现象也出现新特征。

20世纪90年代，大数据、云计算等关键性数字技术发展迅猛，进一步促进了数字经济基础产业对其他产业部门的外溢效应，产业融合成为数字经济时代对产业结构调整和演化要求背景下的必然产物。

1.1　国内研究现状

我国学者对产业融合的思考与研究较晚，始于20世纪90年代。近年来，产业融合研究逐渐升温，研究视角不断扩展，研究深度也不断增强。国内最早进行产业融合研究的学者于刃刚等[1, 2]提出技术进步催生了三个产业之间的产业融合现象，第二产业与第三产业间的融合主要表现为第三产业向第二产业的渗透，融合速度不断加快。首位将数字经济引入国内的学者姜奇平[3]大胆提出产业融合是体现工业经济和信息经济的分水岭，是形成了工业经济和信息经济分化的关键标志，是以分工为特征的工业革命的对立面，提出亚当·斯密的分工理论不能作为新的信息经济理论基础，应该构建以产业融合为基础的经济学理论框架。张磊于2001年出版的《产业融合与互联网管制》是国内最早研究产业融合领域的专著之一。该书通过对产业融合现象的分析，重点研究在该现象下的互联网的管制政策。张磊提出了产业融合的三个驱动力，分别是技术条件（包含软件技术、

①作者简介：万晓榆，重庆邮电大学经济管理学院院长，教授；张伟，重庆邮电大学经济管理学院副教授；樊自甫，重庆邮电大学经济管理学院系主任，教授；袁野，重庆邮电大学经济管理学院教授；刘壮，重庆邮电大学经济管理学院研究生；罗焱卿，重庆邮电大学经济管理学院研究生。

数字通信技术等)、管理创新和政府管制的放松。数字融合能够发生在广播电视业、电信业和出版业的边界处的基础是建设网络基础设施。黄建富[4]在《产业融合:中国发展新经济的战略选择》中提出,现代产业划分在一定程度上具有模糊化的趋势,如新兴的信息产业既具有服务性,又具有生产性,难以按传统的产业划分标准分类,提出经济社会的生产方式向产业融合方向演化。

周振华[5-7]认为应该通过信息化的发展进程研究产业融合,该问题是当今经济理论研究的前沿课题。周振华在三年内发表 12 篇论文对产业融合问题进行了系统、全面的研究,认为信息化对产业经济的本质影响表现在产业融合,能够引发产业结构的革命性影响。信息化的演变过程能够推动整个产业经济产生的三个根本性变革:第一,从物质流导向到信息流导向的变革;第二,核心技术从工业技术向信息技术的变革;第三,基础设施从物流运输平台向信息传输平台的变革。马健[8]对西方学者在产业融合领域的研究成果进行了梳理,给出了产业融合的概念,并提出产业融合是不同产业在技术、业务和市场的融合,信息产业能够改造传统产业并为其带来新的生机,产业融合与产业结构升级存在着必然的联系。以模仿行为经济学为理论框架,分析产业融合带动产业结构升级的传导机制,即产业融合对产业结构转换和升级的带动作用是在利益的驱使下,在人的模仿行为影响下促成同一产业部门内或不同产业部门间的企业的模仿扩散过程。朱瑞博[9]提出价值模块是产业融合的载体,技术创新、放松管制和开拓性的观念创新仅实现了个别产业的融合,而非产业融合的本质。在信息的数字化前提下,产业融合通过具有通用界面标准的模块载体才真正实现,其中价值模块研发、重用和整合是产业融合、产业结构的三个关键环节。陈柳钦等发表了多篇有关产业融合领域的学术成果,主要研究视角从产业融合的形成机制、发展激励机制、演进方式和效应方面着手,提出产业融合的政策建议[10-12]。

胡永佳[13,14]首次将马克思主义经济理论的辩证分析方法引入产业融合理论研究,作为产业融合与分工关系的研究工具,并与古典经济学理论和新古典经济学理论相结合,共同构建了产业融合理论框架,基于宏观与微观层面、逻辑和历史视角、规范与实证的方法,为理解产业融合的实质提供了新视角,即产业融合是不同产业部门间分工关系到同一产业部门内部分工关系的演化过程和变革结果,这种变革不仅没有消灭产业内分工,反而基于分工的多层次特征,进一步扩大和深化了产业内分工,最终实现分工层次的融合。谢康等基于信息化与工业化融合视角,认为工业化和信息化融合是对我国经济产生深远影响的理论及实践问题,采取工业装备资源和信息资源平衡发展、技术进步同社会稳定的平衡协调为基本路径,提高工业的技术效率,实现工业经济增长和传统产业结构优化的具有中国特点的新型工业发展[15,16]。徐召红和杨蕙馨[17]研究发现企业转型升级的动态能力由三个子能力构成,子能力之间紧密相关;市场感知能力通过影响学习吸收能力和变革创新能力间接提升企业绩效,学习吸收能力和变革创新能力能够直接提升企业绩效。肖静华[18]研究表明数字化技术及其电子商务不是单纯的渠道变革,也不是一种单纯的商业模式创新,而是一种全新的企业管理变革,需要企业从战略视角或整体观来应对其挑战,推动企业数字化战略转型。焦勇[19]从价值视角,提出了数字经济对制造业的影响逐步从价值重塑走向价值创造的理论基础,考察了数字经济赋能制造业转型的四个维度，分别是从要素驱动到数据驱动、从产品导向到用户体验、从产业关联到企业群落、从竞争合作到互利共生，并提出数字经济赋能制造业转型的路径应坚持数据驱动、创新驱动、需求驱动和供给驱动，引导制造业与互联网、研发端、服务业、新技术深度融合，为制造业转型提供强劲动能。张延林等[15]基于特征映射逻辑，从 IT-业务战略匹配是信息技术和实体经济深度融合在企业创新层面的反映出发，基于组织高阶梯队理论和创业拼创理论，采集 142 份经理级 CIO（chief information officer，首席信息官）与 TMT（top management team，高层管理团队）成功配对问卷开展实证研究，在此基础之上提出了企业层面的信息技术和实体经济深度融合的拼创理论，进一步阐述了党的十九大报告关于新一代信息技术和实体经济深度融合这一理论思想的内涵与企业实现机理。武晓婷和张恪渝[20]基于投入产出法，从融合贡献和融合互动视角，构建直接融合度、综合融合度和改进型融合互动指数，对数字经济产业与制造业的融合进行测度，结果表明数字经济产业在制造业发展中起到的推动作用比拉动作用更强；数字要素驱动业与各类制造业的直接融合度与融合互动程度都较高；数字产品服务业与各类制造业的直接融合度较高，但融合互动存在一定的非对称性；数字技术应用业与各类制造业的直接融合度和融合互动度都最低，产业融合存在障碍。谢康等[21]根据中国省际面板数据的实证结果，提出信息化与工业化融合影响经济增长效率与公平不完全相悖的概念，刻画了信息技术和实体经济融合驱动资源配置而对效率作用的过程，表明"两化"融合对经济增长效率的影响是确定、正面且当期，对经济增长公平的影响则是直接与间接、正面与负面作用相互叠加且当期与滞后效应共存。在此基础上，对影响经济增长效率与公平不完全相悖效应的发生机制进行讨论，他们认为信息技术和实体经济融合在不同条件下既可能产生互补效应，也可能形成替代效应，使"两化"融合对经济增长公平的影响存在直接与间接、正向与反向作用的叠加效应。

1.2 国外研究现状

1977 年，日本电气股份有限公司在计算机和通信的基础上，首次大胆预言了产业融合的到来。该公司提出，随着大规模集成电路和半导体核心技术的发展，计算机的处理更加分散，通信趋向于数字化和网络化发展。随着信息的数字化和计算机硬件的发展，两者将出现技术融合。1978 年，麻省理工学院（Massachusetts Institute of Technology，MIT）媒体实验室的 Negrouponte 首次提出了基于融合视角的理论分析，使用三个交叉且具有重合部分的圆来表示计算机领域、广播业和印刷业三个独立产业间的技术融合，提出产业交集将成为创新最活跃、成长性最强的领域。伴随数字技术进步和技术融合，不同媒体形式，如照片、音乐、文件、视频等之间的互联性和互换性增强，出现数字融合现象，在数字融合技术的支持下，出现电信业、广播电视业和出版业的产业融合[8]。英国学者 Sahal[22]及意大利学者 Dosi[23]率先基于技术视角，提出产业融合是将技术在其他产业部门中的广泛渗透和应用过程及导致经济活动的创新过程，属于技术融合范畴。

同时，国外的学术界也掀起了针对产业融合领域的研究高潮，学者基于不同视角，发表了大量有关产业融合的学术成果。其中较有代表性的成果有，Yoffie[24]基于技术融合的角度，提出产业融合本质上是采用数字技术后，原本各自独立产品的组合及基于数字技术的企业融合，并提出 CHESS 模型，从创新组合（creative combination）、水平解决方案（horizontal solutions）、外部性和标准设定（externalities and standards）、范围经济/规模经济和捆绑（scale、scope、bundling）、系统聚焦过程（system-focused progress）五个维度来解释数字融合的复杂性。该模型认为企业实现融合的前提是采用新技术及新的发展战略，因此，也必将促进数字技术的广泛需求和应用。2000 年，澳大利亚政府信息办公室将产业融合的研究范围扩展至服务部门，出版的 *The Australian Convergence Review*（澳大利亚的融合报告）对产业融合进行了细致的定义，探究了产业融合特征，并提出了产业融合是数字渗透对服务部门的重构作用，认为产业融合本质是不同服务的传递结构间的转换，传统的服务模式基于物理或模拟技术为本土市场提供具有标准化性质的产品或服务，从而形成具有水平、垂直一体的企业结构模式。

Lind 和 Mortagua[25]梳理了研究市场产业的理论框架和分析方法，基于新古典主义经济学、产业组织学、资源基础理论及反垄断理论，利用市场营销和政府统计分类方法，提供了基于产业技术周期和产品生命周期的产业融合研究框架，提出"融合无处不在，融合是分离的市场间的一种汇合和合并，跨市场和产业边界进入壁垒的消除"，是发生在技术创新条件下对产业界限的重新定义。Curran 和 Leker[26]在对产业融合领域一些经典研究成果进行梳理的基础上，创造了产业融合演化过程的理论框架，提出产业融合需要经历的前两个演化过程是科研融合和技术融合，在经过市场融合的演化过程后，最后达到产业融合阶段。该研究不仅涉及科学技术和数字技术领域，更将研究视角拓展至产业结构、市场的供给侧和需求侧及政策制度框架等内容。数字化嵌入经济可以追溯到20 世纪 90 年代，Schwab 和 Davies[27]在对第四次工业革命可能带来的创新影响进行系统分析后，提出互联网的出现改变了经济与产业结构。Dyer 等[28]研究结果表明通过企业边界、市场基础、组织结构及市场结构的变革，数字化体系使企业总体呈现规模报酬递增的价值实现特征。Wong 和 Ng[29]认为企业跨体系的数字化转型需要企业进行管理适应性变革，而管理适应性变革则需要企业进行适应性组织学习。Frank 等[30]认为服务化和工业4.0 是工业公司转型的两个最新趋势，服务化主要侧重为客户增加价值（需求拉动），而工业 4.0 与为制造过程增加价值（技术推动）相关。在此基础之上，他们从商业模式创新（business model innovation，BMI）的角度构建了一个概念框架，将服务化和工业 4.0 概念联系起来，该框架基于三个服务化层级（即平滑、适应和替代）和三个数字化层级（即低、中和高水平）。Llopis-Albert 等[31]应用模糊集定性比较分析法（fuzzy set qualitative comparative analysis，fsQCA）来分析数字化转型对业务绩效模型和不同参与者满意度的影响效应，该研究从汽车制造商、服务提供商、公共交通提供商、消费者和政府等不同参与者的角度分析了数字化转型对汽车行业的影响，涵盖了互联和自动驾驶、移动即服务、购车中的数字信息源、大数据等多种数字技术。

1.3　研究述评

从上述研究成果可以发现，国内外学者在产业融合领域的研究内容比较广泛，涉及内涵、特征、成因、驱动力、演化过程、发展趋势、产业绩效、产业结构、产业组织、企业竞合关系、管制政策等方面。尤其在数字融合与产业融合的关系、数字技术对产业融合的推动作用方面的研究成果丰富。目前对产业融合领域的研究主要存在两个问题，第一，随着传统技术经济范式向数字技术经济范式的质变，现有文献主要集中在信息技术和信息化的研究，对数字技术经济范式和数字经济背景下的产业融合问题研究不多。第二，现有文献侧重产业融合内涵等方面的定性分析，数字经济与实体经济融合理论框架，同时缺乏该问题的实证分析。此外，既有研究偏重技术因素对产业融合的作用机制，而在数字经济与实体经济融合对经济社会造成的效应方面的研究不足。

1.4　国家与重庆市相关政策制定概况

数字经济是以数字信息为生产要素、信息网络为重要载体、通信技术为关键支撑的系列经济活动，包括数字产业化和产业数字化两个方面。现代数字技术重大突破所催生的社会生产力质的飞跃，将深刻影响全球经济未来走向和发展格局。我国先后出台了《国家数字经济创新发展试验区实施方案》《关于推进"上云用数赋智"行动培育新经济发展实施方案》等政策文件大力发展数字经济产业。我国各地积极出台数字经济政策，加强数字经济的战略引导。据统计，全国有超过 28 个省区市，包括四个直辖市出台了数字经济相关发展规划。

为推动重庆市数字经济发展，重庆市先后出台了多项政策文件，注重深度超前谋划布局，充分发挥顶层规划布局引领作用，超前谋划前沿产业，统筹布局发展空间，推动高精尖产业集聚发展。注重体制机制改革创新，设立数字经济发展统筹协调机构，推动部门分工协作，创新管理机制，构建统计考核体系，打破多头管理、条块分割、各自为政的体制约束，形成政府推动数字经济发展的合力。注重法律标准规范引领，加快适应经济发展新旧动能转换、产业结构加速升级要求，完善大数据立法，建立新经济的准入规则，制定数据开放、共享与应用标准，规范全行业发展，为新经济蓬勃发展提供坚实的法律制度保障。注重政策精准配套，整合政策资源，聚焦核心产业、重大平台、创新研发等关键方向，制定鼓励竞争、靶向精准、综合配套的组合政策体系，引导数字经济高端核心要素资源快速聚集。

2. 加快数字化发展的重要意义

加快数字化发展，是党中央站在战略和全局的高度，科学把握发展规律，着眼实现高质量发展和全面建成社会主义现代化强国作出的重大决策，是建设现代化经济体系、推进治理体系和治理能力现代化的重要路径。"十四五"时期是重庆开启社会主义现代化建设新征程、谱写高质量发展新篇章的关键期，加快数字化发展意义重大。

2.1　落实党中央重大决策部署的政治行动

党的十九届五中全会明确要求"加快数字化发展"，并对此作出了系统部署。加快数字化发展，是重庆坚决落实党的路线方针政策和落实党中央重大决策部署的具体行动，有利于重庆市立足"四个优势"、发挥"三个作用"，在形成新发展格局中实现更大作为。

2.2　顺应新一轮科技革命的发展潮流

纵观世界文明史和社会发展史，人类先后经历了农业革命、工业革命、信息革命，每一次科技革命和产业变革都给生产力带来质的飞跃。当前，正进入以数字化生产力为主要标志的数字时代，数字重新定义一切、云计算服务一切、网络连接一切、AI 赋能一切，以互联网、大数据、人工智能、物联网等为代表的信息技术广泛渗透到经济社会各领域，抓住数字技术创新这一关键变量，充分释放数字化发展的放大、叠加、倍增效应，是重庆抢占新一轮发展制高点的关键。

2.3　创造高品质生活的战略需要

推动高质量发展，实体经济是根本，数字经济是强劲的新引擎。当前，重庆经济已由高速增长阶段转向高质量发展阶段，大数据智能化创新方兴未艾，以数字经济为代表的新动能加速孕育形成。加快数字化发展，既有利于重庆有效应对日益复杂的国际大环境、保障经济安全稳定运行，又有利于拓展经济发展新空间、培育经济发展新动能、推动经济高质量发展，加快实现质量变革、效率变革、动力变革。同时，加快数字化发展，有利于缩小重庆城乡区域数字经济鸿沟，有效创新公共服务提供方式，增强公共服务供给的针对性和有效性，让人民群众在共享数字化发展成果上有更多获得感。

2.4　促进治理体系和治理能力现代化的实践要求

随着经济社会快速发展，特别是新冠疫情的冲击，传统治理模式和"人海战术"已越来越难以适应现代治理需要。加快数字化发展，可以对政府治理理念、治理结构、运行机制、行为模式及资源配置等带来深层次的结构性变化，大大提升全市各级各部门效率效能，深化"放管服"改革、优化营商环境、激发市场活力和社会创造力，有力助推治理体系和治理能力现代化。

2.5　推进成渝地区双城经济圈建设的重要支撑

《成渝地区双城经济圈建设规划纲要》围绕两地大力发展数字经济，对布局完善新一代信息基础设施、合力打造数字产业新高地、积极拓展数字化应用、全面提升数字安全水平等作出一系列具体部署。加快数字化发展，有利于以数字化赋能建设有实力、有特色的双城经济圈，加快落实"两中心两地"战略定位，合力打造区域协作的高水平样板，让成渝地区早日成为具有国际影响力的活跃增长极和强劲动力源。

3. 重庆数字经济与实体经济融合发展基础

数字经济与实体经济融合发展指通过互联网、大数据、人工智能、物联网等新一代信息技术在传统产业中的深度融合应用，实现对传统产业从生产要素到创新体系、从业态结构到组织形态、从发展理念到商业模式的全方位变革和突破，其核心要义在于如何推动传统企业的数字化转型、智能化升级。

随着世界经济格局的深刻变化、新冠疫情的巨大影响，传统企业的数字化进程被大大提速，本来可能需要 30～50 年才能完成，现在很可能被缩短到一二十年。每个企业都必须思考如何利用数字技术来降低企业的推广成本、渠道成本、人力成本和管理成本，每一个传统行业都需要利用数字技术推动自身进步和发展，转变成技术驱动的现代行业。近年来，国内外传统制造企业纷纷开始尝试，积累了丰富的经验。例如，德国安贝格西门子工厂，原始设备制造商（original equipment manufacture，OEM）和应用程序开发人员通过开放接口访问工业云平台 MindSphere，对全球分布式机床、工业机器人或工业设备进行在线监控。青岛红岭制衣自主开发 C2M 平台实现了从下单、支付到产品全过程的数字化和网络化运作，依托大数据技术在全球第一个开展服装大规模个性化定制，将传统服装定制生产周期从 20～50 个工作日缩短至 7 个工作日内。山西阳煤集团采用百度大脑获取场景化的 AI 能力，通过对程控设备和工艺数据的加工，对生产工艺关键设备进行设备诊断分析，建立故障预测模型，并通过语音识别、自然语言理解来理解人的指令和意图，由 IoT 系统和智能知识图谱给出对于意图的结果集反馈，让操作、检修人员实时获取全方位信息，帮助现场人员更好地维护和修理过程工业的设施设备。作为国内工程机械行业的龙头企业，三一重工在工业大数据及物联网方面积极探索，打造工业物联网平台——树根互联，将自身打造为一个以工业知识沉淀为基础的软件和数据驱动型企业，实现向服务型制造的转变。

当前，重庆坚持将大数据智能化作为高质量发展的战略选择，以建设国家数字经济创新发展试验区为契机，加快推进数字产业化、产业数字化，全力打造"智造重镇""智慧名城"，数字经济与实体经济融合发展基础及态势良好，主要表现如下。

3.1　总体规模

2020 年上半年，重庆地区生产总值增长 0.3%，达到 1.12 万亿元，人均地区生产总值突破 1 万美元。第一产业实现增加值 610.02 亿元，增长 2.4%；第二产业实现增加值 4407.84 亿元，增长 0.9%；第三产业实现增加值 6191.97 亿元，增长 0.5%。其中，重庆制造业基础雄厚，工业门类齐全、综合配套能力强，为数字经济融合发展提供丰富应用场景；第三产业上半年逆势增长，产业增速分别高出四川及全国平均水平 0.9 个百分点、2.1 个百分点，金融、数字服务及新兴服务业发展势头强劲，行业数字化转型步入深入，为融合发展奠定坚实基础。

3.2 产业链

"芯屏器核网"全产业链持续壮大，截至 2020 年底华为鲲鹏计算产业生态重庆中心、海康威视重庆基地二期等项目落地，紫光华智数字工厂、瑞声智能制造产业园等项目开工，联合微电子中心、英特尔 FPGA 中国创新中心、工业大数据制造业创新中心等项目投入运营，共有 639 家规模以上电子企业，软件企业约 2.5 万家。2020 年上半年，大数据、集成电路、软件服务等 10 个数字产业增速为正，较一季度增加 5 个，增长面不断扩大。智能硬件产业在智能终端消费需求大幅增加的带动下，增长 21%。一批汽车电子产业优质项目先后落户重庆市，上半年累计增长达 10.8%。全市数字产业发展趋势良好，为数字经济与实体经济融合发展加速增效。

3.3 创新平台

2020 年上半年，全市开工建设新型基础设施重大项目 176 个，总投资 2119 亿元，以 5G、数据中心、工业互联网平台建设为主的信息传输和信息技术服务业投资同比增长 1.6 倍。5G 基站建设站稳全国第一方阵，全市新建 5G 基站 3.2 万个，累计建成 4.2 万个，提前超额完成全年 3 万个的目标。数据算力进一步汇集，两江云计算中心集聚腾讯、电信、移动、联通、浪潮等 10 个大数据中心，形成 1.9 万架机柜、24 万台服务器的数据存储能力，建立了腾讯云、华为云、浪潮云等近 20 个大型云平台，数据中心规模西部领先。国际数据通道能力进一步扩容，中新（重庆）国际互联网数据专用通道总带宽达 380Gbit/s，覆盖 7 个示范园区，用户企业 29 家，建成国家级互联网骨干直联点，省际直联城市 29 个。国家顶级节点（重庆）成功上线，日均标识解析量 140 余万次，面向汽车、电子、装备、医药、医疗器械等行业二级节点加快建设，为数字经济融合发展抢抓先机和持续发展提供坚实基础支撑。

3.4 应用生态

在工业方面，加快实施十大工业互联网平台培育工程，遴选了宗申忽米网、阿里飞象、航天云网工业大数据等十大平台，全市已集聚 197 家工业互联网服务企业，提供第三方服务的工业互联网平台 47 个，累计服务企业"上云"5 万多户、连接设备 150 余万台，工业互联网平台引领发展格局初步形成，为数字经济融合发展提供有力供给和良好基础。在服务业方面，本土垂直生活服务平台加快发展，家电维修"啄木鸟"、家装"俏业家"等平台强化行业资源整合，制定行业服务标准，完善服务流转体系，加速拓展市内外市场。餐饮、住宿等品质商家电商应用渐成规模，美团、饿了么等生活服务平台加速餐饮等商家触网营销。截至 2020 年底，全市在美团上餐饮商户约 2 万家、携程上住宿商户约 2.2 万家。摄影、家政等商家线上营销、线下服务能力逐步构建，全市在商务部家政信用体系平台企业达 370 余家、家政服务员超 3.2 万人。

3.5　重点行业

智能制造成效显著，汽车、电子、装备、消费品、医药等重点行业融合发展稳步推进，智能化逐步向供应链、产业链等延伸。截至 2020 年底，累计推动实施 2265 个智能化改造项目，认定 67 个智能工厂和 359 个数字化车间。智能建造加快发展，打造 699 个 BIM 技术工程项目，完成 BIM 项目管理平台和 BIM 数据中心建设，实现数据在勘察、设计、生产、施工、验收等环节的有效传递和实时共享；实施智慧工地 2630 个，其中 BIM 智慧工地 233 个，上线启动重庆市智慧工地管理平台，实现账户体系、基础数据库和外部接口的规范统一。农业数字化体系逐步构建，"三农"大数据平台、特色农产品交易大数据中心加快建设，农业产业数字化地图逐步完善，农产品质量安全溯源体系覆盖加深，农业生产环节智能化水平稳步提升。黔江区建成测土配方施肥指导系统，实现测土配方施肥 120 万亩，技术覆盖率达 90.2%。潼南区 10 余家农机专业合作社组建了农用无人机联合社，利用大疆 MG-1P 农业植保无人机开展植保社会化作业服务。服务业线上线下加速融合，农村电商升级出新、直播电商迅猛发展，生活性服务线上化水平不断提升。2020 年 1～7 月，全市限额以上单位网上零售额同比增长 42.5%，比去年同期提升 30.6 个百分点。

3.6　新业态模式

"宅经济""云经济""直播带货"和无接触服务等新模式新业态加速涌现，形成了新的增长点。餐饮、百货超市、农贸市场加速线上线下深度融合，腾讯"云会议"在 2020 年上半年使用量达到过去常规时间的 100 倍，全市服务业数字化增加值同比增长 21.8%，较第一季度提升 9.6%。联合阿里巴巴启动"春雷计划"，推动传统批发市场、大型超市线上线下联动发展，上半年依托淘宝平台举办的直播带货就达 6.3 万余场，销售额 32.3 亿元。依托"巴味渝珍"平台，推广和促销秀山土鸡、城口老腊肉、开州春橙等扶贫产品，打造网络销售品牌，实现平均溢价率达 4%。

3.7　智慧城市建设

全面实施"云长制"，全市政务信息系统上云率达 85.7%；建成城市大数据资源中心，完成 4 个基础数据库、60 个以上部门数据资源池、5 个以上主题数据库集中部署，推动政务数据集中汇聚，市级共享数据突破 3500 类。"渝快办"政务服务平台已融入全市 20 个市级部门的 51 套自建系统 462 个事项，日均交换数据超过 300 万次。智慧城市公共服务能级提升，"渝快办"注册用户超过 1200 万人，累计办件量超过 1 亿件，超过 80% 的事项实现"最多跑一次"。普及应用居民电子健康卡 3100 万张，近 80% 的二级以上医院开通网上预约诊疗服务。市级基础教育、职业教育和高等教育资源公共服务平台开放基础教育同步课程资源 60 万余条，累计注册用户超 550 万人、访问量突破 2.56 亿人次。

4. 重庆市数字经济与实体经济融合发展现状

4.1 重庆数字经济与农业融合发展现状

重庆市数字经济与农业融合发展正面临难得机遇，实施乡村振兴战略行动计划和以大数据智能化为引领的创新驱动发展战略行动计划对农业产业数字化、数字产业化作出了战略部署，快速发展的山地特色高效农业对产业数字化也有着旺盛的需求，全市 1500 多亿元农业增加值的产业规模亟须数字经济赋能，2019 年第一产业数字经济增加值 63.61 亿元，比上年增加 8.48 亿元，增速 6.2%，全市农业数字经济规模逐步增长。

1）农村信息通信基础设施逐步完善

农村通信物流基础设施是实现数字经济与农业融合发展的基础条件，截至 2020 年 6 月，全市 8015 个行政村，通光纤率达 100%，4G 无线网络覆盖率达 100%，实现 18 个深度贫困乡镇人口聚居自然村宽带和 4G 网络覆盖，基本实现"村村通宽带、户户有信号"。全市累计建成 5G 基站 4.2 万个，涪陵区、江津区、梁平区等部分区县已率先启动农村 5G 网络基础建设。

2）重要数据支撑系统逐步构建

一是"三农"大数据平台方面。统筹推进"三农"领域数据资源整合，基本建成"2＋1＋2"架构体系的重庆"三农"大数据平台。平台归集整合数据资源目录 853 个、数据项 5874 个，数据 8642 万条，建成畜牧业资源、监管执法资源、农经资源、农药追溯监管平台、政务服务资源、自然资源、农产品市场价格等 11 个资源库。平台还开展了 11 个专题分析，涉及 135 个指标项、38 个维度，实现 55 种展现形式。市级"三农"数据的"聚"基本实现，"通"取得一定突破，"用"正深入探索。二是单品大数据建设方面。引导区县积极推动单品大数据建设，目前国家级重庆（荣昌）生猪大数据中心已获农业农村部批复，正按照立足"国家平台、公益主体、科技创新、推动产业、服务市场、造福'三农'"的目标定位，已全面启动建设生猪数字"大脑"、生猪数据"云仓"、生猪产业"数谷"。累计接入 1.2 亿条生猪结构化数据、3.5TB 非结构化数据。建成全国首个"生猪数字监管平台"，实现 8.5 万头生猪养殖、贩运、屠宰"一网式"实时监管，掌握生猪购销、调运记录数据 2200 余条，有效实现生猪全链条全程数字化监管预警。潼南区建成"汇达柠檬企业数据中心"，发布了中国柠檬指数 2.0，建成了旭田植物工厂、积壳智慧绿色生产示范基地、物恒蔬菜大棚物联网智能喷灌系统和柠檬良种无病毒三级繁育体系，年可提供柠檬脱毒良种接穗 200 万株、育砧木芽苗 140 万株、脱毒种苗 60 万株。巫山县上线"巫山数字果园"，24 个乡镇基础数据采集线上化，打通巫山脆李从生产端到销售端全产业链基础数据采集、备案、汇总、服务一体化大数据基础工作。涪陵区基本建成"榨菜大数据平台"，新增榨菜加工数字化生产线 14 条，改造营运现代化生产设备 100 余套，实现年半成品加工能力超 80 万吨、年成品生产能力超 60 万吨。

三是在行业应用方面。建成农村土地承包经营权信息应用平台，完成全市 38 个涉农区县约 930 个乡镇的数据质检工作，全面掌握农村土地承包现状，引导土地经营权有序流转。建成全市"粮食生产功能区和重要农产品生产保护区"划定管理信息子系统，完成"两区"划定面积 1250 万亩，实现"两区"地块全部建档立卡、上图入库、精准管理。江津、渝北、永川等区县成功探索"卫星遥感＋人工智能深度计算"模式，构建了区域性花椒、柑橘、茶叶等农业产业数字化地图。建设农产品质量安全溯源体系，全市已发展农产品质量安全追溯点 4100 多个，3200 多家农业企业注册上线，初步实现市级、区县、乡镇三级垂直化监管。"巴渝·醉美乡村网"定期收集、整理和发布全市乡村旅游数据信息，实现城乡旅游信息资源有效对接，推出乡村旅游精品景点 301 个、精品线路 132 条。建成动监"110"指挥调度平台，实现重大动物疫情可视化远程指挥及应急处置。建成"马铃薯晚疫病物联网预警系统"，已在全国 8 个省区市马铃薯主产区推广，应用面积超过 960 万亩，总计挽回经济损失 19.36 亿元。

3）智慧农业新技术生产应用持续推广

按照"试点先行、逐步推广"思路，围绕农业产业发展瓶颈问题，以产业链关键环节改造提升为重点，优先选择基础较好的地区、重点领域、重点产业积极开展试点示范，推动智慧农业以点带面快速发展。一是智慧农业规模不断壮大。围绕重庆特色农业产业链发展，大力开展农业生产智能化水平提升试点示范。截至 2020 年 6 月全市建成农业生产智能化示范基地 370 个。二是生产环节智能化水平有效提升。全市蛋鸡饲养和食用菌、豆芽生产等智能化关键技术环节取得突破，基本形成工厂化生产。水肥一体智能灌溉、环境监测、自动饲喂等智慧农业生产技术得到应用推广，示范区域灌溉水利用率提高到 95%，减肥减药亩均 10% 以上，节本增效成效明显。三是农机装备智能化应用实现突破。通过科研院所和行业企业联合创新，丘陵山区中小型无人驾驶拖拉机、果园无人对靶施药装备、遥控水稻直播机等智能化农业机械已成功研发，温室作业机器人、智能养殖机器人、果园巡检机器人等人工智能设备已在农业生产中发挥作用。无人机应用不断扩大影响力，全市共有农业无人机 200 余台，飞播、植保作业面积已突破 40 万亩，"重庆飞防"队伍快速成长，经营业务已拓展到云南、四川、新疆等多个省区市。四是智慧农业新模式推广初见成效。渝北区规划建设"1＋8＋18"智慧农业框架体系，辐射企业和合作社 20 多家，涉及养猪、兔、渔业、蓝莓、食用菌和中药材等多个产业。梁平区以数谷农场为带动，规划建设万亩智慧果蔬基地。江津区积极推进集成农业科技、农业创新、农业创业和农业创意的"4＋X"智慧农业示范园区建设。奉节县引进阿里巴巴打造数字农场，大力推动智慧果园建设。黔江区建成测土配方施肥指导系统，实现测土配方施肥 120 万亩，技术覆盖率达 90.2%。

4）农产品电商规模增长迅速

截至 2020 年 6 月全市已建成区县电商公共服务中心 27 个、服务站点 6179 个、电子商务仓储物流配送中心 28 个、电商集聚区 63 个，乡镇快递覆盖率达到 100%，行政村快递覆盖率近 86%，覆盖城乡的电商服务网络初步建成，农产品电商实体承载能力明显增强。引导"巴味渝珍""村村旺"等本地农产品电商平台快速发展，借助消费大数据，分析网销现状和趋势，倒逼生产端从品种、品质和包装等方面促进农产品提档升级。加强与阿里巴巴集团盒马鲜生开展战略合作，推进重庆品牌农产品入驻盒马鲜生平台，在石柱县打造了全国首个"水上盒马村"。与京东集团合作，通过"自营＋POP"的方式培育壮大网销品牌，在京东平台培育农产品品牌 89 个。借助"6.18"、丰收节、"双十一"、年货节等重要节庆，联合天猫、京东、苏宁等大型电商平台和市内"巴味渝珍"电商平台，持续开展重庆品牌农产品网销行动。借助手机"新农具"，联合抖音、快手、新华社、京东、拼多多等平台引导区县开展网络直播带货，截至 2020 年 6 月共举办 160 余场，直播销售农产品 1.6 亿余元。开展"线上与线下""市内与市外"双驱推动农产品电商发展，线上举办"三峡柑橘国际交易会（网上）"，线下对接广州江南市场等大型农产品批发市场及沃尔玛、永辉等超市，累计销售 62.87 万吨。据行业统计，2019 年全市农产品网络零售额达 108 亿元、同比增长 35%，2020 年上半年全市农产品网络零售额达 54.9 亿元、同比增长 20%。

5）乡村新业态不断涌现

新型农业生产社会化服务方面，潼南区 10 余家农机专业合作社组建了农用无人机联合社，利用大疆 MG-1P 农业植保无人机开展植保社会化作业服务，1 小时作业面积超过 100 亩。农产品流通方面，奉节县构建以微信、天猫、淘宝、京东为代表的奉节脐橙网上销售体系，建成淘宝店 2700 多家，京东店 45 家，天猫店 20 家，微商 10000 人以上，2020 年累计网络销售脐橙 5.53 万吨、销售收入 6.52 亿元。信息服务方面，利用 12316"三农"服务热线，精准开展专家服务、农业信息对接、农产品市场行情服务，群众咨询满意率超过 95%。

6）信息进村入户工程实现全覆盖

坚持政府主导、企业主体、农民主人的原则，按照"六有"建站标准建设益农信息社，落地公益、便民、电商、培训四类服务，全面整合农村现有服务资源，完善"买、卖、推、缴、代、取"六大功能，实现普通农户不出村、新型农业经营主体不出户就可享受便捷、高效的信息服务。截至 2020 年 6 月，已建成益农信息社 9000 多个，基本实现行政村全覆盖，累计开展线下集中活动 1000 余场，提供公益便民服务超过 600 余万人次，电商成交额累计达 5 亿元，培训人员 4 万人次。

4.2 重庆数字经济与建筑业融合发展现状

建设行业作为我国经济发展的支柱型产业，信息化程度却是各主要行业中最低的行业之一，与国际建设行业信息化率的平均水平差距很大。为转变建设行业信息化落后的局面，推进信息化、数字化、智能化发展作为建设行业发展战略的重要组成部分，通过现代信息化技术应用加快管理水平提升，带动建筑产业化发展和建设组织模式创新，推进数字经济与建筑业融合发展。

1）加强建设行业大数据应用

一是加大建筑信息模型（BIM）技术应用。重庆市以大型工程项目为重点强制推动BIM技术应用，打造699个BIM技术工程项目，完成BIM项目管理平台和BIM数据中心建设，实现数据在勘察、设计、生产、施工、验收等环节的有效传递和实时共享。

二是推进城市信息模型（CIM）平台建设。会同清华紫光、阿里云推动CIM平台建设，形成了融合推进建筑业互联网平台和CIM平台建设的工作方案，率先在两江四岸核心区等区域开展了试点，打造数据融合的功能性平台。

三是推动智慧住建数据上云。按照"管云、管数、管用"有关要求，完成智慧住建云服务平台建设并投入使用，形成云资源存储和计算能力，实现全委业务系统100%迁移上云。并建成行业数据中心，实现所有数据资源全过程、全属性采集，集中、安全、高效存储和"一个通道"进出，实现数据自动抓取、分类整理、分析处理、深度挖掘等功能，形成建筑业大数据、房地产大数据和城市基础设施大数据。

2）推进实施智能建造

一是加快智能建造与建筑工业化协同发展。重庆市以发展装配式建筑为切入点，以智能建造为引领，加快建造方式变革和产业链协同创新，2020年上半年实施装配式建筑项目91个，建筑面积约416万平方米，相比去年同期有大幅增长。

二是开展工程项目数字化试点。推动智能建造管理平台建设，对涵盖工程勘察、设计、生产、施工、验收等各环节的业务系统进行优化融合。发布2020年度第一批工程项目数字化试点项目5个，启用重庆市工程项目数字化管理平台，开展工程项目信息管理系统数据对接、电子签名签章、人脸识别认证和数字城建档案应用，实现施工作业行为和管理行为的在线监管。

三是实施智慧工地建设。发布实施《智慧工地建设与评价标准》（DBJ50/T-356—2020），推动实施智慧工地2630个，上线启动重庆市智慧工地管理平台，实现账户体系、基础数据库和外部接口的规范统一。

四是建成建筑业互联网平台。联合腾讯公司发布了全国首个建筑业互联网平台——微瓴智能建造平台，实现工程建造领域物联网、业务、空间、过程等数据融合，加快行业数字化转型。

3）推动智慧小区建设

推进智慧小区建设，发展智能物业，有效解决传统小区基础设施落后、物业管理粗放、智能化程度低等问题。截至2020年6月全市累计打造191个智慧小区和545个智能物业小区，集成智慧安防、智慧停车、智慧家居、智慧物管、智慧医疗等功能，实现了小区邻里、物管、商户、社区街道等各主体间的信息融合，打通了小区服务的"最后100米"，提高了市民的获得感、幸福感和安全感。带动相关终端产品市场需求不断释放和市场应用领域持续扩大。

4）加快数字经济产业培育

围绕实施智能建造和推进建筑业大数据应用，加快引进和培育建筑业领域知名互联网企业，构建智能建造产业生态。会同住建部科技与产业化发展中心、中住（北京）数据科技有限公司、南岸经开区及南岸区政府达成四方合作协议，合力打造建筑业大数据产业园，推进建筑业大数据技术创新；会同渝北区政府、紫光集团达成三方战略合作协议，共同建设运营重庆现代建筑智慧产业示范园，培育千亿元产业规模的现代建筑产业，致力打造工业互联网（建筑领域）国家示范基地。

5）强化数字化政务服务

推行"互联网＋政务服务"，建成工程建设领域政务服务大厅，实现"数据多跑路、群众少跑腿"，行政审批事项、政务服务事项相关信息系统全部接入"渝快办"平台，实行网上行政审批一站式服务、一窗式受理、一网式办理，审批效率提速50%。安全生产许可、市外入渝施工企业备案等工作已实现无纸化申报和审批，全市近150万一线人员岗位证书和技能证书全部实现电子化。

4.3 重庆数字经济和制造业融合发展现状

近年来，重庆市深入贯彻党中央、国务院推动高质量发展的决策部署，落实《重庆市以大数据智能化为引领的创新驱动发展战略行动计划（2018—2020年）》，推进互联网、大数据、人工智能和实体经济深度融合，进一步加快重庆市智能制造发展，不断提升全市制造业发展质量和效益。

1）数字经济和制造业融合基础日趋牢固

一是顶层设计不断完善。深刻把握智能制造数字化网络化智能化演进规律，制定出台《重庆市发展智能制造实施方案（2019—2022年）》《重庆市深化"互联网＋先进制造业"发展工业互联网实施方案》《重庆市数字化车间和智能工厂认定管理办法》《重庆市智能化改造项目认定标准》等一系列政策文件，一体化谋划数字化装备普及、信息系统集成应用、工业互联网平台建设、企业"上云上平台"和培育壮大智能制造相关产业发展等各项重点任务。全市近90%工业和信息化专项资金用于支持大数据智能化发展，三分之一用于支持企业实施智能制造。二是工业互联网加快发展。紧扣国家战略布局，作为国家工业互联网标识解析顶级节点5大城市之一，重庆顶级节点标识注册量突破3800万个，解析量达2461万次。截至2020年底已服务重庆、陕西、宁夏、贵州等地，接入二级节点5个、企业节点248个。重庆市医疗器械、汽车、冶金等10余个二级节点正加快建设，市外四川郎酒、四川长虹电子、贵州电网等3个二级节点正加快对接启动建设。基于重庆顶级节点发展基础，进一步抢抓数字经济的"新型基础设施"布局，全国域名F根镜像节点、国家"星火·链网"区块链超级节点落户重庆，提升了重庆网络战略地位。全面构建形成标识解析顶级节点、域名F根镜像节点、区块链超级节点三点互相映射、互相融合的国家工业互联网战略重要支撑点。三是服务平台加速聚集。加快实施十大工业互联网平台培育工程，遴选了宗申忽米网、阿里飞象、航天云网工业大数据、重庆建工公鱼互联、树根互联根云、紫光云、浪潮云洲、海尔卡奥斯、金蝶工业互联网、用友精智等十大平台，量身定制"一平台一方案"，构筑"市、区联动支持，激励平台发展"的培育机制，2020年十大服务平台新增重庆企业"上云"达1.7万户。

截至 2020 年底，全市已集聚 197 家工业互联网服务企业，提供第三方服务的工业互联网平台 47 个，工业互联网解决方案服务商 60 家，工业大数据服务商 38 家，累计服务企业"上云"5 万多户、连接设备 150 余万台，工业互联网平台引领发展的格局初步形成。本地的忽米网平台"立足重庆、布局全国"，汇集 8.6 万家企业服务商，服务企业 1.2 万户，先后在四川、贵州、广西、山东、江苏、天津等地布局合作。四是优势资源持续汇聚。以两江新区数字经济产业园、北碚区蔡家智慧新城、南岸区"智谷"三地重点布局，产业生态的集聚态势明显。深化部市合作，中国工业互联网研究院重庆分院、国家工业互联网大数据中心重庆分中心、国家工业互联网平台西南体验中心等重点项目 2020 年底基本建成投用。加强与领先企业合作，不断丰富产业生态，中国航天科工集团工业大数据制造业创新中心、中国信息通信研究院工业互联网创新中心（重庆）、用友集团产品生命周期管理（product lifecycle management，PLM）系统重庆研发中心等建成投用，海尔集团智能装备工业互联网联合创新中心、浪潮集团工业互联网西部总部、吉利集团工业互联网总部、树根互联公司工业互联网总部等相继落户。五是 5G 网络加快建设。加速构建以 5G 为代表的"数字基建"，成为首批 5G 规模组网建设和应用示范城市，统筹推进 5G 网络基础设施建设。2020 年上半年，累计建成 5G 基站 32852 个，提前超额完成全年目标任务，建成数量约占全国 10%，重点围绕工业协同制造、智能网联汽车等行业应用开展 5G 深度覆盖。六是成渝合作不断深化。落实成渝地区双城经济圈建设，与四川省签订《成渝工业互联网一体化发展示范区战略合作协议》，以新型基础设施互联互通、共建共用，平台资源合作互补，安全监管信息共享，产业生态互相促进，环境氛围共同打造为重点，加快建设成渝工业互联网一体化发展示范区，有力支撑成渝地区产业协作、企业合作、要素资源协同。忽米公司与成都市双流区政府签约，建设成都（双流）工业互联网创新基地项目和标识解析二级节点服务平台。重庆树根互联公司与四川川润液压润滑设备有限公司签约，建设润滑油垂直行业平台。进一步加快推动两江新区、南岸区、北碚区等区县和四川省天府新区、双流区等地（市）的合作，以工业互联网促进成渝地区经济圈建设做深做实。

2）数字经济和制造业融合步伐日益加快

一是深入试点示范效果明显。积极引导重点企业聚焦研发设计、生产制造、物流仓储、经营管理、售后服务等关键环节实施智能化改造。累计推动实施 2265 个智能化改造项目，认定 67 个智能工厂和 359 个数字化车间。其中，2020 年新认定 28 个智能工厂和 182 个数字化车间。示范项目生产效率平均提升 70.2%，运营成本平均降低 26.9%。二是创新场景不断丰富。加快 5G、人工智能、数字孪生等新技术深度应用，正在推动基础电信运营企业联合长安汽车、川仪股份等龙头工业企业实施一批"5G+"试点示范项目，打造创新示范智能工厂和"5G+"典型场景应用。三是新模式应用不断涌现。引导支持重点企业带动产业链上下游协同发展，以建平台用平台为抓手，加快发展数字化、网络化、智能化的新模式。累计建设 318 个数字化运营、网络化协同、个性化定制、服务化转型（远程运维、产品服务）等试点示范项目。川仪股份 5G 仪器仪表典型应用等 8 个项目入选工业和信息化部试点示范。中国汽车工程研究院车联网安全综合服务平台等 9 个项目列入国家工业互联网创新发展工程，获得国家支持资金近 1.7 亿元。长安汽车 5G 虚拟企业专网项目入选国家发展改革委新型基础设施建设工程,获得国家支持资金 5000 万元。凌云西南工业集团建设面向汽车零部件的智能制造平台,实现集团内部的协同制造,生产效率提高 10%、运营成本降低 9%。宗申产业集团基于工业互联网平台实施动力产业链协同管理服务,降低动力产业链环节中 50% 的结算成本。玛格定制家居建设全屋定制家具个性化设计与制造平台,开放连接用户,实现大规模非标个性化定制服务。海装风电建设风电机组远程管理运维平台,实现风电场的远程在线管理运维,提高发电量 7%,节约运维费用 20%。四是服务能力不断提高。通过"智博会"平台,引进法国施耐德、德国西门子、日本三菱电机等跨国企业来渝发展智能制造整体解决方案,中国工业互联网研究院重庆分院、国家工业互联网大数据重庆分中心、重庆工业大数据制造业创新中心等项目相继落地。建立重庆市智能制造和工业互联网服务商资源池,提供 197 家企业涵盖 912 项服务或产品。组织"进企业、下现场"巡回咨询服务,组织开展智能化水平诊断评估,分类别、分层次、分行业、分步骤推动企业典型实践。

3)重点行业融合发展稳步推进

一是推动汽车行业建设智能工厂。重庆汽车制造行业拥有较为完整的产业链条,覆盖设计研发、零部件供应、整车生产到销售等全部环节,通过推进核心企业开展智能化改造,生产智能化水平已达到国内领先,并逐步向供应链延伸,提高了供应链企业智能化水平,形成了智慧供应链体系。例如,长安汽车通过供应商准时交货管理(on time delivery,OTD)系统、企业资源计划(enterprise resource planning,ERP)系统、生产执行系统(manufacturing execution system,MES)、厂内物流管理(internal logistics management,ILE)系统等 8 大信息系统平台,利用工艺仿真、物流仿真、节拍仿真、布局仿真、虚拟调试等虚拟制造工具开展产品方案、工艺方案、制造方案的迭代优化,成功建立智能系统覆盖的柔性、智能生产工厂,被评为国家智能制造试点示范企业。金康新能源汽车打造"精益运营专业能力(OT)+ 信息数字化平台(IT)+ 自动化技术(AT)"的智能制造整体架构,在实现精益生产的自动化工厂上开展全面数字化管理运营,构建敏捷、高效、质量可控的整车生产体系,充分满足个性化定制需求,不断加速产品创新和市场投放,确保产品高质量、高效益、低成本。二是推动电子行业建立柔性生产模式。电子行业的龙头企业主要集中在纬创资通、仁宝、翊宝等台资企业,在智能制造推进上,通过引导各大企业加大基础生产设备数字化升级投入,围绕主体电子器件加工制造建立完整的自动流水线,并加强信息化管理系统建设,配备了数字化车间必备的 ERP 系统、MES,同时根据各自特点也相应开发了面向设计、仓储等方面管理系统,提升了电子行业智能制造整体水平,建立了面向多种电子产品的柔性生产模式。如纬创工业 4.0 项目、仁宝自动化项目、翊宝智能工厂项目等。在本土电子制造企业智能化水平提升上,促进了重庆盟讯电子科技有限公司数字化车间的建设,并推荐成为国家级智能制造示范项目。三是推动装备行业产品智能化和服务智能化。重庆市装备制造业种类齐全,产品覆盖面广。一方面,通过推动装备制造企业应用智能技术,提升装备智能化水平,特别是具有自主知识产权的智能制造装备产品不断涌现;另一方面,推动大型装备利用工业互联网、云计算等新兴技术,开展远程运维新模式应用,提升装备产品服务智能化水平。例如,华数机器人、川仪股份、重庆机床等公司加大利用智能技术,在六轴工业机器人、智能流量仪表、齿轮加工机床等产品上集成了自动感知、自动数据提取和利用、自动执行等功能模块,实现产品智能升级;海装风电公司自建 LiGa 大数据平台,上线物流备件管理、最优调度管理、大部件状态监测、风机性能评估等模块,开展基于数据驱动的风力发电机组远程运维服务,实现了风力发电机组和风场的远程化管理。四是推动消费品行业突破产品追溯和个性化定制。消费品行业包含了生存资料、发展资料、享受资料等范畴,全市消费品行业领域众多,企业数量庞大,智能化改造行业特点较为明显。在食品行业重点推动产品质量可追溯,如光大乳业建设涵盖前处理、灌装、包装和冷藏全过程的乳制品智能生产车间,并实施车间现场数据采集系统、车间制造执行系统、智能物流系统、智能仓储系统、企业资源计划(ERP)和产品生命周期管理(PLM)系统等,达到乳制品加工全链条基础数据的统一管理,优化乳品质量、提高生产效率、改善乳品储存、确保乳品安全。在家居、服装等行业重点推动大规模个性化定制,如玛格定制家居运用自主设计的软件及信息化技术对数控设备进行智能改造,通过优化不同类型订单,重组加工、分拣、分包、入库等指令,按批次组织生产,实现了大规模定制的柔性化生产工艺,解决了定制家具个性化与规模化生产矛盾的难题。五是推动医药行业大幅提升生产信息化水平。医药行业是关系国计民生的重要产业,被公认为永不衰落的朝阳行业。在全球产业结构调整形势下,在医保控费、带量采购、一致性评价等政策影响下,重庆市医药行业智能化转型需求迫切,一批龙头企业在自动化流程型生产线基础上努力提升信息化水平。例如,希尔安药业针对儿童中成药质量稳定性差、批间差异大、安全可控性不足、制造装备智能化水平低、制造信息系统应用少等制造难题,突破儿童中成药高效节能浓缩、中药高效提取等关键工艺与装备,应用 MES、数据采集与监视控制系统(supervisory control and data acquisition,SCADA)、实验室信息管理系统(laboratory information management system,LIMS)、ERP、智能仓储管理系统等 10 种工艺、生产管理与分析控制软件,建成具有自主知识产权的儿童中成药数字化车间。华邦制药利用覆盖物料流转全过程的自动化物流系统、注射用水等智能供应调度系统和生产洁净环境智能控制系统,建设满足《药品生产质量管理规范(2010 年修订)》等相关法规要求"全人员、全过程、全方位质量管理追溯体系"的 8 个全流程数字化车间。

4.4　重庆数字经济与服务业融合发展现状

当前,全市数字经济与服务业深入融合、相互支撑,初步形成了内容丰富、体验良好的线上业态体系和线上消费环境,2019 年全市实物型、服务型线上零售额分别排名全国第 17 位、第 14 位,均位列西部第二。2020 年 1~7 月,全市网络零售额 733.3 亿元,同比增长 11.9%,比全国高 3.2 个百分点。其中,实物型网络零售额 492.1 亿元,同比增长 25%,比全国高 3.9 个百分点;服务型网络零售额 241.2 亿元,同比增长-7.8%,降幅比全国收窄 4.8 个百分点。

1)数字经济推动线上销售业态创新发展

数字经济激发了线上消费新需求,促进线上销售业态创新发展,满足消费者个性化、多元化消费需求。跨境电商稳量提质。全市跨境电商备案企业 500 余家,考拉海购、阿里巴巴菜鸟等全国排名前五位的跨境电商企业全部落地重庆,本土龙头渝欧股份已成功从区域性跨境电商转型为全国性跨境电商。阿里巴巴"春雷计划"加快推进,"9610"跨境电商邮包出口稳步推进,"9710""9810"等跨境电商 B2B 出口第二批试点落地并成功首测运行。2020 年 1~7 月,全市跨境电子商务进出口总额 40 亿元,同比增长 17.4%,连续 7 个月保持 2 位数增速。农村电商升级出新。黔江区、云阳县、秀山县、忠县等 12 个区县电子商务进农村综合示范升级版打造有序推进,非示范涉农区农村电商特色发展。全市建成区县农村电商公共服务中心 28 个、物流配送中心 29 个、镇乡及村电子商务服务站点 5500 多个,涉农电商网商已近 2.6 万家。1~7 月,全市农产品网络零售额 46 亿元,同比增长 42%。直播电商迅猛发展。推动组建直播电商行业联盟,引导成立"淘宝大学电商直播西南分校",打造阿里巴巴九龙坡直播基地、天下大足直播基地等 10 余个基地,发展甲汀、雾都等一批直播电商服务机构,培育具备带货能力的主播超 500 人。1~7 月,全市开展直播带货活动近 10 万场,实现网络零售额超 50 亿元。市场主体发展壮大。累计建成各类电商集聚区 66 个,大力提升电商集聚区运营水平和集聚辐射能力,初步解决电商"在哪发展、集聚发展"的问题。推动"村村旺""中国·有牛网"等市级农村电商综合服务平台上线运营,加快建设智慧商务大数据平台。推动京东超级体验店等建成运营,促进阿里巴巴等不断扩大在渝投资规模,壮大猪八戒网、药交所等垂直电商。截至 2020 年底,全市电商(网商)近 66 万家,带动创业就业人数 179.5 万人。其中,全市国家电子商务示范企业 9 家,数量排名第七。

2)数字经济赋能传统商贸流通提质增效

数字商务与传统商贸融合渗透,促进商圈、市场、商场、商店等传统业态发展理念、经营业态和管理模式的深刻变革。商贸流通数字化转型逐步深入。商圈、商场(店)等传统业态智能化改造加快推进,餐饮、生活服务、旅游、农业和制造业等电子商务应用水平明显提升,线上业态基本实现三次产业全覆盖。商社集团、永辉超市等商超加快网上商城建设,实现线上线下消费一体化发展。其中,重庆百货利用"多点"智能管理系统探索购物消费新模式,实现线上线下有机融合、多轨联动,2020 年线上销售额较同期增长近 3 倍。永辉智能体验超市积极发展无人自助收银、智能物流等模式,线上订单增长明显,同比增长超 230%。双福农贸市场、菜园坝水果市场等传统市场通过建设网上市场激活线上活力、实现转型升级。新零售创新发展。盒马鲜生供应链运营中心、结算中心等项目落地建设,已在渝开设新零售门店 8 家。与支付宝合力推进的移动支付智慧菜市场建设初显成效。海淘无人智能便利店、"一七闪店"无人商店等加快开店布局,其中"一七闪店"无人商店已累计在渝开店 30 家。消费扶贫自动便利专柜加快建设,已安装和运营专柜 250 余台,计划 9 月底前布放运营 3000 台,基本覆盖全市各区县。线上线下加速融合。阿里巴巴零售通在渝服务企业、商家 1.7 万余家,重百百货实现微商城全覆盖、电器拓展天猫旗舰店,苏宁采取线下实体门店场景 O2O 运营＋线上苏宁易购平台销售各类商品。2020 年 1~7 月,全市限额以上单位网上零售额同比增长 42.5%,比去年同期提升 30.6 个百分点。

3)数字经济促进生活服务线上化水平不断深入

顺应"宅生活"方式兴起的需求,数字经济深刻影响生活服务,推动网上餐厅、线上家政、在线教育等线上化水平不断深入。本土垂直生活服务平台加快发展。家电维修"啄木鸟"、家装"俏业家"等平台强化行业资源整合，制定行业服务标准，完善服务流转体系，加速拓展市内外市场。餐饮、住宿等品质商家电商应用渐成规模。借力美团、饿了么等生活服务平台，餐饮等商家加速触网营销。截至 2020 年底，全市在美团上餐饮商户约 2 万家、携程上住宿商户约 2.2 万家。摄影、家政等商家线上营销、线下服务能力逐步构建。金夫人、悠乐家等商家通过第三方平台、微信公众号等多渠道加强线上推广，不断优化线下服务，提升消费体验。截至 2020 年底，全市在商务部家政信用体系平台企业已达 370 余家、家政服务员超 3.2 万人。线上文旅内容和服务不断丰富。全市 242 个 A 级旅游景区（免费景区除外）、173 家星级旅游饭店、673 家旅行社、17 个市级以上旅游度假区、30 余家温泉、两江游船和三峡游船以及各类民宿、旅游交通等已实现在线预订，建成数字图书馆 43 个，6 家博物馆开通线上预约，50 多家博物馆、陈列馆开通网络服务渠道，"山城通""惠游重庆"等旅游电商 App 不断完善。智能交通、在线教育、线上招聘等服务作用突出。全市汽车站均实现网络购票，愉客行、首汽约车等网约车平台运行有序。教育培训等机构积极探索线上服务，开展直播教学、网课录制等。汇博人才网等线上人才中介服务机构已累计服务企业超 26 万家，平均每天在线求职者达 15 万人次。受新冠疫情影响，2020 年 1～7 月，全市在线餐饮、在线旅游、在线教育、在线生活服务（仅指婚庆摄影、家政、宠物服务等）分别达到 118.7 亿元、42.9 亿元、13.5 亿元、8.7 亿元，其中在线餐饮、在线旅游同比下降，在线教育迅猛增长。

4）数字经济引领服务新业态新模式迅猛增长

数据正在成为新的关键生产要素，数字技术正为创新驱动提供强大动力，带动和催生产业形态转型升级，引领服务新业态新模式迅猛增长。共享经济平台孵化成长。猪八戒网成为全国最大的提供知识技能服务的独角兽企业，盼达用车（新能源汽车出行分享）、车位飞（用车生活服务分享）、淘会场（办公空间分享）等服务平台发展壮大。互联网金融健康有序发展。阿里、百度等小贷机构加快发展，截至 2019 年底，全市开展网络小贷业务的公司 52 家、注册资本 636.9 亿元，贷款余额 1073.1 亿元。移动支付方式不断普及，全市使用支付宝企业约占全部的 95%，用户数已突破 1600 万人。马上消费金融等积极推进消费金融发展，业务规模增长迅速。数字出版逐步壮大。着力培育互联网出版、数据库出版、游戏动漫、数字交易出版、数字创意与版权交易等主体，聚集相关企业 350 余家，营业收入近 80 亿元。盛世阅读网注册作家 1200 余人，上线作品数千部，日浏览峰值量超 10 万人次，已成为全国网络文学重要阵地。线上会展建设初显成效。搭建会展大数据综合应用分析平台，开展策展、招展等环节的大数据分析和智能决策，创新商务洽谈方式，在不见面、不握手的情况下促成"云签约"。联合四川省打造智慧会展核心区，建立成渝地区会展资源信息共享机制，共建会展大数据综合应用分析平台。在线医疗稳步推进。数据基础不断夯实，初步构建全员人口家庭、电子健康档案、电子病历信息等三大数据库，建成全市市级平台和 39 个区县平台。常见病、慢性病在线复诊和咨询探索实施，其中重庆医科大学附属儿童医院等近三分之一的医院依托本院开展互联网医疗服务，为医患提供在线交流、日常健康数据监测等服务。"互联网＋"便民惠民服务有序推进。加快推动全市预约诊疗服务统一"号源池"建设工作，全市 80%以上的二级医院实现线上预约挂号。建成家庭医生签约平台"家医 App",已签约 79 万人、进行 5 万余次履约服务。重庆 12320 和医事通服务平台预约挂号量位居西南第一,注册用户数达 1100 余万人,日均挂号量约 1.28 万人。

4.5 重庆数字经济与公共服务融合发展现状

近年来,重庆市加快实施以大数据智能化为引领的创新驱动发展战略行动计划,集中力量建设"智慧名城",聚焦"云联数算用"五大支撑要素,出台了一系列政策,打造了一批融合发展的创新应用,推动数字经济与公共服务(新型智慧城市建设)融合创新发展,取得阶段性成效。2020 年第一季度,受新冠疫情影响,在重庆市 GDP 下降 6.5% 的情况下,全市数字经济发展势头仍然强劲,增加值规模达 1157.27 亿元,按可比价计算,增速 0.3%,其中数字产业化增加值 337.81 亿元,下降 2.0%,产业数字化增加值 819.46 亿元,增速 1.2%。

具体来看,"云联数算用"五大支撑要素推动数字经济与公共服务(新型智慧城市建设)深度融合方面均有不少亮点。

1)统筹全市云服务资源,构建"一云承载"的数字重庆云平台服务体系

2019 年出台《重庆市全面推行"云长制"实施方案》(渝委办〔2019〕66 号),构建起上下联动、齐抓共管的"云长"组织体系。加快数字重庆云平台建设,新增阿里巴巴、华为、腾讯、紫光 4 家政务云服务商,形成 130 余项云服务清单。规划布局电子政务云平台同城双活、同城灾备、异地灾备等"两地三中心"。两江云计算数据中心服务器支撑能力达到 20 万台。全市纳入迁移上云范围的信息系统共 2353 个,全面实施云长制后,已有 1992 个系统完成迁移上云,迁移上云比例达 84.7%。全市自建系统 3095 个,整合减少 1562 个系统,整合率达 50.5%,20 余个市级部门已建或拟建大数据平台(部门云)。

2)聚焦新型基础设施,构建泛在互联的新一代信息网络体系

建成开通中国首条、针对单一国家、点对点的中新国际数据通道,总带宽 260Gbit/s,时延 70~80ms,比普通互联网降低 75%,丢包率低于 0.5%,比普通互联网降低 80%,"高速率""大带宽""低时延""高可靠"跨境通信能力显著提升。中新国际数据通道已在两江数字经济产业园、仙桃国际大数据谷、高新区西永微电园、中国智谷(重庆)等 7 个园区落地,吸引腾讯、立信数据、海扶医疗、医渡云、迪肯科技和新加坡万国数据、泰来供应链、国立癌症中心等 23 家中新企业成为首批用户,已启动远程医疗、远程教育、超高清视频、智慧教育等多个领域的智慧应用示范项目。建成西部首个"全光网"城市,实现城市光纤到户家庭全覆盖,截至 2020 年 8 月,全市光缆线路总长度达 98.7×10^4 km。全市固定宽带家庭普及率 96.5%,移动宽带用户普及率 97.5%,平均接入速率超过 80Mbit/s。重庆国家级互联网骨干直联点出省直联城市增加到 31 个,开通网内直联带宽 21Tbit/s,网间互联带宽达 300Gbit/s。成功纳入全国首批 5G 规模组网试点示范城市,已建成 5G 基站 42862 个。

3)建设以数据大集中为目标的城市大数据资源中心,统筹形成全市统一数据资源体系和数据治理架构

出台《重庆市政务数据资源管理暂行办法》(渝府令〔2019〕328 号),推行政务数据资源目录、需求、责任"三清单"制度,编制完成《重庆市政务数据资源责任清单(2019 年版)》,67 个市级部门、所有区县实现两级共享系统互联互通,接入数据总量达7933 类,累计数据调用量超 78 亿条。加快建设城市大数据资源中心,升级自然人、法人、自然资源和空间地理基础数据库,完成电子证照基础数据库主体建设。

4)建设以智能中枢为核心、AI 算法开发平台、试验平台、应用平台为补充的大规模计算能力,打造具备共性技术和业务协同支撑能力的算法中台

城市智能中枢核心能力平台有序推进,建成后为智慧城市应用统一提供共性技术、业务协同等基础性、支撑性服务能力,形成城市级"能力中台"。加快建设以 AI 计算、区块链等为支撑的赋能平台,英特尔 FPGA、飞象工业互联网、SAP 工业赋能中心、忽米网、华为协同创新中心等赋能企业超过 500 家。建设城市大数据资源中心数据支撑平台,系统集成业务数据库、大规模并行数仓、分布式大数据平台、大数据分析服务平台等计算工具,推动形成算能平台。建成重庆新型智慧城市运行管理中心,逐步形成城市运行"一网统管"载体平台,促进对经济、环境、城建、能源、交通、社会等领域运行态势实时量化分析、预判预警和直观呈现,推动实现城市运行全景展现、仿真预测、指挥调度和决策优化。

5)建设具有鲜明特色和创新引领的典型应用,持续推动数字经济创新发展

出台《重庆市新型智慧城市建设方案(2019—2022 年)》(渝府办发〔2019〕66 号),构建新型智慧城市建设"135"(1 个智能中枢,3 大支撑体系,5 类智能化创新应用)总体建设框架。加快推动智能化典型应用,礼嘉智慧公园建成投用。民生服务方面,建设覆盖全市的市-区(县)两级人口健康信息平台,建成智慧医院 25 家,近 80%的二级以上医院实现网上预约诊疗服务,90%的区县实现了远程医疗服务应用。城市治理方面,智慧城管大数据平台加快建设,全面推广视频监控系统建设联网应用,数字化城管覆盖率超过 90%。政府管理方面,"渝快办"移动政务服务平台上线运行,注册用户已突破1200 万人,在线办理事项增至 1875 项,高频办理事项 946 项,可办理证照 12 类。产业融合方面,"渝快融"平台汇聚全市 26 个市级部门及单位的 108 类、5200 余万条涉企数据,为民营企业、小微企业服务融资 214 亿元。生态宜居方面,稳步推进"智慧气象"建设,灾害性天气预报准确率提高 40%、月降水预报准确率提高 12%、月气温预报准确率提高 16%。建成礼嘉智慧公园,入园体验人数超 65 万人次。

5. 重庆数字经济与实体经济融合发展的主要问题

5.1　数字产业引领作用不强

2019 年全市数字经济增加值规模超 5000 亿元,数字经济 GDP 占比超 30%,但与国内第一梯队省市相比仍存在较大差距,广东、江苏、浙江三省数字经济增加值均超过万亿元,数字经济占 GDP 比重均超过 40%。近年来,重庆市数字产业发展势头良好,但主要集中在"芯屏器核网"硬件制造业,且产业链不长、群不强、市场占有率不高,缺乏

具备较强系统解决方案供应能力的集成商，工业自动化控制系统及工业应用软件企业较少，软件产业规模仅占全国的 2.27%，远低于广东、江苏等省市。支撑服务业数字化转型的龙头平台企业较少，缺乏有规模有影响力的互联网平台，独角兽企业数量与北上杭深差距很大，2019 年胡润"独角兽"企业榜单中，重庆仅有 2 家。数字产业特别是数字服务产业发展水平不高，将会影响数字经济对实体经济转型引擎作用的发挥，一定程度上制约了数字经济与实体经济的融合发展能力。

5.2　融合发展不均衡

近年来，全市汽车、电子等优势行业智能化改造的力度较大，但同全国其他省市相比，仍有差距，龙头企业和中小企业智能化水平差距不断增大。其他行业推进相对缓慢，数字技术与种植业、畜牧业、渔业产业融合不够充分，2019 年全市在农作物种植、设施栽培、畜禽养殖和水产养殖中应用信息技术（含部分应用）比例分别为 9.7%、21.5%、5.6%、5.3%，农产品质量安全追溯比例为 11.2%，本土农产品网络零售渗透率不足 5%。受建筑业产品的非标化、流动作业、野外作业等行业特点影响，对物联网、大数据、云计算、人工智能、区块链等新一代信息技术或产品应用不足。全市网络零售额仅占全市社零总额的 13.8%，在线旅游、在线医疗等线上业态规模仍然偏小，相当一部分流通、餐饮、旅游等商户通过大数据、智能化对业务流程再造、利用互联网开展精准营销的意识和能力较为欠缺。

5.3　企业数字化转型动力不足

由于企业数字化转型投入大、周期长、转换成本高、见效慢，企业试错成本高、试错风险较大，除部分大型骨干企业外，大多中小企业对数字化转型认识不足，数字化转型意愿不强烈，"不会转""不敢转""不能转"问题较为突出。两江新区调查显示，仅有 10% 左右的企业实现了从生产、管理、物流、营销等全流程数字化管理，20% 左右的企业使用了 ERP、MES 等生产管理系统，41.9% 的企业表示对数字化改造预期不明确，41% 的企业表示没有足够预算开展数字化改造，25.7% 的企业表示开展数字化改造会给企业短期生产经营造成压力。

5.4　数字化转型创新能力不强

先进感知与测量、高精度运动控制、高可靠智能控制、建模与仿真、工业互联网安全等支撑数字经济与实体经济融合发展关键共性技术创新能力不强，对传统产业的数字化、智能化发展支撑力度不够，2019 年重庆数字经济专利数量仅有 1718 件，在全国排第 15 名。数控机床、工业机器人、电子行业智能制造装备等整机板块种类不齐全，核心数控系统及零配件方面存在供给短板；本土工业软件企业数量较少，缺乏具备较强系统解决方案供应能力的集成商，工业智能化控制集成与工业应用软件开发等能力存在欠缺，制约了制造业数字化转型技术创新。

5.5　中高端专业化人才短缺

"高精尖缺"人才偏少、科研队伍不强，2019 年两江新区抽样调查显示，取得高级技师以上技能等级、中级职称以上人才占比分别为 0.8%、9.4%，远低于浦东新区的 9.4%、28.1%。数字人才结构性问题突出，现有人才政策过于偏重高端（鸿雁计划）和低端（信产招工），服务数字化转型的专业化中端技术及管理人才引进、落户、奖励等激励政策缺失，中端人才引进出现"两头不靠"现象，本地供给存在不足。例如，爱奇艺、可兰达等企业对架构师、数据挖掘师、算法工程师、开发工程师人才等需求较大，企业只能在沿海地区设立研发中心招引人才。部分行业，特别是农业，从业人员年龄偏高、文化水平普遍较低，既懂产业发展又懂数字化的专业技术人才严重匮乏。

5.6　数据要素价值体现不充分

当前，重庆市数据壁垒仍然部分存在，部分核心数据仍由各部门分别掌握，市级部门公共数据资源目录、分类分级管理制度及数据质量管控体系、安全可控的数据资源交付标准等尚未完全建立畅通。政务数据、公共数据和社会数据的共享利用场景和融合开发利用机制不健全，政府数据资源开放平台同企业数据平台对接不足，数据整合与集成使用的效率和效益未能充分显现。调研中发现，建造行业，工程建造、基础设施和房屋管理数据通道仍未打通，数据资源未能向终端延伸；农业农村行业数据资源还有待整合，全市性智慧农业物联网数据采集和分析系统、农产品生产管理 AI 数据模型等尚未建立，数据要素对数字经济与实体经济融合发展的支撑作用未能充分发挥。

5.7　融合发展评价指标体系不健全

尽管市统计局对数字经济统计监测指标体系已有系列研究成果，但缺乏推动数字经济与实体经济融合发展的考核评价机制和具体量化的评价指标体系，特别是数字经济与传统产业融合的分产业分区域研究仍有空缺，尚未建立数字经济与传统产业融合发展评价体系，对全市数字经济产业与行业融合发展创造的增加值动态监测和测算力度不够。调研中发现，涪陵等工业强区反映，由于不了解数字经济统计考核方法，造成在推动实体经济数字化转型升级发展中分不清方向、找不到重点，加上自身数字产业基础较为薄弱，严重影响了数字经济与实体经济融合发展的步伐。

6. 推动重庆数字经济与实体经济融合发展相关建议

6.1　发展思路

牢固树立和贯彻落实新发展理念，积极对接国家《数字经济发展战略纲要》，深入实施以大数据智能化为引领的创新驱动发展战略行动计划，深刻把握实体经济是根基、数字经济是引擎的融合发展总基调，坚持新发展理念，突出问题导向、目标导向和结果导向，找准重点突破方向，加快推进大数据、区块链、人工智能等数字技术在制造业、建造业、农业、服务业、公共服务中的深度应用，充分发挥数字技术在生产要素配置中的优化与集成作用，推动实体经济向高端化、智能化、绿色化、融合化方向发展，做强汽车、电子信息、生物医药、化工、装备制造等先进制造业，做大现代山地特色高效农业，做优金融、物流、会展等现代服务业，做好政务管理、城市治理、民生服务等数字化公共服务，全力支撑"智造重镇""智慧名城"建设。

6.2　发展目标

力争到 2023 年，数字经济总量达到万亿级规模，占 GDP 比重达到 40%以上，对全市生产总值增长的贡献率达到 60%以上，构建具有国际竞争力的现代产业体系，数字产业引擎作用不断增强，大数据、人工智能、物联网、区块链等数字技术在实体经济中的融合应用水平大幅提升，制造业、建造业、农业、服务业等实体经济产业链不断增强、供应链不断优化、价值链不断提升、生态链不断拓展，将重庆打造成为全国具有重要影响的数字经济与实体经济融合发展示范区，跻身全国数字经济第一梯队。

6.3　重点方向

1）加速推进重点行业智能制造

一是推进汽车行业智能制造深度应用。发挥汽车行业产业链长、带动效应明显的优势，以整车智能制造为牵引，带动动力电池、驱动电机和控制器等核心零部件企业同步提升智能制造能级，使本市汽车产业成为智能化转型升级的标杆行业；通过系统互联互通、数据价值驱动、制造服务转型、组织生态创新等新理念的引入和实践，深入推进物联网、大数据、工业云等技术的应用，开展数字化生产、网络化协同、个性化定制与服务化延伸的智能制造实践。重点推动长安汽车、长城汽车等整车企业打造智能制造标杆工厂，提高金康动力等新能源汽车"三电"的智能化水平。

二是推动电子信息行业智能制造广泛应用。在集成电路领域，重点以芯片制造、大硅片制备和封装测试为主攻方向，推动光刻机、刻蚀机等关键技术装备研制和产业化，提升芯片制造产业链的智能化和自主可控水平。在信息通信领域，大力推动通信终端产品数字化设计、工艺设计与仿真，开发产品数据管理系统，建立产品数字化研发平台；提高智能测试装备、基于机器视觉识别的质量在线检测系统、智能仓储物流装备等普及率；建立基于 5G 的工业互联网平台，实现现场数据采集与制造执行系统、企业资源计划系统的数据集成共享，提高生产效率和降低生产成本。重点推动英业达、OPPO、天实精工等电子行业企业加大机器视觉、虚拟现实等新一代信息技术的应用示范。

三是促进生物医药行业智能制造应用。重点聚焦生产状态在线监控、产品全流程追溯、大数据应用创新等，实现产品安全可控、研发快速高效。支持建设制药数字化车间/

智能工厂，推广应用制药智能装备，实现小批量、多品种的柔性生产模式，对生产状况、设备状态、能源消耗、生产质量、物料消耗等进行实时采集和分析，实现生产过程自动化、可视化、精益化和可追溯，确保创新药、仿制药、疫苗等品种生产工艺的连续性和规范性，保障药品质量稳定。重点推动华邦制药、华森制造等制药行业龙头企业的信息化、智能化水平提升。

四是推动高端装备行业智能化转型发展。重点聚焦互联智能工厂、制造服务化、供应链协同等，全面提升生产自动化水平、设备运行效能和产品创新能力。在发电设备、数控机床、智能电梯等高端装备领域，突破面向高端装备个性化定制的新模式，实现产品模块化设计、零部件智能生产、装配及检测智能化，为高端装备的个性化定制和柔性生产奠定基础。鼓励支持大型装备制造企业搭建工业互联网平台，利用 5G、互联网、大数据、人工智能等新技术手段，提供远程维护、故障预测、性能优化等服务，促进高端装备领域企业实现服务化延伸。重点推动海装风电、川仪自动化等企业开展远程运维、预测性维护等新模式应用，发展服务型制造。

五是促进绿色化工及新材料行业智能制造应用。重点聚焦大数据应用创新、产业交易生态圈等，推动全产业链集成创新和服务制造化转变。在绿色化工、新材料等流程型制造企业中，推动建立网络化协同平台，实现资产运营、生产管理、供应链协同优化及产品全生命周期管理。加强智能传感和实时数据采集、在线检测、远程监控与故障诊断系统的集成应用，提升企业在资源配置、工艺优化、过程控制、质量控制与溯源、能源需求侧管理、节能减排及安全生产等方面的智能化水平。重点推动重庆钢铁、华峰化工等企业提升信息化水平和大数据分析能力，由自动控制转型为基于人工智能的工业优化控制。

2）大力开展工业互联网建设应用

一是夯实工业网络化基础。鼓励企业运用互联网协议第 6 版（IPv6）、工业无源光网络（PON）、新型蜂窝移动通信等技术和新型工业网关、边缘计算等设备，部署建设灵活、高效、稳定的企业工业网络。统筹做好工业网络提速降费、中小企业专线建设、5G 应用等工作。建设工业互联网标识解析各级节点和基础功能平台，应用标识解析推动工业制造协同、追溯和产品全生命周期管理。

二是打造工业互联网平台。支持长安汽车、川仪股份等大型制造业企业建设企业级云平台或产业链协同平台，鼓励发展成为行业性、专业性工业互联网平台。积极培育各具特色的综合性工业互联网平台，重点推动宗申忽米网依托"淘工厂"模式建设产销一体化工业互联网平台，树根互联公司通过"智能装备云"建设综合远程运维服务工业互联网平台，航天云网依托航天制造优势建设网络协同制造和云制造工业互联网平台，重点打造 10 家在国内有影响力的互联网平台企业。

三是实施企业"上云上平台"计划。支持大型企业联合工业互联网平台和云服务企业采用私有云、混合云架构，逐步实现信息系统和制造设备"上云上平台"，实现制造资源云端协同和平台化管理；支持中小企业采用工业互联网平台和云服务企业提供的云计算服务或平台应用服务，通过"上云上平台"降低企业 IT 建设成本，优化管理能力，提升数字化、网络化、智能化水平。

四是强化信息安全保障。建设工业信息安全在线监测及应急管理等平台，加强工业信息安全技术与应急保障队伍建设。支持中国信息通信研究院西部分院建设工业互联网标识解析安全及保障平台；支持中核瑞思工业信息安全实验室、爱思网安智能制造密码创新基地以及第三方攻击防护、监测预警、仿真测试及验证等公共服务平台建设。

3）探索培育智能制造新模式

一是网络协同设计。推动高等学校、科研机构、工业企业、软件企业组建跨企业、跨领域网络协同设计中心，构建产业链协同研发体系。支持机械装备、纺织服装、制鞋、工艺美术等企业采用基于互联网的开放式研发设计模式，创建开放式创新交互平台、在线设计中心，发展客户深度参与的研发设计模式。支持大型工业企业建立全球协同设计平台，推进工业设计资源网上开放共享。

二是网络协同制造。推动上下游产品开发、生产制造、经营管理、制造服务等不同环节的企业实现信息共享和业务协同，建立网络化制造资源协同平台或工业大数据服务平台，信息数据资源在企业内外可交互共享。企业间、企业部门间创新资源、生产能力、市场需求实现集聚与对接，实现基于云的设计、供应、制造和服务环节并行组织与协同优化。

三是大规模个性化定制。鼓励企业集成先进制造技术与互联网平台，面向市场多样化需求，利用互联网精准对接客户需求，推广让客户深度参与设计的生产模式，以大批量生产的成本和效率提供定制化产品，重点支持发展面向纺织服装、制鞋、建材家居、工艺美术等优势行业的产品在线定制服务，培育个性化定制模式。推动直接面向消费者的制造企业建设用户个性化需求信息平台和各层级的个性化定制服务平台，实现从研发设计、计划排产、柔性制造、物流配送到售后服务的大规模个性化订单柔性制造，构建企业快速高效满足用户个性化需求的能力。

四是远程运维服务。推动装备、汽车、电子整机等制造企业建设产品标准化信息采集与控制、自动诊断、基于专家系统的故障预测和故障索引的管理平台，开展产品远程无人操控、工作环境预警、运行状态监测、故障诊断与自修复、产品优化等在线支持（信息增值）服务，创新"产品＋服务"模式。

4）加快推动建筑业智能化发展

一是推行全过程 BIM 技术应用。依托 BIM 项目管理平台和 BIM 数据中心，对建造各环节数据进行管理，整合项目全过程数据，实现信息共享与业务协同。对政府投资项目强制全过程采用 BIM 技术，引导社会投资项目采用 BIM 技术，并通过 BIM 项目管理平台提交 BIM 模型。

二是实施工程项目数字化建造。对工地现场智能化应用水平实施分级评价，促进施工现场管理数字化、智能化、精细化，分步骤、分阶段、分区域扩大智慧工地的强制实施范围。开展工程项目数字化建造试点，建设数字孪生工地，实现设计数据和施工数据智能关联，以及项目参建各方在同一数字管理平台上的实时交互和工作协同。推广电子签名签章、人脸识别认证和城建数字档案在试点项目的应用。

三是构建智能建造监管体系。融合优化工程建造监管业务系统和流程，消除工程建造各环节"信息孤岛"，打通设计、生产、施工、验收等全生命周期的数据通道，实现全过程数据资源互联互通，完善数字化成果交付、审查和存档管理体系，建立智能建造监管体系和监管制度，依托平台对工程项目实施监管，实现监管内容和监管信息数字化。强化以信用为基础的"互联网＋监管"，实现监管的精准化、规范化、制度化。

四是推进建筑工业化与信息化深度融合。进一步落实市政府对装配式建筑的总体部署，明确保障性住房和政府投资、主导建设的建筑工程及市政设施项目应采用装配式建筑或装配式建造方式，对一定规模的社会投资项目在土地出让条件中明确装配式建筑实施要求，并在主城各区建设项目供地总量中明确装配式建筑实施比例。推进部品部件的统一编码和进场信息智能管理，模拟装配施工。建立全过程质量数字化信息记录制度，实现构部件进场信息的智能管理、模拟装配和产品质量的可追溯。

五是培育建筑业互联网平台。推进建筑业互联网平台在工程建造、企业管理、资源调配、运行维护中的应用。支持大型企业建设企业级智能建造平台，贯通企业内外部供应链、产业链、价值链，形成工程项目协同平台，实现企业网络化协同、个性化定制和数字化建造。支持中小规模设计、生产、施工企业和劳务分包企业采用建筑业互联网平台提供的应用服务，优化项目管理，提升智能建造实施能力。

六是推进建筑业大数据应用。依法有序推动行业数据、公共服务数据向社会开放，鼓励企业利用开放数据开展数据增值运营和行业应用。发挥建筑业大数据在行业精准治理中的作用，打通建筑业大数据中心和工程招投标系统的通道。推进智能建造数据向房屋管理应用领域延伸，提升房屋安全管理水平和物业管理水平。促进智能监测设施与主体工程的同步设计、同步施工和同步运营，加快市政基础设施建设和智能建造数据的融合。

七是培育智能建造产业。建立智能建造产业园区和建筑业大数据园区，积极引入知名企业，围绕建筑业大数据集成、存储、挖掘、应用，全力打造各具特色的智能建造创新基地、技能基地和服务基地。建立智能建造产业联盟，协调推进智能建造产品研发、技术攻关和技术集成应用。发布智能建造领域新技术（产品）目录，引导工程项目应用智能建造新技术、新产品。鼓励市场各方开发工程建造专用软件，发展工程建造第三方云服务。加速培育智能建造龙头企业，结合建筑工业化要求，支持有实力的企业依托智能建造云平台，开展项目设计、生产、施工、运营管理资源和能力整合，提高企业市场竞争力。

5）加快推进农业生产经营服务数字化

一是加快农业生产数字化转型。围绕粮猪菜保供产业和山地特色高效农业开展智慧农业技术攻关和智能化先行试点。以生猪、柑橘等重庆市山地特色产业为重点，制定一批智慧农业应用标准规范，研发一批低成本、实效好的智慧农业技术，推出一批农业智能化关键技术和成套设备，规范一批产业数据采集方式，构建一批生产管理 AI 数据模型，共享一批生产管理服务软件，建设一批智慧农业生产示范基地，推广一批节本增效山地特色智慧农业应用模式，探索可复制的农业全产业链数字化改造模式。

二是加快农业经营数字化转型。全面推进农产品电商发展，大力培育乡村新业态。实施"互联网＋"农产品出村进城工程，培育和壮大农产品电子商务市场主体。加速推进农产品标准化、品牌化、规模化发展，建设网销农产品集中产区和产业带，引导优势特色产业与农产品电子商务融合发展，建设生猪、柑橘、榨菜、脆李等国家级、区域性专业农（副）产品交易大数据中心。强化气象旅游与特色农业等资源融合，挖掘消费热点，探索农村旅游产业和大数据融合发展路径。加快农业社会化服务产业发展，发展乡村平台经济，鼓励涉农企业、集体经济组织、农民专业合作社积极参加农业社会化服务，提供农业生产托管和生产性服务。

三是加快农业管理数字化转型。大力推动建设天空地一体化智慧农业监测体系，构建全市农业产业数字地图，精准指导全市智慧农业生产发展。加快推进"三农"大数据中心和重要农产品全产业链大数据建设，整合涉农领域数据资源。鼓励区县利用"三农"大数据中心的平台资源，开展特色单品全产业链数据采集，结合本地实际情况，探索开展大数据产品生产、发布和应用。

四是加快农业服务数字化转型。健全市场信息服务和反馈机制，推动以数据信息指导生产、引导市场和服务决策。以特色产业为依托，通过市场化手段建立健全区县农产品产业化运营龙头企业，联合全产业链各环节市场主体，开展优质特色农产品生产、加工、物流、品牌、营销等服务，带动小农户、专业大户、家庭农场、农民合作社，统筹对接网络销售平台和传统批发零售渠道。深入推进信息进村入户工程，完善为农综合服务平台，开发适应农业农村发展的信息技术服务产品，推动在线为农解难题。深入开展"农民手机培训"，提升农村群众互联网意识，让手机成为农民的"新农具"。

6）加快发展线上服务新业态

一是着实抓好在线平台培育。聚焦新兴消费领域，丰富服务功能、拓展服务空间、创新服务模式，加大行业在线平台招商引进、孵化培育力度，不断催生新产品、新业态、新模式，努力打造一批细分行业内具有全国影响力的平台，积极发展平台经济，为经济高质量发展提供新动能。

二是努力做大网络零售规模。创新销售特定商品或针对特定消费人群的细分网络零售模式，做精做透网络零售业务。支持传统商贸企业、生产企业积极触网营销，积极举办"网上购物节"。培育跨境电商出口优势产业带，扩大跨境电商市场规模。探索网上会展、智慧会展，加快智慧商圈、智慧步行街、智慧市场建设，实现线上线下一体化发展。

三是强化生活服务线上供给。打造线上线下互动融合的、国内知名的生活服务品牌。实施"服务上线"行动，鼓励生活服务品质商家利用第三方平台提升网上服务供给水平和能力，探索"餐饮＋零售""电商＋长短视频＋直播"等新模式，提升消费者体验。促进共享出行发展，推动网约车平台等规范运营，在条件具备的地方推广"共享单车"服务。

四是深化数字技术在服务行业应用。支持 VR/AR、5G、区块链等现代科技手段及数字信息技术在商业、文化旅游、娱乐等领域的广泛应用，孵化扶持扎根行业的线上新业态发展。开发一批虚拟再现产品，培育虚拟再现服务和体验消费。大力发展线上办公、远程协助、企业在线运营、知识付费、线上咨询培训等线上服务，丰富服务业态。

7）加快发展数字化公共服务

一是打造数据高效集聚、互联互通、开放共享的公共服务基础设施体系。加快完善城市大脑、通信网络等基础设施，构建"一个城市大脑＋五大基础数据库＋N个部门数据池"为框架的城市数据资源中心，打通"数据孤岛"，为促进数据"聚、通、用"奠定基础。建好用好智慧城市智能中枢。充分发挥运管中心"三中心一平台"的功能（即城市运行监测预警中心、调度指挥中心、数据资源中心和综合服务平台），加快完善"管云管数管用"体制机制，将运管中心打造成全市"云长制"和"新型智慧城市建设"工作指挥调度中心，全面实现城市运行"一网通管"、政务服务"一网通办"、应急管理"一网调度"、基层服务"一网治理"。加快实施传统基础设施数字化改造。抓紧推进市政、交通等设施数字化升级，运用二维码、电子标签、GIS、通信站点、北斗卫星定位等技术手段，为传统设施建立统一的数字化身份标识，构建遍布全城的"神经末梢"。

二是持续聚焦"云联数算用"要素集群，打造融合发展应用场景。以新型智慧城市建设为主要抓手，在政务管理、城市治理、民生服务、生态宜居等重点领域，构建一系列融合发展的应用场景。优化"互联网＋政务服务"，实现民生服务、城市管理等领域在内的城市综合治理"多网合一"，完善宏观经济运行监测等大数据辅助决策平台。加快智慧社区建设，依托城市大脑建设社区大脑，实现社区服务管理和智慧生活体验一体运行。积极探索在线医疗服务，按规定探索推进互联网医院建设，深化智慧医疗建设，推进跨区域跨层级医疗数据整合共享，构建全生命周期医疗健康服务管理新体系。深化智慧教育建设，以点带面全覆盖建设数字校园。建设智慧交通，加快车路协同智能化改造，依托潮汐车道、智慧诱导屏等智慧交通产品，有效解决"城市病"。建设智慧城管，实现城市管理设施监控、人车监管、惠民服务等"一图呈现"。加快推进智慧旅游景区建设，推进旅游企业和旅游电商合作，提升全方位线上线下精准营销服务水平。

6.4　重点举措

1）狠抓数字化转型促进中心体系建设，破解中小企业"不会转""不敢转""不能转"困境

重点围绕数字经济与实体经济融合发展市场失灵、缺位环节，扩大政府服务供给，加快数字化转型促进公共服务体系建设。整合政府、资本、企业各方资源，努力创建1个国家级数字化转型促进中心，打造跨区域跨行业的数字化生态核心枢纽；立足重庆"一区两群"区域布局，合理部署区域数字化转型促进中心；围绕汽车、电子信息等支柱产业，支持龙头企业建设多个开放型企业数字化转型促进中心。不断完善创新发展、协调联动、辐射带动、引领示范的转型促进公共服务体系，以平台服务破解企业数字化转型"不会转""不敢转""不能转"的困境。

2）加强数字化转型共性技术创新，增强数字经济与实体经济融合发展内生动力

针对智能制造关键技术装备、智能产品、成套装备、数字化车间/智能工厂的开发和应用，突破先进感知与测量、高精度运动控制、高可靠智能控制、建模与仿真、工业互联网安全等一批关键共性技术。加强工业软件支撑能力建设，重点突破计算机辅助类软件、基于数据驱动的三维设计与建模软件、数值分析与可视化仿真软件等设计、工艺仿真软件，高安全高可信的嵌入式实时工业操作系统等业务管理软件。支持装备制造商研

制具有自感知、自决策、自执行功能的高端数控机床、工业机器人、检测装配、物流仓储等智能制造装备，突破高性能专用伺服电机和驱动器、高精度减速器、高档控制系统、高速大扭矩切削电主轴等"卡脖子"关键零部件制造技术。

3）扩大专业化人才供给，筑牢数字经济与实体经济融合发展人才之基

建立健全市高等院校、职业学校学科专业动态调整机制，加大数字经济类学科布局和专业建设，积极开设数据科学与大数据技术、人工智能、物联网工程、电子信息工程、物流电商、生物信息等相关专业，培养支撑数字经济与实体经济融合发展所需的中高端人才，特别是中高端专业化数字服务人才。积极推进行业职业技能鉴定工作和高技能人才选拔工作，加强企业人员职业培训，每年针对示范企业技术骨干开展提高培训，针对企业员工开展普及培训，培育一批既懂行业又懂互联网的产业数字化复合型人才。

4）加大政策支持力度，为数字经济与实体经济融合发展保驾护航

加大财税支持力度，采用无偿资助、贷款贴息、有偿使用、委托投资等多种方式，鼓励企业积极实施智能制造改造项目。引导金融机构加大对数字经济与实体经济融合发展相关领域信贷支持力度，引导社会资金、风险投资等投向在线平台培育、企业在线业态拓展。积极探索企业商业价值信用贷款、知识价值信用贷款等创新模式，建立健全企业评估机制，拓宽实体经济企业数字化转型贷款增信渠道。持续优化营商环境，建立健全数字经济与实体经济融合发展新业态监管机制，清理和规范制约新业态、新模式健康发展的行政许可、资质资格等事项，合理设置市场准入规定和许可，制定出台数字经济与实体经济融合应用相关产品及服务标准，建立以负面清单为核心的投资管理体制。开放医疗、教育、交通、养老等公共服务市场，鼓励各类市场主体利用社会公共数据开展公共服务数字化服务产品开发，加大政府购买服务力度，加快推动公共服务数字化转型。

5）加速培育优质市场主体，激发数字经济与实体经济融合发展活力

支持以技术和资本为纽带组建产学研用联合体，融合云计算、大数据、移动互联网、物联网，重点培育一批行业市场份额大、具备自主研发能力的数字技术与实体经济融合应用解决方案供应商。推动本地龙头企业裂变专业技术优势，组建信息技术服务部门或企业，面向行业内企业提供数字化设计与虚拟仿真、检验检测认证，数字化转型解决方案设计等专业化服务。支持规划设计、咨询服务等机构延伸业务链条，开展咨询诊断服务和总集成总承包服务，鼓励信息技术服务企业发展智能制造系统集成业务。推进智能制造、智能建造领域大型国有企业、央企落户重庆，引进大数据、区块链、人工智能等领域数字经济头部企业、平台企业在渝设立区域性总部，进一步壮大数字服务企业规模。

6）加强引导宣传示范，营造全社会支持数字经济与实体经济融合发展良好氛围

从思想认识上高度重视数字经济与实体经济的融合发展问题，将其纳入部门及区县考核范围，定期开展督促检查，加大通报力度。利用中国国际智能产业博览会、世界互联网大会、数字中国建设峰会、中国国际农产品交易会等平台，宣传推广数字经济与实体经济融合发展成功模式和典型经验，对数字经济与实体经济融合发展的目的、意义、思路、举措和重大决策部署进行全方位宣传，形成全社会发展合力。开展融合应用示范。在两江新区、高新区、经开区等推进较好的地区和行业，选择骨干企业，围绕离散型智能制造、流程型智能制造、网络协同制造、大规模个性化定制、远程运维服务、工业互

联网等，组织策划制造业数字化转型示范项目，探索数字化转型经验做法和解决方案，以典型示范引领带动全市数字经济与实体经济融合发展。

7）加快释放数据要素红利，更好赋能实体经济数字化转型

从政府公共部门数据开放和共享入手，推动数据数字资产化，利用区块链等技术手段做好数据确权，结合实际界定非公共数据的权利归属，建立数据所有者、采集者、加工者和使用者之间共同治理机制。加强制度创新，鼓励科技社会组织积极制定数据确权、数据贸易、数据伦理等方面新标准、新规则，为深度参与全球数字经济合作奠定基础。建立数据的定价和交易机制，强化数据产权保护，加快推动数据要素安全有序流通，逐步培育数据要素市场。加快市级各部门、区县公共数据开放目录清单、需求清单和责任清单编制，结合公共数据安全要求、个人信息保护要求和应用要求等因素，制定本市公共数据分级分类规则，建立公共数据开放审查机制和开放安全管理体系，探索公共数据和企业数据融合开发利用机制，进一步扩大公共数据资源开放共享水平。

8）完善统计评价指标体系，明晰数字经济与实体经济融合发展方向

加快研究农业、制造业、服务业、建筑业与数字经济融合发展统计指标及评价体系，建立健全有效反映数字经济与实体经济融合发展全貌和动态变化的评估体系，定期对全市、各区县农业数字经济发展水平进行测度，找出差距，明确方向。进行传统重点企业数字化转型的调研分析，对重庆市产业数字化融合的发展趋势进行预判，同时揭示发展中存在的主要问题，为正确判断重庆数字经济与实体经济融合发展现状提供数据支持，并提出未来发展方向。

主要参考文献

[1] 于刃刚, 李玉红. 产业融合对产业组织政策的影响[J]. 财贸经济, 2004 (10): 18-22.

[2] 于刃刚. 三次产业分类与产业融合趋势[J]. 经济研究参考, 1997 (25): 46-47.

[3] 姜奇平. 中国互联网产业的崛起[J]. 经济与信息, 1999 (8): 50-52.

[4] 黄建富. 产业融合：中国发展新经济的战略选择[J]. 南方经济, 2001 (7): 67-69.

[5] 周振华. 信息化进程中的产业融合研究[J]. 经济学动态, 2002 (6): 58-62.

[6] 周振华. 产业融合：产业发展及经济增长的新动力[J]. 中国工业经济, 2003 (4): 46-52.

[7] 周振华. 产业融合中的市场结构及其行为方式分析[J]. 中国工业经济, 2004 (2): 11-18.

[8] 马健. 产业融合理论研究评述[J]. 经济学动态, 2002 (5): 78-81.

[9] 朱瑞博. 价值模块整合与产业融合[J]. 中国工业经济, 2003 (8): 24-31.

[10] 陈柳钦. 产业集群竞争力问题研究[J]. 北京科技大学学报（社会科学版）, 2009 (2): 15-25.

[11] 陈柳钦. 高新技术产业集群中社会资本的作用[J]. 北京科技大学学报（社会科学版）, 2008 (3): 21-31.

[12] 韩士元, 陈柳钦. 论产业价值链的集群效应和链式效应[J]. 财会月刊, 2007 (9): 83-85.

[13] 胡永佳. 产业融合的思想源流：马克思与马歇尔[J]. 中共中央党校学报, 2008, 12 (2): 70-73.

[14] 胡永佳. 产业融合的经济学分析[D]. 北京：中共中央党校, 2007.

[15] 张延林, 王丽, 谢康, 等. 信息技术和实体经济深度融合：中国情境的拼创机制[J]. 中国工业经济, 2020 (11): 80-98

[16] 谢康, 肖静华, 周先波, 等. 中国工业化与信息化融合质量：理论与实证[J]. 经济研究, 2012, 47 (1): 4-16

[17] 徐召红, 杨蕙馨. 企业转型升级的动态能力构建及作用机理研究：基于170份调查问卷的分析[J]. 东岳论丛, 2018, 39 (4): 61-67.

[18] 肖静华. 企业跨体系数字化转型与管理适应性变革[J]. 改革, 2020 (4): 37-49.

[19] 焦勇. 数字经济赋能制造业转型：从价值重塑到价值创造[J]. 经济学家, 2020 (6): 87-94.

[20]　武晓婷，张恪渝. 数字经济产业与制造业融合测度：基于投入产出视角[J]. 中国流通经济，2021，35（11）：89-98.

[21]　谢康，廖雪华，肖静华. 效率与公平不完全相悖：信息化与工业化融合视角[J]. 经济研究，2021，56（2）：190-205.

[22]　Sahal D. Foundations of technometrics[J]. Technological Forecasting and Social Change，1985，27（1）：1-37.

[23]　Dosi G. The nature of the innovative process[J]. Technical Change and Economic Theory，1988，1：221-238.

[24]　Yoffie D B. Competing in the age of digital convergence[J]. California Management Review，1996，38（4）：31-53.

[25]　Lind R，Mortagua J P. Reducing conservatism in flutterometer predictions using Volterra modeling with modal parameter estimation[J]. Journal of Aircraft，2005，42（4）：998-1004

[26]　Curran C，Leker J. Patent indicators for monitoring convergence-examples from NFF and ICT[J]. Technological Forecasting and Social Change，2011，78（2）：256-273.

[27]　Schwab D，Davies D. A study of efficacy and cost-effectiveness of guided imagery as a portable，self-administered，presurgical intervention delivered by a health plan[J]. Advances in Mind-Body Medicine，2007，22（1）：8-14.

[28]　Dyer J H，Singh H，Hesterly W S. The relational view revisited：A dynamic perspective on value creation and value capture[J]. Strategic Management Journal，2018，39（12）：3140-3162.

[29]　Wong K M，Ng C H. Managing future enterprise：Staying ahead of the curve with symbiotic value networks[J]. Journal of Tourism Futures，2019，5（3）：301-302.

[30]　Frank A G，Mendes G H S，Ayala N F，et al. Servitization and Industry 4. 0 convergence in the digital transformation of product firms：A business model innovation perspective[J]. Technological Forecasting and Social Change，2019，141：341-351.

[31]　Llopis-Albert C，Palacios-Marqués D，Simón-Moya V. Fuzzy set qualitative comparative analysis（fsQCA）applied to the adaptation of the automobile industry to meet the emission standards of climate change policies via the deployment of electric vehicles（EVs）[J]. Technological Forecasting and Social Change，2021，169：120843.

善用互联网推动全面深化改革的路径优化和方式完善研究①

许光洪　樊自甫　冯仁勇　张　伟　刘俊兰

打赢全面深化改革攻坚战，既要把住经济社会运行规律，拓宽改革思路，更要掌握方式方法，创新改革举措。步入信息化时代，互联网全面渗透社会生产生活，更要注重改革方法。本研究顺应网络化数字化智能化趋势，围绕"怎么改"，采取文献综述、案例分析和专家访谈等方式，在梳理提炼我国渐进式改革路径和推进方式基础上，立足互联网的技术、手段、思维及其独特价值，创新地提出互联网是继政府、市场之后配置资源的"第三只手"，以及互联网推动全面深化改革的路径优化和推进方式完善的具体措施。其目的是发挥互联网特性，不仅创造新增长点，支撑数字经济发展，深化供给侧结构性改革，还要改变产业发展、教育科技服务和社会治理方式，提高管理组织效能和治理水平。

1. 把握互联网发展特征及其变革影响

网络是社会经济发展的必然产物和组成部分。与传统的通信网不同，互联网不只是信息交换的载体，还因其内容开发，典型的社交媒体，遵循既定的网络协议，构建起信息发送、接收主体之间的发展关系。其渗透力、扩散面正快速深刻地改变着社会生产生活方式，改变人们的观念思维。特别是移动互联网和智能终端的快速普及，活跃了要素资源配置，发展了社会生产力，促进互联网时代和信息社会提前到来。

1.1　互联网的发展特征

互联网是以一组通用的协议相连，形成逻辑上单一且巨大的全球化网络。由此衍生出互联网产业链，包括前端的网络连接维护、终端设备和流量营销、信息内容推广等服务，中端的设备制造，后端的技术开发，既是基础设施，又是新增长部门，支撑和牵引经济社会发展。

第一，互联网是一种信息通信技术。从技术实现角度，以1965年麻省理工学院林肯实验室的 TX-2 计算机与位于加州圣莫妮卡的系统开发公司的 Q-32 计算机通过电话专线直接连接为发端，互联网发展历经了以单个计算机为中心的远程联机系统、多个主机通

①作者简介：许光洪，重庆邮电大学党委常委、副校长；樊自甫，重庆邮电大学经济管理学院系主任、教授；冯仁勇，重庆市委外办处长；张伟，重庆邮电大学经济管理学院副教授；刘俊兰，重庆商务职业学院学生干事。

过通信线路互联起来为用户提供服务、互联互通、20世纪90年代以来高速发展等四个阶段。从连接终端或者对象角度，互联网从桌面互联，或称为PC互联，到移动互联再到万物互联，即物联网的兴起。从信息内容和服务提供角度，互联网发展以内容为主、网络单向地提供信息的门户网站为发端，到搜索与社交网络并存，移动App与社交网络快速兴起，再到大数据、云计算、区块链等新技术广泛运用的互联互通，一切互联变为现实。

第二，互联网是一场技术革命。依靠强力的渗透和扩散，信息技术推动社会化大生产从机械化、电气化、自动化迈向信息化。根据佩蕾丝的"技术-经济范式"，工业革命以来人类历经了五次技术革命。其中，由互联网牵引的第五次技术革命正处在展开期的协同阶段，互联网已成为经济社会活动的生态环境和人们学习、工作、生活的基础元素，正在重构生产生活方式。互联网的即时、快速、泛在连接，不仅克服了信息的不对称，降低了交易成本和环节，提高了生产效率，还进一步带来价值创造的链条化、网络化，使价值向行业所需的金融服务、交易、物流等领域延伸，新的经营模式产生，产业链分工被不断重组，价值创造过程由此发生改变。自20世纪90年代步入商用以来，互联网对经济社会活动的渗透和扩散，从信息发布和办公自动化到电子商务崛起，转入移动互联深度黏合，以及物联网带来的智能制造、智能建造和智慧城市。在大数据、云计算、物联网等支撑下，数字化智能化步伐加快，数字经济与三次产业叠加融合，数字管理改变企业经营和社会治理。

第三，互联网是一种思维。新技术新工具新手段带来的变化，不仅仅是工具性的，还有方法性、价值性的。互联网在把越来越多的人发展为网民的同时，改变了人与人、人与物、物与物的交往交换方式、组织结构、功能效用等，突破和压缩传统认知的时间与空间。由此，互联网思维产生、发展并广泛应用。从自身特性来看，互联网思维是在互联网、大数据、云计算等新技术不断发展的背景下，对市场、用户、产品、服务、管理等整个商业生态、治理生态进行重新审视的思考方式。其特征表现在，互联网思维首先是用户至上、用户体验；其次是快捷，决策快、行动快、产品推出快、反馈快、迭代快、变革快、创新快，"以快为王"反映了互联网的核心所在；再次就是开放、免费等，吸引、黏合、渗透更多对象。进一步，企业界把互联网思维总结为用户思维、简约思维、极致思维、迭代思维、流量思维、社会化思维、大数据思维、平台思维、跨界思维等。

第四，互联网内核要义。由技术、工具到思维，互联网的主要特性有五个。一是开放，互联互通。就市场主体而言，互联网的实质就是突破、贯通，从有边界发展到无边界发展，面向社会、面向全球利用资源。二是平等，去中心化、去等级化。这不仅在企业之间、企业管理者和员工之间，还在企业与用户之间，尤其是用户已从产品购买消费向产业链条上游位移，逐步参与成为产品制造者、传播者、设计创意者。三是创新，技术迭代、组织重构。四是协作，资源共享、优化配置，实现低成本高收益。五是共享，基于零边际成本追求，促使分享、免费、普惠成为常态。进一步，以用户至上为中心的互联网，开放互联、平等获取、创新迭代算是技术属性，而协作、共享就属于功能效用范畴。

1.2　互联网带来的多重变革影响

互联网不但是社会生产生活的必备要素，而且是环境、生态。任何经济社会活动都以互联网为底层架构来展开的。关于互联网带来的影响和变化，从个人生活、企业经营、产业升级、区域发展以及社会治理，既有案例分析，也有制度性探讨，深化了互联网的认识，丰富了互联网的发展。

第一，个人生活、工作领域。首先是电子邮件、视频通话、社交在线等满足了人们对信息发送和接收的及时、泛在的需求，人与人互动、人机互动随时呈现，智能手机、平板电脑成为人的亲密伙伴。相应地，传统邮政通信业务退出市场，报纸杂志等资讯媒体让位于网络和自媒体。电子商务和在线交通、教育、医疗等内容服务把人们与互联网紧密地黏合在一起，受低成本、高效率驱动，传统的衣食住行娱等消费方式和消费观念发生颠覆，出行、办事、交往等行为也发生变化。在线服务、在线工作、在线创业创造了新的就业岗位，改变就业前景，就业结构正沿着工业化向信息化转变路径加快调整，互联网和电子商务行业就业景气指数已多年领跑全行业，网游、互联网和电商、集成电路、计算机软硬件等用工需求呈两位数递增，平均薪酬高出全社会三分之一。

第二，企业经营领域。从互联网倒逼企业变革到企业主动依托互联网提高效率，即从"企业＋互联网"转向"互联网＋企业"。"互联网＋企业"要求企业紧扣用户至上这个核心，系统改造产品链、客户链、生产链、流通链、价值链，改变人财物的经营方式。电子商务之所以能够快速分割、占有零售市场，一端靠低价实惠黏合客户，另一端就是运用互联网思维搞轻资产经营，线上店铺交易，线下把物流配送等服务剥离交给运输企业，并顺势改造和拉长运输仓储业务链条。互联网思维对制造企业的改造也如此，如汽车、家电、计算机制造商，除产品研发、用户沟通、资本运作等核心业务掌握在手，部件生产、整机组装、售后调试服务等发挥互联网的全球协作优势，选择制造成本低、质量管控好的代工商来完成。需要警惕的是，受"互联网＋"驱动，实体企业为减轻负债、降低风险、提高企业资产盈利能力，不切实际地搞轻资产经营，导致全社会脱实就虚加重，极大地伤害了实体生产经营活动。

第三，产业发展领域。三次产业已经全方位拥抱互联网和智能、智慧，全面升级快速展开。特别在"互联网＋"行动计划和网络强国、数字中国、智慧社会战略推动下，智慧农业、智能制造、智能建造、智能交通、智慧教育、智慧医疗、科技金融等兴起。农业生产领域，互联网正向作物栽培、田间管理、农资服务以及土壤监测修复等渗透，以保证优质农产品的可追溯。制造领域，工业物联网和人工智能将彻底改变制造流程和生产营销方式，无人工厂、定制生产、精准管理成为制造企业的标配。建筑领域，建筑信息模型推广运用和定制制造加快装配式的推广运用，高效、高质量、安全建造引领建筑施工变革。而服务领域，消费群体随时随地获取产品、服务信息，实现在线消费。与此同时，互联网极大地促进了资源要素的空间流动，包括地区之间、城乡之间，提高了流动效率，实现了资源资本增值。

第四，社会治理领域。互联网对社会连接关系的建立、加强或连接层级的压减，客观上造成虚拟社会的不断扩张，导致虚拟社会与现实社会的融合，迫使社会治理必须积极稳妥地转型。一方面，线下的社会治理主体和社会资源、服务相继上线，社会生活虚拟化和网络化既成事实。另一方面，在线的市场主体、社会组织和个人向线下延伸，O2O、微信群等活跃了经济社会，但泥沙俱下，电信诈骗、网络传销、非法集资等违法乱纪活动屡禁不止，增加了社会治理成本和难度。

综观互联网在各领域、各行业的影响，再次表明这是一场正在展开、持续展开的大变革。其核心动力在于互联网以海量、及时、泛在的信息流或数据流，带动生产要素流、产品流、物资流、人员流、资金流加速流动，不断克服信息不对称、降低交易费用，进而促进分工专业化、生产全球化，增进全社会福利，最终降低制度变迁成本、促进社会制度变革，改变社会生产方式和人们的行为方式。当然，互联网的虚拟属性，极易增加杠杆、制造泡沫、隐匿缺陷和不良信用，破坏了经济秩序和社会法则。

1.3 网络化数字化智能化大势所趋

互联网正处在发展创新的上升期，无论就技术本身，还是内容创新，其空间与潜力都很大。特别是对经济社会活动的重新塑造，包括运行机理、流程、规则的再造，至今未对工业化的集中式、流水线式作业造成根本性的冲击，社会化大生产和服务依然占据主导，固定工作平台、业务流程、生活环境、作息时间等依然束缚着人们。在推动社会生产力持续发展和社会活力持续迸发的基础上，促进人的自由而全面发展，才是互联网乃至新一轮科技革命的根本使命。

第一，公众网和专用网同步发展。就信息通信技术而言，5G 组网完成推广，超快传输、超低时延、超低功耗等将迅速迭代现有移动通信网，有效支持云计算、大数据、物联网和人工智能发展。源于光量子纠缠效应的量子通信技术发展使命同样如此，在开辟信息和数据传输新方式、提高传输效率的同时，重点解决信息传输的安全性，并以绝对安全使其深度融入金融、政务、国防、军事等涉密领域。随着信息和数据传输通道的技术瓶颈不断突破，泛在的互联网必然把触角延伸到有感应、能传导的万物，推动水电气路网智能化，促进工业物联网和家居智能网提速发展。相应地，用于救灾应急、医疗健康等领域的自组网和体感网等进入不同应用场景，有的正展开布点组网。

第二，数字化贡献大幅提升。作为数字经济的生产要素，数据资源克服了自然物质资源的排他性和消耗性，不仅被称为经济新动能的"富矿"，而且引导和优化自然物质资源的可持续利用。得益于信息通信设施网络化、数据存储处理系统发展和多场景应用，我国数据量年增长 50%以上。随着"互联网＋"计划全面展开，从生活到生产、从服务到制造建造，数字经济加速成长。国家互联网信息办公室发布的《数字中国建设发展报告（2017 年）》指出，2017 年全国数字经济增长 20.3%，占 GDP 的比重达到 32.9%。与之关联的，数字经济研发投入占 GDP 比重达到 1.6%，工业企业数字化生产设备联网率为 40%，制造业骨干企业互联网"双创"平台普及率为 73%。在供给侧结构性改革推动下，无论在数据采集、存储、分析、处理等技术开发和算法设计创造，还是大数据融合运用上，数字经济必然快速增长、结构优化。作为数字经济的一种底层支撑技术，尚处于生长发育期的区块链有很大不确定性，其商用还有一个过程。

第三，智能化拓宽万物互联时空和深度。在大数据、云计算、物联网支撑下，海量大数据、GPU 芯片驱动的强大计算力、机器学习算法等技术使人工智能商用市场不断拓展。清华大学中国科技政策研究中心撰写的《中国人工智能发展报告2018》显示，目前美国人工智能研究聚焦自主、无人系统，主要运用于国土安全、国防军事、医疗；欧盟及德法英等研究从硬件、超级计算机到人机交互、计算机识别、网络物理系统、智能服务，再到网络安全、人工智能伦理，一揽子问题展开，并运用于农业、矿产、制造、交通、航空、金融、生态等多个领域；日本继续发挥机器人所长，主攻脑信息通信、声音识别、语言翻译等，在生产自动化、物联网和医疗健康及护理等领域运用不断有新突破。紧跟全球人工智能技术变革步伐，我国已从应用层开发转向系统性、全链条推进，以关键性技术开发为引领，在硬软件研发、网络安全和智能产业、传感城市等方面全方位展开。其中，以科大讯飞和BAT（Baidu，Alibaba，Tencent）等为代表的龙头企业推动了语音识别、机器视觉、自然语言处理等技术突破，智能网联汽车、身份识别、医疗诊断、智能家居等产品集成应用态势良好。

总体上，互联网作为技术、工具，以及平台、载体、方式，已经并将继续对经济社会发展产生影响，改变人们的生产生活方式和思考方式。这种不可逆的趋势究竟把人类社会引向何处，如同蒸汽机出现的工业化革命初期，具体景象无法描绘，但变革无处不在，变化成为常态。

2. 发挥互联网资源配置效用

探究互联网的资源配置问题，确需回答其与政府和市场这两大资源配置手段的关系。互联网是信息技术发展的产物，更是市场发展的产物，天然地与市场贴近。与此同时，互联网对市场主体及其资源获得，又与市场竞争机制不同，免费、零成本交易已经绕开价格竞争，海量信息、内容创新等似乎弱化了供求关系。加之互联网对资源信息的敏感度、指向度、精准度更强，从这个意义上，把互联网看作市场手段的一大分支，甚至看作资源配置的"第三只手"，有益于深化资源配置认识、促进经济社会发展。

2.1　互联网资源配置的特有基础

互联网以其开放、平等、创新、协同、共享等特性，突破信息不对称，以低交易费用和成本，不但聚合大量资源，还开发利用资源，提高资源利用率和收益率，达到资源配置的预期效用。

第一，强黏合性是互联网配置资源的驱动力。作为设施网络，互联网的基础功能就是传递交换、存储开发资源要素、生产生活资料的信息或数据，形成与人员流、物质流、商品流、技术流、资金流等相匹配的信息流或数据流。这个过程，互联网叠合或融入各种有形无形的设施网络、市场网络、社会关系网络，保障各类资源信息流畅通的同时，放大资源要素的信息价值。所以，互联网具有增效效应、增值功能，促进资源要素加快流动配置。进一步，互联网与传统的交通、能源、供排水等设施网络根本不同的是，对各类用户和资源的强黏合性，或者说吸引用户和资源，主动触网、上网、构建和开辟网络空间。互联网之所以具备强黏合性，一是海量信息，二是低成本甚至零交易费用，三是满足个性化需求，四是形成的路径依赖。可以说，打破时间与空间对用户生产生活的约束，触网、在线、动态交互，无论是生产创造，还是消费休闲，互联网已经全天候、全覆盖个人、企业、社会组织、政府和联网设施设备、公共场所等。

　　第二，数据成为互联网参与经济社会活动的重要资源。数据已成为重要资源和生产资料，对经济增长和社会发展的贡献越来越大。农耕时代，耕地、畜力、人力等规模和质量决定了粮食生产的丰歉；工业时代，资源能源、资金、技术、人才等投入决定工业化、城市化进程；而步入信息时代，数据与资金、技术、人才同等重要，决定信息化、智能化发展水平和质量。事实上，没有数据，就没有互联网变革。根据研究机构高德纳（Gartner Group）的光环曲线模型，大数据开发已走过萌芽期，正处在过热向低谷的过渡阶段，促进数字经济蓬勃发展。一是坚持用户至上，利用智能手机、可穿戴等移动智能终端，收集和挖掘用户社交、出行、购物、餐饮、旅游、就学就医等数据，分析集成用户行为偏好以开拓、深挖消费市场。继衣食住行等基本生活需求之后，终身学习、兴趣生活、运动和医疗健康这三方面市场潜力巨大，特别是疾病监测和防治。二是联动物联网、云计算加速网络化数字化智能化，推动智能制造、智能建造和智慧农业、智慧城市发展，促进产业全面升级，解决交通拥堵、环境污染、上学难就医难等城市病。三是挖掘用户的行为痕迹，提高数据的汇聚整合和关联分析效率，构建高效的社会安全体系，保障网络信息传播秩序和国家安全、社会安定。

2.2　互联网资源配置的主要方式

　　资源配置是市场主体在不同领域、产业、地区甚至内外部市场的资源占有状况。这个过程中，政府手段靠调控机制从宏观层面来实现，市场手段则靠市场竞争机制来达成，互联网则以其大数据为支撑，黏合各类市场主体聚集整合资源、优化分配资源，协同促进资源有效利用、实现增值。根据资源特性和开发利用程度，互联网资源配置注重网络整合与节点优化，催生新产业新业态新模式。

　　第一，集合优化。与传统的政府调控和市场竞争不同，互联网促使用户和市场主体更加开放，以获得更多的外部资源、创造更多的外部利润。同时，互联网的用户平等原则打破经济社会运行的层级结构，扁平化又减少资源配置层次和环节，缩短了配置链条。这种全球范围、在线及时、点对点对等的资源配置，直接降低了其配置成本，反过来又增强了互联网的资源汇聚能力。凭借互联网，市场主体的全球化经营从业务资源、资金资源拓展到思想资源，集合业内外专业力量，实行思想全球众智、资金全球众筹、业务全球众包。进一步，把自身打造成为一个贯通上下游合作伙伴、黏合更多用户参与生产经营的开放平台。这种重构运营生态系统的过程，催生了平台经济，典型的就是电商平台。

　　第二，整合优化。主要针对闲置资源展开的，也只有依靠广覆盖、深度信息挖掘的互联网才能实现。互联网这种整合使用闲置资源，实质是使用权的临时让渡，不仅充分释放资源效用，还催生了共享经济、分享经济。严格而言，共享、分享仅针对资源的闲置状态，通过线上撮合、线下租用完成交易，形成所有者获得租赁收益和服务收益、需求者享用服务或创造价值、网络平台主要获得大量的用户资源和资金资源的多赢格局。遗憾的是，本是利用闲置资源的共享、分享经营模式有的已经走样，有些资金和人力投入这一市场，打着共享的旗号，要么搞融资圈钱，要么搞专门经营。这似乎再次印证了新生事物发展都有一个光环曲线，共享经济经历了前些年的过热期，步入了低谷期。

第三，聚合优化。聚焦个性化需求，体现用户至上，互联网聚合全球资源，点对点地配置，扩大了定制经济规模，丰富了定制经济形态。相应地，现有集中式生产标准和运行规则被削弱。与单一商品的传统个性追求不同，互联网以零交易费用克服了个性消费、定制生产的高成本，以开放、协同优势黏合全球的策划、设计、制造、包装等专业力量，把消费者的个性化理念、概念、产品、服务变为现实。这个过程中，消费者的全程参与和信息交互有助于寻找真正的个性需求，释放和挖掘个性需求的巨大潜力，以体现资源配置更好服务用户需求。当然，定制经济不限于商品和服务的消费，还可量身定制创业活动，帮助创业者实现创业梦。运用区块链算法开展优质、特色产品和服务的质量追溯，以及记录企业法人的信用状况，也属于定制经济范畴。随着行为数据深度挖掘、个性化需求精准性提升，定制经济的内容更加丰富、方式更为灵活。

与政府和市场两大手段有所不同，互联网集合资源、整合闲置资源、聚合优质资源和特色资源，看似满足了不同用户的个性化需求，资源配置走向分散，但其背后是高度的集中，或者说是渠道的垄断。尤其是互联网平台，天然地带有排他性，一旦被用户接纳独霸市场，打倒它的将不是对手而是自己，因为独占市场很可能导致企业不会紧随技术变革而升级换代。

3. 互联网支撑数字经济发展

互联网在优化资源配置过程中，对经济发展的贡献就在数字产业化、产业数字化。继此前的互联网经济、平台经济、共享经济之后，以数据为资源的数字经济快速发展，成为深化供给侧结构性改革的主导力量。

3.1 数字经济基本特征

承继互联网经济的诸多特征，蓬勃兴起的数字经济虽以数据为要素资源，其发展离不开互联网、5G、云计算、人工智能、区块链等不断迭代的新一代信息技术。但从数据到数字经济，离不开平台的整合提升。

第一，平台化。平台是数字经济的基础，为买卖双方提供了基础、标准的服务。依托"云网端"新基础设施，互联网平台创造了全新的商业环境。信息流不再被工业经济供应链体系中巨头所阻隔，供应商和消费者距离大大缩短，沟通成本大大降低，直接支撑了大规模协作的形成。信息的透明使得企业信用不需要和规模挂钩，各种类型、各种行业的中小企业通过接入平台获得直接服务消费者的机会。

第二，数据化。数字经济最重要的特征，就是高度数据化。工业时代的企业，以 IT 技术为核心实现数字化，但是数据的流动以及在线化范围有限，数据应用场景主要局限在以自我为中心的生态圈之中。数据的流动与共享，推动着商业流程跨越企业边界，编织全新的生态网络与价值网络。埃森哲（Accenture）首席科学家齐韶指出：云计算模糊了企业内部 IT 与外部 IT 的界限，公司间传统的数据与程序相隔离的状态将有望被打破，随之将出现新的商业生态和价值网络。公司 IT 系统一旦穿过防火墙，就非常容易与其他公司的 IT 系统实现信息交流与交换，从而越过公司界线执行业务流程。

第三，普惠化。在科技领域，以云计算为代表的按需服务业务形态使得个人及各类企业可以用很低成本轻松获得所需要的计算、存储和网络资源，而不再需要购买昂贵的软硬件产品和网络设备。根据阿里研究院测算，云计算的使用可以使企业使用 IT 的成本降低 70%，创新效率提升 3 倍。在金融领域，以互联网信用为基础的新型信用评分模型，对于普惠金融的实现具有不可替代的作用。据网商银行业务团队的计算，假设不良总金额保持不变，如果有新型信用评分模型的支撑，那么可授信的企业类客户数量将增长 360%、个人类客户数量将增长 1600%。在全球贸易领域，数字经济为全球带来了普惠贸易的全新局面，弱势群体能够参与，贸易流程更加方便透明，全球消费者能方便购物，参与主体都能从中获益。

3.2　数字经济运行机制

与传统经济不同，数字经济具有独特的运行机制。

第一，商业模式从 B2C 到 C2B。据麦肯锡公司（Mckinsey & Company）调研报告，20 世纪 70 年代以前，市场需求平均预测准确率 90%以上，80 年代只有 60%～80%，到 21 世纪初降低到 40%～60%。个性化营销、柔性化生产和社会化供应链的不断演绎，以及它们之间的协同互动，成为支撑和推动 C2B 模式不断展开的基石。目前，数字经济众多的先行者，正在以充满想象力的创新，探索未来的蓝图。前端，提供相对标准化的模块供消费者组合，或吸引消费者参与到设计、生产的环节中。企业内部，提升组织能力，以平台＋前端等方式去对接个性化需求。后端，积极调整供应链，使之具备更强的柔性化能力。

第二，组织模式从工厂到云端。数字时代，"云端制"，即"大平台＋小前端"，成为较为普遍的组织方式。例如，出租车公司 Uber 没有一辆出租车，媒体所有者 Facebook 没有一个内容制作人，住宿服务提供商 Airbnb 没有任何房产。云端制具有四大特征：一是大量自主小前端、大规模支撑平台、多元生态体系以及自下而上的内部创业精神。二是形成资源池，便于资源共享。三是根据业务发展需求，形成新特色及新能力，如大数据分析、机器深度学习和创新辞典等。四是借力生态体系，使体系内的企业能够互相影响，协同治理，相互合作，进而为创造更大的价值提供可能性。

第三，就业模式从 8 小时工作制到自由连接体。越来越多的个体成为知识工作者，人人都是专家。这让个体的潜能得到极大释放，每个人的特长都可以方便地在市场上

"兑现"。个体的工作与生活也将更加柔性化。工作、生活、学习一体化的 SOHO 式工作、弹性工作等新形态将更为普遍。托马斯·弗里德曼在《世界是平的》中指出：如果说全球化 1.0 版本的主要动力是国家，全球化 2.0 的主要动力是公司，那么全球化 3.0 的独特动力就是个人在全球范围内的合作与竞争……全世界的人们马上开始觉醒，意识到他们拥有了前所未有的力量，可以作为个体走向全球；他们要与这个地球上其他的个人进行竞争，同时有更多的机会与之进行合作。

3.3　数字经济带来的变革影响

当前，以互联网为代表的数字技术正在加速与经济社会各领域深度融合，已经成为引领经济社会发展的先导力量，也成为各国在后金融危机时代推动经济社会转型、培育经济新动能、构筑竞争新优势的重要抓手。

第一，数据成为新的关键生产要素。历史经验表明，每一次经济形态的重大变革，必然催生新的生产要素，也必须依赖新的生产要素。数字经济与经济社会的交汇融合，特别是互联网和物联网的发展，引发数据爆发式增长。数据每年增长 50%，每两年翻一番。迅猛增长的数据已成为社会基础性战略资源，蕴藏着巨大潜力和能量。数据存储和计算处理能力飞速进步，数据的价值创造潜能大幅提升。由网络所承载的数据、由数据所萃取的信息、由信息所升华的知识，正在成为企业经营决策的新驱动、商品服务贸易的新内容、社会全面治理的新手段，带来了新的价值增值。

第二，加速产业融合升级。步入数字经济革命阶段，主要国家信息产业等先导性部门的比重稳定在 6% 左右。然而，数字经济正在加快向其他产业融合渗透，数字经济在其他产业领域的应用带来的效率增长和产出增加已成为推动经济发展的主引擎。一方面，数字经济加速向传统产业渗透，不断从消费向生产，从线上向线下拓展，催生 O2O、分享经济等新模式新业态持续涌现，提升消费体验和资源利用效率；另一方面，传统产业数字化、网络化、智能化转型步伐加快，新技术带来的全要素效率提升，推动经济新旧动能接续转换。传统产业利用数字经济带来的产出增长，构成数字经济的主要部分，成为驱动数字经济发展的主引擎。

第三，产业组织的平台化生态化。平台成为数字经济时代协调和配置资源的基本经济组织，是价值创造和价值汇聚的核心。一方面，互联网平台新主体快速涌现。商贸、生活、交通、工业等垂直细分领域平台企业发展迅猛。另一方面，传统企业加快平台转型。例如，三一重工大力开发树根互联工业互联网平台，已接入超过 23 万台设备，实时采集 5000 多个运行参数，能为客户提供精准的大数据分析、预测、运营支持及商业模式创新服务。平台推动产业组织关系从线性竞争向生态共赢转变。不论新兴平台企业还是传统转型企业，发展中都广泛采取开放平台策略，打造生态系统，以增强平台的吸引力和竞争力。例如，腾讯通过开放平台策略，吸引了 500 万开发者入驻，极大地提升了平台的生命力。

第四，创新经济组织方式。企业新型生产、管理、营销组织模式加速变革，工业经济时代纵向一体化组织开始瓦解，企业间网络、平台生态体系等柔性生产组织方式快速发展，产业组织也开始从寡头、垄断竞争向更加充分的竞争演进。与此同时，新型组织形态不断产生和快速发展。苹果、谷歌、微软等平台企业的市值超过美孚石油、强生等老牌跨国企业，GE 打造 Predix 平台和多样工业 App 应用。新兴产业迅速崛起，分享经济、智能制造等新业态席卷全球，95%以上独角兽企业属于数字经济领域，2008 年成立的爱彼迎（Airbnb）公司估值超越百年企业希尔顿（Hilton）。

第五，促进实体经济转型升级。制造业是国民经济的主体，互联网与制造业的融合不仅带来技术创新方面的正向整合，而且可能导致商业模式的重塑或重构，在制造业掀起数字化革命。通用电气公司为了实现数字化转型，建立了独立的"通用电气数字部门"（GE Digital），把软件和 IT 所有数字职能全部转移到该部门，并进行了大范围的管理层重组，逐步建立并完善了工业互联网平台 Predix。青岛红领集团开创了服装大规模定制生产的先河，青岛软控通过生产软硬一体的橡胶生产设备而取得了领先优势并改变了橡胶生产业的竞争格局。

第六，持续增进民生福祉。数字经济的发展对于改善民生、增进社会福祉作用巨大。世界经济论坛对 34 个经济合作与发展组织（简称经合组织）成员国的调查显示，数字化程度每提高 10 个点，能够促使经合组织幸福指数上升约 1.3 个点。首要的是带动就业创业。数字经济创造了更多就业岗位、创业空间，直接关联的就是互联网、计算机、电子商务、云计算等，关联延伸到三次产业特别是近年兴起的直播带货、短视频，以及虚拟现实和增强现实技术的应用。更重要的，数字经济在提供强大的便民服务功能的同时，正在重塑社会治理方式效率。例如，微信推出城市服务，整合公积金、人社、医疗、交通、公共事业缴费、出入境、公安等多种民生服务办事功能，使政府更加贴近百姓生活，为公众的生活带来切切实实的便利。微信还积极拓展生活领域，形成便民服务新业态，水电气缴费让用户足不出户享受指尖生活缴费。餐饮、家政、物流、教育、医疗、旅游、酒店、停车、社区等多领域合作形成智慧解决方案，发展 O2O 服务新模式。

3.4　数字经济发展重点

数字经济涉及数字产业化、产业数字化，但这两个方面相互交织，都需要加强基础建设，突出融合发展。

第一，夯实信息基础设施。信息基础设施对于数字经济持续健康发展、提升数字经济创新活力具有关键作用，是实现我国数字经济全面赶超的重要抓手。在数字经济发展中，需要加大信息基础设施建设，一是在传统电信网络智能化升级方面，逐步加快 SDN/NFV 商业化部署进程。二是在互联网数据中心建设方面，我国基础电信企业打造"集团统管数据中心＋省级数据中心＋地市边缘级数据中心"三级立体化数据中心资源体系，逐步向集约发展、优化布局、绿色节能、网络承载和安全保障等方向演进。三是在物联网等新兴网络方面，推进物联网在表计、停车、路灯等场景中的应用，逐步向白色家电、井盖、站牌、牧场奶牛、共享单车等领域拓展。

第二，有效利用数据资源。充分利用我国得天独厚的数据资源，发挥好数据这个关键生产要素的作用，推动供给侧结构性改革不断深化。与农业经济、工业经济时代生产端的规模效应不同，数字经济在需求端具有很强的规模效应，用户越多，产生的数据量越大越丰富，数据的潜在价值就越高。我国经济已由高速增长阶段转向高质量发展阶段，数据这个关键生产要素可以发挥更大的作用。要充分利用数据资源，发挥数据这个关键生产要素的作用，从海量用户数据中洞察用户潜在的需求，引导企业从生产导向向市场导向转变，从经营产品向经营用户转变。

第三，深化融合行业发展。通过互联网技术推动数字经济与教育、医疗和运输融合，增加在线授课内容，在线医疗模式以及创造一个安全、经济和环境友好型的道路交通体系。深化制造业与互联网融合创新，推广智能化生产、网络化协同、个性化定制、服务化延伸等新模式，创新生产方式、组织形式和商业范式。大力发展智能制造，加快建设智能工厂，构建智能制造公共服务平台，培育一批服务能力强的系统解决方案供应商。

第四，改造提升传统产业。通过互联网技术打造数字化服务平台，深入推进产业数字化转型，完善信息服务配套体系，提升产业数字化供给能力。通过建立技术服务、供应链金融、大数据分析等综合服务平台，提升产业水平和效率。

第五，创新政府治理模式。数字经济时代，政府监管要取得实效，除了要有传统的、自下而上的政府层级结构的权力线，还必须与各类合作伙伴建立起横向的行动线。通过互联网手段强化数字治理建设，推进多元治理体系，积极构建新型协同监管机制，由政府主导的自上而下的垂直型管理需要转变为政府市场、政府与社会组织协同共治的扁平化治理。在数字经济中平台作为一个节点，汇聚着产销双方，汇聚着机构、个人、第三方等形形色色的参与者，既是交易的平台、数据的平台，也是信用的平台和消费者保护的平台。因此，政府在对于数字经济的监管中，要十分重视平台的作用，主动与平台协作，形成平台化治理。加强行业协会治理，发挥好相关的行业协会在新经济中的治理作用。

4. 善用互联网优化重点领域改革路径

在数字化、网络化、智能化驱动下，互联网对产业发展和社会治理的变革影响更突出。其中，对产业发展，不断拉长生产链供应链创新链，持续创造新业态新增长点。而社会治理领域，基于大数据分析计算，其精准治理效能不断提升。

4.1　增强智能制造能力

制造业是国民经济主体和"互联网＋"主战场。我国是制造业大国，也是互联网大国，推动制造业与互联网融合，有利于形成叠加效应、聚合效应、倍增效应，加快新旧发展动能和生产体系转换，前景广阔、潜力巨大。"工业＋互联网"即传统制造业企业采用互联网、移动互联网、云计算、大数据、物联网等信息通信技术，优化研发与设计、生产与制造、营销与服务等各个环节。现阶段，利用互联网技术推动工业领域改革，需大力发展智能制造、工业电子商务和工业互联网。

第一，智能制造。加快发展智能制造，是培育我国经济增长新动能的必由之路，是抢占未来经济和科技发展制高点的战略选择，对于推进我国制造业供给侧结构性改革，培育经济增长新动能，构建新型制造体系，促进制造业向中高端迈进、实现制造强国具有重要意义。智能制造是新工业革命的核心，是一次全流程、端到端的转型过程，会让研发、生产、产品、渠道、销售、客户管理等一整条生态链发生巨变。对工业企业而言，在生产过程中，它不但能够以规模化、标准化、自动化为基础，而且还被赋予柔性化、定制化、可视化、低碳化的新特性；其商业模式会出现颠覆性的变化——生产者影响消费者的模式被消费者需求决定产品生产的模式取代；对于国家而言，则需要建立一张比消费互联网更加安全可靠的工业互联网。

第二，工业电子商务。工业电子商务是电子商务在工业流通、生产、服务全流程的深化应用，是工业领域基于网络交易的新型经济活动。大力发展工业电子商务，是深化供给侧结构性改革的重要途径，对于转变经济发展方式、引领新旧发展动能和生产体系转换、推动制造业由大变强具有重要意义。具体而言，有利于推动工业企业交易方式和经营模式的在线化、网络化和协同化，促进面向生产制造全过程、全产业链、产品全生命周期的信息交互和集成协作，实现个性化定制、网络化协同和服务型制造等新型生产模式，构建开放式、扁平化、平台化的组织管理模式。

第三，工业互联网。工业互联网是通过系统构建网络、平台、安全三大功能体系，打造人、机、物全面互联的新型网络基础设施，形成智能化发展的新兴业态和应用模式，是推进制造强国和网络强国建设的重要基础。加快建设和发展工业互联网，推动互联网、大数据、人工智能和实体经济深度融合，发展先进制造业，支持传统产业优化升级，具有重要意义。一方面，工业互联网是以数字化、网络化、智能化为主要特征的新工业革命的关键基础设施，加快其发展有利于加速智能制造发展，更大范围、更高效率、更加精准地优化生产和服务资源配置，促进传统产业转型升级，催生新技术、新业态、新模式，为制造强国建设提供新动能。另一方面，发展工业互联网，有利于促进网络基础设施演进升级，推动网络应用从虚拟到实体、从生活到生产的跨越，极大拓展网络经济空间，为推进网络强国建设提供新机遇。

4.2 促进农业生产提质增效

农业是全面建成小康社会和实现现代化的基础，必须加快转变农业发展方式，着力构建现代农业产业体系、生产体系、经营体系，提高农业质量效益和竞争力，走产出高效、产品安全、资源节约、环境友好的农业现代化道路。"农业+互联网"指的是运用互联网技术从计划、生产、销售、服务、金融各环节改造、优化、升级传统农业产业链，重构产业结构，提高生产效率，把传统农业落后的生产方式发展成为新型高效的生产方式。现阶段，利用互联网技术推动农业领域改革，需大力发展智慧农业、农村电子商务、农产品溯源和农村综合信息服务，加快农业提效升级。

第一，智慧农业。智慧农业是云计算、传感网、3S等多种信息技术在农业中综合、全面地应用，将信息技术、现代生物技术、种植技术等高新技术融合于一体，实现更完备的信息化基础支撑、更透彻的农业信息感知、更集中的数据资源、更广泛的互联互通、更深入的智能控制、更贴心的公众服务。现阶段，智慧农业的发展重点是利用实时、动态的农业物联网信息采集系统，实现快速、多维、多尺度的信息实时监测，并在信息与种植专家知识系统基础上实现农田的智能灌溉、智能施肥与智能喷药等自动控制，可实现高水平的设施农业生产和优化设施生物环境控制，突破信息获取困难与智能化程度低等技术发展瓶颈。

第二，农村电子商务。把实体店与电商有机结合，使实体经济与互联网产生叠加效应，有利于促消费、扩内需，推动农业升级、农村发展、农民增收。农村电子商务通过网络平台嫁接各种服务于农村的资源，拓展农村信息服务业务、服务领域，使之兼而成为遍布县、镇、村的"三农"信息服务站。作为农村电子商务平台的实体终端直接扎根于农村服务于"三农"，真正使"三农"服务落地，使农民成为平台的最大受益者。农村电子商务平台配合密集的乡村连锁网点，以数字化、信息化的手段、通过集约化管理、市场化运作、成体系的跨区域跨行业联合，构筑紧凑而有序的商业联合体，降低农村商业成本、扩大农村商业领域、使农民成为平台的最大获利者，使商家获得新的利润增长。

第三，农产品溯源体系。农产品生产溯源系统是由商务部中国国际电子商务中心诚信农商网创建，通过借鉴日本农产品质量安全管理体系的成功做法，联合商务产品编码（commerce product code，CPC）体系，对农产品生产记录全程进行"电子化"管理，为农产品建立透明的"身份档案"，采购方、消费者使用该系统生成的产品溯源二维码或数字编码通过互联网平台、手机终端可快速查询到相关生产信息，从而实现"知根溯源"，满足消费者知情权，做到放心采购和消费。同时，通过此举提高生产者科学生产自律意识，提升农产品品牌，更好地促进优质农产品流通销售。

第四，农村综合信息服务。以综合信息服务平台为载体，以综合信息服务站为纽带，整合开发利用信息资源，为农民提供综合性、交互性、及时准确的农业农村信息服务。针对农村需求种类多、地域广、分散性强、个性化明显的特点，充分发挥各种通信渠道（农业信息网络、手机、其他便携式信息产品）在广大农村地区的优势，全面、高效、快捷地为基层干部、农技人员、农业企业和广大农民提供交互式的信息服务。用户可根据需要，查询、浏览、定制适合自己的信息。

4.3 拓宽服务业领域

当前，全球产业结构由"工业型经济"向"服务型经济"加速转型。一是以云计算、大数据、移动互联网、物联网、互联网和新型终端技术等为代表的新一代信息技术正带动服务计算、知识图谱等技术深入研究和应用。二是新材料、装备、能源及生物技术等领域不断取得突破，催生云制造、数字医疗等新业态，现代服务业呈现出"跨界融合"的新态势与新特征。三是现代服务业由技术原创驱动的服务创新和规则制定成为未来服务业竞争的重要内容。四是商业模式创新成为现代服务业竞争的核心要素，行业融合、垂直整合、平台经济、特种定制、一站式集成服务将在未来发挥主导。现阶段，利用互联网技术推进服务提效升级，主要体现在以下方面。

第一，教育信息化。早期企业主要向学校或者家长提供传统的硬件产品、学习软件以及学习内容，随着互联网思维的渗透，教育行业中开始出现以服务支持为主的产业。例如，提供英语面对面教学服务的 51Talk 可以让用户发布教学内容，沪江网可以向用户提供基于互联网的课程讲授。

第二，交通智慧化。发展智慧化交通可以大大提高信息采集强度及采集量，并提高数据处理水平，继而将所得信息通过各种不同渠道传送给每个有需要的人，智能交通正在提高整个交通系统的应变性和个人出行的应变性，提高管理者获取数据的能力以及决策管理能力。例如，公安部将互联网技术与传统交通深度融合，构建了互联网交通安全综合服务管理平台，平台通过网页、App、短信、语音等方式，提供 10 大类 130 余项在线服务，为人们提供更为智能、精准和人性化的交通出行服务。

第三，医疗信息化。一是实行网上挂号、缴费、查看检验检查报告，优化医疗服务流程；二是利用互联网、远程医疗推进分级诊疗，缓解大医院就医负担，避免患者无序就医；三是通过实施医院管理的智能化，提升医务人员工作效率、医疗服务质量等。通过互联网的引入，大大改善卫生资源分布的不均衡，通过对医疗活动涉及的人力、物力、信息、资本等各项资源进行优化重组，充分发挥现有资源的使用效率，从而满足患者的医疗需求，最终达到"1＋1＞2"的效果。

第四，金融网络化。以互联网为依托，通过信息平台的构建、服务器的架设和终端的信息传输，将原有的金融业务通过互联网完成。例如，网上银行、手机银行等，客户通过支付终端即可完成金融服务的办理，而无须到营业网点进行操作，大大提升了金融业务的便捷性。

第五，旅游信息化。利用互联网创新在线营销方式，打造旅游目的地网络平台，提供在线预订、在线支付、在线签订旅游合同等服务功能，让游客足不出户轻松完成旅游预订。搭建旅游公共服务平台，整合旅游服务热线、多媒体信息查询终端等，形成统一开放的旅游公共信息发布、咨询和旅游投诉平台，提供信息查询、投诉受理和产品推介服务。建设智慧旅游云计算数据中心，整合车站、宾馆饭店、景区景点、旅行社等涉旅信息资源，提供旅游"吃住行游购娱"信息服务。

4.4　创新社会治理

"社会治安＋互联网"，并不是互联网与公安机关的简单相加，而是公安机关积极探索新的防范手段去适应社会日益互联网化的趋势，以真正实现整体功能大于部分的"社会治安＋互联网"模式。随着移动互联网、物联网的快速发展，互联网本身及由此产生的虚拟社会影响着人们生活的方方面面，颠覆着实体社会各个领域间的连接方式，也不断冲击着现有的治安防控体系，产生了许多治安防控的空白点，需要运用信息技术手段进一步加强防范。现阶段，利用互联网技术推动社会治安领域改革，主要体现在以下几方面。

第一，运用互联网技术完善社区警务网络化。警务信息系统在电子地图上直接进行展示，实现三实（实有房屋、实有人口和实有单位）信息基于电子地图的管理和可视化展示。

第二，强化智能图控和智能交通的建设应用。强化社会面技防控制能力和大型安保活动的视频指挥调度能力，提高视频在侦查破案中的应用。

第三，实施巡逻防范的可视化指挥。将警用地理信息系统平台、三台合一接处警平台、警综平台、大情报平台和城市监控报警联网系统进行整合，建成集日常巡防管理、可视化指挥、重点区域防范管理于一体的大巡防系统，实现接处警可视化、巡逻防范智能化、重防区域研判化、街面监控实时化和巡逻成效可控化。

第四，做实网格化管理。通过网格化管理建立发现、受理、派单、协调、监督、评价"六位一体"的城市网格化管理运作流程，并利用网络管理平台实现网上管理，形成网格确定、内容明了、责任清晰、流程闭合的以问题为导向的网格化管理运行机制，并建立多渠道综合发现、分级分层派单、分类处置、联勤联动、城市管理问题长效治理等机制。

4.5　健全社会信用体系

"征信＋互联网"主要是征信机构通过与互联网企业的合作，结合互联网企业的在线化、数据化优势，融合多种资源和数据展开征信业务。与传统征信模式不同，"征信＋互联网"模式具有数据量庞大、数据来源多样和广泛以及数据使用便利等多种优势，将会大幅提升我国的社会诚信体系建设水平。

现阶段，利用互联网技术推动社会诚信体系建设，重点是拓展信用数据来源。随着电子商务的迅猛发展，网上支付平台的发展壮大，并开始突破线上，走向线下，电商交易记录成为一种价值较大的信用信息。同时，社交网络也掌握着海量用户的一些私人信息。可以加大与互联网企业、平台的合作，进一步拓展信用体系的数据来源。通过掌握到的信用数据，建立互联网个人信用信息数据库，利用云计算和大数据拓宽信用评级的技术渠道，对自然人的信用进行精准评级；通过大数据技术开展精准营销、风险控制等特色应用，为金融机构提供用户获取、风险控制及不良资产处理等服务，构建金融客户的全生命周期信用服务；通过线上线下的数据结合，评估用户信用现状、有效识别欺诈；通过高质量的数据编码，迅速获取企业商业信息，为企业提供商业数据处理及分析产品，提供商业信息，帮助企业进行有效决策。

4.6　提高电子政务效能

利用互联网技术推动电子政务领域改革，不但可以创新政府便民利民的工作方式，还可以优化行政资源、提高行政效率。但从联合国经济和社会事务部发布的电子政务调查报告显示，我国电子政务发展水平，与韩国、澳大利亚、新加坡等电子政务发达国家仍存在相当大的差距。

互联网技术在电子政务的应用，一是建立导航式的在线服务，依托本级政府门户，按部门、机构职能整合办事资源，通过链接引导的方式初步实现政府公共服务的网上提供。二是构建O2O化的在线服务，依托实体行政服务中心，建立本级政府网上政务服务中心。三是展开平台化的在线服务，通过突破政府部门的职能界限，全面整合服务资源，搭建统一架构、省区市（县）多级联动的一站式办事大厅。四是强化数据化的政务服务。以政务服务数据为源泉，以数据分析、挖掘、应用为手段，实现服务数据化、数据服务化，治理结构从"一元主导"到"多元合作"。

5. 善用互联网完善关键环节改革推进方式

随着数字化网络化智能化进程加快，互联网既作为基础设施、技术手段，又包含丰富的互联网思维和独特价值，必将改变社会生产方式、服务方式和治理方式。

5.1　着力变革生产方式

一改现有的集中式、流程化，互联网的去中心、扁平化正重构生产理念，再造生产方式。尤其是制造领域，需调整完善企业运行方式和机制。

第一，创新制造方式。基于云平台，大数据、云计算、物联网、区块链等技术的运用，彻底颠覆和改变工业时代的流程制造与离散制造，出现多重的管用制造新模式。

（1）一是云制造。这是一种面向服务的、高效低耗和基于知识的网络化敏捷制造新模式，是现有云计算和现有制造业信息化中的网络化制造、应用服务提供商（application service provider，ASP）平台、制造网格等概念和技术的延伸。云制造系统中的用户角色主要有资源提供者、制造云运营者、资源使用者。其中，资源提供者通过对产品全生命周期的制造资源和制造能力进行感知、虚拟化接入，制造云运营者主要实现对云服务的高效管理运营等，资源使用者能够在制造云运营平台的支持下动态按需地使用各类应用服务（接出）。

（2）二是服务型制造。这是制造与服务融合发展的新型产业形态，是制造业转型升级的重要方向。从价值链视角，服务型制造涵盖研发环节、生产流程、制造环节、营销渠道的服务化。从需求侧视角，服务型制造首先是服务创新，包括售前和售后，通过服务创新保证并提高产品的功用、性能和价值。其次是体验创新，在"产品＋服务"创新基础上，拓展为用户体验创新（服务的可接近性、顾客与企业间的相互作用、顾客参与），即形成"扩大的服务供给"。还要集成创新，通过将领先的研发、供应链、销售等运营能力向外延展为服务，利用其在价值链上的优势，制造企业为客户提供产品的集成及全面解决方案，从而为客户创造更多价值。

（3）三是 C2B/C2M 制造。C2B 即消费者到企业，先由消费者提出需求，后由生产企业按需求组织生产。企业开创 C2B 模式，实际上就是接受群体定制和个人定制。这种模式不再需要库存，也不再需要担心产品卖不出去，因为生产之前，产品就已经实现了销售，用户和企业直达，效率更高，成本更低。C2M 是一种新型的基于互联网的制造模式，"客户到制造"的概念体现了定制化生产的特性，使制造商直接面对用户，以满足用户个性化需求。与 C2B 相比，C2M 的产品个性化和端到端销售更为深入、彻底。其个性化是用户和厂家直接对接，用户通过互联网平台提交个性化产品需求，最终的产品依照用户的需求产出。

（4）四是协同制造。这是一种基于敏捷制造、虚拟制造、网络制造的生产模式，将互联网延伸到企业的厂房和车间，让工厂数据流与互联网的数据流进行交换，将生产数据作为一种工业元素加入到生产制造当中，并让其成为最具创造性的生产力。大力发展网络化协同制造，需要利用互联网思维改变业务经营模式与方式，推动企业间研发设计、客户关系管理、供应链管理和营销服务等系统的横向集成，打破时间、空间的约束，通过互联网络使整个供应链上的企业和合作伙伴共享客户、设计、生产经营信息，实现产业链上下游企业间产品设计、制造、管理、商务和资源等协同合作，将传统的串行工作方式转变为并行工作方式，缩短生产周期，快速响应客户需求，提高设计、生产的柔性。

第二，重构企业运行机制。同样是基于云平台，企业采购、生产、库存、销售及其对应的人财物资源配置都需要重塑，实时动态、大数据分析决策促使企业管理效能提升。

（1）一是健全业务协同平台及运维管理机制。全面认识互联网与制造业融合发展的战略价值，革新制造业整套生产运营体系，构建企业生产机器中的不同执行单元（机器人或业务模块）之间的信息协同和作业协同方式。善用互联网技术及云办公模式，将组织构架由传统的层级结构转向扁平结构，由传统低效率的层级式组织架构向简化层级、注重直接互动交流项目制及扁平开放式平台转型，企业内部流程由串联式转向并联式，内部管理向基于项目的风险管控、团队式绩效考核等方式转变。

（2）二是促使互联网与生产链供应链创新链融合。引入专业的第三方互联网公司，广纳新技术、新人才，创新合作方式，在互联网海量数据中寻找适合自身的转型发展道路。在产品研发设计、生产制造、营销服务过程中与互联网技术相结合，打造数字工作平台、数字化和智能化工厂，合理运用互联网方法和思维，使用工业电子商务平台和互联网服务模式。基于大数据分析，打造具有个性化的 C2B/C2M。

（3）三是推动企业积极应对全球产业价值链重构。加快制造型企业向服务型企业的转型，鼓励制造企业拓展总集成总承包等新型工业服务，培育第三方专业化系统解决方案提供商，鼓励优势制造业企业"裂变"专业优势，通过业务流程再造，面向行业提供社会化、专业化服务。引导制造企业基于互联网开展故障预警、远程维护、质量诊断、远程过程优化等在线增值服务，拓展制造产品价值空间，培育生产性服务业供给主体，构建由优质企业主导的产业价值链。支持制造企业利用物联网、云计算、大数据、人工智能等新兴信息技术，形成面向客户的全天候实时在线智能信息服务，实现基于互联网的产品动态升级和实时信息互动。

5.2 着力变革服务方式

互联网对服务方式的改变，同样在于拓展新的增长点，优化服务方式，其目的是快捷、优质、低成本。这不仅体现在科技金融领域，还体现在教育医疗、交通旅游、物业和生活服务等领域。例如，互联网医疗，一方面向大众用户或者患者提供在线健康保健、在线诊断治疗服务，以及与这些服务有关的提供药品、医疗用具的业务；另一方面向医生提供的社交、专业知识（如临床经验、病历数据库、医学学术资源等）及在线问诊平台等服务和工具。互联网思维渗透到汽车和交通领域，带来了网络租约车、定制公交、拼车、顺风车、停车 App 等新服务产品，形成了用户智能出行、智能停车的新市场，创新了交通运输的新业态新模式。

第一，推进互联网服务业平台发展。其中，从事餐饮、住宿、流通、商业、医疗以及养老等传统服务行业的企业，应采用集管理、营销和服务于一体的互联网经济模式，提升企业服务效率和质量。选择开发 App 或依托于有知名度的 App，搭建共享经济的平台并逐步扩大平台的品牌效应。针对各地区特色产品，形成以商品交易为主、现代物流为保障、金融和信息服务为依托的 O2O 现货交易电子商务平台，提高市场信息传递和反馈效率，提升用户体验。

第二，推动服务业与互联网融合发展。改变服务机构之间的闭环运营模式，搭建跨部门、跨地区、跨行业的科技服务发展协同推进机制，形成开放、共享、协作的工作机制。出台促进服务业与互联网融合发展的政策措施，全面推动互联网与服务产业链、创新链、资金链的高效融合。优化事业性质的服务机构经费来源结构，在政府和财政规划层面减少运营经费拨付，增加行政事务委托、研究开发等公共服务的收入比重，采用灵活的资金收付方式，通过优化财务制度支持服务机构开展工作。

第三，积极创新服务模式和业态。立足于激发和满足多样化、个性化的市场需求，鼓励服务业企业跨越传统产业边界、整合产业要素资源，基于细分领域跨界融合创造更多的服务业新模式、新业态，鼓励有优势的服务业企业跨地区、跨行业兼并重组，打造跨界融合产业集团和产业联盟。鼓励服务业企业运用互联网思维，紧密对接市场需求，强化理念思路更新、业务流程再造、组织管理体制变革，实现商业模式和业态创新。

5.3 着力变革治理方式

互联网对社会治理的改变涉及多个领域、多个环节，但其关键变革在同时同步地实现点对点的精准服务、精准管理。其中对覆盖面宽、服务对象广的电子政务，更需要加强在关键环节的互联网提升。

第一，构建一体化政务服务平台。构建集政务服务、行政审批、政务公开等于一体的全市一体化政务服务平台，形成统一的网上政务服务入口，为社会公众提供便捷、高效、简约的政务服务。推进政务服务平台与政府部门各业务系统以及第三方在线支付平台、物流配送平台等其他应用系统的互联互通，进一步提升现有实体政务大厅服务能力，形成线上线下融合、多级联动、业务协同的政务服务新模式。

第二，加快政务信息系统整合共享。加快分散隔离的政务信息系统整合，各级政府部门根据自身信息化建设实际，制定本部门政务信息系统整合共享清单，将分散的、独立的信息系统整合为一个互联互通、业务协同、信息共享的"大系统"。建设电子政务内网、电子政务外网数据共享交换平台，开展政务信息共享试点示范，构建多级互联的数据共享交换平台体系，促进重点领域信息向各级政府部门共享。以法律形式，规定公共信息资源开放共享的内容、程序、标准等，对数据开放原则和机制规范、数据分级标准、数据使用的责任与权益等数据应用过程进行标准化。

第三，推进实体政务大厅与网上服务平台融合发展。促进实体政务大厅向网上延伸，整合业务系统，统筹服务资源，统一服务标准，做到无缝衔接、合一通办。推动政务服务事项和审批办理职权全部进驻实体政务大厅，实行集中办理、一站式办结，切实解决企业和群众办事在政务大厅与部门之间来回跑腿的问题。加强对单位进驻、事项办理、流程优化、网上运行的监督管理，推进政务服务阳光规范运行。

第四，推动电子政务云的建设和应用。搭建一个底层的基础架构平台，通过行政手段将传统的政务应用迁移到平台上，并共享给各个政府部门，提高服务效率和服务能力。建立电子政务云标准体系，通过统一标准不仅有利于各个政务云之间的互联互通，避免产生"信息孤岛"，也有利于避免重复建设，节约建设资金。

第五，善用互联网思维改革创新政务服务。善用简约思维便利群众政务服务办理，开发政务服务移动客户端（App、微信订阅号等），提供移动化、便捷化的业务办理渠道。善用平台思维推进政务服务平台建设，集中打造集政务服务、行政审批、政务公开于一体，多部门协调联动的网上政务服务平台，加强已建系统与政务平台的互联互通和迁移整合，不断提升平台能级。善用迭代思维优化政务服务流程，建立"政务门户—用户体验"间的正向动态循环，不断迭代和优化政务服务流程和平台功能。善用免费思维降低企业办事成本，简化服务事项网上申请、受理、审查、决定、送达等流程，缩短办理时限。

重庆人工智能产业发展问题与建议①

袁 野 吴超楠 廖 敏 李晶莹 冯 梅

1. 研 究 背 景

2021 年以来，重庆市全面深化落实习近平总书记对重庆提出的"两点"定位，"两地""两高"目标，发挥"三个作用"和营造良好政治生态的重要指示要求，深入实施以大数据智能化为引领的创新驱动发展战略行动计划，抢抓推动成渝地区双城经济圈建设的战略机遇，统筹推进国家新一代人工智能创新发展试验区建设。全市人工智能产业发展态势良好，重庆连续 4 年举办中国国际智能产业博览会，2021 年上半年，重庆智能产业产值同比增长 21.6%，从 2018 年的 4640 亿元增长到 2020 年的 7500 亿元。

针对重庆市人工智能产业发展目前面临的关键问题，本研究分别从产业链的基础层、技术层、应用层三个层次，围绕科技人才、研发平台、科研机构、专利成果、科技企业、科研项目 6 个层面进行统计分析。从数据分析结果来看，重庆市人工智能产业发展面临着关键核心技术能力相对不足、创新资源聚合度不高、研发经费投入不够、分布不均衡、科技创新人才缺乏等问题。因此，为破解重庆市人工智能产业发展面临的困境与难题，本研究从成渝地区双城经济圈协同共建国家新一代人工智能创新发展试验区、提升原始创新能力和突破"卡脖子"技术等方面提出了相关建议。

2. 重庆市人工智能产业链发展现状分析

本研究基于《国家人工智能产业综合标准化体系建设指南》和《人工智能核心技术产业白皮书——深度学习技术驱动下的人工智能时代》，对部分企业深入调研，在咨询人工智能企业相关专家的基础上，对"重庆市科技型企业创新发展平台管理系统"中的 16445 家科技企业进行筛选、梳理，通过专家访谈的方式，最终筛选出 223 家重庆市人工智能核心企业作为研究样本，分别得出了科技人才、研发平台、科研机构、专利成果、科技企业、科研项目 6 个产业链要素的研究情况。

2.1 重庆市人工智能产业链总体概况

根据人工智能产业链属性将其划分为三层：基础层、技术层和应用层。其中，基础层是人工智能产业的基础，为其提供数据、算法及算力的支撑；技术层是核心；应用层

---

①作者简介：袁野，重庆邮电大学经济管理学院教授；吴超楠，重庆邮电大学经济管理学院研究生；廖敏，重庆生产力促进中心高级工程师；李晶莹，重庆邮电大学经济管理学院研究生；冯梅，重庆生产力促进中心高级工程师。

是人工智能产业的延伸。与全国人工智能企业布局趋势相同，重庆市人工智能产业链较为完备，基本实现各环节全覆盖，主要面向应用层，推动人工智能技术的融合应用，从事基础理论研究和技术突破的企业占比较少。

从企业类型角度分析，重庆市现有人工智能企业已覆盖软硬件、算力、算法以及大数据等，但重庆市在最核心的算法层企业存在一定断层，算法企业的缺失已经成为重庆市人工智能产业发展的主要瓶颈。技术层面，计算机视觉引领作用突出，以云从科技为代表的企业，不仅顺利孵化出恒睿人工智能技术研究院，而且企业影响力逐步扩大，承接国家人工智能基础资源公共服务平台的建设。相比之下，专注自然语言处理和语音识别的企业数量较少，影响力较低。应用层面，人工智能应用场景比较丰富，主要集中在智慧安防、智慧物流、智慧医疗等方面。

重庆市人工智能产业链架构如图1所示。

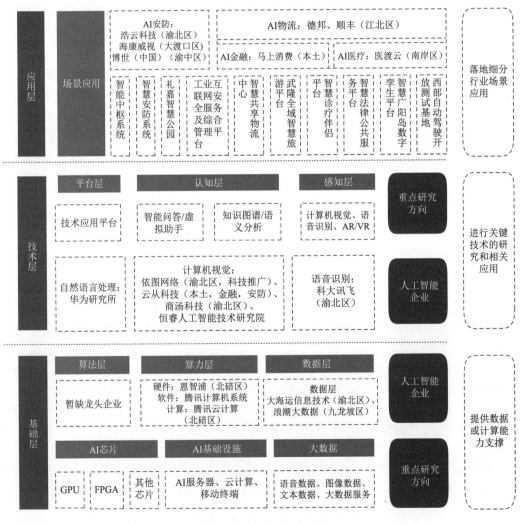

图1　重庆市人工智能产业链架构图

1) 科技人才

如图 2 所示，截至 2021 年上半年重庆市有高层次科技人才的人工智能企业共 24 家，人数总计 44 人。这说明重庆市人工智能领域顶尖人才仍然比较匮乏，在优秀人才资源方面不具有竞争力。具体来看，有国家"万人计划"人选的企业共 1 家，总计 1 人；有"百人计划"人选的企业共 1 家，总计 1 人；有享受国务院政府特殊津贴人员的企业共 1 家，总计 1 人；有"创新人才推进计划"人选的企业共 1 家，总计 2 人；有重庆市"三百"科技领军人才支持计划人选的企业共 3 家，总计 3 人；有"鸿雁计划"人选的企业共 2 家，总计 3 人；有省部级及以上科技奖励获得者的企业共 5 家，总计 16 人；有省部级及以上科技项目负责人等的企业共 5 家，总计 6 人；有其他人才的企业共 5 家，总计 11 人。

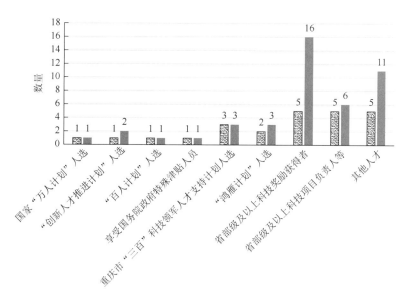

图 2　科技人才分布

通过对人工智能企业科技人才在不同行业的分布情况进一步分析，如图 3 所示。发现电子信息行业在拥有科技人才的企业数量上都等于或领先于其他高新技术行业，说明重庆市人工智能相关企业和科技人才都更偏向于电子信息领域的研究；高技术服务行业拥有科技人才的企业数量和电子信息行业相同，但人才数量相对较少；生物与新医药行业仅有 1 家企业拥有 3 名科技人才，新能源与节能行业仅有 1 家企业拥有 1 名科技人才，占比明显落后，其他行业则没有人工智能技术人才，说明重庆市人工智能领域科技人才分布不均衡。

2) 研发创新平台

如图 4 所示，截至 2021 年上半年，在 223 家人工智能企业中，只有 3 家企业拥有国家级研发创新平台，总计 4 个研发创新平台。重庆市应加强人工智能重点研发创新平台的建设，激励各人工智能企业进行技术创新和发展。

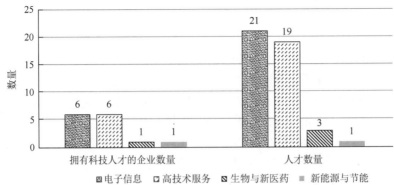

图 3　行业科技人才分布情况

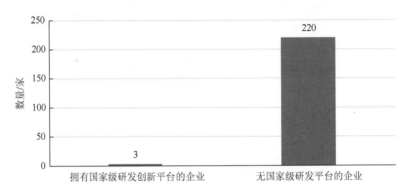

图 4　国家级研发创新平台数量情况

3）科研机构

从高校看，截至 2021 年上半年，重庆市已有重庆大学、重庆邮电大学、重庆交通大学、重庆文理学院、重庆邮电大学移通学院等 22 所大专及本科以上高校成立了人工智能学院或者人工智能相关专业。

从企业看，在重庆市人工智能企业中有 9 家研究院。根据其行业分布情况得到图 5，可知重庆市人工智能研究院集中分布在先进制造与自动化、高技术服务和电子信息三个行业，其中高技术服务行业的研究院企业数量占人工智能研究院企业数量的接近

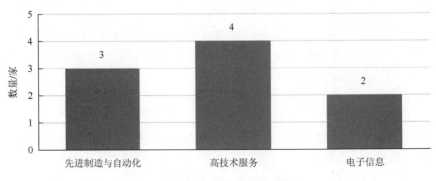

图 5　研究院在不同行业分布情况

半数，领先于其他行业。而生物与新医药、新能源与节能、资源与环境等行业则没有研究院企业，重庆市人工智能产业的相关研究院所属行业分布和结构还有待进一步优化。

4）专利成果

截至 2021 年上半年重庆市人工智能企业拥有一类知识产权仅占 16%；二类知识产权占 59%，且多数企业知识产权数量在 10 件以下，企业核心自主知识产权的数量对于高新技术企业具有举足轻重的影响，重庆市人工智能企业应加强对知识产权的重视。企业知识产权数量如图 6 所示。

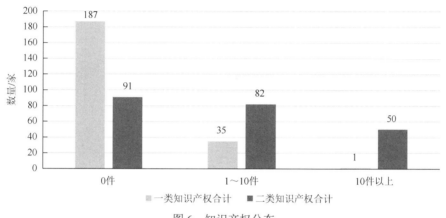

图 6　知识产权分布

数据显示，企业一类知识产权仅体现在发明专利上，共 36 家企业拥有发明专利，总计 111 件专利；二类知识产权体现在实用新型专利、外观设计专利、软件著作权上；有 25 家企业拥有高新技术产品，总计 91 件高新技术产品，其中仅 1 家企业拥有超过 10 件高新技术产品。人工智能企业专利分布情况如图 7 所示，可以看出，企业的专利分布不均衡，主要集中在实用新型专利与软件著作权上。

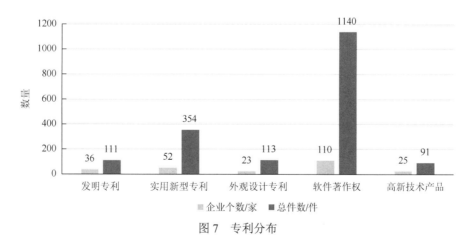

图 7　专利分布

重庆市人工智能企业从行业分布来看，主要分布在电子信息、高技术服务、先进制造与自动化领域。仅有一部分分布在生物与新医药、新能源与节能、资源与环境等其他领域。其中电子信息领域的企业所占百分比为 50.22%，共有 19 家企业拥有发明专利，共计 71 件，占所有企业拥有发明专利的 63.96%；拥有 192 件实用新型专利，占所有实用新型专利的 54.24%；拥有 80 件外观设计专利，占所有外观设计专利件数的 70.8%；拥有 543 件软件著作权专利，占所有软件著作权专利的 47.63%。高技术服务领域的企业所占百分比为 32.7%，共有 9 家企业拥有发明专利，共计 20 件。新能源与节能领域的企业仅 1 家，发明专利仅一件，拥有实用新型专利与软件著作权专利；资源与环境领域的企业有 2 家，无专利成果。对比各大领域的专利成果可以发现，专利成果在各领域分布不均衡，主要专利成果集中在电子信息、高技术服务、先进制造与自动化三大领域，主要数据如图 8 所示。

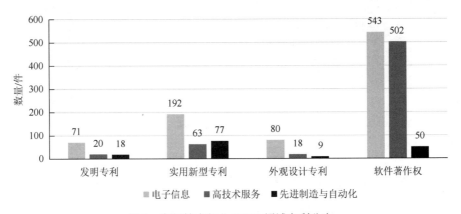

图 8　高新技术行业 TOP3 领域专利分布

由图 8 可知，重庆市在电子信息领域、高技术服务领域在软件著作权上有突出成果，先进制造与自动化领域在实用新型专利上成果比较突出。

5）科技企业

按照高新技术领域进行划分，如图 9 所示，电子信息类的人工智能企业最多，其市场规模大，占有率高，重庆市人工智能在电子信息优势产业方向的特征十分明显。

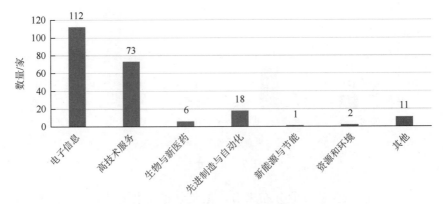

图 9　人工智能企业行业分布情况

按照产业类别划分，由图 10 可知，第二产业的人工智能企业远远少于第三产业的人工智能企业数量，即工业类型的人工智能企业规模远小于软件和信息服务业型的人工智能企业规模。

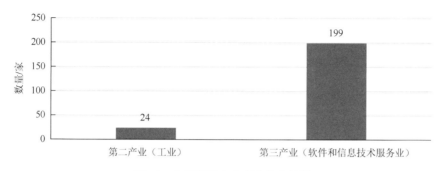

图 10　人工智能企业产业分布情况

223 家人工智能企业平均研发费用约为 576.3 万元。按照平均研发费用支出进行划分，如表 1 所示，高于平均研发费用的企业仅 16 家。大多数人工智能企业的研发投入不够，虽然人工智能企业在稳步发展，但研发投入结构不均衡，会使得研发投入高的企业发展水平远高于研发投入低的企业。应从国家政策上鼓励低于平均研发费用的企业提高研发费用支出，针对此类企业的重点研发项目发放研发补助资金。

表 1　人工智能企业研发费用统计表

分类	人工智能企业数量/家	占比/%
高于平均研发费用的企业	16	7
低于平均研发费用的企业	207	93
总共	223	100

此外，企业研发费用支出有较大差异，企业研发费用支出在 10 万元以下的企业共计 72 家，共占比 32.29%；在 10 万～<50 万元的企业共计 54 家，占比 24.22%；在 50 万～<100 万元的企业共计 20 家，占比 8.97%。这说明重庆市企业对科技研发投入力度相对较小，缺乏资金推动科技创新。企业研发费用支出在 100 万元及以上的企业共计 77 家，占比 34.53%，77 家企业中有 48% 的企业分布在电子信息领域，其次分布于高技术服务领域；研发费用超 100 万元的企业高新技术产品共计 78 件，占全部高新技术产品数量的 85.7%，可以看出企业研发费用投入与高新技术产品数量成正比，且 3 家拥有研发平台的企业研发费用支出都在 100 万元以上。目前重庆市出台了多项政策促进人工智能产业发展，企业应抓住机遇，加大研发力度，积极参与重大科研项目，实现技术创新突破。企业研发费用支出如图 11 所示。

6）科研项目

近年来，重庆市加快人工智能产业布局的步伐，企业与高校也在加大人工智能科研项目的申请与参与，从图 12 可以看出高校与企业在参与人工智能项目上波动增长，近年来高

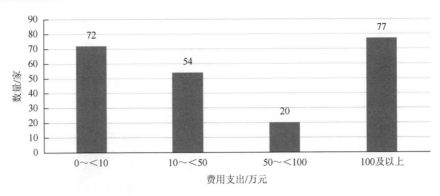

图 11　人工智能企业研发费用支出情况

校与企业加大人工智能项目研究，顶峰出现在 2019 年。由于政府出台了一系列推动人工智能产业的相关政策，重庆市实施《重庆市以大数据智能化为引领的创新驱动发展战略行动计划（2018—2020 年）》，2019 年项目研究数量增幅明显，投资金额主要集中在 50 万元以下，少数项目投资在 1000 万元及以上，说明重庆市企业与高校在人工智能科研项目上投资力度还需进一步加强，2017～2020 年重庆市人工智能项目年度投资分布状况如图 13 所示。

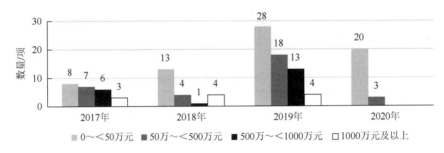

图 12　人工智能项目年度分布情况

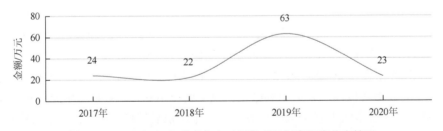

图 13　2017～2020 年重庆市人工智能项目年度投资分布情况

图 14 数据显示，学校参与的人工智能项目资金额相对较小，企业主要集中在高额研发项目。人工智能项目投资前三的企业为重庆德尔森传感器技术有限公司、重庆矢崎仪表有限公司、国家电投集团远达环保有限公司，项目类别主要为技术创新与应用发展和科技人才专项，投资金额在 4000 万元以上；重庆中科云从科技有限公司是重庆人工智能代表企业，承担国家发展改革委人工智能基础平台、应用平台、工业和信息化部芯片平台等国家重大项目建设任务的高科技企业，近年来的项目投资在 1000 万元左右。

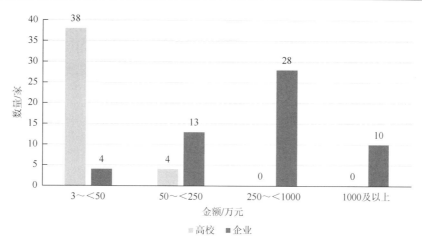

图 14　重庆市人工智能项目分布情况

重庆大学、西南大学、重庆邮电大学争当人工智能基础研究领域排头兵。重庆大学、重庆邮电大学、西南大学参与人工智能研发项目较多，且项目投资最多的也集中在这几所高校。建议企业加强与高校产学研合作，促进优势互补。

2.2　重庆市人工智能产业链分析总结

重庆市人工智能企业的产业链分布如图15所示，应用层人工智能企业以165家位居首位，其次是技术层；基础层企业占比最少，仅占 2%。应用层是人工智能产业发展的"催化剂"，智慧安防系统、工业互联网安全服务平台等不断推动创新应用，助力人工智能产业发展。

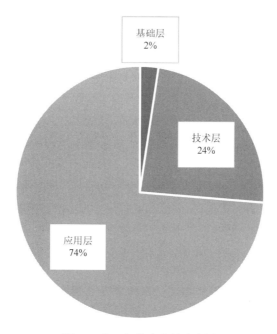

图 15　人工智能产业链分布图

如图 16 所示，通过人工智能产业链的对比分析得出，随着人工智能技术不断创新突破实践，高层次人才、发明专利数量和新产品销售收入在三个不同层次的数量之间均是成倍数递增的，差异十分明显，应用层是未来人工智能发展的强大驱动力，体现在与高层次人才的双向选择、发明专利的高需求以及新产品的高收入。

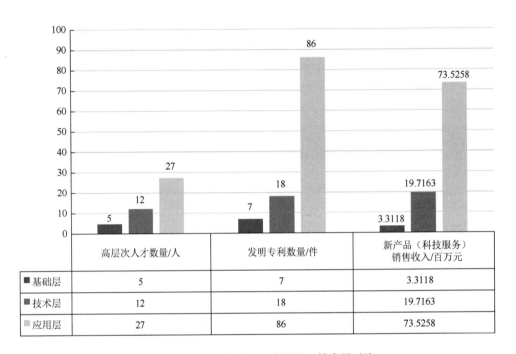

	高层次人才数量/人	发明专利数量/件	新产品（科技服务）销售收入/百万元
基础层	5	7	3.3118
技术层	12	18	19.7163
应用层	27	86	73.5258

图 16　人工智能基础层、应用层、技术层对比

综上所述，通过对重庆市人工智能企业的产业链要素进行分析可知，重庆市人工智能领域科技人才分布不均衡：高达 98.7% 的企业并未拥有研发创新平台，且微型企业不具有研发创新平台，因此强化企业技术创新主体地位，全面提升企业创新能力迫在眉睫；重庆市人工智能的研究院所属行业分布不均，主要集中在电子信息领域；不同技术领域其专利类型会有所侧重，企业的专利分布差异较大，主要集中在实用新型专利与软件著作权上，而发明专利较少，即重庆市在基础领域原始创新能力不强，主要集中在应用型专利和软件著作权保护领域；从研究投入来看，主要集中在 50 万元以下的项目，少数项目投资超过 1000 万元，因此企业与高校在人工智能科研项目上投资力度还需进一步加强。

3. 重庆人工智能产业发展存在的主要问题

与全国人工智能产业布局趋势相同，重庆市人工智能企业主要面向应用层，推动人工智能技术的融合应用，从事基础理论研究和技术突破的企业占比较少。与北京、上海、广东等先进省市相比，还有一定差距，主要体现在以下几个层面。

3.1　关键核心技术创新能力不足

通过上述分析可以看出，重庆市人工智能企业主要集中在软件开发以及信息服务领域，缺少关键核心技术研发、突破"卡脖子"技术的龙头企业。同时，重庆市人工智能产业的关键环节"缺芯少魂"。与北京、上海、广东等先进省市相比，重庆市人工智能发展目前仍处于起步阶段，产业链重心集中在应用层，基础层的基础软硬件平台和关键技术能力较弱，特别是在人工智能芯片和计算平台等领域仍存在一些问题和不足：一是核心算法以国外提出的深度学习算法为主，靠引进 TensorFlow、Spark、Hadoop 等开源技术支撑人工智能应用服务平台；二是芯片智能化程度不够，人工智能产业发展受限；三是现有人工智能平台技术发展局限于计算机视觉、大数据智能等技术领域，产业技术链发展较为单一；四是面向行业领域的人工智能解决方案和平台落后于其他发达地区，在重点行业领域还未形成特色与优势。重庆市人工智能企业开展基础研究的相对较少，投入不足。没有高水平、高强度的基础研究投入，就难以产生原创性的、颠覆性的科技成果，也难以形成自主的技术路线和技术标准。

3.2　创新资源聚合度不高

重庆市高端创新资源较少，创新资源集聚不够，缺乏引领带动科技创新的"隐形冠军""独角兽"企业。从研发平台、科研机构来看，至 2020 年底重庆市 223 家人工智能企业中，只有 3 家企业拥有国家级研发创新平台，总计 4 个研发创新平台。重庆市"985""211"重点高校仅 2 所、中央部门所属的在渝院所（事业法人单位）仅 3 家、国家级新型高端研发机构仅 18 家；从企业角度统计，在重庆市人工智能企业中有 9 家研究院。同时，相关研发平台和孵化器没有与产业基地形成一体化链条，造成研发孵化成果落地困难，重点领域核心技术的突破还缺乏创新的土壤。创新资源的聚合度低，其辐射带动作用也相对较小。

3.3　研发经费投入不够

通过数据分析发现，重庆市人工智能企业研发费用支出在 10 万元以下的企业占比较大，说明重庆市企业对科技研发投入力度相对较小，缺乏资金投入以推动科技创新。同时还存在研发经费分布不均的现象，目前企业研发费用主要集中在电子信息领域；同时，重庆市研发投入主要集中在少数大型企业，研发经费占全市一半以上，中小企业的研发投入不够，不利于激发创新主体的积极性。此外，从研发投入的支出方向看，重庆市在基础研究领域研发投入相对较少，主要集中在应用研究和试验发展方面。

3.4　科技创新人才队伍缺乏

一是重庆市人工智能企业高端人才较为缺乏。截至 2021 年底重庆市有高层次科技人才的人工智能企业共 24 家，总计 44 人，开发所需要的人才储备不足，企业自主创新能力不够，人才培养成为亟须补齐的短板。二是人才分布存在行业分布不均的现象，主要集中在电子信息行业，其他行业相对较少。截至 2020 年底，重庆数字技术领域"高精尖缺"人才偏少，两院院士仅 16 人，杰出青年 46 人，高端人才仅为成都的 50%，与北上广深、京津冀等发达地区相比差距更大。三是复合型人才严重缺乏。例如，在智能网联汽车、智能装备等新型智能产品领域，普遍存在"制造业＋IT＋通信"高层次复合型人才缺乏、企业人才储备意识薄弱等问题；在人工智能、3D 打印等新技术、新工艺研发领域，相关引领性人才偏少，严重制约新型智能产品创新研发、垂直行业数字化转型步伐。

4. 重庆人工智能产业发展对策建议

4.1　梳理产业核心技术图谱

以关键共性技术创新平台建设为重点，充分整合创新链、产业链、价值链、资金链，突破一批基础性、通用性、前沿性关键核心技术。布局大数据智能、跨媒体感知计算、混合增强智能、群体智能、自主协同控制与优化决策等基础理论和前沿技术研究。以算法为核心，以数据和硬件为基础，突破知识加工、智能搜索、可视交互、跨媒体统一表征等技术。在数字新基建领域，依托重庆大学、重庆邮电大学优势，以"数据＋算法＋算力"为基础，重点突破 5G 网络基础设施关键技术、AI 芯片等底层硬件技术、通用智能计算平台技术、下一代工业互联网平台技术的研发布局。在智能制造领域，聚焦"智能制造 2025"重大战略需求，力争突破一批工业生产、设计和研发环节"卡脖子"技术。瞄准国内国际双循环产业竞争制高点，集中两江新区、高新区产学研各方优势资源，突破技术层难关，着力解决产业链升级的关键"瓶颈"。在颠覆性前沿技术领域，提前布局高级群体智能、新型人机交互、跨媒体认知智能、类脑计算、量子智能计算等基础理论和前沿技术研究。完善人工智能产业链条。围绕"提升产业链、强化创新链"，加快企业、项目、平台、生态等资源导入，完善政策及配套，促进产业集聚、协同创新、融合发展。布局人工智能芯片企业，积极引进 GPU、FPGA、深度学习定制芯片、类脑芯片等芯片核心企业，加大研发投入，实现人工智能芯片设计技术突破，打造全国功率半导体、模拟集成电路等高新技术产业化基地。集成生物识别、自然语言理解、情绪识别等人工智能技术，开发 AR/VR/MR、AI 视觉等智能终端。依托重庆声光电智联电子有限公司、中冶赛迪等企业加快高精度半导体传感器、CMOS 图像传感器、高性能 AD/DA 等人工智能核心器件研发与产业化。

4.2　打造关键技术创新平台

推动产业的数字化升级、计算的智能化、边缘化，打造关键核心技术创新基础支撑平台、产业关键共性研发平台、研发推广应用平台，促进创新资源集聚。一是积极引育创新主体。积极引进国家级重点实验室、高水平试验测试平台落地西部科学城，紧密结合关键技术突破、样品规模商用和产业生态培育，着力提高核心产品与技术的稳定性和可靠性，继续推动关键核心技术商用化突破。探索建设产业创新实验室，与中国科学院等有关机构合作，发掘培育引入一批技术成熟先进、成长潜力大的硬科技产业化项目及具有高成长性的平台型公司。二是立足两江新区协同创新中心、渝中区数字经济示范区等优势，实施一批超算中心、云计算、低轨卫星通信网、工业互联网、5G 网络、自动驾驶等领域重大项目，打造 3～5 个国家级大数据、区块链、人工智能领域的关键核心技术创新基础支撑平台。三是依托中科云从、商汤科技、明略科技等核心企业，在大数据智能、跨媒体感知计算、智能物联网、人机交互等研究领域开发一批智能产业关键共性研发平台。四是联合长安汽车、重庆大学、中国科学院重庆绿色智能技术研究院等企业、高校和科研院所，在面向车智能网联汽车、智能制造、智能物流、智能医疗、智慧政务等领域完善或新布局一批研发及推广应用平台。

4.3　加大财政金融政策扶持

在"十三五"时期，我国主要是实施供给侧产业政策体系，例如，通过"三去一降一补"，以及财政、税收优惠等政策来实现稳定经济增长，支持产业升级。这种供给性的财政金融政策对支持基础研究特别是产业核心技术创新发展的激励效果一般。因此，在"十四五"时期，重庆市应该充分实施"功能型"创新政策。从欧美等发达国家经验来看，完善的科技金融体系、长期的风险基金投入等"功能型"创新策略都实现了一系列产业核心技术的突破。一是加大科研经费投入。未来企业研发将更加侧重于基础研究和产业链上游，这也是产业结构转型升级的关键所在，对经济新动能的发展壮大将起到根本性的作用。解决企业研发投入结构性矛盾，打破分布不均衡现象，提高研发资金的辐射和带动作用。二是大力发展高端科技金融服务。加强科技支持，推动设立种子、天使和风险投资股权引导基金，加大对科技型初创企业支持。利用社会资本和国家重大专项基金等互为补充，最大限度地激发企业技术创新活力。三是加快知识产权的资本化进程。进一步发展专利抵押融资以提升知识产权运用效益，推进企业加快核心技术攻关，打造具有新区特色的知识产权服务体系。积极推进国家知识产权示范园区建设，同时提高知识产权创造、运用、管理、服务和保护能力，让知识产权服务全面融入科技创新发展。

4.4　优化高校人才培养模式与学科布局

一是加强相关学科专业建设。加大"从 0 到 1"原创性、基础性研究的经费投入力度，鼓励高校、科研机构紧跟大数据智能化前沿成果，促进和丰富人工智能相关学科专业的基础研究及应用研究。鼓励设立人工智能学院，建设"人工智能＋学科群"，培养高水平研发人才和高素质技能人才。深化"双一流"建设，支持高校增设相关基础学科和交叉学科硕士、博士学位授权点，同时进一步扩大硕士、博士研究生招生规模。二是改进创新人才培养模式。推进政产学研多主体联合培养，加强企业与高校合作，成立校企联合培养机构，构建"政府—企业—高校—科研机构"联动的人才需求匹配和培养机制，提升人才培养与社会需求的匹配度。实施在职人员的"人工智能＋"知识技能再教育工程。以社会发展和企业需求为导向，建立全方位的在职人员知识更新与技能提升体系。三是构建人才支撑体系。深入实施"重庆英才计划"，完善"区内注册、海外孵化、全球运营"的柔性引才机制。建立人工智能人才培训奖补机制，构建高校、科研院所、人工智能领域企业协同育人共同体，联合开展人工智能适用人才定制培训和员工技能培训。

4.5　营造包容开放的创新氛围

一是积极参与全球产业链合作。支持重庆市科研人员积极参与国际组织、联盟、科研机构的重大科学项目，深入了解人工智能项目运行机制，熟悉相关规则，完善政府间科技交流平台，积极支持民间科技组织和国际学术组织开展科技交流活动。二是完善创新体制机制。联合高校、企业、科研院所、区县重构有利于"人工智能关键核心技术突破"的组织模式和治理机制，形成攻克关键核心技术的强大合力。完善科研项目组织、申报、评审等制度，通畅审批流程，让甘于坐冷板凳、潜心于关键领域核心技术研究的攻坚科研人员能够获得稳定的预期和支持，建立适应核心技术攻坚的人事制度、薪酬和评价制度。三是优化创新环境。完善激励机制和容错机制，强化目标导向的评审和过程评估，营造高度灵活、包容度高的科技创新环境。充分给予科研人员自主权，以提高技术成果的转化效果和效率。注重利用各类媒体平台，大力宣传人工智能科技创新机构、团队和领军人物的先进事迹，在全社会营造和形成识才、爱才、敬才的良好氛围。

第 4 篇　重庆数字经济创新发展建议

共建国家数字经济创新发展试验区　协同打造成渝地区"数字"双城经济圈①

樊自甫

2019 年 10 月，重庆、四川同时获批国家数字经济创新发展试验区。2020 年 1 月，中央财经委第六次会议研究推动成渝地区双城经济圈建设问题时，《国家数字经济创新发展试验区（四川）建设工作方案》提出，加快推动成渝地区信息基础设施共建共享、数据资源高效流通、数字产业协同互补，共同建设国家数字经济创新发展试验区，联合打造数字经济发展新高地。对成渝两地国家数字经济创新发展试验区建设寄予了更高的期望，提出了更高的要求。成渝共建国家数字经济创新发展试验区，有利于促进生产要素自由流动，优化资源配置效率；有利于推动数字产业更高水平、更大规模发展；有利于加速传统产业和社会治理数字化转型；从而在西部形成以数字经济为主导、具有全国影响力的经济增长极。

1. 共建存在的问题

当前，成渝地区数字经济发展势头强劲，数字产业规模不断壮大，传统产业数字化不断提速，数字经济国际合作不断深入，数字化治理能力不断提升，具备共建国家数字经济创新发展试验区的现实基础。但与其他发达地区相比，仍存在以下主要问题。

一是数字产业发展水平不高。如表 1 所示，数字产业"链不全、群不强"，处在全球价值链的中低端。2019 年上半年，川渝两地数字经济产业指数得分分别为 210、161，居全国第 8 位、第 15 位；数字经济龙头企业缺乏，2019 年胡润"独角兽"企业榜单中，四川有 5 家、重庆仅有 2 家，与北京（82 家）、上海（47 家）、杭州（19 家）、深圳（18 家）等城市差距明显。

表 1　2019 年上半年各省市数字经济产业指数（第 1～16 位）

项目	广东	北京	江苏	山东	上海	浙江	海南	四川
数字产业指数	349	280	257	246	231	228	219	210
同比增速/%	17	11	16	61	15	17	412	−8
项目	河南	湖北	安徽	福建	陕西	河北	重庆	辽宁
数字产业指数	203	195	184	179	171	167	161	159
同比增速/%	58	36	21	48	44	68	62	43

数据来源：重庆邮电大学、BBD 公司测算得到。

---

①作者简介：樊自甫，重庆邮电大学经济管理学院应用经济学系主任，教授。

二是数字技术创新能力薄弱。如表 2 所示，2019 年川渝两地数字经济领域专利数量分别为 2656 件、1718 件，居全国第 12 位和第 15 位。2018 年，川渝两地研发经费投入分别为 737.1 亿元、410.21 亿元，总量仅为京津冀的 40%、长三角的 19.3%。

表 2　2019 年各省市数字经济专利数量（第 1～16 位）

项目	广东	江苏	北京	浙江	上海	山东	湖北	河南
专利数量/件	25952	11726	11586	7178	5786	3589	3000	2924
项目	陕西	安徽	福建	四川	天津	湖南	重庆	辽宁
专利数量/件	2861	2693	2668	2656	2235	1851	1718	1613

数据来源：国家知识产权局。

三是数字经济中高端人才缺乏。川渝两院院士仅有 76 位，而京津冀有 789 位、长三角有 384 位，差距明显；川渝两地现有博士点分别为 143 个、84 个，与北京、江苏、上海等省市差距较大。2019 年重庆大数据智能化等重点产业人才缺口达 5.8 万人，数字经济人才供给明显不足。表 3 为全国部分省市拥有博士点情况。

表 3　全国部分省市拥有博士点情况

项目	北京	江苏	上海	湖北	广东	陕西	四川	重庆
一级博士点	568	306	239	196	186	176	133	77
二级博士点	32	10	11	2	10	5	3	1
专业学位博士点	24	13	14	10	11	8	7	6

数据来源：各高校网站，教育部第四轮学科评估数据。

2. 共建的重点任务

紧密围绕国家赋予的川渝两地数字经济创新发展试验区的建设任务，建议川渝两地强化资源互补和要素协同，共同抓好以下五个方面的共建工作。

2.1　协同打造数字产业集聚区

做大做强已有数字产业、加快布局新兴数字产业集群，着力将数字产业打造为成渝地区的主导产业，提升双城数字产业规模的全国占比，协同打造具有全国影响力的数字产业集聚区。重点抓好以下四项工作。

一是延伸产业链条，补齐产业链短板，做大做强现有数字产业。依托川渝两地的集成电路、液晶显示、智能终端、软件及信息服务等产业基础，横向分工和垂直整合相结合，构建集研发、设计、制造、服务于一体的数字产业全链条，推动成渝地区现有数字产业提质增量。

二是发挥后发优势，抢抓机遇，一体化布局数字产业集群。抢抓新一代信息技术变革和全球价值链调整期等新机遇，联手发展人工智能、区块链、网络安全、数字文创、智能建造、5G/6G等数字产业，"线上（虚拟集聚）＋线下（地理集聚）"一体化推进川渝数字产业集聚发展，打造新型数字产业集群，培育新动能。

三是以共建高端研发平台为突破口，强化数字技术创新能力。围绕人工智能、大数据、区块链等重点领域，川渝两地集中布局一批高端研发平台和产业创新平台，解决高端芯片、激光雷达、中高端光刻机制造、新材料（高质量消费级电容电阻、液晶显示靶材等）、工业软件等数字产业关键核心技术"卡脖子"问题。

四是以总装型、总销型、总研型功能性总部企业引进为重点，壮大优质市场主体。联合推进数字经济大型国有企业、央企落户双城经济圈，吸引数字产业龙头企业和数字经济"独角兽"企业在成渝地区设立区域性总部，发挥总部经济的"产业乘数效应"。

2.2　促进数字技术与实体经济深度融合

产业数字化及由此带来的传统产业质量变革、效率变革和动力变革，既是发展数字经济的内在要求，也是推动传统产业高质量发展的重要抓手。依托成渝地区传统优势产业，联合探索大数据、物联网、人工智能等数字技术与实体经济的融合发展路径，川渝携手共同建设具有全国影响力的数字技术与实体经济融合示范区。重点抓好以下四项工作。

一是以工业互联网建设为着力点，推动制造业数字化转型。围绕成渝地区汽车、电子信息、装备制造等优势产业，建设一批跨行业、跨地区工业互联网平台。以政府引导、市场主导方式推进标识解析二级节点、递归节点建设，率先构建西部地区标识解析体系，搭建支撑工业互联网发展的"神经中枢"系统。

二是以装配式建筑发展为抓手，加快推动建筑业数字化转型。推动成渝地区建筑勘察、设计、生产、施工、验收等环节数据实时共享，联合制定智慧小区、智慧工地、装配式建筑等建设评价标准，协同建设智能建造产业园和建筑业大数据园区，推动成渝地区建筑业数字化转型和智能建筑产业发展。

三是以农产品产供销网络化为路径，推动农业数字化转型。围绕成渝地区特色农（副）产品资源，共建国家级专业农（副）产品交易大数据中心和区域性农村电子商务平台，联手开展特色农产品线上交易和品牌塑造。

四是一体化推进"数字＋服务业"发展。围绕旅游、商贸、金融、会展等领域，搭建数字化服务平台，一体化推进服务业数字化转型，包括：协同打造智慧旅游大数据管理平台，联合建设"中国-土耳其"跨境电商平台和国际贸易大数据平台，联手开展跨境金融区块链服务平台试点，共建成渝会展大数据综合应用分析平台等。

2.3　推动成渝地区城市智慧治理一体化

加快成渝两地数字化公共服务平台建设，做好公共信息资源的整合共享，突出数字技术的赋能作用，一体化推进成渝地区政务管理、城市治理、民生服务、生态宜居等重点领域的智慧化，川渝携手共同建设成为具有全国影响力的高品质生活宜居地。重点抓好以下五项工作。

一是以政务数据共享和平台互联为抓手，推动政务服务联网通办。做好成渝地区社会公共信息共享交换平台的互联互通，推动自然人数据库、地理信息空间数据库、法人数据库等社会公共基础数据库的整合共享，制定政务数据治理统一标准，建立成渝地区政务服务"一网通办"专窗、专栏，推进全流程线上办理。

二是以"多式联运""一卡通行"为着力点，一体化提升交通服务效率。加快成渝地区城市轻轨、地铁、公交、航空、高铁、高速、水运等交通信息平台的互联互通和数据共享，建立业务运营协作机制，推进成渝地区多式联运体系建设，联合开展智能安检、电子客票和智能交通信息服务，实现双城经济圈"一卡通行"。

三是以医疗卫生数据互通共享、医保异地结算为突破口，协同打造智慧医疗联合体。共建城乡全覆盖的电子病历、电子健康档案和人口家庭数据库，制定统一的数据交换和共享制度，推动同级医疗机构检查、检验结果互认和异地就医直接联网结算，共建远程诊疗系统，加快推进成渝医疗卫生一体化。

四是以优质教育资源共建共享为路径，推动区域教育一体化发展。共建成渝地区教育数据资源标准体系，搭建一体化智慧教育平台，建立健全区域教育一体化合作机制，包括：推动高校共建区域联合实验室，建立需求导向的联合共管机制；搭建职业教育一体化协同发展平台，建立职业技能人才的错位培养机制等。

五是以生态环境监测与跨区域协同监管为重点，共同筑牢长江上游生态屏障。利用数字化手段加快提升成渝地区山水林田湖草等生态要素的动态采集、监测和遥感遥控能力，加速长江上游生态环境大数据平台和 EIM 数字孪生平台建设，建立生态环保联防联控机制，共同推动三峡库区和长江上游环保智慧化。

2.4　携手参与数字经济国际合作

充分发挥成渝双城的区位和战略支点优势，以联合举办高能级数字经济国际会议为突破口，加强数字产业和创新资源国际对接，引领带动周边省区市与"一带一路"倡议合作伙伴国在产业、科技、金融、贸易、人文等领域务实合作，川渝携手共同建设具有全国影响力的数字经济内陆开放新高地。重点抓好以下三项工作。

一是携手举办数字经济国际会议论坛，加快高能级国际合作。共同举办"智博会""西博会""西恰会""中新金融峰会""数字丝绸之路"国际合作会议等展览、会议，争取中欧峰会、"一带一路"国际合作高峰论坛等高层次会议落地成渝。

二是以国别产业园为载体，联合承接国际数字技术及产业转移。联合共建"一带一路"科技创新合作区和国际技术转移中心、创新合作中心，依托成渝地区已建的中新、中德、中日、中国-东盟等国别产业园，积极承接国际数字产业和创新资源。

三是以推动跨境数据流通为着力点，联手开展跨境数据贸易。联手开展数据保护能力认证、数据流通备份审查、跨境数据流通和交易风险评估，共建区域性国际数据交换中心，探索跨境数据安全流动和离岸数据业务试点等首创性改革，依托中新（重庆）国际互联网数据专用通道联手开展跨境数据贸易。

2.5　强化新型基础设施互联互通

立足数字新业态发展需求，以高速、泛在、安全的信息基础设施一体化建设为着力点，推动基础设施存量市场互联互通、增量市场共建共享，扩大川渝新型基础设施建设的规模经济性和范围经济性，川渝携手共同夯实"数字"双城经济圈建设基础。

一是以共享共用中新（重庆）国际互联网数据通道为路径，协同打造国际信息大通道。加大中新国际数据通道对双城经济圈相关园区的接入授牌，共享共用中新（重庆）国际互联网数据专用通道，协同打造南向国际互联网数据出口大通道，支撑成渝地区跨境数据贸易发展。

二是以国家信息通信枢纽建设为目标，协同推进通信网络设施建设。推进重庆、成都国家级互联网骨干直联点扩容，扩大川渝省际数据出口带宽，一体化推进双千兆网络建设，共同创建国家新型互联网交换中心试点，不断蓄积成渝地区通道经济势能。

三是以数据中心和超算中心为着力点，一体化建设算力基础设施。统一规划建设大数据同城灾备、同城双活和异地灾备中心，统筹布局区域性数据存储分中心建设，争取国家布局共建高性能智能计算中心，夯实人工智能、大数据等数字产业发展基础。

四是以支撑车联网、区块链、无人机物流发展为重点，一体化推进新技术基础设施建设。联合创建国家车联网先导区，共建自动驾驶开放道路场景示范运营基地、低空无人机通用航空物流网络，协同推进区块链底层技术设施及公有链、私有链和联盟链建设，打造基于区块链的信任基础设施体系。

3. 共建的重点举措

为推动共建国家数字经济创新发展试验区的主要任务落地实施，建议川渝两地采取以下六个方面的举措。

一是凝聚共建意识。深刻把握谋全局与谋一域的辩证关系，深刻理解共建试验区是推动双城经济圈高质量发展的重大战略抓手，树立试验区建设"一体化"大局意识，加强主流媒体宣传报道，营造全社会支持"数字双城经济圈"建设的良好氛围。

二是加强统筹规划。在双城经济圈建设总体框架下，成立共建数字经济创新发展试验区领导小组，建立联席会议制度和定期会商机制，及时对接川渝两地国家数字经济试验区建设工作方案，一体化出台数字经济"十四五"发展规划，统筹制定重大项目清单。

三是强化政策对接。围绕数字产业化、产业数字化和数字化治理，统筹制定产业激励政策、高端人才引进政策、技术创新和科技成果转化政策，有序推动数字经济发展政策的双向互认，做好成渝地区数字经济政策的协同对接。

四是做好数据流通。共同建立数字资产的确认、定价和交易机制，强化数字资产的产权保护，共建西部数据资源交易中心，健全数据跨区域流通配置机制，推动数据安全有序流动，更好地发挥数据在共建数字经济创新发展试验区中的关键要素作用。

五是搭建创新平台。以"一城多园"模式共建西部科学城，打造区域技术创新协作网络，联合创建军民共建、省部共建国家重点实验室、国家工程实验室、国家工程（技术）研究中心，推进国家级高端研发机构在双城经济圈设立分中心、分院或应用示范中心。

六是扩大人才供给。建立数字经济创新人才工作联动合作机制，统筹实施"重庆英才计划""天府万人计划"等人才项目，联合引进数字经济领军人才和创新团队。加快数字经济领域博士、硕士学位授权点建设布局，扩大数字经济中高端人才供给。

加快推动重庆市数字经济和实体经济融合发展的
四点建议[①]

樊自甫　万晓榆

数字经济和实体经济融合发展旨在通过互联网、大数据、人工智能同实体经济深度融合，实现对实体经济产业从生产要素到创新体系、从业态结构到组织形态、从发展理念到商业模式的全方位变革和突破。其核心要义是坚持"数字经济是引擎、实体经济是根基"的融合发展总基调，以数字技术"赋能"、数据"赋智"为主线，充分发挥数字经济在生产要素配置中的优化与集成作用，推动实体经济质量变革、效率变革和动力变革。

1. 存在的主要问题

《成渝地区双城经济圈建设规划纲要》要求大力发展数字经济，推动数字经济和实体经济深度融合，合力打造数字产业新高地。目前，重庆坚持将大数据智能化作为高质量发展的战略选择，加快推进数字产业化、产业数字化，全力打造"智造重镇"、建设"智慧名城"，数字基础设施广泛布局、产业互联网等服务平台加速集聚、重点行业数字化转型加速推进，数字经济和实体经济融合发展呈现良好态势。但重庆市数字经济与实体经济融合发展还存在以下五个方面的问题。

1.1 "政"：政府作用发挥不够充分

一是政府数据红利释放不够。政务数据、公共数据和社会数据融合开发利用不够，部分行业数据资源融通水平较低，数据在运行监测、预测预警、实时调度、辅助决策等方面应用较少。例如，在建造行业，工程建造、基础设施和房屋管理数据通道仍未打通；全市性智慧农业物联网数据采集和分析系统、农产品生产管理 AI 数据模型等尚未建立，生猪、柑橘等重点单品种全产业链大数据建设还有待突破等。

二是融合发展评价指标体系不健全。数字经济和实体经济融合发展的量化评价指标体系不健全，对全市数字经济与行业融合发展创造的增加值动态监测和测算力度不够，尚未建立分产业、分区域的融合发展评价体系。据两江新区、涪陵区等工业强区反映，由于不了解数字经济统计考核方法，在推动实体经济数字化转型升级发展中分不清方向、找不到重点。

---

①作者简介：樊自甫，重庆邮电大学经济管理学院应用经济学系主任、教授；万晓榆，重庆邮电大学经济管理学院院长、教授。

三是支撑实体经济转型的公共服务平台建设滞后。以 5G 基站为重点的网络基础设施走在全国第一梯队，但农业互联网平台、人工智能公共服务平台、制造业数字化转型通用技术支撑平台、公共服务智能化设施等与"北上深"等城市差距明显。

1.2 "产"：数字产业引擎作用不强

一是数字经济发展整体规模偏小。据中国信息通信研究院测算，2019 年重庆市数字经济增加值规模超 5000 亿元，占地区生产总值比重超 30%，但国内第一梯队省市（广东、江苏、浙江、上海、北京等）数字经济增加值均超过万亿元，数字经济占地区生产总值比重均超过 40%。从融合发展情况看，上海、北京、福建、四川等省市产业数字化增加值均超过 1 万亿元，仅产业数字化占地区生产总值比重都超过了 30%。

二是数字产业化与产业数字化发展衔接不够。近年来，重庆市数字产业化发展主要集中在"芯屏器核网"硬件制造业，支撑制造业数字化转型的软件及信息服务业规模偏小，软件产业规模仅占全国的 2.27%，远低于广东、江苏等省市。研发设计、生产执行、产品全生命周期管理等领域软件供给不足，建筑业、生物医疗、装备制造等行业数字化转型急需的系统集成能力较为欠缺，数字产业对传统产业数字化转型支撑不够。

三是支撑服务业数字化转型的优质市场主体较少。2020 年中国独角兽 TOP100 企业榜单重庆仅有 2 家，与北京（39 家）、上海（20 家）、深圳（15 家）差距明显。引进来渝的独角兽、行业领军企业均已完成初创培育期，发展根基基本固定，难以将发展重心转移。优质市场主体不足，影响重庆市线上业态、线上服务、线上管理发展，制约生产及生活性服务业的数字化转型。

1.3 "学"：中高端专业化人才短缺

一是数字经济领域"高精尖缺"人才偏少。截至 2020 年 10 月，重庆市博士点数量（84 个）与北京（624 个）、江苏（329 个）、上海（264 个）、成都（147 个）等省市差距较大，中高端数字经济人才供给不足。数字经济领域"高精尖缺"人才偏少，两江新区 2019 年抽样调查显示，取得高级技师以上技能等级、中级职称以上人才占比分别为 0.8%、9.4%，远低于浦东新区的 9.4%、28.1%。

二是数字人才结构性问题突出。现有人才政策过于偏重高端（鸿雁计划）和低端（信产招工），中端人才引进出现"两头不靠"现象，支撑数字化转型的专业化中端人才引进、落户、奖励等激励政策缺失，对人才的吸引力不强。调研发现，重庆市对架构师、数据挖掘师、算法工程师、开发工程师等人才吸引力不强，爱奇艺、可兰达等企业只能在沿海地区设立研发中心招引人才。

三是部分行业专业化人才匮乏。制造业领域，工业自动化软硬件开发、数据开发利用以及人工智能、3D 打印等新技术、新工艺研发领域专业化人才偏少，信息化管理人才较为短缺。农业领域，从业人员年龄偏高、文化水平普遍较低，既懂农业发展又懂数字化的复合型技术管理人才严重匮乏。

1.4　"研"：共性技术创新能力不足

一是制造业数字化转型共性技术创新能力较弱。智能化装备、边缘计算系统、工业无线通信、工业大数据分析、工业安全防护等支撑数字经济与制造业融合发展关键技术及系统研发创新不足。例如，2019 年重庆数字经济专利数量仅有 1718 件，在全国排第 15 名，对企业开展生产制造的实时感知、智能化管控、基于工业互联网的智能工厂建设等支撑不够。

二是智能制造装备及核心零部件供给不足。受国际竞争形势影响，数控机床、工业机器人、电子行业智能制造装备等整机板块种类不齐全，核心数控系统及零配件方面存在供给短板，难以有效支撑制造企业的智能化改造升级。例如，重庆市传统制造企业生产设备数字化率排第 17 位，低于全国平均水平。

1.5　"用"：数字技术应用水平不高

一是企业对数字技术应用动力不足。调查显示，受资金、技术、人才等因素影响，全市仅有 10%左右的企业实现了从生产、管理、物流、营销等全流程数字化管理，20%左右的企业使用了 ERP、MES 等生产管理系统。两江新区 41%的企业表示没有足够预算开展数字化改造，25.7%的企业表示开展数字化改造会给企业短期生产经营造成压力。

二是制造业数字技术应用水平总体不高。重庆市智能制造就绪率指数为 12.1%，低于四川的 13.2%。数字化研发设计工具普及率、关键工序数控化率、生产设备数字化率仍处于全国第二阵列。企业工业云平台整体利用率排全国第 9 位，低于全国平均水平。新模式新应用带动不足，个性化定制等重点指标不足 10%，低于四川的 14.3%，基本处于全国中等水平。

三是农业生产环节数字技术应用水平较低。数字技术与种植业、畜牧业、渔业融合不够充分，2019 年全市农业数字经济增加值仅占数字经济生产总值 1.2%，占农业增加值 8.2%，规模和体量均远低于第二、第三产业。在农作物种植、设施栽培、畜禽养殖和水产养殖中应用信息技术比例分别为 9.7%、21.5%、5.6%、5.3%，农产品质量安全追溯比例仅为 11.2%。

四是建筑业设计建造等环节数字技术应用不足。受建筑业产品的非标准化、流动作业、野外作业等行业特点影响，行业科技投入水平很低，建筑企业信息化转型意识较差，对物联网、大数据、云计算、人工智能、区块链等新一代信息技术或产品应用不足，全过程建筑信息模型（BIM）技术应用推广不够，勘察、设计、生产、施工、验收等各环节数据有效传递和实时共享水平较低。

五是服务业线上线下一体化发展不够。重庆市网络零售额仅占其社会消费品零售总额的 13.8%，在线旅游、在线医疗等线上业态规模仍然偏小，能够提供游戏竞技、文化娱乐网上服务的市场主体不多，相当部分流通、餐饮、旅游等商户通过大数据、物联网对业务流程再造、利用互联网开展精准营销的意识和能力较为欠缺。

2. 加快重庆市数字经济与实体经济融合发展的建议

2.1 坚持政府、市场同时发力，统筹推进数字经济和实体经济融合发展

一是狠抓数字化转型促进公共服务平台建设。整合政府机构、科研院所、行业协会、龙头企业等多方力量，围绕汽车、装备制造等支柱产业，布局一批区域性、企业型数字化转型促进中心，面向企业开展需求撮合、投融资、咨询、培训、成果转化等公共服务，培育一批数字化转型共性技术支撑平台、开源社区、解决方案，切实破解中小企业"不会转""不敢转""不能转"困境。

二是加速引育数字化转型优质市场主体。以技术和资本为纽带组建产学研用联合体，培育具备自主研发能力的数字技术与实体经济融合应用解决方案供应商。推动本地龙头企业裂变专业技术优势，组建信息技术服务部门或企业，面向行业内企业提供数字化设计与虚拟仿真、检验检测认证等专业化服务。支持规划设计、咨询服务等机构延伸业务链条，开展咨询诊断和数字化转型总集成总承包服务。加大人工智能、大数据、工业软件等软件及信息技术服务企业引进力度，壮大数字化转型服务企业规模。

2.2 突出抓好三个关键环节，加速推动数字技术为实体经济赋能赋智

一是大力推动工业互联网建设应用。引进培育一批综合性和专业性公共云平台，面向汽车、电子信息、装备制造等重点行业分批次打造工业互联网平台标杆，扶持第三方工业互联网平台发展壮大。引导大型企业联合工业互联网平台采用私有云、混合云架构，逐步实施信息系统和制造设备"上云上平台"，支持中小企业购买第三方工业互联网平台服务，降低 IT 建设成本。

二是加强数字化转型共性技术创新。加快搭建国家级高端研发平台和产业创新平台，重点突破先进感知与测量、高精度运动控制、高可靠智能控制、建模与仿真、工业互联网安全等制约重庆市智能制造发展的关键共性技术，重点研发计算机辅助类软件、三维设计与建模、数值分析与可视化仿真等制约重庆市实体经济智能制造发展的设计及工艺仿真、业务管理软件。

三是加大数字基础设施建设。加快建设 5G 网络、人工智能、云计算、物联网等硬件设施，为构建智能化应用场景提供感知、传输、运算等基础支撑。支持企业运用互联网协议第 6 版（IPv6）、工业无源光网络、新型蜂窝移动通信等技术和新型工业网关、边缘计算等设备，部署建设企业级工业网络。推进装备制造、新材料等工业互联网标识解析二级节点建设，构建工业互联网"神经中枢"，加速跨设备、跨系统、跨厂区、跨地区互联互通。

2.3 聚焦四大重点产业领域，找准数字经济和实体经济融合发展路径

一是推动制造业智能化转型升级。围绕汽车、电子信息、生物医药、装备制造等重庆市支柱产业，建设5G全连接工厂，推动现场数据采集与制造执行系统、企业资源计划系统的数据集成共享。加大智能测试装备、基于机器视觉识别的质量在线检测系统、智能仓储物流装备等智能装备的推广应用，强化生产状况、设备状态、能源消耗、生产质量、物料消耗的数据实时采集和分析能力。支持大型制造企业建设产品标准化信息采集与控制、自动诊断、基于专家系统的故障预测平台，开展产品远程无人操控、工作环境预警、运行状态监测、故障诊断与自修复、产品优化等在线支持（信息增值）服务，强化服务型制造能力。培育网络协同设计、网络协同制造、大规模个性化定制等智能制造新模式，提升制造业的个性化、柔性化生产能力。

二是加快建筑行业智能化发展。强化全过程建筑信息模型（BIM）技术应用，加快智慧小区和智能物业建设，扩大智慧工地实施范围，推进工程项目数字化试点。依托智慧住建大数据中心深入推进建筑业大数据应用，打通设计、生产、施工、验收等全生命周期的数据通道，实现数据交互共享。推动智能建造和建筑工业化协调发展，形成涵盖科研、设计、生产加工、施工装配、运营等全产业链融合一体的智能建造产业体系。加快培育建筑业互联网平台，推进建筑业互联网平台在工程建造、企业管理、资源调配、运行维护中的应用，提升智能建造实施能力。

三是推进农业生产经营服务数字化转型。聚焦生猪、柑橘、柠檬等特色产业，开展农业物联网生产示范基地建设，探索农业数据采集、生产管理AI数据模型和服务软件等技术与标准。引导生猪、柑橘、榨菜、脆李等优势特色产业与农产品电子商务融合发展，推进特色农产品电商标准化、品牌化、规模化发展。加快构建重庆市农业产业数字地图，加快"三农"大数据中心和重要农产品全产业链大数据建设。

四是推动服务业线上线下融合发展。推动传统餐饮、批发市场、大型超市、农贸市场等主体线上线下联动发展，加速培育线上购物、无人零售、直播带货等新业态新模式。支持传统商贸企业、生产企业触网营销，开展"网上购物节"等线上活动，创新销售特定商品或针对特定消费人群的细分网络零售模式，做大网络零售规模。推动5G、VR/AR、区块链等技术在文化旅游、商业、娱乐等领域应用，大力发展手游、直播数字娱乐及线上办公、远程协助、知识付费等线上服务。加大行业在线平台招商引进、孵化培育力度，打造一批细分行业内具有全国影响力的线上平台。

2.4 做好五项重点措施保障，夯实数字经济和实体经济融合发展基础

一是扩大专业化人才供给。优化数据科学与大数据技术、人工智能、物联网工程、电子信息工程、物流电商、生物信息等学科与专业布局，培养支撑融合发展所需的中高端人才。推进行业职业技能鉴定工作和高技能人才选拔工作，加强企业人员职业培训，培育一批既懂行业又懂互联网的产业数字化复合型人才。建立企业、科研机构、高校间

人才的联合培养机制和人才跨界流动机制，引导数字科技人才在数字和实体企业间有序顺畅流动。

二是加大政策支持力度。加大财税支持力度，将企业用于数据共享和购买云服务等成本费用纳入税收支持政策[①]，激励企业开展数字化转型。通过发行"云量贷"等方式引导金融机构加大智能制造改造项目贷款投放力度，探索企业商业价值信用贷款、知识价值信用贷款等创新模式，拓宽实体经济企业数字化转型贷款增信渠道。开放医疗、教育、交通、养老等公共服务市场，鼓励各类市场主体利用社会公共数据开展数字化公共服务产品开发。

三是加速释放数据要素红利。从政府公共部门数据开放共享入手，推动数据数字资产化，利用区块链等技术手段做好数据确权。建立数据定价和交易机制，强化数据产权保护，推动数据要素安全有序流通。加快市级各部门、区县公共数据开放目录清单、需求清单和责任清单编制，制定公共数据分级分类规则，建立公共数据开放审查机制和安全管理制度，扩大公共数据开放共享。

四是完善统计评价指标体系。加快研究农业、制造业、服务业、建筑业与数字经济融合发展统计指标及评价体系，建立健全有效反映数字经济和实体经济融合发展全貌与动态变化的评估体系，定期对全市、各区县融合发展水平进行测度，找出差距，明确方向，为产业及区县融合发展提供科学指导。

五是加强引导宣传示范。将数字经济和实体经济融合发展纳入部门及区县考核范围，定期开展督促检查，加大通报力度。利用智博会、数字丝绸之路国际合作会议等平台，推广融合发展成功模式和典型经验。在两江新区、高新区、经开区等推进较好的地区，选择骨干企业，围绕离散型智能制造、流程型智能制造、网络化协同制造、大规模个性化定制、远程运维服务等开展项目示范，引领带动重庆市数字经济和实体经济融合发展。

---

① 根据日本、德国等的经验，企业数字化转型涉及的成本费用在"研究试验费"科目进行归集，研究试验费的一定比例可以在当年度法人税应纳税额中进行扣除，即数字化转型投入可以抵减企业应纳所得税。

重庆市"智能＋技能"数字技能人才队伍建设的相关问题与建议[①]

袁　野　万晓榆　张　洪　陈　菲　陈　绩

1. "智能＋技能"数字技能人才的概念和内涵

目前，"智能＋技能"数字技能人才没有一个标准的定义。《中国经济的数字化转型：人才与就业》《长三角地区数字经济与人才发展研究报告》提出，数字人才是拥有 ICT 专业技能和 ICT 补充技能的就业人群。《全球数字人才发展年度报告（2020）》中，将数字人才按照产品与服务价值链的数字化转型视角分为数字战略管理、深度分析、产品研发、先进制造、数字化运营和数字营销六大类别。《数字经济时代的创新城市和城市群发展研究报告》中从城市群数字人才技能角度，围绕数字技能人才的基础性技能和颠覆性技能两个层次进行了深入分析。

参考国内外学术界以及各大权威机构对于数字人才、数字技能等概念的阐释，并结合政府对技能人才的认定分类，本文从"智能＋技能"数字技能人才的职业属性和产业匹配的视角，对接企业活动中生产运营、运输、服务等一线关键环节，将"智能＋技能"数字技能人才认定为：在农业、工业、服务业中面向生产、建设、管理、服务等一线岗位，掌握相关数字技术并具备一定的数字化操作技能，且在工作实践中能够运用这些技术和能力进行实际操作的人员。

2. 国内"智能＋技能"数字技能人才队伍建设的经验借鉴与启示

2.1 国内部分城市相关情况

2.1.1 北京市

北京市数字技能人才培养注重技能提升。截至 2021 年底，北京市技能人才 363.9 万人，其中高技能人才 112.3 万人。围绕产业转型升级、化解结构性就业矛盾，北京市聚焦科技创新、城市运行保障和生活性服务业等重点领域，支持企业以训兴业，开展岗前适应性培训、岗位技能提升培训、转岗转业培训、以工代训。推动构建新平台、新机制、新模

---

①作者简介：袁野，重庆邮电大学经济管理学院副教授；万晓榆，重庆邮电大学经济管理学院院长、教授；张洪，重庆邮电大学经济管理学院副教授；陈菲，重庆邮电大学经济管理学院研究生；陈绩，重庆邮电大学经济管理学院研究生。

式、新内容的"四新"数字技能培训体系。打造灵活多样的培训新模式,实现线上线下课时衔接、直播点播课程互动、知识技能跨界学习,丰富通用性、专业化课程体系,开设人工智能、大数据、5G 技术等数字技能培训内容,增设互联网营销、网络配送、媒体运营等新业态培训课程。

2.1.2　上海市

上海市数字技能人才培养重点面向"互联网+"行业特色。上海市政府充分认识实施"互联网+"职业技能培训的重要性和紧迫性,大力推进职业技能提升行动,全面实施"互联网+职业技能培训计划"。具体措施为鼓励支持企业、院校和社会培训机构等建设线上培训平台,开发数字培训资源,推进线上线下深度融合,发挥分散教学与集中教学相结合的优势,整合社会优质培训资源,满足广大劳动者对更便捷、更有效的数字技能培训的需求,构建线上培训资源充足、线上线下有机衔接、政策支持保障有力、监督管理有序到位的工作格局,进一步扩大职业技能培训规模,提升职业技能培训水平。

2.1.3　广州市

广州市数字技能人才培养以"工匠精神"为导向。广州市政府结合新一代信息技术、高端装备制造、绿色低碳、人工智能、生物医药、数字经济、新材料、海洋经济等战略性新兴产业、先进制造业发展和现代化经济体系建设需求,落实推进《广州市培育"羊城工匠"行动计划(2019—2023 年)》,指导企业拟定产业工人培养方案,组织实施紧缺职业(工种)人才培养,大力培养复合型高素质技能人才,全面提升新生代产业工人的综合素质和技能水平。积极引导帮助中小微企业开展职工数字技能提升培训,深入实施新生代产业工人"圆梦计划",建设适应现代产业发展需要的南粤工匠队伍。

2.1.4　深圳市

深圳市作为第一个开展数字技能人才自主评价的城市,其在数字技能人才建设自主评价方面主要创新举措包括以下四点。一是支持企业自主制定评价规范。引导腾讯结合生产经营主业,以适应深圳数字产业发展和技术变革需要为出发点,聚焦计算机程序设计员、计算机软件测试员、广告设计师三个主要的知识技能复合型职业,开发高于国家职业技能标准的企业评价规范。二是支持企业自主设置参评条件。针对 IT 从业人员普遍学历高、年纪轻、从业时间短等特点,允许腾讯放开年龄、资历等参评限制,构建学历层次、专业技术、职业技能贯通机制。三是支持企业自主运用评价方法。鼓励腾讯从技术技能、工作绩效、职业道德等多个维度综合开展职业技能等级认定,在技术技能高度融合的职业领域,创建以职业能力为导向、以工作业绩为核心、以职业素养为底线的直接认定标准化模式。四是支持企业自主应用评价结果。协助腾讯将职业技能等级评价与人力资源管理制度深度融合，建立员工技能等级与职级岗位、薪酬待遇体系的映射关系，使评价结果成为企业内部职级晋升的必要条件，激发员工持续提升技能的内生动力。

2.1.5　南京市

南京市坚持以高技能人才培养为重点，以促进技能就业为导向，以提升职业能力为核心，以培养、评价、使用、激励为重点，通过创新体制机制、完善政策措施、打造建设平台，逐步夯实了保障可持续发展的技能人才基础。产教融合"定制"高技能人才，坚持多元化办学理念，形成了以技师学院为龙头，以国家、省区市重点技校为骨干，以普通技校为基础，政府办学、行业办学、企业办学和社会办学共同发展的技工教育体系。

2.1.6　成都市

成都市人力资源和社会保障厅等部门发布《关于加强企业技能人才队伍建设的实施意见》，以加强企业技能人才队伍建设，建立健全企业技能人才培养、评价和激励的工作机制，加强企业技能人才培养，完善企业技能人才激励机制，强化企业技能人才队伍建设保障。成都市高技能人才建设主要做法：建强高技能人才培训基地、职业技能竞赛、职业培训网络学院、各类工作室等平台，新建市级技能大师工作室。创新实施百万职工技能大赛、引领性劳动竞赛、职工经济技术创新、劳模和工匠人才创新工作室建设、在职职工免费技能提升培训等品牌活动。

2.2　总结

通过梳理全国部分省市关于技能人才队伍建设的模式和体制机制发展，各省市都在加快培养高素质劳动者和技术技能人才，壮大技能型人才队伍，以适应我国经济社会发展方式的转变及产业结构的转型升级，满足社会对高技能人才的需求。具体而言，主要省市的数字技能人才队伍建设存在以下特征：一是政府引导，重点扶持。各省市充分发挥政府引领促进作用，出台政策、加强激励、加强宣传，为提高数字技能人才待遇营造良好环境，以提升职业素质和职业技能为核心开展职业技能培训，致力培养更多高素质劳动者和数字技术技能人才。二是企业参与，创新激励。通过鼓励企业完善职工收入分配机制，在基本工资定级、津贴补贴、绩效奖励等方面将技能作为重要因素，向一线职工倾斜，加强企业数字技能人才培养，完善企业数字技能人才激励机制，强化企业数字技能人才队伍建设保障。三是组织竞赛，打造品牌。加大职业技能竞赛工作力度，对取得优异成绩的选手给予荣誉和物质奖励，以世界技能大赛为引领实施一系列研究与实践培养数字技能人才，转化比赛成果、探索数字高技能人才培养模式。

3. 重庆市建设数字技能人才培养试验区的对策建议

3.1 加大高端数字技能人才引培力度

一是健全"智能＋技能"数字技能人才培养平台层级。启动实施"巴渝工匠 2025"行动计划，加强技能人才队伍建设规划设计，围绕智能制造、数字化转型、新基建等领域，打造一批国家级"智能＋技能"数字技能专家工作室、人才培训基地。在有条件的区县，打造一批高技能人才国际合作先行示范区、"巴蜀工匠"川渝合作示范区、"巴渝工匠"培养示范区，推动区县建设一批区域数字技能人才培养示范园区（镇街、企业）。新建"智能＋技能"数字技能人才培训国家级基地 3 个、市级基地 10 个；新建技能大师国家级工作室 5 个、市级首席工作室 15 个、市级工作室 30 个；创建"智能＋技能"高新技能人才孵化空间 5~10 个；创建一批"巴渝工匠"乡村驿站。各区县至少建立 3 个区县级技能大师工作室和 1 个数字技能人才培养基地，全市范围内建立"智能＋技能"数字技能人才培训基地，推进渝东北、渝东南地区实训中心合理布局，在各区县建立区级数字技能人才平台。

二是推动技工院校人才培养模式创新发展。加大技工院校数字技能人才培养选拔力度，优化专业体系和课程设置结构，举办第二届全市技工院校学生创业创新大赛。扩大技工院校招生规模，年均招生要保持在 3.8 万人左右，提升技工院校专业建设水平，优化专业结构，围绕产业设置专业，专业对接产业，按照职业标准开发课程标准，学业对接就业，开展职教分级制改革，构建新课程体系、更新教学内容。引导技工院校建设 3 个支柱产业专业群、3 个智能制造产业专业群、3 个特色产业专业群和 30 个品牌专业。制定出台技工教育"十四五"发展规划和大力发展技工教育实施意见，筹建 2 所技师学院，新建 3 所高级技工学校，推动符合条件的技师学院纳入高等院校管理序列。深入开展"双带"活动，成立技工教育集团（联盟），建设 3~5 个专业群，建设 5 个"一体化"教师培养基地和 10 个教师企业实践基地。

三是大力引进一批高端数字技能创新人才。围绕人工智能、集成电路、智能网联汽车、高端装备和先进制造、区块链等数字经济发展重点领域，依托"鸿雁计划"和"英才计划"，重点引进能够突破数字产业核心技术、带动数字产业化、产业数字化发展的战略型数字技能人才与团队。鼓励外国数字技能人才专家团队和优秀华裔人才以柔性引进、灵活自主的方式参与重庆市数字经济创新发展试验区建设。进一步梳理重庆市数字产业需求目录，对重庆市数字经济核心技术领域急需紧缺的高端技能人才，开辟专门渠道，实行特殊政策，实现精准引进，从不同方面鼓励外地青年技能人才来渝工作。各区县从实际情况出发采取梯度引进、行业缺口引进、各行业高质量人才引进、实干型人才引进、高端人才引进等一系列措施。

3.2 增强数字技能人才培训力度

一是提升数字技能人才培训质量。建立健全产教融合、校企合作机制，优化培训工种结构，围绕产业发展、企业需求、技能导向开展培训工作。加强企业与技工职业院校的合作，支持企校开展数字技能、绿色技能等领域数字技能人才联合培养，增强数字技能人才与数字产业需求匹配度。鼓励政府、行业协会、高校、科研机构联合开展面向在岗人员的数字技能提升培训，组织优秀数字技能人才到国内外接受高层次培训。建立质量督导员队伍，创新监管方式，全面投用智能就业培训平台的监管措施，推广线下培训全流程监管技术手段，使用人脸识别、指纹打卡、随机抽点等措施，确保本人真学真训有实效。开展培训机构和区县提升行动实施效果评估，结合电子培训券推广使用，加大培训补贴直补劳动者个人力度，鼓励劳动者按需选择培训机构和培训项目，接受全过程信息化监管，取得相应证书后给予培训补贴。鼓励职业院校与长安汽车、猪八戒网、天友乳业等企业共同创建联合学院、人才培训实践基地。推行技能大师工作室带徒导师津贴制度，带徒导师津贴以带徒数量和质量为重要依据，由企业职教经费列支。持续开展职业技能提升行动，提高培训针对性实效性，全面提升劳动者职业技能水平和就业创业能力，努力实现技能劳动者占就业人员总量的比例达到25%以上、"智能 + 技能"数字技能人才占技能劳动者的比例达到30%以上的目标。

二是激发社会培训机构培训活力。放宽职业培训机构和培训项目审批条件及程序，除准入类项目外，其他培训项目由审批制改为备案制。支持民办培训机构、乡镇成人文化技术学校等各类培训机构积极参与职业技能培训工作，对政府补贴的职业技能培训项目，重点向具备资质、专业对口、管理规范、信誉优良的职业培训机构开放。完善公共实训基地考核管理办法，加大实训激励力度，完成规定课时和实训模块，取得实训合格证书的，按规定给予实训中心实训补贴。推行培训机构等级评价模式和淘汰机制，引入第三方对培训机构进行定期动态评估，及时公布参与政府补贴性培训的培训机构名单和培训项目。

三是持续实施职业技能提升行动。大规模开展高质量职业技能培训，创新培训方式，丰富培训内容，提升劳动者就业创业能力和水平。紧贴经济社会发展，编制发布数字技能人才需求指引，对接数字技能密集型产业，实施重点群体专项培训计划，大力推行"互联网 + 职业技能培训"，广泛开展新职业新业态新模式从业人员技能培训，健全以数字技能需求和数字技能评价结果为导向的培训补贴政策。全面推广职业培训券，建立实名制培训信息管理系统和劳动者职业培训电子档案，实现培训信息与就业、社会保障信息联通共享。

3.3 健全完善政策制度体系

一是健全数字技能人才发展政策体系。加强重庆市数字技能人才统计分析，全面系统谋划数字技能人才发展目标、工作任务、政策制度、保障措施，研究制定进一步加强新时代数字技能人才队伍建设的指导意见，完善相关配套政策措施，形成更加完备的数字技能人才工作政策制度体系。鼓励各区各县结合实际，创新实践，抓好各项政策措施落实落地。

二是完善数字技能人才评价体系。成立重庆市职业技能人才评价委员会，建设区县三类评价机构，完善评价机构管理制度与评估办法，创建优质服务示范评价机构，加快推行职业数字技能等级评价，健全完善数字技能人才评价体系。围绕电子信息、通信技术等新兴产业、非遗项目、区县特色产业等做好新专项职业能力、高级专项职业能力开发。扩大评价工种范围，推进专技人才和数字技能人才贯通意见的落地见效，进一步畅通数字技能人才成长成才发展通道。到 2025 年，实施职业数字技能等级认定提质扩面行动，新增评价机构 200 家，总量达到 280 家，实施"企业职工人人持证"工程，职业技能等级认定 35 万人次以上。

3.4　打造数字技能大赛品牌

广泛深入开展职业技能竞赛。构建职业技能竞赛体系，围绕"技高行天下、能强走世界"主题，建立健全以世界技能大赛为龙头，以"一带一路"国际技能大赛、全国职业技能大赛、全国行业职业技能竞赛为引领，以"中国·重庆职业技能大赛"、"巴渝工匠"杯系列竞赛和川渝技能竞赛等专项赛为主体、以企业和院校职业技能比赛为基础的，具有重庆特色的职业技能竞赛体系。通过开展各级各类职业技能竞赛，实现以赛促学、以赛促教、以赛促训、以赛促评、以赛促奖、以赛促建、以赛促发展。重庆市组织开展以"中国·重庆职业技能大赛"、"巴渝工匠"杯系列竞赛和川渝技能竞赛等专项，并且指导各区县普遍举办综合性职业技能竞赛活动。评选重庆市"数字技能岗位标兵"，并给予物质奖励与精神奖励，形成"学技能、比技术"的良好氛围。开展市级行业技能竞赛活动，同时搭建多级竞赛平台，向市级竞赛、全国竞赛推荐重庆市"智能＋技能"数字技能人才。

3.5　完善数字技能人才激励机制

出台激励各类数字技能人才创新创业支持举措。积极完善选拔、激励措施，努力营造有利于"智能＋技能"数字技能人才成长和发挥作用的社会氛围。健全岗位使用机制，建立评选表彰制度，完善收入分配激励机制。对身负绝技、技能精湛的"智能＋技能"数字技能人才给予一定的政策支持，激励他们在岗位上发挥更大的作用，真正做到人尽其用。通过支持技能大师工作室建设的方式支持数字技能人才创新创业，每年给予支持资金。通过开展职工创新工作室评选、创新项目助推、专利助推等活动，对相关成果进行等级评定，按照成果等级给予政策支持及资金奖励。在数字技能人才中培养优秀党员、劳动模范等，保障其福利待遇，畅通其职业发展和晋升路径。整合政治性安排、人才新政、荣誉激励、经济待遇、职业发展、生活服务等领域的资源，对"智能＋技能"数字技能人才实施多维度、有温度、组合式的叠加激励，推出大病医疗专家服务、休疗养、定制保险、国际性技能提升培训交流、国有景区免费开放、交通出行特惠等专享礼遇。

3.6　加强工匠精神和职业精神培养

发力打造"工程师文化"。产业转型需要工匠精神的支撑，要积极培育以精业和敬业为核心的工匠精神。"工程师文化"不仅可以带动人才的创新,数字技能人才的迅速发展也反哺企业创新,以创建职工创新工作室。通过多级竞赛平台的建立等活动,弘扬劳模精神和工匠精神,在市内形成"尊重劳动、尊重人才"的良好氛围,营造劳动光荣的社会风尚和精益求精的敬业风气。利用技工院校、职业院校、博物馆、文化宫、青少年宫等教育和培训场所,推动设立技能角、技能园地等技能展示、技能互动、职业体验区域,引导广大劳动者特别是青年一代关注技能、学习技能、投身技能。从思想上引导、改变社会大众的就业、择业观念,营造重庆市重视关心数字技能人才成长的社会环境。

3.7　加快成渝双城经济圈数字技能人才协同发展

一是加强成渝数字技能人才对接合作。协同制定推动区域间人才良性互动合作长期战略、人才发展与培养的主体性制度,协调完善区域人才引进、培养、配置、使用、激励与保障等配套性举措,编制发布双城经济圈急需紧缺人才目录。建立川渝协同备案机制,支持两地企业异地备案开展等级认定。联手召开川渝技工教育联盟第二届大会,技工教育特色专业建设研讨会。互派专业学科带头人、数字技能专家、人才服务工作的年轻干部挂职锻炼,联合四川举办"巴蜀工匠"杯职业技能竞赛。

二是实施乡村振兴重点帮扶地区职业技能提升工程。加大川渝地区职业技能开发对口协作力度,帮助建设一批技工院校和职业培训机构,建设一批数字技能人才培训基地和技能大师工作室,开发一批专项职业能力考核规范,培育一批劳务品牌,培养一批数字技能人才和乡村工匠。

重庆市中小微制造业数字化转型的政策建议[①]

张　伟

1. 重庆市中小微制造业数字化转型已具备良好基础

1.1　中小微制造业数字化转型发展"土壤"厚实

重庆是传统的工业城市，工业基础雄厚。如表 1 所示，2020 年，重庆市第二产业占地区生产总值比重达到 40.2%，明显高于北京、上海、天津三个直辖市；工业地区生产总值的贡献率达到 28.2%，居全国前列。全国工业 41 个大类，重庆拥有 39 个工业大类，是全国为数不多的工业门类很齐全的城市之一，已经形成相对完整的产业链条，综合配套能力强。重庆中小微制造业数字化转型发展的"土壤"厚实，具有丰富的应用场景。

表 1　2020 年四大直辖市工业产值及占比情况

省市	地区生产总值/亿元	第二产业占地区生产总值比例/%	工业地区生产总值/亿元	工业地区生产总值贡献率/%
重庆	23606	40.2	6657	28.2%
北京	35371	16.2	4241	12.0%
上海	38155	27.0	9671	25.3%
天津	14104	35.2	4394	31.2%

数据来源：国家统计局《中国统计年鉴 2020》。

1.2　中小微制造业数字化转型发展基础坚实

相关统计资料显示，2020 年重庆市电子信息制造业产值增长 11.1%，高于全市工业增速 4.3 个百分点，占全市工业产值的 27.2%，拉动全市工业增长 2.9 个百分点，对全市工业增长贡献率达 42.7%。"芯屏器核网"全产业链持续壮大，华为鲲鹏计算产业生态重庆中心、海康威视重庆基地二期等项目落地，紫光华智数字工厂、工业大数据制造业创新中心等项目投入运营，数字产业赋能中小微制造业数字化转型发展加速增效。

1.3　中小微制造业数字化转型发展支撑有力

截至 2020 年底，全市新建 5G 基站 3.5 万个，累计建成 4.5 万个，迈入全国 5G 建设

[①]作者简介：张伟，重庆邮电大学经济管理学院副教授。

第一方阵。两江新区云计算中心集聚了腾讯、中国电信、中国移动、中国联通、浪潮等10个大数据中心，形成1.9万架机柜，24万台服务器的数据存储能力，建立了腾讯云、华为云、浪潮云等近20个大型云平台，数据中心规模西部领先。建成国家级互联网骨干直联点，省际直联城市29个，为中小微制造业数据存储、传输、应用提供了坚实基础支撑。

1.4 中小微制造业数字化转型发展生态良好

截至2020年底，重庆市已聚集197家工业互联网服务企业，提供第三方服务的工业互联网平台47个，累计服务企业"上云"5万多户、连接设备150余万台，工业互联网平台引领发展格局初步形成。累计推动实施2265个智能化改造项目，认定67个智能工厂和359个数字化车间，为中小微制造业数字化转型发展提供有力资金保障和技术支持，"上云用数赋智"生态构建逐步完备。

2. 重庆市中小微制造业数字化转型仍存在四大难题

2.1 中小微制造业"不会转"

两江新区2020年9月对中小微制造业数字化转型的调查显示：被调查企业中，仅10%左右的企业实现了从生产、管理、物流、营销等全流程数字化管理；20%左右的企业使用了ERP、MES等生产管理系统。截至2020年底，重庆市超过半数的中小微制造业数字化设备改造工程尚未完成。据课题组调研，重庆市许多中小微制造业对数字化转型的认识不足，数字化转型意愿不强烈；许多企业的数字化转型基础薄弱，仅依靠自身能力难以实现深度"上云用数赋智"，呈现"不会转"的特征。

2.2 中小微制造业"没钱转"

物联网、云计算、大数据、人工智能、区块链等新技术应用成本偏高，硬件装备改造和替代成本也较高。中小微制造业数字化转型包括研发、设备、生产线、流程管理、人才等诸多成本，需要持续投入大量资金，是一个高投入的过程。据国家发展改革委测算，中小微制造业税后利润仅为3%～5%，盈利能力较低。通常中小微制造业信用覆盖率偏低，缺少可信的抵押资产，企业数字化转型"贷款难"问题比较突出。两江新区对中小微制造业数字化转型的调查显示：被调查企业中，41%的企业表示没有足够预算开展数字化改造；25.7%的企业表示开展数字化改造会给企业短期生产经营造成压力。重庆市中小微制造业数字化转型面临"没钱转"的困境。

2.3 中小微制造业"没人转"

目前，重庆市鸿雁计划偏重海外高端人才引进，信产招工政策偏重一般技术工人招聘,对于发挥关键作用的中端业务骨干人才缺乏相应政策支持,出现"两头不靠"现象,造成中小微制造业数字化转型中层骨干人才严重供给不足。据《2020 中国互联网行业中高端人才报告》,重庆市人才净流入率仅为 6.8%,排名全国第 10 位,与杭州、佛山等城市存在较大差距(见表 2)。据重庆市教育指导中心 2020 年应届生毕业数据显示:在重庆市留渝人才中,硕士、博士留渝率仅为 28.2%、48.7%,对中高端人才的吸引力不强(见表 3)。重庆市数字化人才短缺,不能有效支撑中小微制造业数字化转型发展。

表 2　2018~2020 年互联网行业中高端人才净流入城市

类型	杭州	佛山	长沙	西安	东莞	深圳	武汉	成都	青岛	重庆
人才净流入率/%	14.8	14.3	12.1	10.4	10.2	9.9	8.8	7.6	7.1	6.8

数据来源:猎聘《2020 中国互联网行业中高端人才报告》。

表 3　重庆市高校数字经济相关专业毕业生留渝率

类型	专科	本科	硕士	博士
留渝率/%	77.3	57.3	28.2	48.7

数据来源:重庆市教育指导中心 2020 年应届生毕业数据。

2.4　中小微制造业"不敢转"

实施数字化转型需要企业上下游、产业链协同转型,中小微制造业发展依赖产业集群内网络化协作。由于中小微制造业市场结构性和依赖性更高,单个企业数字化转型的预期收益具有较大的不确定性,自主数字化转型的内生需求不强,对数字化转型大多持观望态度,呈现"不敢转"的特征。两江新区对中小微制造业数字化转型的调查显示:被调查企业中,41.9%的企业表示对数字化改造预期不明确。此外,中小微制造业缺少网络安全与数据防护设备,数字化转型存在数据安全与泄露风险,也影响着中小微制造业的转型意愿。

3. 推动重庆市中小微制造业数字化转型的四点建议

3.1　加快建设数字化转型促进中心

一是建设跨行业数字化转型促进中心。围绕中小微制造业数字化转型发展市场失灵、缺位问题,扩大政府服务供给,加快数字化转型的公共服务体系建设;整合协调政府、资本、企业各方资源,创建国家级数字化转型促进中心,打造跨区域跨行业的数字化生态核心枢纽,形成全国范围内转型引领示范效应。

二是建设区域数字化转型促进中心。立足重庆"一区两群"区域布局,将领域中心和区域中心研发的技术、方案以及发布的政策建议与本区域的企业需求相结合,围绕汽车、电子信息等支柱产业,合理部署区域数字化转型促进中心,形成与企业适配的落地方案，为区域内各级企业提供数字化转型所需的人才培养、项目孵化、解决方案。

三是建设企业型数字化转型促进中心。支持龙头企业建设开放型企业数字化转型促进中心，鼓励采用市场化的手段，完善协调联动、辐射带动、引领示范的转型促进服务平台，破解中小微制造业数字化转型困境。

3.2 大力发展共享制造新业态

一是夯实共享制造发展的数字化基础。加快5G、人工智能、工业互联网、物联网等新型基础设施建设，扩大高速率、大容量、低延时网络覆盖范围，鼓励制造企业通过内网改造升级实现人、机、物互联，为共享制造提供信息网络支撑。持续推进重庆市重点中小微制造业"上云上平台"，推动计算机辅助设计、制造执行系统、产品全生命周期管理等工业软件普及应用，引导中小微制造业加快实现生产过程数字化。

二是培育发展中小微制造业数据共享平台。依托重庆市中小企业公共服务平台，按要素、行业、标准等整合重庆市海量的中小微制造业生产、制造、服务等数据资源，建立资源服务数据库，促使中小微制造业以更低的成本获得所需的共享制造能力。

三是探索建设共享工厂。引导龙头企业发展共享制造，鼓励重庆市各类企业围绕汽车、电子信息等产业集群的共性制造环节，建设共享工厂，集中配置通用性强、购置成本高的生产设备，依托线上平台打造分时、计件、按价值计价等灵活服务模式，满足产业集群的共性制造需求。

3.3 加大金融支持力度

一是优化金融供给结构。推动重庆市中小金融机构与区域大型金融机构互补式发展，鼓励大型金融机构重点围绕数字化转型促进中心建设，开展多元化的金融服务；支持中小金融机构进一步下沉服务重心，创新中小微制造业金融服务方式，提升金融服务制造业的能力。

二是完善担保体系。针对中小微制造业抵押物不足问题，建立金融机构、担保机构和再担保机构风险分担机制，进一步加强工商局、税务局等涉企数据的互联互通；对税收记录良好的中小微制造业提供应急保障资金，确保中小微制造业数字化转型良性运转。

三是优化涉税服务。利用大数据、区块链等数字化技术，打通重庆市税务链、金融链、产业链的数据通道，推动重庆市"税务实践＋金融科技"融合发展，从税收收入、征管服务、企业发展等方面对重庆市中小微制造业进行精准画像，筛选符合优惠政策纳税人，判断企业需求，精准推送服务。

3.4 扩大专业化人才供给

一是调整人才供给结构。建立高等院校、职业学校学科专业动态调整机制，加强产业数字化转型类学科布局和专业建设，积极开设数据科学与大数据技术、人工智能、物联网工程等相关专业，推动重庆市数字经济相关专业博士点、硕士点和学科群的建设申报工作，培养支撑重庆市中小微数字化转型发展所需的中高端人才。

二是强化跨区域人才交流合作。建立制造业数字化转型技术创新产业联盟，加强区域间人才合作；推动成渝地区高校搭建数字化转型产学研创新基地，联合申报国家级研发机构和重点实验室，共同承担国家重大研究项目或国际科技合作项目，聚集和吸引数字化转型中高端科技人才。

三是创新人力资源服务。针对中小微企业人才服务资源匮乏的问题，鼓励中小微企业开展人力资源托管服务，加强在岗人员数字化知识培训，拓宽人才交流晋升渠道，完善人才社会保障体系，为中小微企业数字化转型营造良好的人才环境。